中央编译局文库编辑委员会

主　　任：贾高建
副主任：俞可平　魏海生　王学东　陈和平　杨金海
委　　员：贾高建　俞可平　魏海生　王学东　陈和平　杨金海
　　　　　柴方国　何增科　季正聚　郝卫东　张文成　曹荣湘
　　　　　卿学民　刘明清　薛晓源

中央编译出版社文库编辑中心编辑小组

薛晓源　苗永姝　李媛媛　盛菊艳　薛迎春　董　妍

马克思主义经典著作研究读本

主　编　杨金海　李惠斌

马克思恩格斯"论东方村社"研究读本

袁　雷　张云飞

《马克思主义经典著作研究读本》顾问委员会

贾高建　俞可平　顾锦屏　庄福龄　陈先达　赵家祥　詹汝琮
李洙泗　张钟朴　冯文光　安启念　韩庆祥　李小兵　张曙光

《马克思主义经典著作研究读本》编委会

主　编　杨金海　李惠斌
副主编　薛晓源　林进平
编　委　（按姓氏拼音排序）
　　　　　曹典顺　韩立新　江　洋　李百玲　吕梁山
　　　　　苗永姝　聂锦芳　闫月梅　杨学功　姚　颖
　　　　　张　盾　张云飞　郑　锦

总　序

呈献给读者的这套"马克思主义经典著作研究读本"丛书，旨在立足于21世纪中国和世界发展的现实，对马克思、恩格斯、列宁重要著作以及有关专题思想重新进行较为深入的研究和解读，供广大读者特别是致力于深入研究马克思主义经典作家原著的读者阅读使用。计划出版40种，三年内陆续完成编写和出版工作。

马克思主义经典著作是学习和研究马克思主义理论的基础文本，历来为人们所重视。在我国学术史上，曾编写和出版过不少关于经典著作的读本，包括各种注释性读本和导读性读本，对学习和研究马克思主义理论发挥过重要作用。然而，随着时代的发展，这些读本也越来越显出历史局限性。比如，以往对经典著作的解读视角较旧，对马克思主义理解不够全面；解读的经典著作范围较小，视野有限；解读所依据的文献不足，深度不够等。进入新世纪以来，特别是自2004年中央实施马克思主义理论研究和建设工程以来，马克思主义经典著作的教学、研究以及普及工作不断加强，这就迫切要求对经典著作重新进行解读。

同时，这些年我国学界有关经典著作的翻译和研究成果不断推出，为更好地解读经典著作提供了可能。改革开放以来，特别是进入新世纪以来，随着我国社会主义现代化建设以及人类文明的深入推进，我们对马克思主义的理解以及对经典著作的研究不断深化，解读视角发生重大转变，对马克思主义的理解更加全面。例如，以往由于受革命实践的影响，我们较多地从社会主义"革命"视角去解读，而较少从社会主义"建设"视角去解读，因此，较多地注重研究其中的阶级斗争、无产阶级革命和无产阶级专政等理论，而较少研究社会和谐发展、人的全面发展等思想。革命胜利后，仍然沿袭了这种解读模式。这就造成了对马克思主义理解的片面性。实际上，马克思主义经典著作中有丰富的新社会建设思想，恰恰是这些长期被忽视的思想对我们今天的社会主义建设实践来说更有意义。近些年来，我国学者自觉地从"建设"视角研究经典著作基本观点，取得了一系列可喜成就。又如，过去对经典著作的解读主要限于对若干重要经典著作的解读，如对《共产党宣言》等五六部名著有较为详细的解读，对其他著作的解读不多。即使有收文较多的导读性读本，但常常由于篇幅所限，也只能对这些著作进行简要介绍，不可能对每一部著作展开研究。近些年来，这种情况在逐步发生变化。研究经典著作的专题成果越来越多。再如，近年来新的经典著作编译成果和相关研究成果不断推出，大大拓宽了人们对经典著作基本观点的理解。加之这些年我国学界一大批优秀的中青年学者成长起来，他们的外语水平较高，知识储备较多，研究方法较新等，对经典著作的研究和理解也更有新意。这些都为更好地解读经典著作提供了新的时代条件。

为了继承前人研究的成果，弥补以往研究的不足，总结这些年我国学界编译、研究经典著作的成果和经验，比较全面系统地解读和阐释经典著作的基本观点，中央编译局专门成立了"马克思主义经典著作及其重大理论问题研究"课题组，并对该项研究提供了基金资助。课题组不仅在局内组织力量进行研究，而且向社会公开招标，争取到社会力量的支持，一批有造诣的中青年专家参与到课题研究中来。经过课题组同仁两年多努力，已经形成一批研究成果，并将继续补充、完善并陆续推出。这套"马克思主义经典著作研究读本"丛书就是这些成果的集中体现。

本丛书力求体现如下特点，这也是丛书编著工作所力求遵循的原则：第一，体现全面性和系统性。本丛书不仅对经典作家的名著进行解读，也对其他重要著作进行解读，还要对经典作家的一些重要思想，如马克思的人类学思想、列宁的新经济政策理论等，进行专题梳理和解读。不仅从"革命"视角，而且从"建设"视角，全面、系统地梳理经典作家的思想观点。力求使这套丛书成为收文最全面、解读最系统、最能够反映经典作家著作全貌的学术成果。第二，突出文献性和考证性。每一研究读本的写作，力求充分反映国内外有关研究成果，特别是要充分反映我国新时期在经典著作翻译和研究方面所发现的新文献、取得的新成果。在此基础上，要对经典著作形成的历史背景、国内外传播、原著重要思想观点及其流变，以及后人对这些观点的理解等，进行考证研究。如果说过去的解读主要是"注"的话，那么，这套读本则要进一步体现"疏"的特点。通过这种"注疏"性考据研究，不仅使读者知其然，也知其所以然。这样，也能够为学界进一步研究提供尽可能丰富的文献资料。第三，力求权威性和准确性。一方面，研究读本所依据的经典著作文本力求具有权威性和准确性。主要依据中央编译局所编译的最新译本，如《马克思恩格斯全集》第二版、《马克思恩格斯文集》、《列宁全集》第二版、《列宁专题文集》等。对还没有新译文的文本，可以采用旧译文。同时，适当参照外文版本，进行比较研究。另一方面，所依据的其他文献资料，也力求具有权威性和准确性。要选择国内外在该研究领域最具权威性的专家学者的最具代表性的观点和最有影响力的文章。

基于上述考虑，本丛书采取大致统一的研究和写作框架。除导论外，各个读本均有五个部分组成。一是历史考证部分，其中包括写作背景、国内外主要版本和传播考证等；二是研究状况部分，包括对国内外已有的研究情况进行梳理；三是当代解读部分，包括对经典著作的内容简介，对已有研究观点的疏正，对重要理论观点及其当代意义的阐述；四是原著选编部分，根据经典著作的不同情况，或采取全选的形式，或采取节选的形式，均采用中央编译局的最新译本，个别读本同时选编原著的旧文本，以方便比较研读；五是附录部分，包括3到5篇关于本著作的国内外有一定权威性的研究文章，以及进一步研究需要参考和阅读的文献资料。

需要说明的是，对于经典著作的研究，往往会有仁者见仁、智者见智的情况。所以，尽管我们在组织编写工作中努力体现上述原则，但这些读本的观点不一定都具有代表性，更不可能与每一位读者的观点完全一致。加之作者研究角度不同，水平各异，每一读本的结构、篇章、内容、观点都不尽相同，其权威性程度也不尽一致。其中很可能有疏漏和错误之处，谨请读者批评指正。

  该丛书在编写和出版过程中，得到了各个方面的大力支持。中央编译局对此项工作高度重视，始终给予鼎力支持。国家出版基金将该丛书列入 2012 年资助项目。中央编译出版社为该丛书申报国家出版基金项目并最终立项，以及为丛书出版做了大量工作。本丛书中收入的译著和文章的译者、作者和出版者同意我们使用相关的著作版权。该项目顾问委员会的专家对丛书的编写工作给予热情指导，编委会成员和课题组同仁为丛书的编写付出了辛勤劳动。在此一并致以衷心的谢意！

《马克思主义经典著作研究读本》

编辑委员会

2013 年 6 月 16 日

目 录

导　论 ··· 1

第一部分　历史考证 ································· 9

第一章　马克思恩格斯"论东方村社"的写作背景 ············ 11
一　马克思恩格斯"论东方村社"的理论背景 ··············· 11
二　马克思恩格斯"论东方村社"的实践背景 ··············· 16

第二章　马克思恩格斯"论东方村社"的历史进程 ············ 20
一　马克思恩格斯"论东方村社"的萌芽阶段 ··············· 20
二　马克思恩格斯"论东方村社"的深化阶段 ··············· 21
三　马克思恩格斯"论东方村社"的形成阶段 ··············· 24
四　马克思恩格斯"论东方村社"的完善阶段 ··············· 26

第三章　马克思恩格斯"论东方村社"国外主要版本和
传播情况 ·· 29
一　马克思恩格斯"论俄国村社"文本的国外版本和传播 ······ 29
二　马克思恩格斯论中国和印度文本的国外版本和传播 ······· 32
三　马克思恩格斯"论东方村社"一般问题文本的国外
版本和传播 ·· 34

第四章　马克思恩格斯"论东方村社"文本的中国版本和
传播情况 ·· 38
一　马克思恩格斯"论东方村社"主要文本在中国的
初步传播 ·· 38

1

二　马克思恩格斯"论东方村社"主要文本在中国的
　　　　继续传播 ………………………………………… 40
　　三　马克思恩格斯"论东方村社"主要文本在中国的
　　　　全面传播 ………………………………………… 43
　　四　马克思恩格斯"论东方村社"主要文本在中国的
　　　　深入传播 ………………………………………… 47

第二部分　研究状况 ……………………………………… 51
第五章　西方学界马克思恩格斯"论东方村社"研究状况 ……… 53
　　一　西方20世纪70年代前的研究状况 ………………… 53
　　二　西方20世纪70年代后的研究状况 ………………… 59
第六章　俄国苏联和东欧学界马克思恩格斯"论东方村社"
　　　　　的研究状况 …………………………………………… 69
　　一　俄国苏联20世纪70年代前的研究状况 …………… 69
　　二　苏联东欧20世纪70年代后的研究状况 …………… 74
第七章　中国学界马克思恩格斯"论东方村社"的研究状况 …… 79
　　一　中国20世纪70年代前的研究状况 ………………… 79
　　二　中国20世纪70年代后的研究状况 ………………… 81

第三部分　当代解读 ………………………………………… 91
第八章　马克思恩格斯"论东方村社"的史料梳理 …………… 93
　　一　马克思恩格斯研究俄国问题的历程 ………………… 93
　　二　马克思恩格斯研究中国问题的历程 ………………… 95
　　三　马克思恩格斯研究印度问题的历程 ………………… 97
　　四　马克思恩格斯"论东方村社"的文本类型 ………… 99
第九章　马克思恩格斯"论东方村社"的思想诠释 ………… 102
　　一　社会形态的辩证特征 ………………………………… 102
　　二　东方社会的社会结构 ………………………………… 115
　　三　世界历史的二重后果 ………………………………… 127

四　东方社会的未来前景 …………………………………… 141
第十章　马克思恩格斯"论东方村社"的争议辨析 ………… 156
　　一　借鉴和超越：马克思恩格斯和民粹派 ………………… 156
　　二　分工和互补：马克思和恩格斯 ………………………… 169
　　三　个别和一般："论东方村社"和马克思主义理论体系 … 182
第十一章　马克思恩格斯"论东方村社"的实践价值 ……… 197
　　一　"论东方村社"是推动阶级解放和民族解放的
　　　　思想动力 ………………………………………………… 197
　　二　"论东方村社"是解决不发达问题的理论源头 ……… 199
　　三　"论东方村社"是坚定社会主义信心的科学指南 …… 203

第四部分　经典著作选编 ……………………………………… 207

马克思恩格斯论社会形态和农村公社等问题文献摘编 ……… 209
　　一　马克思恩格斯论社会形态文献摘编 …………………… 209
　　二　马克思恩格斯论农村公社和东方社会文献摘编 ……… 221
马克思恩格斯论俄国村社文献摘编 …………………………… 225
　　一　马克思恩格斯论俄国村社论文文献全文选编 ………… 225
　　二　马克思恩格斯论俄国村社文献摘编 …………………… 279
马克思恩格斯论中国问题成文文献全文选编 ………………… 299
　　一　马克思：《中国革命和欧洲革命》 …………………… 299
　　〔附录〕李大钊：《马克思的中国民族革命观》 ………… 306
　　二　恩格斯：《波斯和中国》 ……………………………… 315
马克思恩格斯论印度村社成文文献全文选编 ………………… 322
　　一　马克思：《不列颠在印度的统治》 …………………… 322
　　二　马克思：《不列颠在印度统治的未来结果》 ………… 329

第五部分　附　录 ……………………………………………… 337
　附录Ⅰ　研究文献精选 ………………………………………… 339

一 〔俄〕马克西姆·马克西莫维奇·柯瓦列夫斯基：
《回忆卡尔·马克思》（节选）……………………… 339
二 〔苏〕伊·安德烈耶夫：《公社二重性和解决农民
问题的途径》………………………………………… 344
三 〔英〕特雷尔·卡弗：《马克思与非欧发展》……… 356
四 〔美〕诺曼·莱文：《亚细亚复辟的神话》………… 364
五 〔日〕不破哲三：《马克思的发展理论和亚细亚
生产方式》（节选）…………………………………… 381

附录Ⅱ 马克思恩格斯"论东方村社"主要文本国内外
出版发行情况………………………………………… 395
附录Ⅲ 延伸阅读书目……………………………………… 403

导　论

在致力于无产阶级和全人类解放的过程中，马克思恩格斯站在"世界历史"的高度，将关注的目光庄重地投向了俄国、中国、印度等广大的东方社会，尤其是对东方村社（农业公社）展开了专门的研究，形成了马克思恩格斯"论东方村社"或"东方村社论"。

"论东方村社"是贯穿马克思恩格斯思想始终的重大论题。在马克思恩格斯思想发展的过程中，东方社会和东方村社一直是他们关注的重大问题。在19世纪40年代，在创立唯物史观尤其是在研究所有制演化和世界历史形成的过程中，马克思恩格斯就注意到了东方社会。从19世纪50年代开始，随着东印度公司问题辩论的鹊起、两次鸦片战争的爆发以及中国太平天国起义和印度民族大起义的揭竿而起，马克思恩格斯对中国问题和印度问题进行了专门的考察。同时，随着《资本论》及其手稿的创作和研究的深入，马克思恩格斯在探究社会形态演变的过程中，提出了"亚细亚生产方式"的概念。尽管马克思在1870年12月下半月—1871年3月中在与俄国女革命家托马诺夫斯卡娅的几次会面中讨论过俄国农村公社的两种命运，但是只有在1871年巴黎公社革命之后，对东方社会和东方村社的研究才真正获得了完全的意义。从实践上来看，作为无产阶级夺取政权第一次伟大尝试的巴黎公社之所以失败，就在于在巴黎之外的外省没有爆发相应的革命，同时在国外柏林和马德里等地没有爆发与巴黎无产阶级的高水平斗争相适应的革命运动，这样，就再次提出了建立无产阶级同盟军尤其是在国际上建立这种同盟军的必要性重要性。从理论上来看，随着《资本论》研究和创作的深入，土地所有制和地租问题的重要性日益凸显。由于东方社会尤其是俄国将公社土地所有制较好地保存了下来,其土地所有制与西方土地所有制存在着很大的差异,这样,东方村社尤其是俄国村社在研究土地所有制和地租问题上就具有了典型意义。在此背景下,在回答俄国民粹主义疑问、解决俄国革命问题的过程中,马克思在研究文化人类学进化论学派成果的同时,对东方村社尤其是俄国村社进行了专门的研究,提出了"不通过资本主义制度卡夫丁峡谷"的科学设想。同时,马克思恩格斯指出,俄国革命和西方无产阶级革命的互补将使土地公有制成为俄国走向共产主义的起点。在马克思逝世之后,由于形势的变化,围绕着俄国发展的前景,恩格斯突出了西方无产阶级革命对于俄国村社获得新生的意义。当然,从根本上来看,马克思恩格斯"论东方村社"是服从和服务于无产阶级解放和全人类解放的伟大事业的,是丰富和完善马克思主义"艺术整体"的必要环节。

"论东方村社"是马克思恩格斯文本系统的重要组成部分。在研究东方社会和东方村社的过程中,马克思恩格斯为我们留下了一系列珍贵的文本,形成了一个"论东方村社"的庞大而复杂的文本群。从其形式来看,主要包括:一是通信类。马克思1877年《给〈祖国纪事〉杂志编辑部的信》和1881年《给维·伊·查苏利奇的复信》及其草稿就是其代表作。二是评论类。马克思1853年的《中国革命和欧洲革命》、《不列颠在印度的统治》和《不列颠在印度统治的未来结果》,恩格斯1857年的《波斯和中国》和《俄国在远东的成功》,就是其杰作。三是文章类,其代表作有:恩格斯1875年的《论俄国的社会问题》一文及其"导言",马克思恩格斯的《〈共产党宣言〉1882年俄文版序言》,恩格斯1894年的《〈论俄国的社会问题〉跋》。四是手稿、笔记和摘录类,主要包括:马克思"人类学笔记"中的《马·柯瓦列夫斯基〈公社土地占有制,其解体的原因、进程和结果〉(第一册,1879年莫斯科版)一书摘要》和《约翰·菲尔爵士〈印度和锡兰的雅利安人村社〉(1880年版)一书摘要》,马克思1879—1880年编写的《印度历史编年大事记(公元664—1858年)》,马克思1881—1882年撰写的《关于俄国一八六一年改革和改革后的发展的札记》,等等。其中,评论类和文章类的文本具有"人体解剖"(典型研究)的意义,从正面阐述了马克思恩格斯"论东方村社"的基本看法,构成了研究马克思恩格斯"论东方村社"的基本依据。相比之下,通信类以及手稿、笔记和摘录类具有"猴体解剖"(发生学考察)的意义。虽然他们不具有"经典"的意义,但是,更能够反映马克思恩格斯"论东方村社"的理论兴趣和思想实验的本来面貌,有其不可代替的科学意义和研究价值。例如,尽管马克思给查苏利奇的正式复信较短,但是,复信的四封草稿却包含着更为广博的思想内涵,反映了马克思在探索俄国村社问题过程中的真实思想历程。在对待马克思恩格斯文本的态度上,我们必须考虑到马克思恩格斯当时所处的社会历史环境。在存在着严格书报检查制度的德国和俄国,并不是任何文章都可以公开发表的。显然,"猴体解剖"类文本往往更能反映出问题的实质。当然,只有把"人体解剖"和"猴体解剖"统一起来,我们才能科学把握马克思恩格斯"论东方村社"文本的思想内涵和精神实质。

"论东方村社"是马克思主义理论体系的专门研究领域。从理论成果来看,马克思恩格斯"论东方村社"至少涉及了以下内容:

第一,社会形态的辩证特征。在马克思主义创立初期,马克思恩格斯主要关注的是社会形态背后的物质内容及其统一性,在此基础上,马克思恩格斯"论东方村社"进一步科学地揭示出了社会形态的辩证特征。(1)原始社会表现为一系列标志着依次更迭的时代的类型。社会形态表现为一系列不同的、标志着依次更迭的时代的类型,存在着原生形态、次生形态和再次生形态的区别。(2)极为相似的事变会引起完全不同的结果。极为相似的事变发生在不同的环境中会引起完全不同的结果,社会发展具有多样性的特征。从根本上来看,社会发展是统一性和多样性的辩证统一。(3)西方的先例在东方不能完全说明问题。不能用西方的封建主义来简单地套用东方的村社制度,不能将《资本论》中关于西欧资本主义起源的论述机械地套用在东方社会的转型上,西方的先例在东方不能完全说明问题,因此必须反对机械发展观。(4)历史哲学理论的最大长处是超历史的。不能将《资本论》

中关于西欧资本主义起源的概述变成一般发展道路的历史哲学理论，历史哲学理论的最大长处就在于它是超历史的，必须坚持具体问题具体分析的唯物辩证法原则。

第二，东方社会的社会结构。对东方社会的传统社会结构的分析，是研究东方村社的前提条件。（1）村社是东方专制制度的牢固基础。亚细亚生产方式是将不存在土地私有制、血缘宗法制和中央集权专制制度等社会结构要素集为一体的独特的社会形态。从表象上来看，不存在土地私有制是东方社会的一个基本特征，甚至是了解东方社会的一把真正的钥匙。但是，从实质上来看，不存在土地私有制并不意味在亚细亚社会存在着公有制。事实上，亚细亚传统的土地制度是用公有的形式掩盖了私有的实质。农业村社是打开东方专制制度秘密的一把钥匙。（2）中国是一块活的化石。由于小农经济和家庭手工业是中国传统社会的主要经济结构，家长制和父权制成为中国的主要社会生活结构和政治结构并密切地联系在了一起，中国传统社会一直具有封闭性、停滞性和落后性等特征，因此可将中国比作一块活的化石。（3）印度社会根本没有历史。村社制度构成了印度传统社会的主要结构，而印度在政治上一直处于四分五裂的状态中，这样，印度传统社会不仅具有落后和野蛮的特征，而且逃脱不了被征服的命运。因此，印度传统社会根本表现不出任何伟大的作为和历史首创精神。（4）沙皇是欧洲反动势力的首领。俄罗斯村社土地制度所造成的孤立性和软弱性以及大俄罗斯沙文主义，造就了俄国的沙皇专制制度。沙皇不仅对国内革命和起义采取坚决镇压的态度，而且对外极力奉行侵略和扩张的政策，是欧洲反动势力的首领。

第三，世界历史的二重后果。西方资本主义通过殖民贸易和殖民战争等手段将世界上一切野蛮的和半野蛮的国家都强行纳入到了资本主义世界体系中，发挥着建设和破坏的双重作用。（1）东方社会不是脱离现代世界而孤立生存的。随着资本主义世界体系的形成，整个东方社会都成为了世界资本主义体系的组成部分。工业革命、殖民贸易和殖民战争是推动东方社会进入世界历史的三种主要力量。东方国家的深重灾难是由资本主义世界历史尤其是殖民主义造成的,东方国家实现自身的独立自主的发展又必须要积极利用世界历史所创造的一系列有利条件。(2)英国在印度要完成破坏和重建的双重使命。英国在印度要完成双重使命:一个是破坏的使命,即消灭旧的亚洲式的社会;另一个是重建的使命,即在亚洲为西方式的社会奠定物质基础。(3)标榜文明的西方殖民者的极端伪善和野蛮本性。尽管资产阶级负有为新世界创造物质基础的使命,但是,他们通过不公的贸易、野蛮的侵略、残酷的统治和欺诈的外交而给东方社会造成了巨大灾难。资产阶级文明的极端伪善和野蛮本性在殖民地赤裸裸地呈现了出来。(4)东方反对西方殖民主义的斗争终究是人民战争。必须承认中国人民反殖民主义斗争是"保卫社稷和家园"的战争,是一场维护中华民族生存的人民战争。对于被压迫民族在反殖民主义斗争中运用的手段,不应当根据公认的正规作战规则或者任何别的抽象标准来衡量,而应当根据这个反抗的民族所达到的文明程度来衡量。

第四,东方社会的未来前景。从无产阶级和全人类解放的伟大事业出发,马克思恩格斯立足于世界历史,对东方社会的未来前景进行了科学展望。(1)中国革命将把火星抛到西方工业体系上。在世界历史中,随着太平天国起义的兴起和发展,中国革命将把火星抛到西方工业体系上,在引发资本主义危机的同时,将引发欧洲革命。(2)俄国可能跨越资本主义制度卡夫丁峡谷。俄国村社具有的公有制和私有制并存的二重性,以及资本主义所具有的发展生产力和造成严重危机的二重性,决定了俄国的发展具有二重性,即或者是私有制因素战胜集体因素,或者是后者战胜前者。俄国存在着不通过(跨越)资本主义卡夫丁峡谷的可能性。要实现跨越,在经济上要有改造的需要,在物质上要有实现改造的条件。但是,资本主义创造的工业化和市场化的成就是不可跨越的。(3)要挽救俄国公社,就必须要有俄国革命。由于俄国已经陷入了严重的危机当中,这样,要使公社土地所有制成为新生的起点,必须进行革命。俄国革命是具有资产阶级革命性质的民族的民主的革命。不过,在世界历史的环境中,俄国革命可能会带上无产阶级革命的色彩。(4)东西方革命互补将使土地公有制成为俄国新生的起点。由于俄国发展的两种可能性发生在世界历史、俄国村社和农奴制改革的交汇点上，因此东西方革命的互补成为俄国实现跨越发展的基本条件。

总之，马克思恩格斯"论东方村社"内容广泛、思想深刻、意义重大，是马克思主义理论体系中的一朵奇葩。

"论东方村社"是马克思恩格斯思想研究的学术难点问题。1972年之前，由于克拉德编辑的《卡尔·马克思的民族学笔记》尚未公开出版，马克思恩格斯"论东方村社"也未引起学界的充分重视，因此在一些不明真相的论者那里，马克思主义在一定程度上被冠之以"西方中心论"而遭到非议。随着"人类学笔记"的公开出版，在一些西方论者惊呼"第三个马克思"降生之际，马克思恩格斯"论东方村社"也开始进入人们的视线，并成为学术研究的热点。研究的争议主要集中在以下问题上：

第一，马克思恩格斯和民粹派的关系。在这个问题上，学界或只承认二者之间的否定和断裂，或只承认其关联和承续。事实上，一方面，马克思恩格斯受到了民粹派村社思想的影响和启发，借鉴和吸收了这一思想的合理内容。民粹派的思想价值在于：强调尊重人民的主体地位，立足本国国情探索适合自身的发展道路，试图走一条非资本主义道路。另一方面，马克思恩格斯在科学批判民粹派的基础上超越了民粹派，提出了一套关于俄国村社和俄国社会发展道路的科学设想。民粹派的主要局限在于其村社社会主义思想的空想性，没有看到资本主义的进步性，否认工人阶级在走向社会主义过程中的根本作用。

第二，马克思和恩格斯的关系。在这个问题上，西方马克思学人为制造了马克思和恩格斯的对立，认为马克思是一个辩证论者，而恩格斯是一个机械决定论者。我们认为，马克思恩格斯"论东方村社"在实质上是一种分工和互补的关系。这贯穿于其"论东方村社"创作的全过程中，具体表现为：一是其根本出发点和落脚点是一致的，最终都指向了无产阶级和全人类解放。二是其在方法论上是一致的，都坚持了具体问题具体分析、阶级分析法等马克思主义的根本方法。三是其主要思想具有一致性和互补性，都突出了历史环境和历史条件在俄国村社新生过程中的作用，突出了东西方革命互补对俄国实现跨越发展的前提意义。当然，马克思和恩格斯在东方村社问题上确实存在些许差异。但是，这主要是由其写作任务和历史环境的不同而造成的，根本构不成对立。

第三，马克思主义东方社会理论和马克思主义理论体系的关系。确立马克思主义东方社会理论并不是要否认马克思主义的普遍性，拒斥马克思主义所揭示的社会发展的普遍规律，而是具体问题具体分析的唯物辩证法的活的灵魂的具体体现。第一，马克思恩格斯对东方社会的研究与他们对西欧资本主义社会的研究紧密相连，因此，在开创马克思主义东方社会理论的同时，也丰富和发展了马克思主义对西欧资本主义社会的研究，共同完善和创新了马克思主义理论体系。第二，马克思恩格斯"论东方村社"深化了具体问题具体分析、"从后思索"和阶级分析等方法，丰富和发展了马克思主义方法论体系。第三，马克思恩恩格斯"论东方村社"深化了唯物史观关于社会发展规律和矛盾特殊性的理论，丰富和发展了马克思主义社会形态理论；它贯穿于《资本论》的整个创作过程之中，深化了《资本论》的逻辑体系。至少，马克思恩格斯"论东方村社"构成了马克思主义理论体系中的一个专门研究领域。

在总体上，只有在忠实文本自身逻辑和文本所在历史语境的基础上，按照整体性的原则研究马克思恩格斯"论东方村社"，才能避免肢解马克思恩格斯"论东方村社"的整体性。

"论东方村社"是马克思恩格斯思想在当下出场的重要现实路径之一。马克思恩格斯"论东方村社"具有鲜活的强大生命力，绝非充满了不可饶恕的学究气。第一，马克思恩格斯"论东方村社"尤其是关于无产阶级革命运动和民族解放运动、东方革命和西欧革命互补的思想，是推动东方国家民族解放运动和无产阶级革命运动的理论动力。第二，马克思恩格斯"论东方村社"构成了"新马克思主义"的"依附论"和"世界体系论"的理论源头，为广大第三世界国家解决不发达问题、实现自身发展提供了理论支撑。第三，马克思恩格斯"论东方村社"有助于我们科学认识经济文化落后国家进入社会主义的必要性和合法性，有助于我们在学习和借鉴资本主义先进成就的过程中超越资本主义，是我们坚定社会主义信心的科学指南。显然，马克思恩格斯"论东方村社"是当下不可超越的科学理论。

研究马克思恩格斯"论东方村社"是一项复杂的系统工程，不仅需要引入文献学和诠释学的理念和方法，而且需要将马克思主义哲学、马克思主义政治经济学、科学社会主义统一起来进行整体性研究。最为重要的是，只有在无产阶级总体活动的实践中，在社会主义革命、建设和改革的伟大征程中，我们才能将马克思恩格斯"论东方村社"所开辟的伟大事业不断推向前进。

第一部分　历史考证

　　从19世纪40年代开始,马克思恩格斯就开始关注俄国、中国、印度等东方国家的历史和现实状况,对东方村社进行了详尽的考察,撰写了大量的著作、文章、通信和摘录。马克思恩格斯运用典型分析法,在对俄国村社进行深入研究的基础上,兼顾对中国社会和印度村社展开研究,进而揭示东方社会独特的经济社会结构,并在此基础上强调东方国家有可能走出一条不同于西欧资本主义国家的发展道路。这里,我们主要以马克思恩格斯对俄国村社的研究为典型,兼顾他们对中国和印度的研究,进而揭示他们"论东方村社"写作背景、创作过程、主要文本以及这些文本在国内外的发行和传播情况。

第一章 马克思恩格斯"论东方村社"的写作背景

马克思恩格斯"论东方村社"有其深刻的理论和实践背景，与发展和完善整个马克思主义理论体系和推进无产阶级总体革命活动密切相关。

一 马克思恩格斯"论东方村社"的理论背景

从理论上说，马克思恩格斯"论东方村社"是为了创立、深化和完善整个马克思主义理论体系。

第一，马克思恩格斯"论东方村社"有助于完善唯物史观的艺术整体，进而深化和完善马克思主义理论体系。

唯物史观是马克思主义发展史上的第一个理论制高点。马克思一直将唯物史观视为一个艺术整体："不论我的著作有什么缺点，它们却有一个长处，即它们是一个艺术的整体。"① 但是，正如任何事物都有一个完善发展的过程一样，唯物史观也并非一开始就是尽善尽美的，而是随着实践和具体科学的发展而不断发展的。

一方面，马克思恩格斯"论东方村社"有助于深化对史前社会的科学认识。在创立唯物史观的初期，当时学术界关于史前社会的成果还不多见，马克思恩格斯对此也知之甚少，只能通过逻辑的推演来判断人类社会的发展历程，在一定程度上缺少实证科学的支撑，以至于他们一

---

① 《马克思恩格斯文集》第 10 卷，北京：人民出版社 2009 年版，第 231 页。

度强调"至今一切社会的历史都是阶级斗争的历史"①。显然,这一说法有失偏颇,因为后来的人类学家通过大量的实证考察和研究证明了史前社会并不存在阶级、阶级斗争和私有制。19世纪50年代,马克思恩格斯对中国、印度等东方国家的历史和现实进行深入研究,尤其是对印度村社的小生产制度开展了具体的历史的分析,并在此过程中发现了东方国家的土地所有制度不同于西方国家。19世纪60、70年代,随着人类学尤其是文化人类学进化论学派的兴起,大量关于史前社会和农村公社的著作不断问世。马克思恩格斯敏锐地觉察到了人类学著作的重要性,深入阅读和研究大量关于史前社会和俄国村社的著作,尤其是对俄国村社展开了较为详尽的研究。由于两类公社在社会结构上存在着类似性,通过对俄国村社为代表的东方村社的研究,可以为把握史前社会提供一个比较的样板,进而为发展和完善唯物史观的艺术整体提供了必要的条件。

另一方面,马克思恩格斯"论东方村社"有助于深化对亚细亚生产方式的研究,发展和完善唯物史观关于社会形态的理论。19世纪50年代初,马克思恩格斯在研究中国、印度等东方国家时,形成了亚细亚生产方式的思想,指出不存在土地私有制、血缘宗法制在社会生活中占统治地位和中央集权专制制度是亚细亚社会的主要特征。这里,令人十分困惑的现象是,土地公有制对应的应该是民主制度,但为什么在亚洲国家却导致中央集权专制制度的产生?这些都需要对亚细亚生产方式进行深入的思考和研究。在《资本主义生产以前的各种形式》中,马克思对亚细亚生产方式进行了集中的阐述,将其视为所有制的第一种类型,放在第二种类型即古代的所有制形式之前进行论述。在1859年发表的《〈政治经济学批判〉序言》中,马克思明确指出:"大体说来,亚细亚的、古希腊罗马的、封建的和现代资产阶级的生产方式可以看做是经济的社会形态演进

---

① 《马克思恩格斯文集》第2卷,北京:人民出版社2009年版,第31页。

的几个时代。"① 这里，亚细亚生产方式究竟是一个时间性的概念还是一个地域性的概念、是一个原生形态的概念还是一个次生形态的概念，仍然悬而未决。19世纪60、70年代，随着大量关于史前社会和俄国村社的著作的出现，为马克思恩格斯深化对亚细亚生产方式的研究奠定了必要的资料条件。同时，马克思恩格斯通过对俄国这个典型的半亚细亚社会的科学认识，通过以俄国村社为代表的东方村社的研究，有助于深化对亚细亚生产方式的研究，进而丰富和发展马克思主义社会形态理论。总之，马克思恩格斯在研究东方村社的过程中，提出并发展了亚细亚生产方式这一概念，将史前社会和东方社会科学地区分开来，将史前公社和农业公社科学地区分开来。

显然，马克思恩格斯"论东方村社"服从和服务于唯物史观的丰富和发展这一伟大的理论事业，是唯物史观整体性中必要而重大的一环。

第二，马克思恩格斯"论东方村社"有助于深化《资本论》的逻辑体系，进而完善和发展整个马克思主义理论体系。

剩余价值论是马克思主义发展史上第二个理论制高点。《资本论》的创作需要是马克思恩格斯研究东方村社的又一重要理论动因，也是他们研究俄国村社的直接理论动因。

1867年《资本论》第1卷出版后，在写作《资本论》后几卷有关土地所有制和地租章节的过程中，马克思发现，俄国存在着村社制度，其土地所有制和地租制度与西欧国家存在着很大差异。因此，为了深化《资本论》中关于土地所有制和地租章节的研究，马克思十分重视对俄国村社的研究，阅读了浩如烟海的著作和材料，并做了大量的笔记、批注和摘录。在1881年马克思开列的题为《我书架上的俄国书籍》的书单上就有120多种书，单是马克思在创作《资本论》第2卷的过程中为了弄清俄国的统计数字所查阅的资料就有两立方米之多。在1872年12月12日给丹尼尔逊的信中，马克思明确指出："在《资本论》第二卷

---

① 《马克思恩格斯文集》第2卷，北京：人民出版社2009年版，第592页。

关于土地所有制那一篇中,我打算非常详尽地探讨俄国的土地所有制形式。"① 而随着《资本论》第 2 卷出版的一再推迟,马克思在 1879 年 4 月 10 日给尼尔逊的信中也阐述了相关原因:"我不仅从**俄国**而且也从**美国**等地得到了大批资料,这些资料使我幸运地得到一个能够继续进行我的研究的'借口',而不是最后结束这项研究以便发表。"② 马克思这里提到的俄国资料主要是关于俄国土地制度的资料,因为俄国的土地制度与西欧的土地制度有很大的不同。当然,这只是《资本论》后几卷推迟出版的原因之一。由此可见,马克思对俄国村社关注时间之长和重视程度之深。

总之,马克思恩格斯对以俄国村社为代表的东方村社的研究在《资本论》的研究和创作过程中占据重要的地位,有利于深化和完善《资本论》的逻辑体系。

第三,马克思恩格斯"论东方村社"与马克思主义在以俄国为代表的东方国家的广泛传播及其引起的巨大影响和争议密切相关。

一方面,马克思主义在俄国得到广泛传播并产生了巨大的影响。1848 年革命后,马克思恩格斯一再强调,俄国是欧洲反动势力的最后堡垒,也是落后和反动的象征。因此,他们起初并没有意识到他们的思想能在俄国得到广泛传播并产生重大影响。但事实出乎意料。萨宗诺夫在 1860 年 5 月 10 日给马克思的信中指出:"您的成就在有思想的人中间享有崇高威望;如果有关您的学说在俄国得到广泛传播的消息能使您感到愉快,那我现在愿意告诉您:今年年初,某教授③在莫斯科举行了一系列关于政治经济学的公开讲演,第一次讲演就是介绍您最近发表的著作④。给您寄上一份《北方日报》,您可以看出您的名字在我的祖国受到多大重视。"⑤ 1867 年《资本论》第 1 卷出版后,西方资产阶级对

---

① 《马克思恩格斯全集》第 33 卷,北京:人民出版社 1973 年版,第 549 页。
② 《马克思恩格斯文集》第 10 卷,北京:人民出版社 2009 年版,第 433 页。
③ 伊·康·巴布斯特。
④ 马克思:《政治经济学批判》。
⑤ 《马克思恩格斯与俄国政治活动家通信集》,北京:人民出版社 1987 年版,第 34 页。

这一科学巨著保持缄默,妄图将其扼杀于无形之中。然而,在俄国这样一个政治专制、经济落后且无产阶级力量还很薄弱的国家,却以极快的速度率先组织人翻译《资本论》。马克思对此表示十分惊讶,并在1868年10月12日给路·库格曼的信中指出:"这是命运的捉弄:二十五年以来我不仅用德语而且用法语和英语不断地同俄国人进行斗争,他们却始终是我的'恩人'。1843—1844年在巴黎时,那里的俄国贵族给我捧场。我的反对蒲鲁东的著作(1847),以及由敦克尔出版的著作(1859)①,在任何地方都不如在俄国销售得多。第一个翻译《资本论》的外国又是俄国。"② 经过数年的准备,《资本论》第1卷的第一个外文译本即俄译本于1872年在俄国公开出版并产生了巨大的影响,"不仅在学者中间,而且更多是在对社会科学和人民的处境多少有点兴趣的人们中间传播;很多男教师和女教师都在读《资本论》,就是说,那些对自己的职业持严肃认真态度的人在读《资本论》"③。在此之前,马克思恩格斯的代表作《共产党宣言》的第一个外文译本即俄译本于1869年在俄国翻译出版,并被当时的西方人看做是著作界的奇闻。而由普列汉诺夫翻译的《共产党宣言》的俄文第二版也于1882年在俄国公开发行出版,马克思恩格斯还共同为这个版本写了序言。总之,马克思主义在俄国的广泛传播及其产生的重大影响直接改变了马克思恩格斯先前对俄国的看法,也促使他们对以俄国代表的东方社会重新进行思考和研究。

另一方面,马克思主义在俄国也引发了激烈的争论。随着马克思恩格斯的《哲学的贫困》、《政治经济学批判。第一分册》、《共产党宣言》和《资本论》等重要著作在俄国的出版和传播,俄国社会对马克思主义有了更为全面和深刻的了解,一些革命者力图用马克思主义来指导俄国革命,在此过程中也引起了社会各阶层激烈的论战。以《资本论》在俄国的出版和传播为例,这部巨著在成为每个知识分子甚至是大家闺秀案头的必备书的同时,也引起了热烈的论战,茹柯夫斯基和契切林反

---

① 指卡·马克思的《哲学的贫困》、《政治经济学批判》。
② 《马克思恩格斯全集》第32卷,北京:人民出版社1974年版,第554页。
③ 《马克思恩格斯与俄国政治活动家通信集》,北京:人民出版社1987年版,第349页。

对马克思,季别尔和米海洛夫斯基支持马克思。这次论战持续了很长时间,也是促使马克思1877年写作《给〈祖国纪事〉杂志编辑部的信》的直接动因。与此同时,《资本论》在俄国的出版和传播也促使俄国人对农村公社进行了新的思考和争论,查苏利奇1881年2月16日给马克思的信中指出:"看来有一件事您是不知道的,这就是您的《资本论》在我们关于俄国土地问题和我国农村公社问题的争论中所起的作用。您了解得比谁都清楚,在俄国这个问题是多么重要,多么引人注目。"① 可见,村社问题对于俄国社会具有极端重要性,而《资本论》则在俄国关于村社的争论中发挥了重大作用。查苏利奇的信直接促使了马克思系统地阐述他长期关于俄国村社的研究和看法。在给查苏利奇复信的过程中,马克思曾四易其稿,加上最终的复信共有五稿,这在他的生平中仅此一次。

总之,马克思主义在以俄国为代表的东方国家的传播及其引起的巨大影响和争议直接促使马克思恩格斯去探讨产生这一现象的内在原因,并抓住东方村社这把理解整个东方社会的钥匙对之进行探讨。

二 马克思恩格斯"论东方村社"的实践背景

从实践上说,马克思恩格斯"论东方村社"与世界范围内尤其是东方国家的无产阶级革命运动和民族解放运动的兴起和发展密切相关,从根本上服从和服务于无产阶级和全人类解放运动的伟大事业。

第一,马克思恩格斯"论东方村社"与西欧无产阶级革命暂时陷入低潮而东方国家革命的兴起和发展密切相关。

马克思恩格斯是着眼于世界历史的整体性来看待东西方革命的关系的,他们也是从这个角度介入东方村社问题的。1848年欧洲革命失败后,西欧无产阶级革命暂时陷入低潮,西欧资本主义国家进入了相对稳定的发展时期。而在19世纪50、60年代,以中国、印度为代表的东方国家革命却呈现出一番新的气象。中国不仅于1853—1856年间发生了

---

① 《马克思恩格斯与俄国政治活动家通信集》,北京:人民出版社1987年版,第377页。

反抗封建专制统治的太平天国起义，还于1856年爆发了反抗英、法等西方国家侵略的第二次鸦片战争，沉重地打击了清王朝的封建专制统治和帝国主义的殖民入侵。印度于1857—1859年间爆发了全国性的反抗英国殖民统治的民族大起义，直接促使了英国殖民当局改变对印度的统治形式。在马克思恩格斯看来，东方国家革命运动宣告了亚洲革命纪元的到来，这也促使他们对中国、印度等东方国家历史和现实进行深入研究，并在此过程中提出了农村公社是东方专制主义的基础、英国在印度要完成双重的使命、东西方革命的互补等重要思想。同时，俄国的革命形势也在不断高涨。1856年，俄国在克里木战争中的失败进一步激化了俄国国内的各种矛盾。1861年，俄国进行的农奴制改革更加加剧了俄国社会的各种矛盾，尤其是资本主义生产方式和俄国原有的社会内部结构之间的尖锐矛盾。在此背景下，俄国社会矛盾空前激化，使俄国处于革命的前夜，俄国革命对西欧无产阶级革命的推动作用似乎也指日可待。因此，马克思恩格斯对俄国村社和俄国社会发展道路进行了深入研究，着重探讨俄国如何爆发推翻沙皇专制统治制度的革命，从而为西欧的无产阶级革命运动和民族解放运动扫除障碍，并在此基础上推动西欧无产阶级革命的发生，实现东西方革命的互补。

总之，马克思恩格斯对俄国、中国和印度等东方国家村社的研究是与这些国家的革命运动和民族解放运动紧密相连的，服从和服务于世界范围内的无产阶级革命运动和民族解放运动的兴起和发展。

第二，马克思恩格斯"论东方村社"是对1848年欧洲革命和1871年巴黎公社革命失败的科学反思和科学解答。

在无产阶级革命的过程中，必须建立无产阶级的同盟军。如果没有农民的配合和支持，无产阶级将变成孤鸿哀鸣。这不仅在国内层面上是适用的，而且在国际层面上也具有重大意义。马克思恩格斯"论东方村社"与之密切相关。1848年爆发的欧洲革命与欧洲的无产阶级运动和民族解放运动紧密相连，取得了重要的成果，但在以沙皇俄国为首的欧洲反动势力的联合绞杀下最终以失败告终。1871年巴黎公社革命是无产阶级夺取政权的第一次伟大尝试，在无产阶级总体实践中占有十分重要的地位。巴黎公社失败的直接原因是法国和普鲁士的反动势力的联合绞杀。同时,巴黎公社之所以失败,还在于在巴黎之外的外省没有爆发支持公社的革命,没有得到农民的配合和支持。此外,巴黎公社之所以失败,就在于在国外的柏林、马德里以及其他一切主要中心,没有爆发与巴黎公社的高水平相适应的伟大的革命运动。概言之,1848年欧洲革命和1871年巴黎公社的失败的重要原因都是反动势力的联合绞杀,表明欧洲的反动势力在镇压无产阶级革命运动和民族解放运动中一再结成反动同盟,也更加凸显了无产阶级必须建立自己的同盟军尤其是世界范围内同盟军以打破资产阶级的反动同盟的重要性。而无产阶级要建立世界范围内的同盟军,必须做到以下两点:一是各国无产阶级必须与本国农民结成牢固的工农联盟,以反抗本国资产阶级的反动统治;二是无产阶级革命运动也要和世界范围内的民族解放运动联合起来,共同反抗资产阶级的反动统治,实现东西方革命的互补。如果没有这两个方面的同盟军,无产阶级革命必然孤掌难鸣。

马克思恩格斯对俄国、中国和印度等东方国家的研究对于推动无产阶级建立世界范围内的同盟军具有重要的意义。由于东方村社的存在,小生产方式在俄国、中国和印度等东方各国仍然占重要地位,直接导致了这些国家中农民占总人口的绝大部分而工人阶级的力量则较为薄弱的现象。例如,中国的太平天国起义本质上还是一场旧式的农民战争。因此,马克思恩格斯"论东方村社"有两方面的重要意义:一方面,可以进一步认识东方国家的阶级力量对比,对于东方国家工人阶级力量壮大后成立无产阶级政党并领导农民阶级建立工农联盟,进而推翻本国反动阶级和外国侵略势力的统治具有重要的价值;另一方面,马克思恩格斯不断强调俄国、中国等国家发生革命对于欧洲革命的重要作用,尤其是19世纪70年代后更是一再强调俄国革命的爆发对于推动西方无产阶级革命发生的重要作用,同时指出东西方革命互补对于俄国在村社基础上进入更高形态社会的前提性作用。这对于我们认识和把握世界历史条件下东西方革命互补具有重要的意义。

总之,在总结1848年欧洲革命和1871年巴黎公社运动失败的经验教训的基础上，马克思恩格斯充分认识到，研究东方村社、建立世界范围内的无产阶级革命同盟军、探索东西方革命互补是无产阶级总体实践中的基础工作和关键环节，将无产阶级总体实践活动推向了一个新的高度。

  总之，马克思恩格斯"论东方村社"不是发思古之幽情，不是充满了不可饶恕的学究气，而是丰富和完善马克思主义理论体系的必要环节，是推进无产阶级总体实践活动的重要之举，有其内在的必然性。

第二章　马克思恩格斯"论东方村社"的历史进程

从19世纪40年代到90年代,马克思恩格斯对东方村社展开了长期深入的研究,撰写了大量的著作、文章、通信和摘录。这里,我们从马克思恩格斯"论东方村社"的历史进程及其思想发展的内在逻辑脉络出发,将其创作过程分为四个阶段进行考察。

一　马克思恩格斯"论东方村社"的萌芽阶段

19世纪40年代为马克思恩格斯"论东方村社"的第一个阶段,即萌芽阶段。

在这一时期,虽然马克思恩格斯还没有对俄国、中国和印度等东方国家展开具体的专门的研究,但他们的视野还是涉猎到了这片广袤的土地。

围绕着唯物史观的初步创立和发展,马克思恩格斯从理论上对社会形态的更迭演替和人类社会发展规律进行了初步的探索,并在此过程中初步分析了东方国家的历史命运,形成了包括《德意志意识形态》(1845—1846)、《雇佣劳动和资本》(1847)和《共产党宣言》(1848)在内的一系列重要理论成果。在《德意志意识形态》中,马克思恩格斯将所有制的形式分为部落所有制、古典古代的公社所有制和国家所有制、封建的或等级的所有制三种。在《雇佣劳动和资本》中,马克思明确指出:"**古典古代**社会、**封建**社会和**资产阶级**社会都是这样的生产关系的总和,而其中每一个生产关系的总和同时又标志着人类历史发展中的一个特殊阶段。"① 在《共产党宣言》中，马克思恩格斯不仅强调"至今一切社会的历史都是阶级斗争的历史"②，还指出了东方国家的历史命运和发展前景，强调资产阶级"使未开化和半开化的国家从属于文明的国家，使农民的民族从属于资产阶级的民族，使东方从属于西方"③。这三个"从属于"揭示了世界资本主义体系发展的不平衡性，构成了依附论的理论原生态。显然，在当时的历史条件下，马克思恩格斯对社会形态的演进和人类社会发展规律的初步探索还缺少实证材料和具体科学的支撑，仍然存在许多不完善的地方，包括对阶级斗争在人类社会发展中的作用和东方国家的历史命运等论断的分析。此外，在《共产主义原理》和《1847年11月30日在伦敦德意志工人教育协会的演说记录》中，恩格斯也一再强调世界历史条件下机器大工业对中国和印度等东方国家封闭性和停滞性的冲击和革命性影响，强调西方资本主义国家将中国、印度从半野蛮的状态卷入文明之中。这里，恩格斯主要强调的是世界历史的整体性和正面作用，而没有触及到其野蛮性和破坏性。

总之，唯物史观的初步创立和发展为马克思恩格斯深入研究东方村社奠定了必要的理论基础和科学的方法论指导；同时，创立和完善唯物史观也内在地提出了研究东方村社的理论任务。

二 马克思恩格斯"论东方村社"的深化阶段

从19世纪50年代至1867年《资本论》第1卷出版，为马克思恩格斯"论东方村社"的第二阶段，即深化阶段。

从19世纪50年代开始，马克思恩格斯对俄国、中国、印度等东方国家的历史和现状进行了深入的研究。

第一，马克思恩格斯对俄国进行了深入的研究。早在1850—1855

---

① 《马克思恩格斯文集》第1卷，北京：人民出版社2009年版，第724页。
② 《马克思恩格斯文集》第2卷，北京：人民出版社2009年版，第31页。
③ 同上书，第36页。

年，恩格斯就学习和研究斯拉夫各民族的语言和历史，以便在斯拉夫国家尤其是俄国革命来临时，能对"那些恰好立即就会与之发生冲突的民族的语言、历史、文学以及社会制度的特点有所了解"①。他不仅学习了俄语、塞尔维亚克罗地亚语、斯洛文尼亚语和捷克语，还研究了斯拉夫各民族的历史和文学，尤其是研究了一系列关于俄国和斯拉夫各民族的历史的德文、俄文和其他文字的书籍和材料，并阅读了哈克斯特豪森和赫尔岑等人的书籍。1853—1857年，马克思不仅研究了文化史和斯拉夫人历史，阅读了加利阿尼、瓦克斯穆特、考尔福斯等人的著作并作了摘录，还研究了斯拉夫民族历史方面的书籍，对斯拉夫人的文化史以及古代俄罗斯的文化深感兴趣，并在给恩格斯的信中对斯拉夫学方面的著作进行了批判性的评价，还在研究俄国历史的过程中编制了公元973年至1676年的俄国历史事件一览表。可见，马克思恩格斯对俄国的历史、文化和语言等方面的问题展开了深入的研究。同时，马克思恩格斯还为《纽约每日论坛报》、《每日新闻》、《新奥得报》等报刊撰写了一系列关于沙皇对外侵略扩张、俄国外交、克里木战争、俄国农奴制问题和反对泛斯拉夫主义等涉及俄国经济社会军事外交方方面面的评论和文章，成为地地道道的俄国问题领域的专家，为他们之后对俄国村社和俄国发展道路的研究和探索奠定了必要的学术基础。

第二，马克思恩格斯对中国、印度等国家进行了深入的研究。19世纪50年代开始，马克思恩格斯对中国、印度等国家的经济社会状况和发展前景展开了深入研究。这一研究的直接动因是英国议会将于1853年6月2日讨论英国今后在印度的统治形式问题，即是否给东印度公司续发特许状，因为英国先前对印度的统治是采取给东印度公司颁发特许状、以东印度公司的名义进行的，而1854年4月30日是东印度公司特许状的截止日期。东印度公司是存在于1600—1858年的英国贸易公司，是英国在印度、中国以及亚洲其他国家经营垄断贸易、推行殖民主义掠夺政策的工具。从18世纪中叶起，公司拥有军队和舰队，成为

---

① 《马克思恩格斯文集》第10卷，北京：人民出版社2009年版，第107—108页。

巨大的军事力量。在公司的名义下，英国殖民主义者完成了对印度的占领。该公司长期控制着同印度进行贸易的垄断权和印度最主要的行政权。它的贸易和行政特权由英国议会定期续发的公司特许状规定。同时，这一研究与马克思的经济学研究以及太平天国起义和第二次鸦片战争、印度1857—1859年民族大起义的兴起和发展密切相关。因此，1853年4—5月，马克思研究了亚洲殖民地和附属国的历史和发展前途问题，阅读和摘录了麦克库洛赫、克雷姆、贝尔尼埃、萨尔蒂科夫的著作以及其他有关中国和印度的历史和经济的著作，还研究了英国议会的蓝皮书和东印度公司的历史。马克思十分推崇贝尔尼埃的著作和观点，不仅从他那里发现了不存在土地私有制是东方一切现象的基础，还就此问题与恩格斯在书信中进行了深入的探讨。同时，马克思恩格斯还详细地考察了中国太平天国起义和第二次鸦片战争、印度民族大起义等重大历史事件，并撰写了一系列评论和文章。

这一阶段，马克思恩格斯"论东方村社"取得了两方面的丰富成果。一方面，马克思恩格斯撰写了一系列具体论述俄国、中国和印度等国家的文章和评论，大多发表在《纽约每日论坛报》上。关于中国的文章主要包括马克思的《中国革命和欧洲革命》（1853）、《俄国的对华贸易》（1857）、《英人在华的残暴行动》（1857）、《鸦片贸易史》（1858）、《英中条约》（1858）、《中国和英国的条约》（1858）、《新的对华战争》（1859）、《对华贸易》（1859），恩格斯的《波斯和中国》（1857）、《俄国在远东的成功》（1858）等。关于印度的文章主要包括马克思的《不列颠在印度的统治》（1853）和《不列颠在印度统治的未来结果》（1853）等。关于俄国的文章主要包括马克思的《关于俄国农民的解放》（一、二）（1858）等。

另一方面，马克思恩格斯从理论高度对东方国家生产方式、社会形态和社会发展规律进行了深入考察，撰写了大量的通信、文章和著作。例如，1853年6月2日、6日和14日马克思恩格斯之间的通信往来、《资本主义生产以前的各种形式》（1857—1858）、《〈政治经济学批判〉序言》（1859）以及《资本论》第1卷第1版序言（1867）等。在此过程中，马克思恩格斯在发现东方国家与西方资本主义国家在土地所有制方面存在着很大的不同的基础上，提出了亚细亚生产方式这一著名概念，强调不存在土地私有制、血缘宗法制在社会生活中占统治地位和中央集权专制制度是亚细亚社会的主要特征，明确地揭示出东方社会不同于西方社会的社会结构特征。同时，马克思还对前资本主义社会的生产方式进行了详细的研究，明确指出了人类社会依次发展演进的几个阶段，具有重要的理论意义。但是，马克思恩格斯还没有十分明确提出东方国家可以走不同于西方的发展道路，马克思在1867年《资本论》第1卷第1版序言中继续强调："工业较发达的国家向工业较不发达的国家所显示的，只是后者未来的景象。"① 这里，马克思主要强调的是社会发展的客观性、统一性和普遍性，还没有过多地考虑社会发展方式的选择性、多样性和特殊性。这是由当时主要是确立历史唯物主义的唯物主义方面的理论任务决定的。

总之，在这一阶段，马克思恩格斯"论东方村社"取得了重要的理论成果，在"论东方村社"思想进程中居于承前启后的关键性地位。

三 马克思恩格斯"论东方村社"的形成阶段

从1867年《资本论》第1卷出版至1883年，为马克思恩格斯"论东方村社"的第三个阶段，即形成阶段。

马克思恩格斯以俄国村社为典型，对东方村社展开了全面深入的研究，形成了一套关于东方村社的科学理论设想。

《资本论》第1卷出版后，马克思在撰写《资本论》后几卷的过程中，发现俄国的土地所有制和西欧国家存在着很大不同。为了继续《资本论》中有关土地所有制和地租章节的研究，马克思非常重视俄国村社在俄国社会经济制度中的地位和作用，并自学了俄语，阅读了包括弗列罗夫斯基、车尔尼雪夫斯基等人关于俄国工人阶级和俄国公社土地占有

---

① 《马克思恩格斯文集》第5卷，北京：人民出版社2009年版，第8页。

制的著作。单是在1873年，马克思就阅读和研究了戈洛瓦乔夫的《1861—1871年的十年改革》、斯克列比茨基的《皇帝亚历山大二世时期的农民状况》、车尔尼雪夫斯基的《赎买土地困难吗?》、谢韦尔策夫对契切林的著作《俄国的农村公社》的评论、谢尔盖也维奇的《市民会议和公爵》、斯卡尔金的《在穷乡僻壤和在首都》、涅沃林的《俄罗斯民法史》、卡拉乔夫的《古代和当代俄国的劳动组合》等著作和文章。马克思恩格斯还阅读了德国历史学家毛勒论述俄国村社的著作，并对之进行了深入的研究和探讨。同时，在对俄国村社进行典型研究的基础上，马克思恩格斯还研究了印度公社、欧洲马尔克、日耳曼公社和史前公社等问题，形成了丰富的理论成果。此外，1879—1880年，马克思收集了大量的史料，编写了从公元664年至1858年的《印度历史编年大事记》，其中尤其注意英国人征服和奴役印度的历史。可见，在这一时期，从世界历史视野出发，马克思恩格斯十分重视对东方村社的研究。

马克思恩格斯撰写了大量涉及东方村社的通信、文章和摘录，主要包括马克思的《给〈祖国纪事〉杂志编辑部的信》（1877）、《马·柯瓦列夫斯基〈公社土地占有制，其解体的原因、进程和结果〉（第一册，1879年莫斯科版）一书摘要》（1879—1880）、《路易斯·亨·摩尔根〈古代社会〉一书摘录》（1880—1881）、《约·拉伯克〈文明的起源和人的原始状态〉（1870年伦敦版）一书摘要》（1881）、《给维·伊·查苏利奇的复信》及其草稿（1881）、《亨利·萨姆纳·梅恩〈古代法制史讲演录〉（1875年伦敦版）一书摘要》（1881）、《约翰·菲尔爵士〈印度和锡兰的雅利安人村社〉（1880年版）一书摘要》（1881）以及《关于俄国一八六一年改革和改革后的发展的札记》（1881—1882），恩格斯的《论俄国的社会问题》及其导言（1875）、《论德意志人的古代历史》（1878—1882）、《法兰克时代》（1878—1882）、《马尔克》（1882），马克思恩格斯合写的《〈共产党宣言〉俄文第二版序言》（1882），以及马克思恩格斯与丹尼尔逊、拉甫罗夫等俄国革命者的大量通信。在此过程中，马克思恩格斯全面系统地阐述了他们关于东方村社的观点和看法，明确提出了"不通过资本主义卡夫丁峡谷"、"历史哲学理论的最大长处就在于它是超历史的"等重要命题和科学设想，强调以俄国为代表的东方国家可以走出一条不同于西欧资本主义起源的发展道路，将他们对东方村社的研究推向了一个新的高度，也标志着他们创立了一套相对完善的关于东方村社的科学设想。

总之，从《资本论》第1卷的出版尤其是1871年巴黎公社革命的爆发到1883年马克思的逝世，是马克思恩格斯"论东方村社"的形成阶段。

四 马克思恩格斯"论东方村社"的完善阶段

从1883年马克思逝世至1895年恩格斯逝世，为马克思恩格斯"论东方村社"的第四个阶段，即完善阶段。

马克思逝世后，在资本主义迅速发展、以俄国村社为代表的东方村社正在不断走向解体和灭亡、以俄国为代表的东方国家无产阶级力量不断壮大并成立无产阶级政党等新的历史条件下，恩格斯对以俄国村社为代表的东方村社展开了进一步的研究。同时，恩格斯一直关注中国、印度等国家的情况，一再强调在世界市场形成的情况下，中国和印度这样的国家因小农经济的瓦解而出现大量移民的情况将对整个世界产生重大的革命性影响。此外，恩格斯密切关注中日甲午战争，并对这场战争给中国和整个世界可能产生的影响进行了深入的分析。

恩格斯对东方村社的深入探索形成了丰富的理论成果。关于俄国村社的论述主要包括恩格斯与丹尼尔逊、查苏利奇、普列汉诺夫等人的通信、《俄国沙皇政府的对外政策》（1889—1890）、《关于原始家庭的历史（巴霍芬、麦克伦南、摩尔根）》（1891）、《"'人民国家报'国际问题论文集（1871—1875）"序》、《〈论俄国的社会问题〉跋》（1894）、《论早期基督教的历史》（1894）、《法德农民问题》（1894）等。关于中国尤其是甲午战争可能产生的影响的论述，主要包括恩格斯1894年9月给劳拉·拉法格、考茨基和左尔格等人的通信。同时，在整理马克思的遗稿尤其是马克思《路易斯·亨·摩尔根〈古代社会〉一书摘录》的过程中，恩格斯创作完成了唯物史观的科学巨著——《家庭、私有制和国家的起源》（1884，以下简称《起源》）。《起源》科学地揭示了原始社会的解体过程和阶级社会的形成过程，明确提出了人自身生产的理论，从而在丰富和发展唯物史观的基础上，正式确立了马克思主义史前社会理论的科学形态。由于史前社会和东方社会在社会结构上存在着类似性，这样，《起源》同时就为确立马克思恩格斯"论东方村社"的科学形态——马克思主义东方社会理论提供了科学的理论基础。此外，在整理和出版《资本论》后几卷的过程中，恩格斯也将马克思《资本论》后几卷中的"论东方村社"思想公之于众。

总之，恩格斯在这一阶段对东方村社的研究，不仅在新的历史条件下丰富和发展了马克思主义理论体系，还驳斥了当时许多人对马克思恩格斯东方村社理论的质疑和曲解，表明了马克思恩格斯"论东方村社"的一致性、互补性和连贯性。

在马克思恩格斯开创的"论东方村社"的基础上，马克思恩格斯的后继者在一定程度上丰富和发展了马克思恩格斯"论东方村社"的思想内涵。例如，法国社会主义者保尔·拉法格于1895年和1909年撰写了《财产及其起源》和《思想起源论》两本书。在《财产及其起源》中，拉法格运用历史唯物主义的观点，探讨了财产的起源及其在人类社会发展各个阶段中所发生的演变情况。拉法格运用了大量的实证材料论证了原始社会公有制的存在，并从财产起源和发展的角度论证了共产主义的必然性。"从史前期的简单的和粗糙的共产主义发展起来的人类社会将回到复杂的、科学的共产主义；而当资本主义的文明消灭了财产的私人性质之后，这就准备了共产主义的因素。"① 在《思想起源论》中，拉法格非常重视自然环境和社会环境在人类社会发展过程中的作用，指出人之所以不同的唯一原因是在于他们生活的自然环境的差异性，以及

---

① 〔法〕保尔·拉法格：《财产及其起源》，北京：生活·读书·新知三联书店1962年版，第163页。

这种环境与人们已经达到的技术水平之间的相互作用的差异性。德国社会主义者卡尔·考茨基于 1898 年撰写了《土地问题》一书。在书中，他不仅利用了英国、法国和德国的农村调查资料，还利用了美洲的农村调查资料，对资本主义社会中农村经济的发展和社会民主主义的土地政策展开了详细的分析和论述。俄国著名的马克思主义者普列汉诺夫在 1899 年到 1900 年撰写的《论艺术》（又称《没有地址的信》）中，对美洲、澳洲原始的土族的艺术展开了详细的论述，强调了生产力的发展、劳动和地理环境在原始艺术发展过程中的重要作用。列宁、斯大林在领导苏联人民进行社会主义革命和建设的同时，就被压迫民族的解放问题发表了一系列重要的意见。在半殖民地半封建的社会中，中国化马克思主义在争取民族解放和阶级解放方面进行了创造性的探索，最终走上了中国特色社会主义的道路。第二次世界大战后，以多斯桑托斯、沃勒斯坦、阿明等人为代表的新马克思主义兴起。他们吸收和借鉴了马克思恩格斯"论东方村社"的思想，并在此基础上提出了"依附"理论和"世界体系"理论。概言之，马克思恩格斯"论东方村社"是一个开放的理论体系，是随着实践的发展而不断向前发展的。

总之，马克思恩格斯"论东方村社"是一个与时俱进的过程，也是一个根据各个阶段的具体情况开展具体问题具体分析的过程。只有完整准确地梳理出其创作过程以及每个阶段的主要文本和思想，我们才能进一步揭示马克思恩格斯"论东方村社"的科学内涵和当代价值。

第三章　马克思恩格斯"论东方村社"国外主要版本和传播情况

马克思恩格斯"论东方村社"文本命运命途多舛。有的是在马克思恩格斯生前公开发表的，有的是在他们身后历经坎坷才得以公开问世的，有的至今还没有问世。厘清马克思恩格斯"论东方村社"国外主要版本和传播情况对于我们研究和掌握马克思恩格斯"论东方村社"和整个马克思主义理论体系都具有重要意义。

这里，我们的研究和叙述主要坚持以下两个原则：一是主要论述马克思恩格斯涉及俄国村社、中国和印度村社的重要的、有代表性的文本，同时兼顾其他文本；二是主要梳理这些文本第一次公开发表和传播的情况，以及在条件允许的情况下，梳理一些重要文本在各国的发表和传播情况。

一　马克思恩格斯"论俄国村社"文本的国外版本和传播

在国外尤其是在西方，马克思恩格斯"论俄国村社"文本的发行和传播历经坎坷。

恩格斯论俄国村社的国外主要版本和传播情况。这里，我们主要介绍恩格斯的《论俄国的社会问题》系列文章的版本和传播情况。这组文章都是恩格斯用德文撰写的，主要包括《论俄国的社会问题》（1875）、《〈论俄国的社会问题〉一书导言》（1875）和《〈论俄国的社会问题〉跋》（1894）三篇文章。《论俄国的社会问题》一文写于1875

年3月底—4月中，是恩格斯第一次系统地论述俄国村社和俄国发展道路的文章，在马克思恩格斯"论东方村社"中占有重要的地位。该文分三次载于1875年4月16、18、21日《人民国家报》第43、44、45号上，并于1875年6月底或7月初在莱比锡出版了单行本。恩格斯1875年5月写的《〈论俄国的社会问题〉一书导言》一文也收进了这个单行本。此外，1894年柏林出版的恩格斯的《〈人民国家报〉国际问题论文集（1871—1875）》一书，收录了《论俄国的社会问题》一文；为此，恩格斯专门写了一篇跋，即《〈论俄国的社会问题〉跋》，也收入到该书中。另外，在《〈人民国家报〉国际问题论文集（1871—1895）序》中，恩格斯专门介绍了《论俄国的社会问题》的相关情况和《〈论俄国的社会问题〉跋》的写作动因和主要观点。《〈论俄国的社会问题〉跋》是恩格斯最后一次系统地论述俄国村社和俄国发展道路的总结性著作，具有总结性的地位和意义。同时，《论俄国的社会问题》和《〈论俄国的社会问题〉跋》被收进《弗里德里希·恩格斯论俄国》的小册子中，由查苏利奇译成俄文后于1894年由劳动解放社在日内瓦出版，普列汉诺夫还专门为小册子撰写了序。

同时，恩格斯于1889年12月23日—1890年2月底用德文撰写了《俄国沙皇政府的对外政策》一文，共分为三章。该文译成俄文后，以《沙皇政府的对外政策》为题分两次刊登于《社会民主党人》杂志上，其中第一章刊登于1890年2月出版的《社会民主党人》杂志第1期，后两章刊登于8月出版的该杂志第2期。在此期间，1890年《新时代》第8年卷第4期发表了《沙皇政府的对外政策》的前两章，但是该杂志编辑部未经恩格斯的同意，擅自对文章作了修改，歪曲了恩格斯对俄国和普鲁士的统治集团所做的评论。对此，恩格斯在1890年4月1日给《新时代》杂志编辑卡·考茨基和出版人约·亨·狄茨的信中，对他们的做法表示了强烈的抗议，并要求按照文章原稿重新刊登前两章。于是，《新时代》杂志1890年第5期将前两章按原稿和第三章内容一起刊登，即刊登了这篇文章的全文。同时，这篇文章还由恩格斯亲自译成英文，发表于1890年《时代》杂志4月号和5月号上。在翻译过程中，恩格斯还对该文作了一定的修改和补充，使之更为完善。

马克思论俄国村社的国外主要版本和传播情况。这里，我们主要介绍《给〈祖国纪事〉杂志编辑部的信》(1877)、《给维·伊·查苏利奇的复信》及其草稿(1881)、《关于俄国一八六一年改革和改革后的发展的札记》(1881—1882)的国外主要版本和传播情况。与恩格斯的《论俄国的社会问题》的系列文章不同的是，马克思的上述文本在其生前都没有公开发表。其一，马克思1877年10—11月用法文撰写的《给〈祖国纪事〉杂志编辑部的信》本来是准备在俄国发表的，但是他"没有把它寄到彼得堡去，因为他担心，光是他的名字就会使刊登他的这篇答辩文章的刊物的存在遭到危险"①。马克思逝世后，恩格斯在整理马克思的资料时发现了这封信，并将该信的一个副本附在1884年3月6日给查苏利奇的信中一并寄出。该信最初可能由查苏利奇译成俄文，曾以石印和胶版誊写版两种形式先后在俄国出版，但这两次的出版物大部分落入警察手中。该信第一次公开发行传播是用俄文发表在1886年日内瓦的《民意导报》第5期上；该信还由丹尼尔逊译成俄文于1888年10月发表在俄国合法刊物《司法通报》杂志上。此外，1886年还出版过这封信的两种波兰文本；这封信的德译文发表在1887年5月3日《纽约人民报》第5号，同年6月3日又转载于苏黎世《社会民主党人报》第23号。② 其二，马克思1881年2月18日—3月8日之间用法文写作了《给维·伊·查苏利奇的复信》及其四个草稿。该信的起因是，查苏利奇1881年2月16日给马克思的信中请求马克思谈论一下对俄国村社的历史命运和俄国社会发展前景的看法，并请求将马克思的回信在俄国公开发表。从时间上看，马克思接到查苏利奇的信后就着手回信，写了四个草稿和一个正式复信，并在复信中强调"承蒙您向我提出问题，但很遗憾，我却不能给您一个适合于发表的简短说明"③。因此，这封复信及其草稿在马克思生

---

① 《马克思恩格斯全集》第36卷，北京：人民出版社1974年版，第123页
② 参见《马克思恩格斯文集》第3卷，北京：人民出版社2009年版，第687—688页。
③ 同上书，第589页。

前并没有发表，它们第一次公开问世是用俄文发表在《马克思恩格斯文库》1924年版第1卷上。其三，马克思的1881—1882年间用德文和英文撰写的《关于俄国一八六一年改革和改革后的发展的札记》第一次用俄文发表于《马克思恩格斯文库》1952年版第12卷上。

马克思恩格斯于1882年1月21日为普列汉诺夫翻译的《共产党宣言》撰写了一篇序言，即《〈共产党宣言〉俄文第二版序言》一文。这篇序言的原文是德文，最初用俄文发表于1882年2月5日的俄国的《民意》杂志。附有这篇序言的《共产党宣言》俄文版单行本于1882年在日内瓦作为《俄国社会革命丛书》之一出版。1882年4月13日，德国社会民主党中央机关报《社会民主党人报》第16号发表了这篇序言，因找不到德文原稿，只能请阿克雪里罗得再从俄文转译成德文。在《共产党宣言》1890年德文版序言中，恩格斯全文引用了他本人由俄文转译成德文的这篇序言。这篇序言的德文手稿直到20世纪30年代才被重新发现，首次发表于莫斯科外国文书籍出版局1939年出版的德文版《共产党宣言》中。①同时，由德国社会民主党人编辑的《马克思、恩格斯与丹尼尔逊通信集》于1906年由狄茨出版社出版。该通信集系统收录了马克思恩格斯与俄国革命者、《资本论》第1卷俄文版译者丹尼尔逊的通信，其中包括马克思恩格斯与丹尼尔逊之间众多关于俄国村社的通信。

在编辑《马克思恩格斯全集》俄文版的过程中，上述重要文献都编入了相应的卷次中。

二　马克思恩格斯论中国和印度文本的国外版本和传播

马克思恩格斯在研究中国和印度村社的过程中留下了大量的文本。尤其是在19世纪50年代，马克思恩格斯为《纽约每日论坛报》等报刊撰写了大量关于中国问题和印度村社的文章和评论。这里，我们简要梳

---

① 参见《马克思恩格斯文集》第2卷，北京：人民出版社2009年版，第699页。

理一下马克思恩格斯论述中国问题和印度村社的主要文本的国外主要版本和传播情况。

马克思恩格斯论中国问题国外主要版本和传播情况。这里，我们按时间顺序简要梳理马克思恩格斯19世纪50年代用英文撰写的关于中国问题的主要文章。马克思于1853年5月31日前后撰写了《中国革命和欧洲革命》一文，作为社论载于1853年6月14日《纽约每日论坛报》第3794号；马克思于1857年3月18日前后撰写了《俄国的对华贸易》一文，作为社论载于1857年4月7日《纽约每日论坛报》第4981号；马克思于1857年3月22日前后撰写了《英人在华的残暴行动》一文，作为社论载于1857年4月10日《纽约每日论坛报》第4984号；恩格斯于1857年5月20日前后撰写了《波斯和中国》一文，载于1857年6月5日《纽约每日论坛报》第5032号；马克思于1858年8月31日—9月3日撰写了《鸦片贸易史》（一、二），作为社论载于1858年9月20日和25日《纽约每日论坛报》第5433号和5438号；马克思于1858年9月10日撰写了《英中条约》一文，作为社论载于1858年10月5日《纽约每日论坛报》第5446号；马克思于1858年9月20日撰写了《中国和英国的条约》一文，载于1858年10月15日《纽约每日论坛报》第5445号；恩格斯于1858年10月25日前后撰写了《俄国在远东的成功》一文，作为社论载于1858年11月18日《纽约每日论坛报》第5484号；马克思于1859年9月13、16、20和30日撰写了《新的对华战争》（一、二、三、四），载于1859年9月27日，10月1、10和18日《纽约每日论坛报》第5750、5754、5761和5768号；马克思于1859年11月中撰写了《对华贸易》一文，载于1859年12月3日《纽约每日论坛报》第5808号，等。

1937年，莫斯科外国工人出版社用中文出版了《马克思恩格斯论中国》一书，译者是方乃宜。该书将上述文献一概收入的同时，还收录了马克思恩格斯在《资本论》和其他著作中关于中国的论述，是第一部中文版的马克思和恩格斯关于中国问题的论文集。由于这个版本当时很难运送到中国来，我国于1938年用解放社和中国出版社的名义分别在延安和汉口出版了该书。

马克思恩格斯论印度村社国外主要版本和传播情况。这里，我们简要介绍一下马克思 1853 年用英文撰写的《不列颠在印度的统治》和《不列颠在印度统治的未来结果》两篇文章。《不列颠在印度的统治》写于 1853 年 6 月 7 日—10 日之间，载于 1853 年 6 月 25 日《纽约每日论坛报》第 3804 号；《不列颠在印度统治的未来结果》写于 1853 年 7 月 22 日，载于 1853 年 8 月 8 日《纽约每日论坛报》第 3840 号。

1950 年，莫斯科外国文书籍出版局用英文出版了《马克思恩格斯选集》，其中收录了《不列颠在印度的统治》和《不列颠在印度统治的未来结果》两篇文章。

1954 年，莫斯科外国工人出版社用中文出版了《马克思恩格斯文选》第 1 卷，其中收录了《不列颠在印度的统治》和《不列颠在印度统治的未来结果》两篇文章。

1941 年，联共（布）中央执行委员会马克思恩格斯列宁研究院将马克思 1879—1880 年所作的《印度历史编年大事记》（又称《印度史编年稿》）整理并译成俄文，但因德国进攻苏联而暂时搁置了下来，直到 1947 年俄文译本才由莫斯科国家政治书籍出版局公开出版。其中，俄文译本中关于孟加拉固定赋额法和 1857—1858 年印度雇佣兵起义部分曾转译成英文，载于印度《新世纪》月刊 1953 年 6 月和 1955 年 5 月。同时，莫斯科外国文书籍出版局还出版过《印度史编年稿》的英译本，对于该书在世界范围的传播发挥了重要作用。

三 马克思恩格斯"论东方村社"一般问题文本的国外版本和传播

从 19 世纪 40 年代到 90 年代，马克思恩格斯对社会形态、农村公社和东方社会等东方村社的一般性问题展开了详细的论述，形成了丰富的理论成果。例如，19 世纪 40 年代的《德意志意识形态》和《共产党宣言》，50 年代的《1857—1858 年经济学手稿》和《〈政治经济学批判〉序言》，60 年代的《资本论》第 1 卷，以及 80、90 年代的《家庭、私有制和国家的起源》等各个阶段的马克思主义主要文本。

马克思恩格斯"论东方村社"一般性问题的文本涵盖了他们思想的整个发展历程，其中有些文本并非专门研究东方村社的，而且在他们生前已经得到出版和广泛传播。例如《雇佣劳动与资本》、《共产党宣言》、《〈政治经济学批判〉序言》和《家庭、私有制和国家的起源》等。我们就不再一一考察。我们这里主要考察马克思生前没有发表的与东方村社问题紧密相关的《1857—1858 年经济学手稿》中的《资本主义生产以前的各种形式》和"人类学笔记"的国外主要版本和传播情况。

《资本主义生产以前的各种形式》（以下简称《形式》）的国外主要版本和传播情况。《形式》是马克思恩格斯"论东方村社"的重要文本。只有将之纳入马克思恩格斯"论东方村社"研究中，才能完整准确地把握马克思恩格斯"论东方村社"。这篇著作和马克思晚年"人类学笔记"一道于 1923 年被发现，由苏联马克思恩格斯研究院创建者和首任院长梁赞诺夫在德国社会民主党档案馆将这些手稿的复制照片带回苏联。从 1925 年开始，苏联开始整理《1857—1858 年经济学手稿》，于 1939—1941 年第一次用德文原文以单行本的形式在莫斯科出版了该书，书名是《政治经济学批判大纲（草稿）（1857—1858）》。在此之前，《形式》已经于 1939 年和 1940 年用俄文首次发表在《无产阶级革命》和《古代通史报》杂志上，并于 1940 年出版了两个单行本，印数分别为 5000 册和 51200 册。① 此后，《形式》一书被译成各种语言在世界范围内广泛传播。1941 年该书从俄文版译成亚美尼亚文出版；1947—1948 年该书由俄文版翻译成日文；1952 年该书的德文版在"小型马克思列宁主义文库"丛书中出版，该版本为匈牙利文本和意大利文本的基础（后两者分别于 1953 年和 1954 年出版）；1964 年，该书的英

---

① 参见〔意〕马塞罗·默斯托主编：《马克思的〈大纲〉——〈政治经济学批判大纲〉150 年》，北京：中国人民大学出版社 2011 年版，第 248 页。

文版出版；1966和1967年，该书的阿根廷和西班牙的译本分别出版。据统计，《1857—1858年经济学手稿》完整版被翻译成22种语言，共计32种不同的译本，不包括节译本在内，已经被刊印了50多万册。①而《形式》则被翻译成更多的语种，发行的数量也更多，从越南语到挪威语，从阿拉伯语到荷兰语，从希伯来语到保加利亚语等，②真正实现了在世界范围内的广泛传播。

马克思晚年"人类学笔记"的国外主要版本和传播情况。马克思晚年在研究东方村社的过程中作了大量的人类学笔记，现在仅出版了其中的五个笔记，即《马·柯瓦列夫斯基〈公社土地占有制，其解体的原因、进程和结果〉一书摘要》、《路易斯·亨·摩尔根〈古代社会〉一书摘要》、《亨利·萨姆纳·梅恩〈古代法制史讲演录〉一书摘要》、《约·拉伯克〈文明的起源和人的原始状态〉一书摘要》、《约翰·菲尔爵士〈印度和锡兰的雅利安人村社〉一书摘要》（分别简称为柯瓦列夫斯基笔记、摩尔根笔记、梅恩笔记、拉伯克笔记和菲尔笔记）。这五个笔记写于1879—1881年，共208页（八开本），约合中文40万字，仅占马克思晚年全部笔记中的很小一部分。其中，摩尔根笔记和拉伯克笔记主要涉及的是史前社会问题，柯瓦列夫斯基笔记、梅恩笔记和菲尔笔记主要涉及的是东方村社问题。这样，以人类学形态呈现的"论东方村社"就成为马克思恩格斯"论东方村社"的内在的组成部分。如果忽视人类学形态的"论东方村社"，那么，马克思恩格斯"论东方村社"研究就是不完整的。1923年，梁赞诺夫将上述笔记的复制照片带回苏联。20世纪40年代，苏联陆续整理和出版了柯瓦列夫斯基笔记、摩尔根笔记和菲尔笔记。摩尔根笔记的原文是英文、德文、古希腊文和拉丁文，为了更好地理解恩格斯的《家庭、私有制和国家的起源》一书，

---

① 参见〔意〕马塞罗·默斯托主编：《马克思的〈大纲〉——〈政治经济学批判大纲〉150年》，北京：中国人民大学出版社2011年版，第225页。

② 同上书，第230页注释[9]。

苏联于 1941 年第一次用俄文将之发表于《马克思恩格斯文库》第 9 卷中。① 柯瓦列夫斯基笔记的原文是德文、英文和西班牙文，为了更好地理解《资本论》中有关地租的章节，苏联于 1958—1962 年间第一次用俄文将之发表于《苏联东方学》1958 年第 3、4 和 5 期和《东方学问题》1959 年第 1 期以及《亚非人民》1962 年第 2 期上。1964—1966 年，苏联第一次用俄文将菲尔笔记发表于《亚非人民》1964 年第 1 期、1965 年第 1、5 期上。遗憾的是，即便在这三个笔记发表后，苏联学术界也未对马克思晚年"人类学笔记"给予应有的重视。1972 年，美国人类学家劳伦斯·克拉德编辑出版了包括摩尔根笔记、梅恩笔记、拉伯克笔记和菲尔笔记在内的《卡尔·马克思的民族学笔记》一书，其中梅恩笔记和拉伯克笔记是第一次发表。该书出版后很快销售一空，于 1974 年再版，并在很短的时间内接连出版了日文、德文、意大利文、西班牙文和法文等多种译本，使马克思晚年"人类学笔记"真正实现了在世界范围内的出版和传播，并引发了"晚年马克思"研究热。

总体而言，马克思恩格斯"论东方村社"的主要文本在国外的发行和传播历经坎坷，与马克思主义在各国得到传播和接受的过程相一致。马克思恩格斯"论东方村社"在国外发行和传播的过程也是马克思主义普遍真理和各国实际相结合的过程，具有重要的价值。

---

① 需要指出的是，《马克思恩格斯全集》中文第 1 版第 45 卷中指出摩尔根笔记第一次用俄文发表于 1946 年出版的《马克思恩格斯文库》第Ⅸ卷中（参见《马克思恩格斯全集》第 45 卷，北京：人民出版社 1985 年版，第 571 页）。根据我们的考证，这一说法是不准确的。——编者注

第四章 马克思恩格斯"论东方村社"文本的中国版本和传播情况

马克思恩格斯"论东方村社"主要文本在中国的发行和传播与中国革命、建设和改革的历程紧密相连，也是马克思主义在中国传播和发展的重要组成部分。这里，我们按照时间顺序分四个阶段考察马克思恩格斯"论东方村社"主要文本在中国的出版和传播情况。

一 马克思恩格斯"论东方村社"主要文本在中国的初步传播

从五四前后到抗战爆发，即从1917年到1937年，是马克思恩格斯"论东方村社"主要文本在中国的初步传播时期。

早在19世纪末20世纪初，为了寻求救国救民的真理，梁启超、朱执信等一批有识之士就曾将马克思主义作为一种社会思想译介到中国。"十月革命一声炮响，给我们送来了马克思列宁主义。"① 十月革命后，李大钊第一个高举马克思主义的大旗，在中国积极宣传马克思主义，并在北京大学创办了中国第一个研究马克思主义的组织——马克思学说研究会②。据1922年2月6日《北京大学日刊》所载《马克斯③学说研究会通

---

① 《毛泽东选集》第4卷，北京：人民出版社1991年版，第1471页。
② 关于马克思学说研究会的成立时间，通常认为是1920年3月，但王东等学者在《马列著作在中国出版简史》一书中指出李大钊于1918年底在北京大学创立马克思学说研究会。——编者注
③ 即马克思。——编者注

告》提供的资料，李大钊等人还集资成立了一个名为"亢慕尼斋"的图书室（即英文 Communism［共产主义］音译），图书室拥有马克思主义的英文书籍40余种，中文书籍20余种。在英文书籍中有马克思恩格斯的《共产党宣言》、马克思的《雇佣劳动与资本》、恩格斯的《家庭、私有制和国家的起源》等；陆续搜集到的中文版本有陈望道译的《共产党宣言》、袁让译的《工钱劳动与资本》①等著作。② 这些著作涉及了马克思恩格斯"论东方村社"关于人类社会发展的一般规律和社会形态理论的思想。

1921年7月，中国共产党成立。在此前后，为了推动马克思主义著作的翻译、出版和传播，第一个党刊——《共产党》月刊于1920年11月7日创办，第一个党的出版社——人民出版社于1921年9月1日成立。《共产党》月刊和人民出版社都由我党著名理论家李达负责，为马克思主义在中国的发行和传播作出了重要的贡献。在我国马克思主义发行和传播事业刚刚起步的历史条件下，为了迅速地宣传和普及马克思主义，我们首先翻译和传播的主要是《共产党宣言》、《哲学的贫困》和《资本论》等在马克思主义发展史上家喻户晓的经典著作。同时，为了推动中国革命的发展，马克思恩格斯关于东方村社尤其是中国的论述也得到了一定范围的出版和传播。中国共产党的机关报《政治生活》曾于1926年5月第76期发表了猎夫（李大钊的笔名）翻译的马克思的《中国革命和欧洲革命》一文，译名为《马克思的中国民族革命观》，这是马克思恩格斯撰写的关于中国问题的众多文章中的第一篇中译文。该文不仅仅是单纯的翻译文本，还包括李大钊对中国国民革命和世界革命关系以及中国国民革命重要性的分析，即在新的历史条件下推进了马克思主义对中国革命的分析，具有十分重要的意义。而《政治生活》作为中共北京地委和北方区委的机关报，印量多、影响大，其登载的译文又与中国革命实际紧密结合，因此，这篇文章对中国革命尤其是北方革命活动起了重要的指导作用。同时，恩格斯的《波斯和中国》一文

---

① 即《雇佣劳动与资本》。——编者注
② 参见中央编译局马恩室编：《马克思恩格斯著作在中国的传播》，北京：人民出版社1983年版，第251—252页。

也曾翻译发表于当时发行量高达几万份的中国共产党苏区中央机关报《斗争》1934年7月21日第68期上，译者不详。该文发表于红军开始长征的前夕，对于鼓舞根据地人民和工农红军开展艰苦卓绝的革命斗争具有重要意义。

总之，从"五四"前后到延安时期，马克思主义著作在中国逐步得到翻译、传播并在华夏大地生根发芽，马克思恩格斯"论东方村社"在中国也得到初步的出版和传播。

二 马克思恩格斯"论东方村社"主要文本在中国的继续传播

从抗战爆发到新中国成立前，即从1937年到1949年，是马克思恩格斯"论东方村社"主要文本在中国得到进一步传播的阶段。

由于延安是这一阶段中国革命运动的中心，我们又称之为延安时期。在此期间，我们党在延安有了一个相对稳定的革命根据地和政权机关，为马克思主义著作的翻译、出版和传播事业提供了一个相对稳定的后方。1938年5月5日，在马克思诞辰120周年的纪念日，马克思列宁主义学院在延安成立，其目的是为了更好地学习、翻译、研究和传播马克思主义著作进而提高全党的理论素养和理论水平。马列学院由时任党的总书记张闻天亲自担任院长，并专门成立编译部，负责马列主义著作的编辑和翻译工作。同时，我们党还将每年5月5日，即马克思的诞辰日，定为学习节，以号召全党加强马列主义的学习、提高马列主义素养。

在此背景下，马克思恩格斯关于东方村社的许多文本在我国得到进一步出版和传播。一方面，马克思恩格斯论中国问题，尤其是那些揭露帝国主义对中国的侵略和压迫、讴歌中国革命和中国人民反抗侵略斗争的文章得到了普遍传播。1938年3月和5月，由方乃宜翻译的第一部中文版的《马克思恩格斯论中国》分别由武汉中国出版社和延安解放社出版，在国统区和解放区都得到了广泛的传播。该书最早于

1937年由莫斯科外国工人出版社出版，共分为三章：第一章标题为《古代中国底特点与中国》，是马克思《资本论》等著作的片段摘译；第二章标题为《关于中国的论文》，收有包括《中国革命和欧洲革命》、《波斯和中国》在内的马克思恩格斯在《纽约每日论坛报》上发表的关于中国问题的17篇论文；第三章标题是《世界商业与对华政策》，也是马克思《资本论》等著作的片段摘译。该书对于人们全面深入了解马克思恩格斯对于中国的论述，以及将马克思主义与中国实际相结合具有重要意义。1938年11月，上海珠林书店出版了由杨克斋发行的《中国问题评论集》一书，内容与《马克思恩格斯论中国》一书的第二章相同。

另一方面，马克思恩格斯论俄国和印度村社的一些重要文章得到了翻译和传播。1939年6月，延安解放社出版了由柯柏年、艾思奇、景林等人翻译的《马恩通信选集》。该通信集译自阿多拉茨基编辑、1933年莫斯科出版的《马克思文选》的书信部分。《马恩通信选集》中收录了景林翻译的《马恩论俄国》，其中包括恩格斯的《俄国社会状况》（包括《〈论俄国的社会问题〉一书导言》摘译和《论俄国的社会问题》一文）。同时，《马恩通信选集》还收录了柯柏年翻译的《马恩论爱尔兰问题》，其中附录收录了恩格斯1882年11月12日给考茨基的信①，题为《恩格斯致考茨基论殖民地的信》。该文也是马克思恩格斯"论东方村社"的重要文献。1940年5月，由丁宗恩编译的《论弱小民族》一书由沦陷区的上海北社出版。该书有一章是《论印度》，收录了马克思的《不列颠在印度的统治》和《不列颠在印度统治的未来结果》两篇文章。这也是马克思关于印度的两篇重要论述首次在中国得到翻译和发表。1949年9月，由林超真翻译的《马克思恩格斯书信选》由上海亚东出版社出版，收有1846—1895年间马克思恩格斯之间以及马克思恩格斯致其他人的通信共98封，其

---

① 根据和原文的对照，恩格斯给考茨基的这封信的时间应该是1882年9月12日。——编者注

中涉及马克思恩格斯"论东方村社"的主要包括《马克思致恩格斯》（1853年6月2日）、《恩格斯致马克思》（1853年6月6日）、《马克思致恩格斯》（1853年6月14日）、《马克思致恩格斯》（1868年11月7日）、马克思《给〈祖国纪事〉杂志编辑部的信》、《恩格斯致考茨基》（1882年9月12日）以及《恩格斯致但尼逊①》（1892年9月22日、1893年2月24日和1893年10月17日）等。这表明，除了关于中国问题的文献外，马克思恩格斯"论俄国村社"的文献已经在中国得到了翻译和传播。

同时，马克思恩格斯合写的《〈共产党宣言〉1882年俄文版序言》在我国也得到了翻译和传播。《俄文版序言》的翻译和传播与《共产党宣言》在中国的翻译和传播紧密相连。从1920年陈望道翻译的第一本完整的《共产党宣言》到1949年新中国成立，我国翻译出版了多个《共产党宣言》的译本。其中，1943年8月延安解放社出版的由博古翻译的《共产党宣言》中首次收录了《俄文版序言》。这一译本是根据俄版《共产党宣言》翻译，并对成徐译本②进行重新校译的基础上完成的。博古译校的《共产党宣言》出版后不久，就被中共中央规定为高级干部必须学习的五本马克思列宁主义原著之一，因此产生了广泛的影响，也为《俄文版序言》的广泛传播创造了良好的条件。此后，博古译本不断得到再版，是我国《共产党宣言》发行最多的版本之一。③ 1948年，为纪念《共产党宣言》发表一百周年，苏联外国文书籍出版局用中文出版了《共产党宣言》一书，其中收录了包括《俄文版序言》在内的全部七个序言，是当时内容最全的一个版本。

总之，延安时期是马克思恩格斯"论东方村社"在中国继续传播并逐渐深入人心的时期，也是我们把马克思主义与中国实际相结合并用

---

① 即丹尼尔逊。——编者注
② 即成仿吾、徐冰1938年翻译的《共产党宣言》。——编者注
③ 参见杨金海：《〈共产党宣言〉与中华民族的百年命运》，载《光明日报》2008年7月3日第10版。

之指导中国革命,进而最终取得革命胜利的重要阶段。在此基础上,我们党提出了马克思主义中国化的科学命题。

三 马克思恩格斯"论东方村社"主要文本在中国的全面传播

从新中国成立后到改革开放前,即从 1949 年到 1978 年,是马克思恩格斯"论东方村社"主要文本在中国全面翻译、传播和普及的阶段。

新中国成立后,马克思主义成为我国的指导思想。为了系统翻译、传播和普及马克思主义著作,我国成立了一些专门的机构和创办了一些专业期刊。1949 年 9 月,《新建设》杂志创刊,这是新中国成立后最早译载马克思恩格斯著作的杂志之一。1950 年 12 月,人民出版社成立,其主要任务就是出版马克思列宁主义著作。1953 年 1 月 29 日,为了更加系统和有计划翻译马克思主义著作,中共中央决定将之前成立的中央俄文编译局与中央宣传部斯大林全集翻译室合并成立中共中央编译局。1953 年,为了推动全国高校马克思主义理论课的教学与研究工作的开展,教育部委托中国人民大学创办了我国第一个专门的马克思主义理论刊物——《教学与研究》。《教学与研究》在主要刊登马克思主义理论教学与研究文章的同时,也积极译介马克思主义著作。例如,我国著名的马克思主义理论家和翻译家何思敬翻译了马克思《资本论》中的《价值形态》一文,载于《教学与研究》1956 年第 7 期。此外,《中国青年》、《学习》、《新华月报》、《文史哲》、《经济周报》、《史学译丛》、《民族问题译丛》、《译文》等刊物也刊载了一些马克思主义著作。这些机构的设立和刊物的出版为马克思主义文本的翻译、出版、传播和普及工作打下了坚实的基础。在此背景下,马克思恩格斯"论东方村社"主要文本得以全面翻译、出版(或再版)和传播。

一方面,以《新建设》为代表的一批期刊译载了众多马克思恩格斯"论东方村社"的著作和文章。其一,《新建设》译载了许多马克思恩格斯"论东方村社"的文章。由季羡林、曹葆华合译的马克思《不列颠在印度的统治》和《不列颠在印度统治的未来结果》分别载于《新建设》1951年第5卷第1、2期；由潘光旦译注的恩格斯的《马尔克》载于《新建设》1952年12月号和1953年1月号，译名为《玛尔克》；由严中平和汪敬虞翻译、向达校阅的马克思论述第二次鸦片战争的《绿壳船"亚罗号"事件》（即《英中冲突》）、《巴麦尊内阁的失败》、《英国的政治》、《俄国与中国》（即《俄国的对华贸易》）等文章连续载于《新建设》1953年5、6、9月号。需要指出的是，由于当时我们对马克思的著作掌握得还不够深入，曾误将《毒面包案》和《长江的开放》当做马克思论第二次鸦片战争的文章翻译出来。其二，其他杂志和刊物也刊载了一些马克思恩格斯"论东方村社"的著作和文章。由日知翻译的马克思的《资本主义生产以前的各种形式》载于《文史哲》1953年第1、2、3期，译名为《前资本主义形态》；由王士章翻译的《马克思致〈祖国纪事〉编辑部的信》载于《经济周报》1954年第2期；由谢家翻译、刘潇然校阅的恩格斯的《论日耳曼人的古代历史》一文载于《史学译丛》1955年第2期，译名为《论古代日耳曼人的历史》；由张广达翻译、何许校阅的《给维·伊·查苏利奇的复信》（一稿、二稿、三稿和正式复信）载于《史学译丛》1955年第3期，译名为《答维·查苏利奇的信和草稿》；由刘潇然译的恩格斯《法兰克时代》载于《史学译丛》1956年第3期。

另一方面，人民出版社出版了大量马克思恩格斯"论东方村社"的著作。1950年3月，《马克思恩格斯论中国》出版，并于1957年4月出了第二版；此后，该书多次修订再版。改革开放前，该书的最后一次再版是1963年。1951年8月，由曹葆华和毛岸英翻译的恩格斯的《法德农民问题》出版。1951年12月，由季羡林、曹葆华根据英文本并参照德文版和俄文版翻译的《马克思论印度》出版，包括《不列颠在印度的统治》和《不列颠在印度统治的未来结果》两篇文章。由莫斯科外国文书籍出版局1954年和1955年出版的《马克思恩格斯文选》第1、2卷也由人民出版社分别于1954年和1958年重印，其中第1卷收录了《〈共产党宣言〉1882年俄文版序》、《不列颠在印度的统治》、《不列颠在印度统治的未来结果》等文章，第2卷收录了《论俄国的社会关系》（即《论俄国的社会问题》一文）、《法德农民问题》和《恩格斯致尼·弗·丹尼尔逊》（1893年10月17日）等文章。1957年10月，由张之毅主要根据苏联马克思恩格斯列宁研究院编译的俄译本翻译的《印度史编年稿》①出版。1957年11月，由刘潇然据狄茨德文版翻译的《德国古代的历史和语言》出版，该书收入了恩格斯《论古代日耳曼人的历史》、《法兰克时代》和《马尔克》三篇文章。1962年7月，由易廷镇等人根据俄文译校的《马克思恩格斯论殖民主义》出版，该书不仅收录了马克思恩格斯论述中国和印度等东方国家的大量文章，还收录了他们之间以及他们与丹尼尔逊、考茨基等人关于东方村社的大量通信。1963年4月，《马克思恩格斯论印度民族解放起义（1857—1859）》出版。1965年2月，由邹如山、世雄根据《亚非各族人民》1962年第2期、《苏联东方学》1958年第3—5期和《东方学问题》1959年第1期刊载的俄译文译出的《科瓦列夫斯基〈公社土地占有制，其解体的原因、进程和结果〉一书摘要》出版②。1965年4月，由中国科学院历史研究所根据《马克思恩格斯文库》第9卷所载俄译本翻译的《摩尔根〈古代社会〉一书摘要》出版，该书中摘引《古代社会》的地方则采用了杨东莼等人的中文译本。

此外，由中央编译局编译的《马克思恩格斯全集》也由人民出版社出版和发行。在此期间，《马克思恩格斯全集》中文第1版已经出版了39卷，马克思恩格斯"论东方村社"主要文本大体上得到翻译、出版和传播。在1963年12月出版的《马克思恩格斯全集》第19卷中，全文收录了马克思《给"祖国纪事"杂志编辑部的信》、《给维·伊·查苏利奇的信》（包括初稿、二稿、三稿和正式复信）、《关于俄国一八六一年改革和改革后的发展的札记》等文本，恩格斯的《马尔克》、

---

① 即马克思的《印度历史编年大事记》。——编者注
② 科瓦列夫斯基，即柯瓦列夫斯基。——编者注

《论日耳曼人的古代历史》、《法兰克时代》等文本，以及马克思恩格斯合著的《〈共产党宣言〉俄文第二版序言》。这是集中展示马克思恩格斯"论东方村社"尤其是论俄国村社的首部中文文献，为研究马克思恩格斯"论东方村社"提供了中文文本依据。1964年10月，《马克思恩格斯全集》第18卷出版发行。该卷收入了恩格斯的《论俄国的社会问题》、《"论俄国的社会问题"一书导言》。其中，《论俄国的社会问题》是在《马克思恩格斯文选》第2卷中文版的基础上校订的。1965年5月，《马克思恩格斯全集》第22卷出版发行。该卷收入了恩格斯的《俄国沙皇政府的对外政策》、《关于原始家庭的历史（巴霍芬、麦克伦南、摩尔根）》、《"'人民国家报'国际问题论文集（1871—1875）"序》、《"论俄国的社会问题"跋》、《论早期基督教的历史》、《法德农民问题》等文献。其中，《法德农民问题》是在《马克思恩格斯文选》第2卷中文版的基础上校订的。至此，除"人类学笔记"之外，马克思恩格斯"论东方村社"主要文献的中文版已出齐，为研究工作打下了良好的文本基础。

在翻译和传播马克思恩格斯"论东方村社"的过程中，我国学者还结合本国国情和自己的研究，将这一工作不断推向前进。在翻译《马克思论印度》一书的过程中，季羡林和曹葆华除了从英文原文直接译出相关的注释之外，还在涉及印度历史和宗教的地方，由季羡林增加了若干注释，以便我国读者能更好地理解和把握马克思关于印度的论述。此外，鲜为人知的是，潘光旦于1949年12月—1951年7月期间译注了恩格斯的《家庭、私有制和国家的起源》一书。关于翻译此书的动因，有人说是受毛泽东所请[①]，也有学者反对这一观点[②]。在此，我们不得而知。根据潘光旦自己的叙述，翻译该书主要是因为恩格斯在书中论述的仅仅是西方国家的起源情况，没有涉及中国的情况。潘光旦的原意是

---

① 参见励天予编述：《狂言惊座敢先传——著名学者潘光旦先生百年诞辰祭》，《潘光旦先生百年诞辰纪念文集》，北京：中央民族大学出版社2000年版，第30页。

② 参见严何：《潘光旦译恩格斯名著是毛泽东所请吗》，载《博览群书》2010年第1期，第73—76页。

将恩格斯未完成的那一部分补充完整，写一本关于中国的"起源"。因此，在翻译《起源》的过程中，潘光旦在注释中添加了大量关于中国的材料，其内容和正文部分大致等同。遗憾的是，该书在潘光旦生前没有得到出版，后被收入《潘光旦选集》第4卷（1999）和《潘光旦文集》第13卷（2000）。总之，中国学者翻译和传播马克思恩格斯的著作过程，也是不断结合中国实际再创作的过程，具有鲜明的中国作风和中国气派。

总之，新中国的前29年，是马克思恩格斯"论东方村社"得到全面翻译和普及的阶段，也是和中国实际紧密结合的阶段，在中国马克思主义发展史和传播史上具有重要地位。

四 马克思恩格斯"论东方村社"主要文本在中国的深入传播

改革开放以来，是马克思恩格斯"论东方村社"主要文本深入传播和发展的阶段。

马克思恩格斯"论东方村社"文本的出版和传播工作取得了重要的进展。一方面，马克思晚年所作的"人类学笔记"得到了翻译和出版。1985年出版的《马克思恩格斯全集》第45卷中收录了马克思晚年所作的有关柯瓦列夫斯基的《公社土地占有制，其解体的原因、进程和结果》、摩尔根的《古代社会》、梅恩的《古代法制史讲演录》、拉伯克的《文明的起源和人的原始状态》四本书的笔记。其中，梅恩笔记和拉伯克笔记是第一次在国内翻译出版。此外，马克思晚年的另一本重要笔记《约翰·菲尔〈印度和锡兰的雅利安人村社〉（1880年版）一书摘要》首次发表于《马克思主义研究资料》1987年1—4期上。该文本是由徐明根据克拉德的《卡尔·马克思的民族学笔记》1972年阿森版原文并参照俄文翻译的。在此基础上，人民出版社于1996年出版了由中央编译局编译的《马克思古代社会史笔记》一书，全文收录了上述五个"人类学笔记"。

1983年11月，由中央编译局编译的《俄国民粹派文选》由人民出版社出版。该书收录了从19世纪60年代到90年代俄国民粹派各个时期和各个派别主要代表人物的著作和一些纲领性文件，是我国编译的第一本民粹主义重要文献，为我们研究民粹主义的历史及其理论观点提供了第一手资料。

1987年8月，由马逸若等人译校的《马克思恩格斯与俄国政治活动家通信集》（以下简称《通信集》）由人民出版社出版。该书信集是根据苏联1967年出版的《马克思恩格斯和革命俄国》一书的第二部分翻译的。其中马克思和恩格斯给第三者的信有147封（包括两封由马克思的女儿代笔写的），第三者给马克思和恩格斯的信有313封。其中98封信是第一次发表的，包括1889年7月25日恩格斯致米尔诺夫的信。这封信是《马克思恩格斯全集》中尚未收入的。马克思和恩格斯给第三者的信采用了《马克思恩格斯全集》中文第一版的译文。第三者给马克思和恩格斯的信都是新译出的。《通信集》为研究马克思恩格斯"论东方村社"提供了更为翔实的资料。该通信集的注释分为两部分，一部分为脚注，除个别为译者注外，其余都是俄文原编者加的；另一部分为卷末注，由译者对原书的卷末注释重新作进行了编排和删节。① 该通信集不仅为马克思恩格斯"论东方村社"尤其是俄国村社论提供了大量的"注释"，而且具有独立的文献价值和重要的理论意义，是我们研究马克思恩格斯"论东方村社"的重要的第一手文献资料和依据。

1993年4月和1997年8月，由中央编译局编译的《马克思恩格斯论中国》第2版和第3版由人民出版社出版发行。该文集收入了马克思恩格斯有关中国问题的全部文章和重要论述。全书分为两部分，第一部分收录了马克思恩格斯有关中国问题的全部文章，第二部分收录了散见于马克思恩格斯19世纪40年代至90年代的各种著作和书信中有关中国的论述。

---

① 参见《马克思恩格斯与俄国政治活动家通信集·出版说明》，北京：人民出版社1987年版，第3页。

由中国社会科学院主编的马克思主义理论学科建设与理论研究系列丛书也选编了与马克思恩格斯"论东方村社"相关的专题资料,包括 2010 年 12 月和 2012 年 4 月由中国社会科学出版社出版的《马克思恩格斯列宁斯大林论西亚北非》和《马克思恩恩格斯列宁斯大林论拉丁美洲》两本书。这两本书较为系统、完整地编入了马克思恩格斯 19 世纪 40 年代至 90 年代对西亚、非洲和拉丁美洲地区的有关论述和基本看法,编选自他们的著作、笔记和书信等内容,是我们研究马克思恩格斯"论东方村社"的重要文献资料选编。

《马克思恩格斯全集》中文第二版的翻译和出版工作是以历史考证版(MEGA^2)为蓝本并参照英、俄文等其他版本进行的,准确、客观、公正是其秉持的原则。其中,马克思恩格斯"论俄国村社"的主要文本收录在第 25 卷中出版;马克思恩格斯论述中国问题的部分文章收录在第 12 和 16 卷中出版;马克思论述印度村社的两篇文章收录在第 12 卷中出版。另外,人民出版社于 2009 年出版了中央编译局编译的十卷本《马克思恩格斯文集》。马克思恩格斯"论东方村社"的主要文本收录在第 2、3、4、8 卷中。该文集参照了历史考证版的最新研究成果,与先前的版本相比,取得了重要的进展。以马克思恩格斯"论东方村社"的相关文本为例,从马克思主义发展史和传播史的角度来看,《马克思恩格斯文集》中收录的关于俄国、中国、印度等东方国家论述的文章,其注释都包含了这些文章的国内外主要版本和传播情况,详尽地介绍了包括译者、译名、期刊等在内的详细文献信息,对于我们进一步掌握马克思恩格斯"论东方村社"和整个马克思主义的发展和传播都具有重要的价值。

总之,改革开放以来,我国深化发展了马克思恩格斯"论东方村社"主要文本的翻译出版和传播工作,从而推进了马克思恩格斯"论东方村社"研究的历史进程。

综上所述,马克思恩格斯"论东方村社"主要文本在中国的翻译、出版和传播过程是一个和中国的社会主义革命、建设和改革的历史进程紧密相连的过程,从根本上服从和服务于中国社会主义革命、建设和改革的实际需要。同时，这也是一个由中国学者结合本国国情和自己的研究开展的一个再创作的过程，具有鲜明的中国作风和中国气派。此外，这还是一个紧跟国际学术前沿，积极吸收国外研究的先进成果，并与国外学术界不断开展交流和对话的过程，具有鲜明的国际性和世界历史眼光。

第二部分　研究状况

　　在过去的百余年间，马克思恩格斯"论东方村社"引起了世界范围内的关注、思考和争论，其研究的国家和学者之多、涉及的主题之广和争议之大、影响的范围之广和程度之深，在马克思主义发展史和传播史上都是极为罕见的。这里，我们简要概述一下国内外关于马克思恩格斯"论东方村社"的研究状况，包括在传播和发展过程中引起的重大争论，进而为我们从总体上把握马克思恩格斯"论东方村社"廓清学术地平线。

第五章　西方学界马克思恩格斯"论东方村社"研究状况

西方学者对马克思恩格斯"论东方村社"研究的兴起，是与20世纪20、30年代后马克思的大量手稿和笔记的问世紧密相连，尤其是与1972年劳伦斯·克拉德编辑出版的《卡尔·马克思的民族学笔记》一书密切相关。因此，我们以20世纪70年代为界简要概述西方学界马克思恩格斯"论东方村社"研究状况。

一　西方20世纪70年代前的研究状况

从1883年马克思逝世到20世纪70年代前，西方对马克思恩格斯"论东方村社"的研究经过了一个曲折的过程。

马克思逝世后，其手稿和笔记由恩格斯保管和整理。恩格斯在整理马克思手稿和笔记的过程中指出："1870年以后，又有一个间歇期间，这主要是由马克思的病情造成的。他照例是利用这类时间进行各种研究。农学，美国的特别是俄国的土地关系，货币市场和银行业，最后，还有自然科学，如地质学和生理学，特别是独立的数学研究，成了这个时期的许多札记本的内容。"① 同时，马克思还学习了斯拉夫语、俄语和塞尔维亚语。为了执行马克思的遗嘱，恩格斯利用马克思晚年笔记中关于摩尔根《古代社会》一书的摘录创作了《家庭、私有制和国家的起源》一书。同时，马克思的女儿爱琳娜·马克思和她的丈夫、英国社

---

① 《马克思恩格斯文集》第6卷，北京：人民出版社2009年版，第7页。

会主义者爱德华·艾威林共同编辑了马克思论东方问题的文集——《东方问题。1853—1856年关于克里木战争事件的论文集》（1897年伦敦版）。由于马克思当时为《纽约每日论坛报》撰写的许多文章是由恩格斯代笔的，所以该书所收录的一部分文章的作者为恩格斯。此外，与德国社会民主党有密切联系的卡尔·考茨基、爱德华·伯恩斯坦和亨利希·库诺曾讨论过马克思晚年的笔记。但是，除了这些人之外，人们对马克思晚年笔记中涉及的东方村社的内容仍然知之甚少。

从客观上讲，马克思关于东方村社的论述在其生前只发表了极少一部分。以马克思晚年对俄国村社的论述为例，除了与恩格斯合著的《〈共产党宣言〉1882年俄文版序言》外，其他重要文本在其生前都没有发表。这还不包括马克思晚年阅读、摘录和批注的人类学著作的笔记以及《资本论》手稿中涉及东方村社的论述。同时，1867年《资本论》第1卷出版后的数十年间，马克思没有像人们所期望的那样出版《资本论》后几卷，而是在遭受贫穷、疾病和接连失去亲人等重大打击下，花费大量时间研究以俄国村社为代表的东方村社。对此，除了恩格斯、燕妮和丹尼尔逊等极少数人知道外，大多数人甚至不知道马克思最后十余年究竟做了些什么。

在此背景下，人们长期无法对马克思恩格斯"论东方村社"展开深入的研究，进而忽视甚至贬低马克思晚年的思想。梅林指出："正当政治地平线上到处都豁然开朗——而这对马克思来说总是最重要的事——的时候，暮色却日益迫近马克思本人和他的家庭……从1878年起，他就没有为完成他的主要著作而工作。"① 梅林还指出，马克思生命的最后十五个月只是一个"慢性死亡"的过程，并借用恩格斯在马克思夫人燕妮逝世的那天说过的"摩尔也死了"来佐证自己的观点。显然，这一看法是错误的。马克思不仅于1879—1881摘录和创作了大量的"人类学笔记"，还在1881年12月13日给丹尼尔逊的信中指出：

---

① 〔德〕弗兰茨·梅林：《马克思传》，北京：人民出版社1965年版，第650页。

"我想尽快地完成第二卷①（即使是我不得不在国外出版它）。我现在特别想完成它，以献给我的妻子。"② 但是，由于梅林作为马克思学生和战友的特殊身份，其观点在当时很有代表性并产生了很大影响。

作为少数几个知道马克思晚年笔记的存在并对之展开过讨论的德国社会民主党理论家、历史学家、社会学家和人种学家亨利希·库诺，于1920—1921年发表了《马克思的历史、社会和国家学说》一书。全书分为两卷，第一卷主要论述马克思的国家学说，第二卷主要论述马克思的社会学说。在第二卷中，库诺阐述了马克思恩格斯关于民族问题的原则、立场和理论，并通过马克思恩格斯有关波兰和爱尔兰等被压迫民族的论述来阐述自己的观点。与我们通常理解的马克思主义民族自决权不一样，库诺指出："马克思和恩格斯所理解的所谓'民族自决权'只是组织于国家之中的各民族的自治权利，亦即自己决定其政府形式和法律的权利。"③ 库诺还论述了社会生活和共同体生活的国家以前的发展阶段，阐述了马克思恩格斯关于家庭、原始群体、马尔克公社的思想，并着重阐述了恩格斯关于马尔克公社的论述。在此过程中，库诺提到了马克思对摩尔根的《古代社会》的观点以及柯瓦列夫斯基的相关研究的重视，表明他对马克思晚年"人类学笔记"有一定程度的了解。显然，库诺的许多观点有其片面性，并没有完全坚持马克思主义的立场、观点和方法，但他还是对马克思恩格斯"论东方村社"展开了一定的研究，也是最早将这一研究纳入马克思的社会学说中的代表性人物，有其一定的价值。

20世纪40、50年代，《资本主义生产以前的各种形式》在西方国家得到广泛传播，成为人们研究马克思历史理论的重要文本依据。二战后，收藏马克思晚年笔记手稿的荷兰阿姆斯特丹国际社会史研究所向公众开放，西方学者可以对之进行研究，但只有埃尔哈德·卢卡斯于

---

① 即《资本论》第2卷。——编者注
② 《马克思恩格斯全集》第35卷，北京：人民出版社1971年版，第238页。
③ 〔德〕亨利希·库诺：《马克思的历史、社会和国家学说》第2卷，北京：商务印书馆1988年版，第414页。

1964年在《赛库奈姆》第15卷和《马克思主义研究》上发表了《马克思和恩格斯对摩尔根的态度》和《马克思和恩格斯对达尔文的理解》两篇文章，却没有引起较大的影响。在此期间，随着世界范围内无产阶级革命运动和民族解放运动的兴起以及社会主义率先在东方国家由理论变成现实，西方学者围绕着亚细亚生产方式和东方专制主义等问题展开了研究和讨论，撰写了一些著作，并在苏联《亚非民族》、法国《思想》和英国《今日马克思主义》等刊物上发表了众多文章。

美国学者卡尔·魏特夫于1957年出版了《东方专制主义——对于极权力量的比较研究》一书，对亚细亚生产方式、东方专制制度以及共产主义展开了论述，产生了极大反响。魏特夫是出生于德国的犹太人，1920年参加德国共产党，并担任过德共中央委员，1933年被纳粹关入集中营，出狱后于1939年加入美国国籍。1935年，魏特夫到达中国，搜集了许多有关中国经济和历史的资料。早在20世纪20年代，魏特夫就发表了大量关于中国问题的著作和论文，并运用马克思的"亚细亚生产方式"的概念来解释中国和东方社会问题，在西方学术界和马克思主义理论界都有一定影响。在《东方专制主义》一书中，魏特夫着重阐述了两个观点：其一，从地理环境决定论的角度出发，他将马克思所说的亚细亚社会简单地归结为水利社会，并运用自己对于亚细亚生产方式的理解来检验马克思恩格斯关于亚细亚生产方式的论述的正确与否；其二，他分析和批判了东方专制制度，无限地夸大了其罪恶的一面，将之看做是一种恐怖统治，并将矛头直指苏联、中国等进入社会主义并坚持无产阶级专政的国家，将之视为东方专制制度的复辟，从而从历史和现实两方面否定了社会主义存在的合理性和合法性。该书的出版迎合了当时冷战思维的需要，尤其是为西方一切敌视社会主义制度的国家和个人提供了所谓的"理论"依据，因而在西方国家产生了极大的影响，有些人甚至将之与马克思和马克斯·韦伯的著作相提并论。但是，任何不带偏见的人们都不会同意《东方专制主义》的基本观点。例如，美国学者诺曼·莱文就撰文反驳魏特夫的观点，强调由于魏特夫"误解了马克思关于亚细亚的思想，使得他对共产主义的性质和20世纪共产主义革命的进程作出没有根据的判断"①。显然，尽管魏特夫曾遭受过纳粹极权主义的迫害，同时对马克思主义和共产主义有一定程度的了解，并对中国社会和经济状况有一定的研究，但其观点难以成立。它带有强烈的主观感情色彩和冷战思维，是特定历史条件下的产物，我们应该辩证地看待之。

此外，《资本主义生产以前的各种形式》（以下简称《形式》）一文发表后，许多西方学者高度重视和评价这篇文章，并以此为基础对亚细亚生产方式和前资本主义社会等问题展开了进一步研究。英国学者霍布斯鲍姆在1964年出版的《形式》一书的英译本导言指出："我们可以毫不犹豫地说，凡是没有注意到这篇文章的马克思主义历史讨论——实际上，1941年以前发表的所有这类讨论以及（不幸的是）以后的许多次讨论都是如此——都必须依据此文予以重新考虑。"② 他还梳理和研究了马克思恩格斯对历史分期和发展的看法的演变，分析了前资本主义社会各种制度内部发展的动力问题，考察了马克思恩格斯之后如何修正、发挥和探讨《形式》中的思想，并强调要加强《形式》的研究。霍布斯鲍姆的观点在西方学术界很有代表性，一定程度上反映了西方学者对于马克思恩格斯"论东方村社"研究的重视和重新展开。

1961—1962年之间，英国《今日马克思主义》杂志组织开展了有关社会发展阶段问题的讨论。其中，英国共产党历史小组书记琼·西蒙提出，社会经济形态的基本序列是"原始共产主义——封建主义——资本主义——共产主义社会"。③ 也有论者认为，古代东方社会是封建社会，即将"亚细亚生产方式"看做是封建社会。另外，二战后，法国共产党组织学者研究亚非拉地区的社会。根据新的调查材料，他们认为，亚非拉某些国家社会经济状况具有马克思所确定的"亚细亚生产方

---

① 〔美〕诺曼·莱文：《亚细亚复辟的神话》，《马克思主义来源研究论丛》第16辑，北京：商务印书馆1994年版，第530页。

② 〔英〕E.霍布斯鲍姆：《马克思〈资本主义生产以前各形态〉导言》，《外国学者论亚细亚生产方式》（上），北京：中国社会科学出版社1981年版，第2页。

③ 参见胡钟达：《"五种生产方式"问题答客问》，载《文史哲》1988年第6期，第3页。

式"的特点。① 其中,以下两篇文章值得注意。

法国学者谢诺1964年发表了《亚细亚生产方式研究前景》一文,分析了19世纪50、60年代亚细亚生产方式讨论兴起的原因,梳理了先前人们对亚细亚生产方式的研究及其争论,强调亚细亚生产方式是一个严密而完整的概念,而不是一个"所谓的"生产方式,并强调这一生产方式的特点是"乡村公社的生产活动与国家政权经营和领导的经济活动相结合"②。他还提出亚细亚社会中需要进一步研究的五个问题:一是乡村生产的特点是什么?二是国家有哪些经济职能?国家与乡村公社之间的关系如何?三是这些亚细亚社会根本的阶级矛盾是什么?四是亚细亚社会中的土地制度如何?五是在这些亚细亚社会中,交往和城市生活的地位如何?此外,谢诺还分析了关于亚细亚生产方式争论的特点及其发展前景,对于我们深入理解亚细亚生产方式具有一定启示意义。

法国学者高德利埃1965年发表了《亚细亚生产方式概念和马克思主义的社会发展体系》一文,阐述了亚细亚生产方式概念的本质、发展进程和规律及其概念的变化。他指出:"亚细亚生产方式的结构符合于向阶级社会过渡的一定阶段,它在历史上的和地理上所占的范围,要比马克思所设想的大得多。"③他还强调必须区别两种不同形式的亚细亚生产方式:有大规模(公共的)工程和无大规模(公共的)工程的。高德利埃的观点在西方学术界独树一帜,产生了较大的影响和争议,需要引起我们的关注。

以色列著名"马克思学"学者施洛莫·阿维内里根据马克思在《纽约每日论坛报》上发表的文章以及马克思和恩格斯的通信,于1968年主编了《马克思论殖民主义和现代化》一书,为我们研究马克思恩

---

① 参见季正矩:《国内外学者关于"亚细亚生产方式"理论研究观点综述(一)》,载《当代世界与社会主义》2008年第1期,第187页。
② 〔法〕J.谢诺:《亚细亚生产方式研究前景》,《外国学者论亚细亚生产方式》(下),北京:中国社会科学出版社1981年版,第126页。
③ 〔法〕M.高德利埃:《亚细亚生产方式概念和马克思主义的社会发展体系》,《外国学者论亚细亚生产方式》(上),北京:中国社会科学出版社1981年版,第167页。

格斯"论东方村社"提供了一定的资料基础。他还于1969年在《政治学评论》上发表了《马克思与现代化》一文,深入研究了马克思关于俄国和印度等非欧国家发展道路的思想,并批评了西方和苏联一些学者对马克思思想的误解,即从现代化的角度对马克思恩格斯"论东方村社"展开了一定的研究。

此外,许多西方学者围绕着中国的土地所有制情况、非洲传统社会结构与亚细亚生产方式等问题对马克思恩格斯"论东方村社"展开了一定程度的研究,具有一定的启示意义。

二 西方20世纪70年代后的研究状况

20世纪70年代后,以美国人类学家劳伦斯·克拉德为代表的西方学者将马克思恩格斯"论东方村社"的研究推向了高潮。克拉德是西方马克思主义的肇始者卡尔·柯尔施的学生,曾于20世纪60年代末和70年代初在阿姆斯特丹国际社会史研究所阅读和整理马克思晚年笔记的手稿,并于1972年编辑并用英文出版了包括马克思的摩尔根笔记、梅恩笔记、拉伯克笔记和菲尔笔记在内的《卡尔·马克思的民族学笔记》一书。该书在西方引起了极大的反响,于1974年再版,并以极快的速度出版了日文、德文、意大利文、西班牙文、法文等多种译本。1975年,克拉德又出版了《亚细亚生产方式。卡尔·马克思著作中的资料、阐发和评论》一书,并在书中摘要发表了马克思的柯瓦列夫斯基笔记的英译文。以此为契机,西方学术界十分重视马克思晚年"人类学笔记"的研究,而对马克思恩格斯"论东方村社"的研究也得以全面展开。

克拉德不仅编辑出版了马克思晚年"人类学笔记",还在系统研究这些笔记的过程中对马克思恩格斯"论东方村社"展开了深入的研究。他不仅为《卡尔·马克思的民族学笔记》和《亚细亚生产方式》写了两篇很长的序言,还撰写了《马克思著作中的民族学和人类学》、《马克思的民族学笔记》、《作为民族学家的卡尔·马克思》、《〈卡尔·马克思的民族学笔记〉评介》、《恩格斯的民族学著作》、《恩格斯论东方社会》、《西欧著作中的东方社会史》、《进化论、革命和国家：马克思与他的同时代人达尔文、卡莱尔、摩尔根、梅恩和柯瓦列夫斯基的批判关系》等著作和文章，对马克思恩格斯"论东方村社"展开了深入研究。其一，他不仅详细介绍了马克思晚年的笔记，还将之放入马克思一生的思想中进行考察，并从人类学角度揭示了马克思思想发展的连续性和一致性，强调要从马克思一生思想发展的角度开展对其晚年思想的研究。他指出，马克思早年主要从事哲学人类学方面的研究，代表作是《1844年经济学哲学手稿》；中年主要是开展具体的研究，从经验的角度研究人类学，代表作是《政治经济学批判大纲》①；晚年对东方村社的研究和摘录的大量人类学笔记是对其早期哲学人类学的回归。而马克思早年、中年和晚年的研究又有其内在关联："**马克思的民族学手稿是对《政治经济学批判大纲》和《资本论》中的论点的补充，同时又是对他在1843—1845年期间所持立场的发展。**"② 同时，他还批评了以阿尔都塞为代表的那种认为马克思思想发展没有连续性，只有间断性，存在断裂的错误观点，指出阿尔都塞等人对马克思的理解存在着片面性。其二，他对亚细亚生产方式展开了深入研究，并从这一角度出发对资本主义生产以前各种社会形态展开研究。同时，他将印度村社和俄国村社纳入了研究视野，强调将马克思晚年"人类学笔记"与关于俄国村社的通信结合在一起思考，极大地拓宽了对东方村社研究的广度和深度。其三，与一些西方学者持马克思恩格斯思想对立论、贬低恩格斯的论调不同，他强调恩格斯在马克思主义人类学发展进程的地位和贡献，并专门研究了恩格斯关于民族学和东方社会的思想，有利于我们深入理解马克思恩格斯"论东方村社"以及马克思恩格斯的思想关系问题。此外，克拉德指出："民族学笔记与马克思的实践完全无关，

---

① 即《1857—1858年经济学手稿》。——编者注
② 〔美〕劳伦斯·克拉德：《马克思的民族学笔记》，《马列主义研究资料》1985年第1辑，北京：人民出版社1985年版，第195—196页。

但是却有助于对这一实践的理解。"① 显然,他只是将马克思晚年的研究看做是一种纯学术研究,割裂了这一研究与无产阶级革命运动和民族解放运动的内在关联,忽视了作为革命家的马克思的政治身份,是不符合实际的。

美国学者诺曼·莱文对马克思恩格斯"论东方村社"展开了深入研究。大约与克拉德同期,莱文在阿姆斯特丹国际社会史研究所阅读马克思晚年笔记的手稿,撰写了《悲剧性的欺骗:马克思反对恩格斯》、《马克思和恩格斯思想中的人类学》、《辩证唯物主义和"村社"》等著作和文章,阐述了他对马克思晚年笔记和马克思恩格斯"论东方村社"的理解。其一,他通过对马克思晚年笔记的研究,指出在马克思的哲学思想发展历程中,存在着诸多的"矛盾"甚至是尖锐对立,即坚持马克思思想存在着对立。其二,他通过对马克思恩格斯关于摩尔根、拉伯克和毛勒等人著作的不同态度的研究,指出马克思和恩格斯思想存在着严重的对立。例如在俄国村社问题上,马克思《给维·伊·查苏利奇的复信》及其草稿是典型的多线发展模式的代表作,而恩格斯的《论俄国的社会问题》及其跋是典型的单线发展模式的代表作,并对恩格斯的《论俄国的社会问题》及其跋展开了系统批判,同时系统阐述了"马克思恩格斯对立论"的思想,在西方学术界产生了极大的影响。莱文并不否认马克思和恩格斯思想之间存在着一致性的地方,也承认两人的合作关系,但仍然坚持他们思想之间不一致的地方更带有根本性,并将之分别称为马克思主义和恩格斯主义。"马克思是一位辩证法学者。马克思主义所关怀的是一种社会机构所特有的内部结构和存在于那个机构中的对峙力量。恩格斯是一位机械唯物论者。恩格斯主义所关怀的则是工艺实证主义,其要义是工艺迫使社会生活和智力思考活动采取一定形式。从恩格斯主义的观点来分析,历史是循着单线性分阶段发展的过程:所有一切社会都必然遵循一种工艺进化的统一

---

① 〔美〕劳伦斯·克拉德:《〈卡尔·马克思的民族学笔记〉评介》,《马列主义研究资料》1987年第2辑,北京:人民出版社1987年版,第183页。

方向发展。从马克思主义的观点来看,历史是多线性发展过程,每个社会都根据它所组成的独特对立面向前发展。"① 在此基础上,莱文进一步贬低恩格斯在马克思主义中的地位,指责恩格斯将马克思主义从一种富有活力的理论变成一种僵化的社会决定论体系,是"庸俗马克思主义的创始人"。

联邦德国学者哈斯蒂克对马克思恩格斯"论东方村社"进行过研究。他不仅用德文原文全文发表了马克思的柯瓦列夫斯基笔记,还在整理这一笔记的考证版时写作了《卡尔·马克思论资本主义生产以前的各种形式》(1977年法兰克福和纽约版)一书。他在该书的序言《马克思与同时代的制度史学》中指出,马克思恩格斯一生涉猎广泛,阅读了大量的经济学和历史著作,埋头钻研欧洲国家制度史的各种事件,深入研究了俄国、比利时、匈牙利等各国的土地所有制,对东方村社展开了深入的研究。同时,他强调要把对马克思的柯瓦列夫斯基笔记、摩尔根笔记和梅恩笔记同《给维·伊·查苏利奇的复信》的草稿结合在一起研究,因为后者是对前者进行消化吸收的结果。② 显然,哈斯蒂克强调要将马克思"人类学笔记"和"论东方村社"紧密联系在一起,并从马克思恩格斯一生的理论旨趣和思想发展进程来研究马克思恩格斯"论东方村社"。

英国学者特奥多尔·汕宁撰写了《晚期马克思与"俄国的资本主义边缘"》(《每月评论》1983年6月号)一文,并编撰了《晚年马克思与俄国道路:马克思和"资本主义边缘"》(1983年纽约和伦敦版)一书,对马克思恩格斯"论东方村社"展开了全面深入的研究。其一,他将马克思晚年思想与俄国问题紧密联系在一起思考,强调俄国问题是一条贯穿马克思晚年思想的主线,甚至将俄国民粹主义视为与德国的哲

---

① 〔美〕诺曼·莱文:《马克思和恩格斯思想中的人类学》,《马克思主义来源研究论丛》第15辑(《马克思人类学笔记研究译文集》),北京:商务印书馆1993年版,第69—70页。
② 从时间上看,马克思的柯瓦列夫斯基笔记、摩尔根笔记和梅恩笔记分别写于1879年秋—1880年夏、1880年底—1881年3月初和1881年4—6月,而马克思给查苏利奇的复信写于1881年2月18日—3月8日之间。因此,准确地说,马克思的复信吸收了柯瓦列夫斯基笔记和摩尔根笔记的研究结果,而不包括梅恩笔记。——编者注

学、法国的社会主义和英国的政治经济学并列的马克思思想的第四个来源。他还指出有四件事情在马克思晚年政治思想和认识发展中起重大作用：一是1871年巴黎公社；二是19世纪60年代和70年代史前社会研究的蓬勃开展；三是人们对资本主义世界保留的非资本主义农村社会，特别是印度，有了更多的了解；四是俄国和俄国人向马克思提供了有关农村公社（"古老但却显然存在于资本主义获胜的世界中"）以及俄国民粹派的理论和实践所包含的直接革命经验方面的丰富证据，从而使他能把上述的一切条件很好地联系起来考虑。① 他强调，马克思在对俄国情况深入了解和研究的基础上，不仅深化了他在《1857—1858年经济学手稿》中已经意识到的前资本主义社会有多种发展道路的思想，还认识到在资本主义占统治的世界中社会发展也有多种道路的思想。其二，他指出："俄国农民公社问题因而被马克思用来作为一种工具，以考虑一些更为广泛的问题。这些问题对他那一代人来说是崭新的；而今天人们则会很轻易地认识到，这些问题关系到'发展中社会'、'现代化'、'依附性'以及世界资本主义在整个'边缘'地区的不平衡传播。"② 显然，他将马克思对俄国村社的论述与20世纪发展中国家的不发达问题、发展不平衡问题，以及第二次世界大战后兴起的以依附论为代表的新马克思主义紧密联系在一起思考，深化和拓展了马克思恩格斯"论东方村社"的现实意义和价值。其三，他认为，马克思思想的发展至少存在三个阶段：19世纪40年代的早期马克思，50和60年代的中期马克思，以及70和80年代的晚期马克思。他承认马克思著作中存在着连续性和非连续性，但反对马克思思想存在"认识论上的断裂"以及马克思晚年思想出现衰退等说法，强调马克思最后十年蕴含着一次思想的飞跃，但这一飞跃由于马克思生命的结束而未能完成。

---

① 参见〔英〕特奥多尔·汕宁：《晚期马克思与俄国的"资本主义边缘"》，《马克思主义来源研究论丛》第15辑（《马克思人类学笔记研究译文集》），北京：商务印书馆1993年版，第249—250页。

② 同上书，第259页。

美国学者、妇女解放活动家杜娜耶夫斯卡娅从妇女解放的角度论述了马克思"论东方村社"及其晚年思想在其一生思想中的地位。其一，她肯定了马克思晚年笔记在其一生思想中的重要地位，强调要将马克思的马克思主义作为一个整体来看待，反对割裂马克思的思想，并指出马克思的《1857—1858年经济学手稿》、《资本论》和"人类学笔记"之间的内在关联，强调马克思的著作是一个整体。其二，她指出马克思最后十年对农村公社和人类学著作的研究使其经历了"一次认识上的冲击"，充分肯定马克思晚年研究的重要价值，指出其中"埋藏着一条通向二十世纪八十年代的小道"，即对于理解当代第三世界的发展和妇女解放运动具有重要意义。同时，她指出马克思看到了人类发展的整整一个新的时代——亚细亚生产方式，强调"不考虑马克思在上世纪五十年代太平天国革命时期对'亚细亚生产方式'的关注，仿佛他那时完全是以欧洲为中心，就同不考虑他在1844年关于男女关系的概念一样肤浅"①。其三，她强调要加强对马克思晚年通信尤其是关于俄国村社通信的研究，指出从这些通信中可以看出他的行动方向，即设想像俄国这样落后的国家比先进的西方国家更早发生革命，并列举了马克思"论俄国村社"的主要文本来佐证其观点，对于我们深入理解马克思恩格斯"论东方村社"具有一定的启示意义。

意大利学者翁贝托·梅洛蒂从亚细亚生产方式和第三世界发展等角度对马克思恩格斯"论东方村社"展开了论述，撰写了《马克思与第三世界》（1972年意大利版）一书。该书英译本和中译本分别于1977年和1981年出版，在西方和中国都产生了重大影响，其观点主要体现在以下方面。其一，在该书的英译本编者的前言中，马尔科姆·考德威尔论述了发展中国家的不发达问题，批评了那些具有严重欧洲中心主义色彩的西方经济学家和马克思主义经济学家，强调西方的殖民主义侵略是造成发展中国家"不发达"的先决条件。其二，梅洛蒂反对那种认

---

① 〔美〕拉·杜娜耶夫斯卡娅：《马克思的"新人道主义"、"民族学笔记"和妇女解放》，《马列主义研究资料》1987年第2辑，北京：人民出版社1987年版，第200页。

为马克思主义只强调单线发展图式的观点，指出不论是五形态论、六形态论还是七形态论从本质上来说都是一种单线发展图式。他指出马克思主义历史发展图式是一种多线发展图式，强调只有多线发展图式才能揭示历史发展进程的复杂性和多样性，并复原了马克思关于历史发展概念的图表（见表$_1$）。其三，梅洛蒂从起源、基本特点、阶级结构、文化特点、类型等方面对亚细亚社会展开了全面论述。他还分析了半亚细亚式的俄国社会和中国这一马克思主义意义上最典型的亚细亚社会，对比了印度和中国的不同发展以及马克思主义者对俄国问题和前景辩论的情况。

澳大利亚学者伊恩·卡明斯从民族运动的角度对马克思恩格斯"论东方村社"展开了全面分析，撰写了《马克思恩格斯与民族运动》（1980年伦敦版）一书。一方面，他论述了马克思恩格斯在19世纪50年代著作中的非欧世界论述，重点分析了西方殖民主义对中国和印度的侵略以及这两个国家爆发的太平天国运动和印度起义等反抗西方侵略的民族运动，并梳理了马克思关于这两个国家的社会性质及其发展前景的思想。他还强调殖民地国家的民族解放运动和西方国家无产阶级革命运动的内在关联，尤其是前者对后者的促进作用。另一方面，他强调俄国在马克思总的战略中占有重要地位，结合马克思恩格斯"论俄国村社"的主要文本梳理和分析了马克思恩格斯研究俄国问题的整个历史进程，并对他们关于俄国村社和俄国革命的论述展开了详尽的分析。在此基础上，他强调马克思恩格斯"论东方村社"指明了社会发展道路和规律的多样性，东方国家可以根据自身实际探索适合自己的发展道路，即研究的结论"妙在丰富多彩"。

欧洲著名汉学家、德籍华裔学者夏瑞春编写了《德国思想家论中国》（1985年法兰克福版）一书。该书收录了马克思恩格斯论述中国的三篇文章，分别是马克思的《中国革命和欧洲革命》、《对华贸易》和恩格斯的《波斯和中国》。在夏瑞春看来，马克思恩格斯的这三篇文章是德国思想家对中国社会研究的重要代表成果。该书从一个侧面反映了马克思恩格斯"论东方村社"在西方世界的重要影响。

表1 翁贝托·梅洛蒂对马克思关于历史发展概念的复原[*]

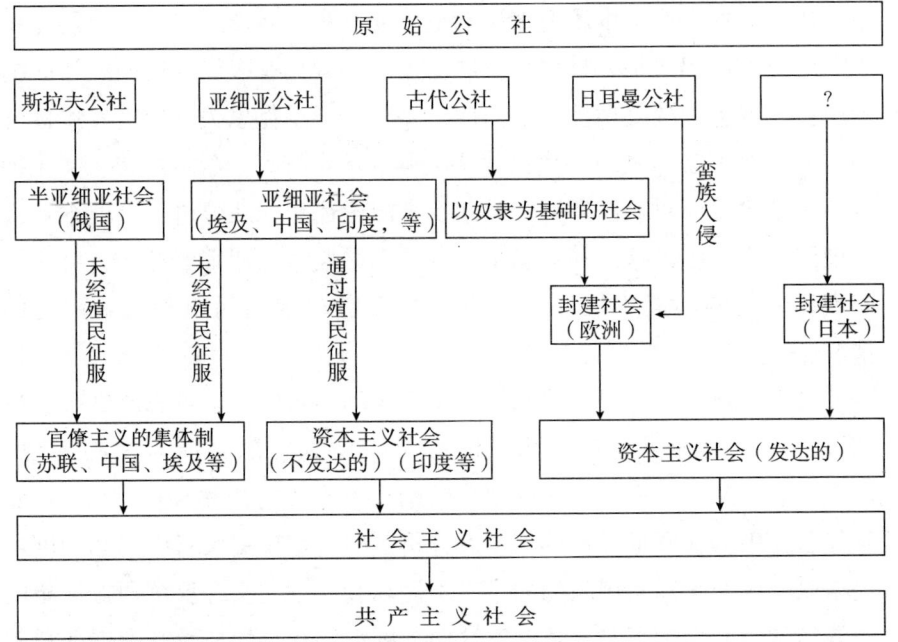

[*]〔意〕翁贝托·梅洛蒂:《马克思与第三世界》,北京:商务印书馆1981年版,第36页。——编者注

英国学者特里·伊格尔顿撰写了《马克思为什么是对的》一书,对马克思恩格斯"论东方村社"展开了其论述。该书于2011年4月由耶鲁大学出版社出版,其中译本于2011年8月由新星出版社出版。他在书中结合20世纪亚非拉国家反抗殖民主义和争取民族解放运动的实践论述了马克思为什么在反殖民运动中是对的,同时驳斥了后现代主义者认为马克思是欧洲中心论者的指责。他还指出马克思恩格斯关于中国、印度和阿尔及利亚等国家争取民族解放运动的论述一定程度上构成了20世纪世界范围内的民族解放运动的理论源头,对于后者具有重要的指导意义,并通过后者的实践得到进一步丰富和发展。

此外,还有许多西方学者在其著作和文章中对马克思恩格斯"论东方村社"展开了研究。例如,乔治·豪普特等人的《马克思主义和民族运动：1848—1914》（1974 年巴黎版）；莫里斯·布洛克的《马克思主义与人类学》（1983 年牛津版）；巴斯里奇主编的《马克思主义理论与第三世界》（塞奇出版公司 1985 年新德里—伦敦版）等。同时，西方马克思学的一些代表人物对马克思恩格斯"论东方村社"展开了一定的研究。例如，戴维·麦克莱伦的《马克思以后的马克思主义》（1979）与特瑞尔·卡弗的《马克思的社会理论》（1982）、《马克思与恩格斯：学术思想关系》（1983）和《政治性写作：后现代视野中的马克思形象》（1998）等著作中都对马克思恩格斯"论东方村社"尤其是围绕着马克思恩格斯"论东方村社"思想关系展开了一定的研究和论述。

同时，日本学界对马克思恩格斯"论东方村社"也展开了深入的研究。从 20 世纪 60 年代后期开始，马克思"论俄国村社"成为日本社会反复讨论的一个主题。这一讨论在日本所引发的热情比在其他地方更为强烈，甚至连一些非学术性杂志也刊纷纷刊文参与其中。日本学者撰写了众多的著作和文章，希望厘清马克思对俄国村社的研究，并从中找到将日本从高度工业化的社会所造成的深层次矛盾中解救出来的药方。① 其中，代表性的文章和著作主要包括：盐泽君夫的《马克思亚细亚生产方式概念的形成和发展》（1970），望月清司的《马克思历史理论的研究》（1973），和田春树（Haruki Wada）的《马克思恩格斯和革命的俄国》（1975）一书和《马克思与革命的俄国》（1981）一文，不破哲三的《马克思的发展理论和亚细亚生产方式》（1988）一文，石井知章的《平田清明的市民社会论——〈生产〉与〈交往〉能否突破〈亚细亚式〉的挣扎》，等等。这些著作和文章对马克思恩格斯"论东方村社"展开了较为深入的研究，需要引起我们的重视。

可见，西方关于马克思恩格斯"论东方村社"的研究总体上与马克思手稿的不断问世和研究的兴起密切相关。从整体上说，西方学者主要从人类学的视角论述马克思恩格斯"论东方村社"，但又不仅局限于

---

① Haruki Wada：" Marx and Revolutionary Russia"，*Late Marx and the Russian Road*：*Marx and 'the Peripheries of Capitalism'*，a case presented by Teodor Shanin，*Monthly Review Press*，1983，p. 40.

这一视角，而是将东方村社与俄国问题、民族解放运动、妇女运动和非欧发展（不发达）等内容结合在一起研究，极大地拓展了"论东方村社"研究的广度和深度，丰富和深化了"论东方村社"研究并彰显了其现实意义。同时，与苏联和中国学者的研究相比，西方学者的研究显得更为开放和发散，其开放式和发散式的思维方式为我们深入研究马克思恩格斯"论东方村社"和整个马克思主义提供了重要的启示。然而，西方学者的研究也有其明显的内在缺陷。从方法论上讲，他们往往抓住问题的一个方面展开研究，而忽视了其他方面的研究，甚至将某一思想从其文本语境和时代语境中剥离出来，单纯根据某种需要将其无限放大。一些西方学者所持的马克思恩格斯对立论的错误观点就是在此背景下产生和不断强化的。同时，虽然克拉德、杜娜耶夫斯卡娅等人强调要将马克思的著作看做是一个整体，将其晚年思想放入其一生思想和整个马克思主义语境中研究，但还是忽视从唯物史观和《资本论》创作的角度研究马克思恩格斯"论东方村社"和马克思晚年"人类学笔记"。概言之，从整体上看，西方学者的研究很大程度割裂了马克思思想的连续性和整体性，以及马克思恩格斯思想内在的一致性、互补性和整体性。

会理论是相对于西方社会理论而言,"主要是以占人口绝大多数和地域广泛的东方世界为背景,特别是以印度、俄国和中国为典型,是关于东方社会的历史发展、现实状况及未来走向共产主义的理论"①。

由靳辉明等人合著的《超越与趋同——马克思的东方社会理论及其当代思考》(中国人民大学出版社1988年版)一书,也是较早对马克思恩格斯"论东方村社"展开详细论述的专著之一。

20世纪90年代,我国学者对马克思恩格斯"论东方村社"的研究得到了进一步的拓展和加深。由黄楠森、庄福龄和林利三位教授主编的三卷本和八卷本《马克思主义哲学史》(北京出版社1991年、1991—1996年版)、中国人民大学庄福龄教授主编的四卷本的《马克思主义史》(人民出版社1996年版)中,都对马克思恩格斯"论东方村社"展开了深入的研究。八卷本的《马克思主义哲学史》第3卷——《马克思主义哲学在巴黎公社后的传播和发展》一书,详细介绍了马克思晚年笔记的基本内容,包括公社制度的历史命运、非资本主义发展过程中原始公社形态的可能前景、反对把西欧发展模式搬到东方社会等,并对这些命题展开了充分的论证。作者认为,马克思晚年笔记在马克思主义思想发展史中占有重要的转折性地位,是马克思主义发展的一个新起点。四卷本的《马克思主义史》第1卷对马克思恩格斯"论东方村社"展开了全面系统的研究,尤其是对马克思恩格斯对以俄国为代表的东方经济落后国家的社会发展问题的论述展开了深入的探讨。该书指出了马克思的《历史学笔记》与马克思恩格斯"论东方村社"之间的内在关联,即两者从不同角度完善了唯物史观的艺术整体。

20世纪90年代后,我国学者对马克思恩格斯"论东方村社"的研究的专著逐渐增多,将这一研究不断推向前进。其中,中国人民大学冯景源教授在《人类境遇与历史时空——马克思〈人类学笔记〉、〈历史学笔记〉研究》(中国人民大学出版社2004年版)一书中,将马克思的"人类学笔记"、"历史学笔记"和马克思恩格斯"论俄国村社"作

---

① 陈先达等:《被肢解的马克思》,上海:上海人民出版社1990年版,第241页。

为一个整体来研究,并考察了它们之间的内在关联,并从完善唯物史观的"艺术整体"的角度阐述马克思恩格斯"论东方村社"。

南京师范大学俞良早教授对马克思恩格斯"论东方村社"展开了深入的研究。他倡导并研究提出"马克思主义东方学"的概念,并在《马克思主义东方社会理论研究》(中共中央党校出版社 2006 年版)和《马克思主义东方学》(人民出版社 2011 年版)中对之进行了详细的阐释。"'马克思主义东方学',指马克思主义经典作家以及后来的无产阶级革命家包括马克思、恩格斯、列宁、斯大林、毛泽东等关于东方社会发展的学说,特别是他们关于俄国、中国等东方经济文化比较落后国家沿着社会主义轨道实现发展的学说。"① 马克思主义东方学的起点是马克思、恩格斯的东方社会理论。

第三,我国学术界关于马克思恩格斯"论东方村社"研究的主要分歧。

我国学术界主要是围绕以下问题展开了争论:

其一,是否存在东方发展道路和东方社会理论。不少学者承认马克思恩格斯"论东方村社"形成了东方发展道路和东方社会理论。但是,也有一些学者对东方社会发展道路和东方社会理论持否定态度。例如,有论者指出,马克思从未提出过"东方发展道路理论",马克思晚年关注的重心仍是西欧,不具备创建东方社会道路理论的基本条件,因而并未形成科学的、系统的东方社会道路理论,要走出东方社会道路的理论误区。

其二,是否存在跨越资本主义卡夫丁峡谷理论。虽然不少学者认为跨越资本主义卡夫丁峡谷是马克思恩格斯"论东方村社"的核心内容,并从这一角度出发对马克思主义东方社会理论展开详细的分析,但也有一些学者对之持相反的意见。例如,有的学者从世界革命的角度对跨越资本主义卡夫丁峡谷的设想展开研究,强调跨越卡夫丁峡谷的设想并非

---

① 俞良早:《马克思主义东方社会理论研究》,北京:中共中央党校出版社 2006 年版,第 1 页。

基于马克思对东方社会的研究,而是植根于马克思的世界革命理论;马克思提出这一设想并不是对西方无产阶级革命的失望,而恰恰是在对西欧无产阶级革命热切期盼的基础上提出来的,这一设想与东方社会主义没有联系。

其三,关于马克思恩格斯与俄国民粹派的思想渊源关系问题。学术界关于这个问题存在很大的争议,主要有以下观点:一是完全一致论。马克思恩格斯村社思想与民粹派村社思想是完全一致的,是对后者的直接借用。二是完全无关论。马克思恩格斯村社思想与民粹派村社思想无丝毫联系,他们根本没有从民粹派那里得到任何启示。三是形同实异论。虽然马克思恩格斯村社思想与民粹派村社思想在表面结论上具有一致性,但是,马克思恩格斯按照唯物史观的原则,站在世界革命历史的高度,对后者进行了清洗和改造。四是间接影响论。虽然民粹派有理论上的局限性,但对俄国社会历史发展道路的探索仍富有创建。马克思恩格斯的跨越设想受民粹派影响并将之作为了思想来源。同时,有学者对马克思恩格斯与俄国民粹主义的关系问题进行了较为详细的考证,并梳理了国外学者关于这一问题的代表性观点。①

其四,马克思恩格斯在东方村社问题上是否存在对立。多数学者都强调马克思恩格斯"论东方村社"是一个整体,他们之间虽然存在分歧,但其思想在根本上具有一致性和互补性,共同将马克思恩格斯"论东方村社"推向前进。但是,也有少数学者认为马克思恩格斯在东方村社问题上存在对立。有论者指出,恩格斯在东方落后国家可以跨越资本主义"卡夫丁峡谷"这个重大理论问题上与马克思的看法实际上是不一致的:恩格斯认为这一理论前提是西欧国家的无产阶级革命,而马克思并没有这一观点,且历史已经证明这个前提是不正确的;恩格斯在马克思主义东方社会理论方面的贡献主要限于对亚细亚生产方式的贡献,而对于东方社会理论的跨越卡夫丁峡谷设想方面不仅没有贡献,而且由于缺少马克思这一"第一小提琴手"的指导,以至于恩格斯这位"第

---

① 参见周凡:《马克思与俄国民粹主义问题》,载《马克思主义与现实》2007年第4期。

二小提琴手"在这个问题上"拉走了调"。显然，这一观点的实质就是认为马克思恩格斯"论东方村社"是对立的。

其五，关于跨越资本主义制度卡夫丁峡谷的内涵问题。跨越是制度内跨越还是制度间跨越，即究竟是跨越整个资本主义阶段，还是仅仅跨越资本主义原始积累阶段，学术界存在很大争议。虽然不少学者认为马克思提出的跨越资本主义制度卡夫丁峡谷是指跨越整个资本主义制度，即以俄国为代表的东方国家可以不经过资本主义发展阶段而在自身实际的基础上直接进入社会主义社会，但也有部分学者对之持否定态度。例如，有论者强调跨越资本主义卡夫丁峡谷的本意是制度间跨越，即主要是跨越资本主义原始积累阶段，并从马克思所要回答的问题、语意和逻辑、马克思思想发展的统一性和连续性等角度论证了其观点。

其六，关于对跨越卡夫丁峡谷以及马克思恩格斯"论东方村社"的评价问题。不少学者对之持积极肯定的态度，也有部分学者对之持否定态度。在持肯定的态度的人中，又有部分学者对之评价很高，将之视为马克思的第三大理论贡献或马克思主义第四个理论来源等。例如，有论者指出：马克思一生的主要贡献应当概括为三个：唯物史观、剩余价值理论和东方落后国家在资本主义时代可以跨越资本主义的卡夫丁峡谷的理论。而第三个贡献的重要性丝毫不亚于前两个贡献，尤其是对于东方国家的现实意义决不能低估。有论者指出，要完整地揭示马克思主义的理论框架，必须把以非欧社会尤其是东方社会为重要研究对象的英、美、德、俄人类学思想看做是马克思主义第四个来源和第四个组成部分。[①] 同时，学术界也有一种对跨越卡夫丁峡谷理论评价很低的倾向。除了上面提到的一部分学者认为马克思没有形成东方社会理论外，也有部分学者否认马克思曾提出过跨越卡夫丁峡谷的设想。例如，有论者强调马克思给查苏利奇复信的三个草稿不能作为俄国可以走非资本主义道路理论的根据，因为草稿毕竟不是定稿，不能作为马克思的正式思想，

[①] 参见俞吾金：《马克思主义的第四个来源和第四个组成部分——纪念马克思逝世110周年》，载《学术月刊》1993年第8期。

马克思的非资本主义发展道路设想论可以休矣。还有论者指出，马克思没有明确提出跨越资本主义卡夫丁峡谷的思想，只是提出了可以不通过资本主义制度卡夫丁峡谷的问题，而不通过资本主义的卡夫丁峡谷不等于跨越资本主义的卡夫丁峡谷，两者有根本不同的含义。

此外，关于马克思提出的跨越资本主义卡夫丁峡谷的适用范围是仅限于俄国还是包括整个东方社会，跨越卡夫丁峡谷与东方国家社会主义理论和实践发展的关系，跨越资本主义卡夫丁峡谷是马克思的一贯思想还是仅仅是晚年提出来的思想，中国是否已经跨越了资本主义卡夫丁峡谷，马克思恩格斯"论东方村社"是否是对五种社会形态理论的否定以及马克思主义关于社会形态的三形态论和五形态论的关系等重大问题，学术界仍然存在很大争议。

总之，我国学术界从马克思主义哲学、马克思主义政治经济学、科学社会主义等学科出发，围绕着社会发展理论、东方社会理论、跨越资本主义卡夫丁峡谷、"人类学笔记"和"历史学笔记"、中国特色社会主义的理论和实践等角度，对马克思恩格斯"论东方村社"展开了长期深入的研究。同时，马克思恩格斯"论东方村社"也必将随着中国特色社会主义事业的发展而不断向前推进。

综上所述，国内外学术界对马克思恩格斯"论东方村社"展开了长期深入的研究，取得了丰富的理论成果，对于世界范围内的社会主义运动和中国特色社会主义事业产生了一定的影响。而随着世界范围内社会主义运动和中国特色社会主义事业的不断发展，我们对马克思恩格斯"论东方村社"的研究也必须不断深入。

第三部分　当代解读

马克思恩格斯从无产阶级和全人类解放的立场出发，结合世界范围内的无产阶级革命运动和民族解放运动的兴起和发展的情况，对东方村社进行了长期深入的研究，形成了一个包括通信、评论、手稿、摘录和笔记等在内的庞大而复杂的文本群，留下了关于东方村社的宝贵的思想遗产和理论遗产。虽然学术界对于马克思恩格斯"论东方村社"展开了一定的研究，尤其是对俄国村社和俄国发展道路展开了深入研究，但是对马克思恩格斯"论东方村社"的整体性研究还比较薄弱。因此，我们必须从马克思恩格斯"论东方村社"的主要文本出发，结合马克思主义的发展及其在东方国家的运用和实践对之进行当代解读。

第八章 马克思恩格斯"论东方村社"的史料梳理

马克思恩格斯"论东方村社"持续的时间之长、关注的问题范围之广、形成的文本和理论观点之庞大而复杂,在马克思主义发展史上都是极为罕见的。这里,我们首先简要梳理马克思恩格斯"论东方村社"相关史料,以及马克思恩格斯"论东方村社"的主要文本类型。

一 马克思恩格斯研究俄国问题的历程

马克思恩格斯对俄国问题的研究贯穿于马克思恩格斯"论东方村社"和整个马克思主义发展进程的始终,是马克思恩格斯"论东方村社"思想最为集中的领域。

19世纪40年代,马克思恩格斯就开始关注和研究俄国社会。在1848年革命中,沙皇俄国充当了镇压欧洲无产阶级运动和民族解放运动的刽子手,成为欧洲现存秩序的主要支柱和反动势力的最后堡垒。这使马克思恩格斯认识到,无产阶级革命运动和民族解放运动要取得最终胜利,就必须首先推翻沙皇俄国的专制制度,使俄国革命成为无产阶级革命运动和民族解放运动的推动因素。1848年革命后,马克思恩格斯一度强调俄国是无产阶级革命的反动堡垒,并将如何把这一阻碍因素变为推动无产阶级革命运动和民族解放运动的促进因素作为他们不断深化俄国村社和俄国发展道路问题研究的一个重要动力。

19世纪50年代到1867年《资本论》第1卷出版前,马克思恩格斯对俄国问题展开了较为深入的研究。1850年12月—1855年,恩格斯学习俄文，研究俄语和其他斯拉夫语，以及斯拉夫各民族的历史和文学。1853—1857年，马克思研究了斯拉夫民族的历史和俄国的历史、文学等方面的材料，阅读并摘录了大量的文学、历史等方面的书籍，还编制了公元973至1676年的俄国历史一览表。同时，从1853年开始，马克思和恩格斯就开始为《纽约每日论坛报》等报刊撰写一系列关于俄国问题的文章。1853年4月，恩格斯就指出俄国革命运动的前途问题具有很大意义。马克思在1853年论述俄国的文章中，就提及到俄国村社。可见，马克思恩格斯从一开始撰写关于俄国问题的文章时，就敏锐地抓住了俄国革命和俄国村社这些重要问题，占据了研究的制高点，具有重要的意义。在此期间，马克思恩格斯着重论述了克里木战争、俄国农奴制改革等重大历史事件，因为这些事件与俄国农村公社的命运和俄国革命运动紧密相连，尤其是俄国农奴制改革将会对俄国农村公社产生革命性的影响。早在1861年农奴制改革前，马克思就论述了俄国废除农奴制运动的必然趋势及其重要意义。1858年，马克思写了三篇关于俄国废除农奴制问题的文章，发表于《纽约每日论坛报》上，科学地预测了俄国必然会废除农奴制及其重要意义。1860年1月11日，马克思在给恩格斯的信中着重指出，美国黑奴争取消灭奴隶制的斗争和俄国争取废除农奴制的运动是当时的最大的事件，具有世界历史性的意义。农奴制改革后，马克思恩格斯继续密切关注俄国农奴制改革的进展及其影响。1866年1月26日，恩格斯在给马克思的信中请马克思寄些有关俄国废除农奴制的条件和俄国农民经济状况的材料。总之，马克思恩格斯对俄国社会方方面面展开了研究和论述，为他们之后深入研究俄国村社奠定了坚实的基础。

　　1867年《资本论》第1卷出版后到1895年恩格斯逝世为止，马克思恩格斯以俄国村社为典型对东方村社展开了集中而深入的研究，撰写了大量通信和文章。例如，马克思《给〈祖国纪事〉杂志编辑部的信》、《关于俄国一八六一年改革和改革后的发展的札记》、《给维·伊·查苏利奇的复信》及其四个草稿，恩格斯《论俄国的社会问题》及其导言、《俄国沙皇政府的对外政策》、《〈论俄国的社会问题〉跋》，马克思恩格斯合写的《〈共产党宣言〉俄文第二版序言》等。在此过程中，马克思恩格斯提出了一系列重要命题：西欧资本主义起源的发展道路仅限于西欧；历史哲学的最大长处在于它是超历史的；要挽救俄国公社，就必须有俄国革命；俄国革命与西欧无产阶级革命互补，等等。概言之，马克思恩格斯站在世界历史的高度，从无产阶级和全人类解放的立场出发，运用唯物辩证法对俄国村社展开了深入研究的同时，也全面系统地阐述了他们关于东方村社的观点，使马克思恩格斯"论东方村社"日益臻于成熟和完善。

总之，马克思恩格斯"论俄国村社"是贯穿于马克思恩格斯思想发展过程中的一个重要论题。

二 马克思恩格斯研究中国问题的历程

马克思恩格斯十分重视对中国问题的研究，并将之看做是他们研究和探索东方村社的重要一环。

19世纪40年代，马克思恩格斯就对以中国为代表的东方国家展开了初步的研究。他们指出，中国长期实行的闭关锁国政策导致了中国社会的封闭性、停滞性和落后性，但是，西方国家机器大工业和开创的世界历史将中国拖入世界市场和世界历史之中，使中国这样以工场手工业为基础的半野蛮国家被迫脱离闭关自守的状态，并正走向革命。正如马克思后来指出的："事情已经发展到这样的地步：今天英国发明的新机器，一年之内就会夺去中国千百万工人的饭碗。"① 显然，马克思恩格斯一开始就是站在世界历史的高度对中国展开分析和研究的，紧紧抓住资本主义世界市场和世界历史形成的历史条件，对西方国家的机器大工业和世界历史对中国产生的革命性影响给予了高度的重视和评价。

19世纪50年代，马克思恩格斯以美国《纽约每日论坛报》为平台，撰写了一系列关于中国问题的评论文章，主要包括：《中国革命和

---

① 《马克思恩格斯文集》第1卷，北京：人民出版社2009年版，第680页。

欧洲革命》、《俄国的对华贸易》、《英人在华的残暴行动》、《波斯和中国》、《鸦片贸易史》、《英中条约》、《中国和英国的条约》、《俄国在远东的成功》、《新的对华战争》、《对华贸易》等。在这些文章中，马克思恩格斯站在世界历史的高度对包括两次鸦片战争和太天平天国革命等重大历史事件在内的中国问题和中国革命进行了全面分析，涵盖了中国的政治、经济、文化、社会等内容。同时，马克思恩格斯突出强调了中国革命和中国发展对于世界历史的促进作用。概言之，马克思恩格斯站在世界历史的高度，科学揭示了西方殖民主义和中国古老制度的碰撞，展示出了世界历史的复杂性。

19世纪60年代后，马克思恩格斯在世界市场和世界历史进一步发展的历史条件下关注和研究中国问题，并在许多著作、文章和通信中阐述了他们的看法。例如，在《资本论》中，马克思对包括中国在内的东方国家的土地所有制和地租情况展开了详细的论述，强调中国生产方式的特殊性及其障碍作用，指出农村公社在中国是原始的形式，其解体过程十分缓慢，"因为在这里没有直接政治权力的帮助。因农业和手工制造业的直接结合而造成的巨大的节约和时间的节省，在这里对大工业产品进行了最顽强的抵抗；因为在大工业产品的价格中，会加进大工业产品到处都要经历的流通过程的各种非生产费用"①。1881年8月底—9月，马克思还详细阅读和摘录了埃·雷·于克的《中华帝国》一书。

19世纪80、90年代，恩格斯一再强调中国可以参与到世界历史进程中去并产生世界历史性的影响。在1886年3月18日给奥古斯特·倍倍尔的信中，恩格斯阐述了中国修建铁路和门户开放的世界历史性影响。在1892年9月22日给丹尼尔逊的信中，恩格斯也指出中国铁路的修建会促使大量中国人向外移民，进而导致中国廉价的劳动力充斥整个美洲、澳洲和欧洲的市场，并对后者的生产体系产生革命性的影响。1894年9—11月，恩格斯密切注视中日甲午战争的进程，并在给劳

---

① 《马克思恩格斯文集》第7卷，北京：人民出版社2009年版，第372页。

拉·拉法格、考茨基和左尔格等社会主义者的信中对之展开了详细的分析。他指出，中日战争是把日本作为工具的俄国政府挑拨起来的，战争将打破中国的闭关自守的状态，迫使中国全部开放其通商口岸、建筑铁路和工厂并将导致劳动力大量外移等。

总之，马克思恩格斯长期关注和研究中国问题，构成了马克思恩格斯"论东方村社"的一个不可或缺的组成部分。

三 马克思恩格斯研究印度问题的历程

马克思恩格斯对印度问题的研究是马克思恩格斯"论东方村社"的重要组成部分，贯穿于他们一生的思想发展历程中。

19世纪40年代，马克思恩格斯就站在世界历史的高度对印度村社展开了初步的论述。他们主要强调印度社会长期的封闭性和停滞性以及机器大工业和世界历史对印度的革命性影响。恩格斯用极其形象的说法描述了印度社会发展的停滞性："印度人总是一个世纪一个世纪地按着老方式生活下去，也就是吃、喝、呆板地过日子；祖父怎样耕种自己的小块土地，孙子也就怎样做；而发生的许多强制性的变革，只不过是各个部落之间争权的斗争。"① 但在机器大工业的冲击下，印度被迫脱离了闭关自守的状态，开始摆脱了一成不变的情况，与其他民族混杂在一起，被卷入文明之中并且第一次接受了文明的熏陶，并进行了完全的革命。这里，马克思恩格斯对机器大工业和世界历史对印度的革命性影响给予了高度的评价。

19世纪50、60年代，马克思恩格斯撰写了大量论述印度社会的评论和文章，涉及印度的经济、政治、文化、社会等方方面面，尤其是对英国的殖民统治、印度村社、1857—1859年印度民族大起义等内容展开了详细的分析。其中，有代表性的主要是马克思的《不列颠在印度的统治》、《不列颠在印度统治的未来结果》、《东印度公司，它的历史与

---

① 《马克思恩格斯全集》第42卷，北京：人民出版社1979年版，第472页。

结果》和《印度问题》等文章。在这些文章中，马克思提出了一系列重要命题：农业公社是东方专制制度的牢固基础，印度社会根本没有历史，英国要在印度完成破坏和建设的双重使命，英国在印度的所作所为只是充当历史的不自觉的工具，等。显然，这些命题不仅涉及印度村社，而且涉及整个东方村社，是他们研究东方村社过程中必须解决的重要课题。

19世纪70年代后，马克思恩格斯在世界历史进一步形成的条件下对印度社会展开了深入的研究，其中最有代表性的是马克思的"人类学笔记"和《印度历史编年大事记》。马克思1879—1881年所作的"人类学笔记"中蕴含了大量关于印度村社的内容。例如，马克思1879年秋—1880年夏所作的《马·柯瓦列夫斯基〈公社土地占有制，其解体的原因、进程和结果〉一书摘要》中，包含了印度村社解体以及英国殖民统治给印度人民造成的深重灾难等内容。同时，在创作柯瓦列夫斯基笔记的过程中，马克思还搜集了包括罗·修厄尔的《印度分析史》和蒙·埃尔芬斯顿的《印度史》等在内的大量的史料，编写了《印度历史编年大事记》，摘录了从公元664年阿拉伯人征服信德到印度民族大起义（1857—1859）这一时期印度社会发展的所有重大历史事件。其中，英国人征服和奴役印度的历史是马克思摘录和评述的重点内容，约占全部编年稿的三分之二。《印度历史编年大事记》在一定程度上是马克思长期关注和研究印度问题的一个总结，具有重要的价值。在"人类学笔记"和《印度历史编年大事记》中，马克思站在世界历史的高度揭露和批判英国殖民者运用各种卑劣的手段对印度的侵略及其造成的巨大灾难，并深切同情和高度讴歌了印度人民反抗英国殖民主义的民族解放斗争。此外，恩格斯也一再指出，印度发展大工业可能导致大量人口外移，会对欧洲、美洲等资本主义国家产生革命性的影响。

总之，马克思恩格斯对印度问题展开了长期深入的研究，取得了重要的理论成果，丰富和发展了马克思恩格斯"论东方村社"和整个马克思主义理论体系。

四　马克思恩格斯"论东方村社"的文本类型

马克思恩格斯"论东方村社"形成了一个包括通信、评论、文章、手稿、摘录和笔记等文本在内的庞杂的文本群。为了研究和叙述的需要，我们将马克思恩格斯"论东方村社"文本的主要类型以及不同类型文本的主要代表作简要概括于下。

第一，通信类。马克思恩格斯"论东方村社"过程中留下了大量的通信，主要包括马克思和恩格斯之间以及马克思恩格斯与各国革命者尤其是俄国革命者之间的大量通信，其中有代表性的是：马克思和恩格斯之间1853年6月6日、10日和14日的三封通信、马克思1877年《给〈祖国纪事〉杂志编辑部的信》和1881年《给维·伊·查苏利奇的复信》及其草稿，以及马克思恩格斯与丹尼尔逊等俄国革命者的大量通信等。从这些通信创作的背景和内容来看，可以分为以下三种类型。其一，一部分通信带有研究和交流的性质，是在马克思和恩格斯之间、马克思恩格斯与各国革命者之间就东方村社这一课题进行研究和讨论的过程中创作的。例如，19世纪50年代马克思和恩格斯之间就东方国家社会发展状况的通信，以及马克思恩格斯19世纪70年代后与俄国民粹派思想家之间大量关于俄国村社的通信等。其二，一部分书信带有评论的性质，是在马克思和恩格斯就某些著作及其观点或者某些历史事件发表意见和评论过程中创作的。例如，马克思在阅读完弗列罗夫斯基的《俄国工人阶级状况》一书后给恩格斯、劳拉·拉法格和保尔·拉法格、迈耶尔等人的信中发表了对该书看法，以及恩格斯在中日甲午战争爆发后给劳拉·拉法格、考茨基和左尔格的信中对这一事件的分析和评价等。其三，一部分通信带有应答和论战的性质，是马克思恩格斯在接受了以俄国民粹派为代表的众多思想家和革命者的请求和质疑的过程中创作的。例如，为了反驳米海洛夫斯基对《资本论》的曲解，马克思写作了《给〈祖国纪事〉杂志编辑部的信》；为了回答以查苏利奇为代表的俄国革命者关于俄国村社和俄国发展前景的提问，马克思写作了

《给维·伊·查苏利奇的复信》及其草稿等。总之，这些通信不仅全面深入地反映了马克思恩格斯"论东方村社"历史进程的长期性和连贯性，也真实地展现出马克思恩格斯"论东方村社"的真实想法和主要思想。

第二，评论类。马克思恩格斯"论东方村社"还包含大量的评论性文章。19世纪50年代后，马克思恩格斯为《纽约每日论坛报》、《每日新闻》、《新奥得报》等报纸撰写了大量关于中国、印度、俄国、波斯、土耳其等东方国家政治、经济、文化、军事、外交和社会生活等方方面面的评论。其中具有代表性的文章有：马克思1853年的《中国革命和欧洲革命》、《不列颠在印度的统治》和《不列颠在印度统治的未来结果》，恩格斯1857年的《波斯和中国》和《俄国在远东的成功》等。这些评论性文章是马克思恩格斯在1848年欧洲革命失败后西欧无产阶级革命运动陷入低潮、欧洲反动势力卷土重来的情况下，利用为《纽约每日论坛报》等报刊撰稿的机会创作的，其最重要的特点就是要把握新闻的时效性和准确性，让读者在第一时间了解和把握俄国、中国和印度等东方国家发生的历史事件及其原因、进程和影响。由于马克思恩格斯敏锐的洞察力、缜密的分析能力和言简意赅的创作风格以及《纽约每日论坛报》等报刊的巨大发行量等因素，使得马克思恩格斯"论东方村社"的相关文章在西方国家得到了广泛的传播，不仅深刻地揭露了西方殖民主义对中国、印度等东方国家的侵略，也为西方读者进一步了解东方国家的历史、现实及其特点提供了重要的资料。

第三，文章类。马克思恩格斯在研究东方村社过程中还创作了大量的文章。主要有：恩格斯1875年的《论俄国的社会问题》一文及其导言，马克思恩格斯的《〈共产党宣言〉1882年俄文版序言》，恩格斯1894年的《〈论俄国的社会问题〉跋》等。这些文章都是马克思恩格斯站在世界历史的高度、从无产阶级和全人类解放的角度出发，运用唯物辩证法对东方国家历史和现实长期深入研究的基础上展开了系统而科学的分析，具有重要的理论和现实意义。

第四，手稿、笔记和摘录类。马克思恩格斯"论东方村社"文本的相当大一部分内容是马克思的手稿、笔记和摘录,其中有代表性的是:《1857年—1858年经济学手稿》中的"资本主义生产以前的各种形式"一章,1879—1880年编写的《印度历史编年大事记(公元664—1858年)》,1879—1881年所作的摩尔根笔记、柯瓦列夫斯基笔记、拉伯克笔记、梅恩笔记和菲尔笔记,以及1881—1882年撰写的《关于俄国一八六一年改革和改革后的发展的札记》等。虽然许多手稿、笔记和摘录带有过程稿的性质,主要是为了他进一步研究做准备的,例如,《1857—1858年经济学手稿》主要是为了写作《资本论》做准备、《印度历史编年大事记》主要是为了从历史发展进程的角度研究印度社会做准备,但这并不影响它们在马克思恩格斯"论东方村社"过程中所具有的独立而重要的价值。同时,这些手稿、笔记和摘录是马克思恩格斯研究东方村社过程中或专门撰写的、或随手摘录和批注的,因而在一定程度上更具有发散性和广博性,更能真实地反映出马克思"论东方村社"思想的发展和转向。尤其是20世纪20、30年代至今,围绕着亚细亚生产方式、马克思晚年"人类学笔记"展开的世界范围内关于马克思恩格斯"论东方村社"的研究和争论与这些手稿、笔记和摘录的问世紧密相连,甚至是由后者直接引发的。因此,深入厘清和理解马克思恩格斯"论东方村社"的手稿、笔记和摘录,对于我们开展马克思恩格斯"论东方村社"研究具有重要的价值。

总之,这些不同类型的文献之间是相互联系、紧密结合的,共同构成了马克思恩格斯"论东方村社"这一庞杂的文本群和丰富的理论体系。同时,这些不同类型的文献是马克思恩格斯根据时代历史条件的发展和需要不断创作形成的,在马克思恩格斯"论东方村社"过程中发挥了各自独立而又相互联系和补充的作用,共同推动了马克思恩格斯"论东方村社"不断向前发展。

第九章 马克思恩格斯"论东方村社"的思想诠释

马克思恩格斯"论东方村社"是一个巨大理论宝藏，需要我们在忠实文本自身的逻辑、文本所在的历史语境的基础上，不断结合时代历史条件的变化尤其是东方国家实际发展情况，对之展开系统的把握和深入的挖掘。

一 社会形态的辩证特征

社会形态理论是唯物史观的重要内容。社会形态是划分社会发展和社会进步的阶段和类型的基本单位。马克思恩格斯"论东方村社"多角度、多层次地展开了对社会形态的研究，尤其是突出了社会形态的辩证特征。

（一）原始社会表现为一系列标志着依次更迭的时代的类型

通过对东方村社的专门而系统的研究，马克思恩格斯确立了原始社会（史前社会）在社会形态中的原生形态的位置。在此基础上，马克思在给查苏利奇的信中认为，原始社会表现为一系列不同的、标志着依次更迭的时代的类型。

由于缺乏实证材料，马克思恩格斯在《共产党宣言》中作出了"至今一切社会的历史都是阶级斗争的历史"的论断。随着实证材料的发现和研究的深入，马克思恩格斯不仅修正了这一看法，而且看到了社会形态演化的复杂的层次和类型。在《经济学手稿（1857—1858年）》

中，马克思指出:"不久前有人又发现公社所有制是斯拉夫族特有的一种奇异现象。事实上，印度为我们提供了这种经济共同体的各种各样形式的典型，它们虽然或多或少已经解体了，但仍然完全可以辨认出来；经过更仔细地研究历史，又发现这种共同体是一切文明民族的起点。以私人交换为基础的生产制度，最初就是这种原始共产主义在历史上解体的结果。不过，又有整整一系列的经济制度存在于交换价值控制了生产的全部深度和广度的现代世界和这样一些社会形态之间。"① 这里，将公社所有制看做是一切文明民族的起点，也就是确立了原始社会在社会形态演化中的原生形态的位置；认为在公社所有制和资本主义制度之间存在着一系列的经济制度，也就是承认了社会形态演进的多个阶段和复杂过程。在此基础上，马克思恩格斯"论东方村社"进一步丰富和发展了对社会形态的层次和类型的科学认识。

原始社会在社会形态中的原生形态位置。在文字出现之前，人类长期处于没有私有制和剥削的社会中。随着文明时期的兴起，这种社会形态衰落了。但是，它仍然具有强大的生命力。马克思指出，公社所有制的天然的生命力为两个不可争辩的事实所证实。这种类型的一些公社零零散散地分布于各地，经历了中世纪的一切波折，一直保存到马克思所处的时代，例如，在他的家乡特里尔专区就有。然而更重要的是，这种农业公社的烙印是如此清晰地表现在从它产生出来的新公社里面，以致德国历史学家毛勒在辨认了新公社后能够还原出这种"农业公社"。在新公社里，耕地是农民的私有财产，而森林、牧场、荒地等仍然是公共财产；这种新公社由日耳曼人引入所有被征服的地区。由于它继承了原型的特征，所以在整个中世纪时期，成了人民自由和人民生活的唯一中心。显然，日耳曼人的农村公社是从较古类型的公社中产生出来的。在这里，它是自然发展的产物，而绝不是从亚洲现成地输入的东西。在亚洲，在东印度也有这种农村公社，并且往往是古代形态的最后阶段或最后时期。即，只有原始社会才构成了社会形态演化的原生形态，其他一

---

① 《马克思恩格斯全集》第31卷，北京：人民出版社1998年版，第294页。

切社会形态都是从之演化出来的。

农业公社不同于史前公社的特征。为了从纯理论观点，即始终以正常的生活条件为前提，来判断农村公社可能有的命运，马克思强调，必须指出农业公社不同于较古类型的公社即史前公社的某些特征。其一，社会关系的区别。原始公社是建立在公社社员的血缘亲属关系上的。在这些公社中，只容许有血缘亲属或收养来的亲属。他们的结构是系谱树的结构。而农业公社割断了这种牢固然而狭窄的联系，更能够扩大范围并经受得住同外界的接触，是最早的没有血缘关系的自由人的社会组织。其二，财产关系的区别。在原始公社中，公共房屋和集体住所是社会的经济基础，是社会的物质基础之一。但是，在农业公社中，房屋及其附属物——园地，已经成为农民的私有财产了。其三，分配方式的区别。在原始公社中，生产是共同进行的，只有产品才拿来分配。这种原始类型的合作生产或集体生产显然是单个人的力量太小的结果，而不是生产资料社会化的结果。在农业公社中，虽然耕地仍然是公有财产，但定期在各个社员之间进行分配，因此，每个农民自力经营分配给他的田地，并且把产品留为己有。最后，从公社解体的原因来看，也是不同的。原始公社"衰落的原因，是那些阻碍它们越过一定发展阶段的经济条件，是和今日俄国公社的历史环境毫无相似之处的历史环境"①。即，原始公社的解体是自然历史发展的结果，而俄国村社的解体是人为原因造成的。

俄国村社是村社进化链条中的最近类型。事实上，并不是所有的原始公社都是按照同一形式建立起来的。相反，从整体上看，它们是一系列社会组织，这些组织的类型、生存的年代彼此都不相同，标志着依次进化的各个阶段。在俄国村社发展的过程中，由于农民已经具有了他所居住的房屋和作为房屋附属物的菜园的私有权，已经摆脱了史前公社各个社员的血缘亲属关系，这样，不仅产生了破坏史前公社的因素，而且使它有了较广阔的发展余地。正由于这个原因，在给查苏利奇的复信的

---

① 《马克思恩格斯文集》第3卷，北京：人民出版社2009年版，第581页。

初稿中，马克思指出，农业公社到处都是古代社会形态的最近的类型；由于同样原因，在古代和现代的西欧的历史运动中，农业公社时期是从公有制到私有制、从原生形态到次生形态的过渡时期。即，农业公社兼有公有和私有的二重属性。在给查苏利奇的复信的二稿中，马克思认为，俄国的共产主义所有制形式是古代类型的最现代的形式，而后者又经历过一系列的进化；俄国农村公社属于这一链条中最近的类型。在给查苏利奇的复信的三稿中，马克思再次强调，俄国的公社就是通常称作农业公社的一种类型。在西方相当于这种公社的是存在时期很短的日耳曼公社。由此来看，"地球的太古结构或原生结构是由一系列不同年代的叠复的地层组成的。古代社会形态也是这样，表现为一系列不同的、标志着依次更迭的时代的类型。俄国农村公社属于这一链条中最近的类型。"①这就表明，俄国村社是在原始社会的基点上演化而来的。

可见，史前社会存在着不同的层次和类型。不仅如此，"农业公社既然是原生的社会形态的最后阶段，所以它同时也是向次生形态过渡的阶段，即以公有制为基础的社会向以私有制为基础的社会的过渡。不言而喻，次生形态包括建立在奴隶制上和农奴制上的一系列社会。"②即，社会形态是以原始社会为原生形态的演化过程，包括次生类型和再次生类型等一系列的序列；而原生形态本身也包括一系列的进化过程。

(二) 极为相似的事变会引起完全不同的结果

在研究东方村社的过程中，尤其是在比较东西方社会发展的过程中，马克思恩格斯"论东方村社"深化了对社会发展的多样性的科学认识，认为极为相似的事变发生在不同的历史环境中会引起完全不同的结果。

在创立和发展唯物史观的过程中，马克思恩格斯突出强调的是社会

---

① 《马克思恩格斯全集》第25卷，北京：人民出版社2001年版，第472页。
② 《马克思恩格斯文集》第3卷，北京：人民出版社2009年版，第586页。

发展的统一性。《资本论》第 1 卷第 1 版序言指出："问题本身并不在于资本主义生产的自然规律所引起的社会对抗的发展程度的高低。问题在于这些规律本身，在于这些以铁的必然性发生作用并且正在实现的趋势。工业较发达的国家向工业较不发达的国家所显示的，只是后者未来的景象。"① 这里，马克思从生产力发展的不可跨越性的角度突出了社会发展的统一性，主要强调的是工业化的普遍意义。即使如此，马克思也没有忽视社会发展的多样性。例如，单就作为"未来景象"的资本主义的发展来看，"这种剥夺的历史在不同的国家带有不同的色彩，按不同的顺序、在不同的历史时代通过不同的阶段"②。显然，资本主义也不是整齐划一的，而是形形色色的。因此，在马克思看来，只有从社会发展的统一性和多样性的辩证关系入手，才能科学认识和把握社会发展规律。在研究东方村社的过程中，马克思恩格斯在坚持社会发展的统一性的基础上，着重阐发了社会发展多样性的辩证特征。

史前社会发展的多样性。史前公社是一切民族在一定发展阶段上的共同现象，具有普遍性。但是，并不是所有的史前公社都是按照同一模式建立起来的，其在社会结构上存在着诸多的差异，在社会发展程度上各不相同。通常来讲，氏族的发展会产生部落，因此，血缘纽带不容产生任何形式完备的贵族。摩尔根就是在考察了氏族之后考察胞族、部落和联盟的。但是，马克思看到了氏族发展存在着另一种可能性，"以氏族原则加征服这样的方式，不会使氏族逐渐**形成为等级**吗？在这种情况下，就产生禁止**在不同氏族之间通婚**的禁令，与禁止在**同一氏族内通婚**的**古老规则完全相反**"；这样一来，"一旦**在氏族的血缘亲属之间**产生**等级之分**，这就同**氏族原则**发生**冲突**，而氏族就会僵化为自己的对立面即**等级**"③。即，在氏族的基础上产生出与氏族相对的等级是氏族发展的另一种可能性。马克思详细阐述了史前公社和农业公社的区别和联系，并厘清了原始公社内部存在着原生形态、次生形态和再次生形态等

---

① 《马克思恩格斯文集》第 5 卷，北京：人民出版社 2009 年版，第 8 页。
② 同上书，第 823 页。
③ 《马克思恩格斯全集》第 45 卷，北京：人民出版社 1985 年版，第 471 页。

一系列的类型。马克思指出:"把所有的原始公社混为一谈是错误的;正像在地质的层系构造中一样,在历史的形态中,也有原生类型、次生类型、再次生类型等一系列的类型。"① 这样,马克思就科学地揭示出了史前社会发展的多样性。

私有制社会的多样性。史前公社解体之后便产生了私有制,这是社会发展的常规。但是,私有制的产生却具有多种多样的形式,在南欧产生的是希腊、罗马的奴隶制社会,在此以北的日耳曼人则发展起了一种部落型的社会,亚细亚生产方式则更为复杂。马克思指出:"仔细研究一下亚细亚的、尤其是印度的公有制形式,就会证明,从原始的公有制的不同形式中,怎样产生出它的解体的各种形式。"②在研究东方村社的过程中,马克思恩格斯进一步深化了对私有制社会多样性的认识。其中,在研究俄国村社的过程中,马克思认识到俄国村社的土地制度兼具公有和私有的二重属性:一是耕地是公有财产,却要定期在其成员中间分配,其劳动产品归农民自己所有;二是房屋和园地却是农民的私有财产。即,村社自身已经包含着瓦解其公有制特点的私有制因素,使自己朝着私有制方向发展。此外,中国古代是典型的自给自足的小农经济,土地是私有的,可以自由买卖,但皇帝却作为全国土地的最高所有者,是全国最大的地主。由于皇帝是国家的象征,所以,中国的土地制度又可以说是公有的。但从本质上来说,上述情况都属于私有制社会,只是在土地制度方面各有特色而已,可见,私有制社会存在着多样性。

资本主义起源的多样性。从封建社会向资本主义社会的过渡是西欧社会普遍经历的发展过程,但是,原始积累却有不同的表现形式。同时,由于历史环境的不同,极为相似的事变会引起完全不同的结果。在《资本论》里的好几个地方,马克思都提到古代罗马平民所遭到的命运。这些人本来都是自己耕种自己小块土地的独立经营的自由农民。在罗马历史发展的过程中,他们被剥夺了。使他们同他们的生产资料和生

---

① 《马克思恩格斯文集》第3卷,北京:人民出版社2009年版,第581页。
② 《马克思恩格斯全集》第31卷,北京:人民出版社1998年版,第426页注释①。

存资料分离的运动,不仅蕴涵着大地产的形成,而且还蕴涵着大货币资本的形成。于是,有那么一天就一方面出现了除自己的劳动力外一切都被剥夺的自由人,另一方面出现了占有已创造出来的全部财富的人,他们剥削他人劳动。结果却是,和他们同时发展起来的生产方式不是资本主义的,而是奴隶制的。可见,"极为相似的事变发生在不同的历史环境中就引起了完全不同的结果"①。从资本主义发展的实际进程来看,英国资本主义的起源是内生的,而美国资本主义的发生是移植的。同样是内生的资本主义,英国的资本主义是自然历史的过程,而俄国1861年的农奴制改革试图通过自上而下的方式发展资本主义,"简言之,没有任何一个国家像俄国这样,当资产阶级社会还处在原始蒙昧状态的时候,资本主义的寄生性便已经发展到了这样的程度,以致整个国家、全体人民群众都被这种寄生性的罗网覆盖和缠绕。"② 显然,俄国资本主义的发展具有人为性。同样是移植的资本主义,美国资本主义的发展较为"文明",但是,却复活了野蛮的奴隶制(黑奴贸易);而印度和中国却是在刀与火的胁迫下走上资本主义发展道路的。在马克思晚年所作的《印度历史编年大事记》和"人类学笔记"中一再强调,印度公社的灭亡并不是当地资本主义经济发展进步的必然结果,而是英国殖民入侵所导致的。同时,恩格斯在甲午战争期间关于中国问题的通信中一再指出,资本主义在征服中国、使中国也走上资本主义道路的同时,会给西欧和美洲的资本主义带来深重的危机。在马克思恩格斯看来,即便中国、印度这样的东方国家走上了资本主义发展道路,也不像西欧国家的资本主义那样,是从本国封建经济的基础上发展起来的,而是外力强加于这些国家身上的。概言之,在世界历史条件下,资本主义的起源和发展都具有多样性。

总之,在研究东方村社的过程中,马克思恩格斯深化了对社会发展多样性的辩证特征的科学认识,在此基础上,进一步深化了对各国发展

---

① 《马克思恩格斯文集》第3卷,北京:人民出版社2009年版,第466页。
② 同上书,第392页。

道路的具体性和历史性的科学认识。

（三）西方的先例在东方不能完全说明问题

马克思恩格斯是站在世界历史的高度研究东方村社的，明确提出西方的先例在东方不能完全说明问题，深入地批判了机械发展观。

在世界历史的统一语境中，马克思恩格斯强调的是东方对于西方的从属性。在他们看来："资产阶级使农村屈服于城市的统治。它创立了巨大的城市，使城市人口比农村人口大大增加起来，因而使很大一部分居民脱离了农村生活的愚昧状态。正像它使农村从属于城市一样，它使未开化和半开化的国家从属于文明的国家，使农民的民族从属于资产阶级的民族，使东方从属于西方。"①但是，马克思恩格斯并没有倒向西方中心论，而是提出了深入研究东方社会实际的要求。19世纪50年代，马克思恩格斯在研究中国、印度等国家的过程中，就逐渐认识到亚洲社会结构不同于西欧社会，尤其是不存在土地私有制。恩格斯认为："不存在土地私有制，的确是了解整个东方的一把钥匙。这是东方全部政治史和宗教史的基础。但是东方各民族为什么没有达到土地私有制，甚至没有达到封建的土地所有制呢？"②马克思恩格斯对此感到难以理解，并提出了著名的亚细亚生产方式的概念试图来解释这一现象。在一定意义上，马克思恩格斯"论东方村社"就是由此展开的。

不能将西方封建主义道路简单地套用在东方传统社会上。在写作柯瓦列夫斯基笔记和菲尔笔记的过程中，马克思一再批判柯氏和菲尔不顾东方社会的实际，尤其是由于农村公社的存在而造成的东方社会结构的特殊性，将西欧社会的封建化机械地生搬硬套到以印度为代表的东方国家。在柯瓦列夫斯基笔记中，马克思反对柯氏把亚洲、非洲、美洲的社会历史的演变同西欧做机械对比的做法。通过对印度村社的长期深入研究，马克思不同意柯氏将印度历史上发生的土地关系的变化看做是封建

---

① 《马克思恩格斯文集》第2卷，北京：人民出版社2009年版，第36页。
② 《马克思恩格斯文集》第10卷，北京：人民出版社2009年版，第113页。

化的过程。他指出:"由于在印度有'采邑制'、'**公职承包制**'(后者根本不是**封建主义的**,罗马就是证明)和荫庇制,所以柯瓦列夫斯基就认为这是西欧意义上的**封建主义**。**别的不说**,柯瓦列夫斯基**忘记了农奴制**,这种制度并不存在于印度,而且它是一个基本因素。"①由于柯氏是马克思"学术上的朋友",马克思对其错误观点并没有给予十分严厉的批评。而对于另外一位从西方中心论的角度将印度村社结构看做是西欧封建社会结构的资产阶级学者菲尔,马克思则毫不客气地对之展开了批判和嘲弄:"菲尔这个蠢驴把村社的结构叫作**封建的**结构。"②这在于,东西方之间的社会结构存在着明显的不同。其一,在土地所有制关系上,在承认全部土地归封建主所有的前提下,西欧实行的是领主逐级分封;而东方社会的土地所有制是公社所有制,例如,"**土地**在印度的任何地方都不是**贵族性的**,就是说,土地并非不得出让给平民!"③即,东方社会的一切现象的基础是不存在像西方那样的土地私有制。其二,在社会的基本组织上,西欧的封建庄园代替了农村的马尔克公社和自由农民的家庭组织,成为了基层组织;而"在东方,在村社制度下,**人民实际上是自己管理自己的**,贵族阶级的首领们的权力之争主要是争夺**卡查里—塔比尔**的控制权"④。显然,农村公社是东方社会的社会生活的基本组织单位。其三,在社会的政治结构上,欧洲的封建领主在其领地内把政治统治权和土地所有权合而为一;而在东方社会不存在分封权力的现象。例如,"根据印度的法律,**统治者的权力**不得在诸子中**分配**;这样一来,**欧洲封建主义**的主要源泉之一便被堵塞了。"⑤在很大程度上,专制主义是东方社会特有的现象。这样,就不能简单地套用西方封建主义的模式来说明东方传统社会的现象。

不能将西欧资本主义起源的论述机械地套用在东方社会转型上。在

---

① 《马克思恩格斯全集》第45卷,北京:人民出版社1985年版,第283—284页。
② 《马克思古代社会史笔记》,北京:人民出版社1996年版,第385页。
③ 《马克思恩格斯全集》第45卷,北京:人民出版社1985年版,第284页。
④ 《马克思古代社会史笔记》,北京:人民出版社1996年版,第433页。
⑤ 《马克思恩格斯全集》第45卷,北京:人民出版社1985年版,第274页。

研究俄国村社的过程中，马克思一再强调《资本论》中关于西欧资本主义起源的历史必然性仅限于西欧，反对米海洛夫斯基将西欧资本主义起源的发展道路运用到一切国家的西方中心论的思想和做法。虽然米海洛夫斯基是站在民粹派的立场上曲解马克思的原意的，但其做法是一种典型的西方中心论的做法，即强调西方发展道路优越于非西方发展道路，是人类历史发展的必经之路，俄国同样应该走这样的道路。在给查苏利奇的复信及其草稿中，马克思四次明确强调指出，《资本论》中关于资本主义起源的"历史必然性"限于"西欧各国"。①西欧资本主义生产起源是这样的，在资本主义制度的基础上，生产者和生产资料彻底分离了。全部过程的基础是对农民的剥夺。这种剥夺只是在英国才彻底完成了。但是，西欧的其他一切国家当时都正在经历着同样的运动。显然，西欧资本主义起源的实质是把个人分散的生产资料转化为社会积聚的生产资料，这个过程的实质是将小私有制形式变为大私有制形式，是用一种私有制来代替另一种私有制。而这种情况在俄国根本不可能存在，因为俄国农民手中的土地是公有的，从来没有成为他们的私有财产。俄国的问题是用资本主义所有制代替共产主义所有制。换言之，对西欧资本主义起源的论述不完全适用于俄国。"甚至仅仅从经济观点来看，俄国能够通过本国农村公社的发展来摆脱它在农业上所处的绝境；通过英国式的资本主义的租佃来摆脱这种绝境的尝试，将是徒劳无功的，因为这种制度是同俄国的整个社会条件相抵触的。"②因此，马克思一再强调，俄国与西欧国家的国情存在着很大的不同，应该根据自身国情探索自己的发展道路。"当然，如果资本主义生产要想在俄国确立自己的统治，那么，绝大多数农民即俄国人民定将变成雇佣工人，因而也会遭到剥夺，即通过共产主义所有制先被消灭而遭到剥夺。但是，不管怎样，西方的先例在这里完全不能说明问题。"③显然，"西方的先例在

---

① 参见《马克思恩格斯文集》第3卷，北京：人民出版社2009年版，第570、583、589页；《马克思恩格斯全集》第25卷，北京：人民出版社2001年版，第470页。
② 《马克思恩格斯文集》第3卷，北京：人民出版社2009年版，第580页。
③ 《马克思恩格斯全集》第25卷，北京：人民出版社2001年版，第471页。

这里完全不能说明问题"表明的就是马克思反对西方中心论的科学的世界历史观的立场。在马克思看来，各国的发展道路具有具体性、多样性和历史性，不能将西欧资本主义起源的论述生搬硬套到东方国家。如果俄国走资本主义道路，首先必须把俄国农民的公有制变为私有制，但这种情况在俄国并没有完全完成。虽然俄国在1861年农奴制改革后开始向资本主义道路迈进，但是，这条资本主义道路仍然不同于西欧资本主义起源的道路。

恩格斯也是反对机械发展观的。他指出："对于俄国人民那里的生产协作社和实行协作的其他做法，也应当以不同于西方的观点来看待。"① 即，不能机械地套用西方的经验和做法来看待俄国的传统社会结构，俄国的传统社会结构有其自身的特殊性。

（四）历史哲学理论的最大长处是超历史的

在研究东方村社的过程中，马克思从哲学方法论的高度阐述了各国发展道路的选择应坚持具体问题具体分析的原则，明确提出了"历史哲学理论的最大长处是超历史的"科学命题。

具体问题具体分析是马克思主义活的灵魂。马克思恩格斯一直强调要坚持具体问题具体分析的原则，要求从一般和个别、普遍和特殊的辩证矛盾中来把握对象和客体，一切随时间、地点和条件的转移而转移。尽管《资本论》是马克思主义的百科全书和工人阶级的"圣经"，但是，也应该实事求是地运用它。这在于，《资本论》是以英国为解剖对象研究资本主义生产方式的起源规律的，因此，如果没有经过纵向的历史比较和横向的文化比较就将其结论加以无限推广，那么，就会犯教条主义的错误。这也是马克思恩格斯关注史前社会和东方社会的重要的理论原因。因此，恩格斯指出："要使这种对资产阶级经济的批判做到全面，只知道资本主义的生产、交换和分配的形式是不够的。对于发生在这些形式之前的或者在不太发达的国家内和这些形式同时并存的那些形

---

① 《马克思恩格斯文集》第10卷，北京：人民出版社2009年版，第452页。

式，同样必须加以研究和比较，至少是概括地加以研究和比较。到目前为止，总的说来，只有马克思进行过这种研究和比较，所以，到现在为止在资产阶级以前的理论经济学方面所确立的一切，我们也差不多完全应当归功于他的研究。"①在研究东方村社的过程中，马克思进一步提出了"历史哲学理论的最大长处是超历史的"科学命题。

《资本论》是科学理论和方法而非宗教教义。《资本论》俄译本一经出版，就在俄国社会产生了巨大的影响，并引起了全社会的激烈论战。围绕着《资本论》中关于西欧资本主义起源是否适用于俄国以及俄国村社是否必然灭亡等问题，论战在西欧派思想家和民粹派思想家之间展开。其中，民粹派思想家米海洛夫斯基支持马克思的观点，但是，他并不是服膺于《资本论》这一巨著的科学性，而是刻意曲解马克思思想的原意，将马克思在《资本论》中关于西欧资本主义起源的概述变成了一般发展道路的历史哲学理论。即，一切民族，不管其所处的历史环境如何，都注定要走这条道路，——以便最后都达到在保证社会劳动生产力极高度发展的同时又保证每个生产者个人最全面的发展的这样一种经济形态。在此背景下，马克思不得不撰文对米氏的所谓一般历史哲学理论展开深入的批驳。马克思以古代罗马平民的历史命运为例说明，米氏这样做，会给马克思个人过多的荣誉，同时也会给马克思过多的侮辱。按照一般发展道路的历史哲学理论，罗马历史发展过程中出现的劳动者同自己生产资料分离的运动，应该导致的是资本主义生产关系的形成，出现一大批资本家和雇佣劳动者。然而，罗马的无产者并没有变成雇佣工人，却成为无所事事的游民，他们比过去美国南部各州的"白种贫民"更卑贱，和他们同时发展起来的生产方式不是资本主义的，而是奴隶制的。显然，这一事例是对一般历史哲学理论的辛辣嘲讽，并证明了这一理论是错误的。正是出于这样的考虑，马克思在给查苏利奇复信中指出，"在《资本论》中所作的分析，既没有提供肯定俄国农村公社有生命力的论据，也没有提供否定农村公社有生命力的论

---

① 《马克思恩格斯文集》第9卷，北京：人民出版社2009年版，第157页。

据";这在于,"在这种西方的运动中,问题是**把一种私有制形式变为另一种私有制形式。相反,在俄国农民中,则是要把他们的公有制变为私有制**"。①就此而论,也必须以科学的态度对待《资本论》。

只有坚持具体分析才能抓住问题的要害。矛盾的共性和个性的关系问题是矛盾问题的精髓。在批判米海洛夫斯基等人将《资本论》僵化为一般历史哲学的基础上,马克思指出:"极为相似的事变发生在不同的历史环境中就引起了完全不同的结果。如果把这些演变中的每一个都分别加以研究,然后再把它们加以比较,我们就会很容易地找到理解这种现象的钥匙;但是,使用一般历史哲学理论这一把万能钥匙,那是永远达不到这种目的的,这种历史哲学理论的最大长处就在于它是超历史的。"②这就是说,不能超越时间、地点和条件看问题,而必须具体问题具体分析。其一,研究必须详尽地占有材料。具体问题具体分析就是要从事实出发,为此,必须深入实际,详尽地占有材料。马克思恩格斯在研究东方村社的过程中就坚持了这一点。例如,恩格斯在 1893 年 5 月 27 日指出:"至于俄国革命运动中的迫切问题和农民在其中所能起的作用,在我没有对整个问题从头重新研究一番,并用最新的材料补充我对此问题的实际情况的极贫乏的了解以前,在这些方面我是不能在报刊上问心无愧地发表自己的意见的。"③这也表明,由于实际是变动不居的,因此,从实际出发就包含着与时俱进的要求。其二,占有的材料必须力求全面。事实是处于普遍联系之中的,因此,从事实出发就包括着全面性的要求。事实上,整体性是马克思主义的重要特征,总体性是马克思主义的重要方法。马克思恩格斯是从世界历史的整体性视野出发看待东方社会发展的。同样,对待马克思主义也必须抱有全面性的态度。1887 年 2 月 19 日,恩格斯在致丹尼尔逊的信中指出:"我认为,您如果向贵国广大读者指明如何将我们作者④的理论应用于**你们本国的**条件,那是

---

① 《马克思恩格斯文集》第 3 卷,北京:人民出版社 2009 年版,第 590 页。
② 同上书,第 466—467 页。
③ 《马克思恩格斯全集》第 39 卷,北京:人民出版社 1974 年版,第 74 页。
④ 马克思。

很好的。但是，正如您所说的，等到作者的著作全部出齐对您来说也许会更好些。"①所谓的等"著作全部出齐"就是不能让问题牵着走，而是要全面地占有材料。这样，才能在避免一叶障目的基础上，把握住问题的要害。其三，理论的运用必须结合实际。马克思主义是放之四海而皆准的科学真理，但是，将马克思主义运用到各国必须与各国具体实际相结合，否则，在将马克思主义变成教条的同时，会葬送革命。对待马克思恩格斯"论东方村社"同样应该有这样的科学态度。1885年4月23日，恩格斯在致查苏利奇的信中指出："在我看来，马克思的历史理论是任何**坚定不移**和**始终一贯**的革命策略的基本条件；为了找到这种策略，需要的只是把这一理论应用于本国的经济条件和政治条件。"②结合各国的经济条件和政治条件来运用马克思主义，就是要将理论和实践、一般和个别统一起来，在马克思主义的指导下，走适合自己国家国情的发展道路。总之，只有坚持具体问题具体分析，才能抓住事物的要害；而所谓的一般历史哲学恰好忽视了这一点，因此犯了教条主义的错误。具体问题具体分析是科学的历史哲学理论——历史唯物主义的基本要求和方法论原则。

总之，按照"一般历史哲学理论的最大长处是超历史的"的科学要求，我们不能将西欧发展道路绝对地上升为一般历史哲学理论，而必须将具体问题具体分析作为科学的历史哲学理论的科学方法论原则。

二 东方社会的社会结构

作为社会要素结合之稳定方式的社会结构的不同，标志着社会形态演进的过程和阶段及其类型。马克思恩格斯非常重视对东方传统社会结构的研究，将之看做是在世界历史条件下研究东方村社的前提条件，形象而深刻地揭示和剖析了东方社会的传统结构。

---

① 《马克思恩格斯全集》第36卷，北京：人民出版社1974年版，第604页。
② 《马克思恩格斯文集》第10卷，北京：人民出版社2009年版，第532页。

(一) 村社是东方专制制度的牢固基础

在研究社会形态的过程中,马克思提出了"亚细亚生产方式"的概念。这里的生产方式不是指生产力和生产关系的矛盾统一体,而是指社会形态。亚细亚生产方式即亚细亚社会形态,是具有不存在土地私有制、血缘宗法制和中央集权专制制度等特征的社会形态。按照常规,专制制度是在私有制基础上产生的,那么,为什么在不存在土地私有制的情况下会出现专制制度?这一问题构成了马克思恩格斯"论东方村社"思想的秘密。

东方专制制度的地理基础。客观世界存在着自然物质和经济物质两种形式,生产力事实上是将自然物质转化为经济物质的过程。不同的共同体在不同的自然环境中找到了不同的生产资料,因此其社会结构也各不相同。就此而论,东方专制制度主要是由于东方社会的气候和土壤的性质特别是由于大沙漠地带的影响而形成的。由于在亚细亚社会存在着干旱和土地广袤的地理环境,农业又是主要的生产部门,而农业的第一个条件是人工灌溉,这样,治水和用水就成为村社、省或中央政府的事务。马克思恩格斯都指出,东方国家的政府总共有三个部门:财政部门(对内进行掠夺的部门)、战争部门(对外进行掠夺的部门)和公共工程部门(管理再生产的部门)。公共工程部门的存在是东方国家区别于西方的一个重要特征,主要是由于东方社会独特的自然条件和地理环境造成的。放眼亚细亚社会,"气候和土地条件,特别是从撒哈拉经过阿拉伯、波斯、印度和鞑靼区直至最高的亚洲高原的一片广大的沙漠地带,使利用水渠和水利工程的人工灌溉设施成了东方农业的基础。"[①]因此,包括印度、中国、埃及、波斯、美索不达米亚在内的整个东方国家和地区都需要积极履行灌溉的职能,而东方国家和地区由于文明程度低、幅员广阔,单个的个人无法完成这项职能,只有通过中央集权的政府举办公共工程的职能才能保证这项职能的顺利完成。在一定程度上,

---

① 《马克思恩格斯文集》第2卷,北京:人民出版社2009年版,第679页。

举办公共工程也是亚洲一切政府都不能不执行的一项最为重要的经济职能。反之，如果中央政府忽视灌溉或排水等基本公共工程职能，则会造成无法估量的危害。"这就可以说明一件否则无法解释的事实，即大片先前耕种得很好的地区现在都荒芜不毛，例如巴尔米拉、佩特拉、也门废墟以及埃及、波斯和印度斯坦的广大地区就是这样。同时这也可以说明为什么一次毁灭性的战争就能够使一个国家在几百年内人烟萧条，并且使它失去自己的全部文明。"①这一点在西方国家看来是不可思议的，他们也不会注意到这一点。例如，英国在接收了印度的财政部门和战争部门的同时却忽略了公共工程部门，很快造成了巨大的灾难性影响，使印度的农业迅速地衰败下去，造成了数以百万计的印度农民的死亡。显然，不能脱离亚细亚社会的特殊自然物质条件来看待东方专制制度。

东方专制制度的社会基础。在亚细亚社会，由于生产不发达和交往不普遍，血缘宗法制成为社会生活中的主导结构。尽管其有助于维持人的生存，但是，也导致了孤立性、封闭性、停滞性、愚昧性等问题，进而导致了专制制度的出现。因此，"亚洲这一地区的停滞性质（尽管有政治表面上的各种无效果的运动），完全可以用下面两种相互促进的情况来解释：（1）公共工程是中央政府的事情；（2）除了这个政府之外，整个国家（几个较大的城市不算在内）分为许多**村社**，它们有完全独立的组织，自成一个小天地"②。以印度为例来看，农业公社的孤立性、封闭性和停滞性将人的视野局限在很小的范围内，这样一来，一方面使人安于现状、不敢甚至不愿去反抗统治者和征服者的统治和奴役，另一方面又产生了一种野性的、盲目的、放纵的破坏力量，不仅表现为种族与种族之间、部落与部落之间长期旷日持久的战争，还表现为杀害生命成为印度的一种重要的宗教仪式。因此，"这些田园风味的农村公社不管看起来怎样祥和无害，却始终是东方专制制度的牢固基础，它们使人的头脑局限在极小的范围内，成为迷信的驯服工具，成为传统规则的奴

---

① 《马克思恩格斯文集》第2卷，北京：人民出版社2009年版，第680页。
② 《马克思恩格斯文集》第10卷，北京：人民出版社2009年版，第117页。

隶，表现不出任何伟大的作为和历史首创精神"①。显然，社会生活结构会影响到主体的素质，进而会影响到社会有机体的政治结构。不仅印度这样，俄国同样如此。因此，恩格斯指出："各个公社相互间这种完全隔绝的状态，在全国造成虽然相同但绝非共同的利益，这就是**东方专制制度**的自然形成的基础。从印度到俄国，凡是这种社会形式占优势的地方，它总是产生这种专制制度，总是在这种专制制度中找到自己的补充。"②概言之，农业村社是打开东方专制制度秘密的一把钥匙。

东方专制制度的经济基础。从表象上来看，不存在土地私有制是东方社会的一个基本特征，甚至是了解东方社会的一把真正的钥匙。但是，从实质上来看，不存在土地私有制并不意味在亚细亚社会存在着公有制。事实上，亚细亚传统的土地制度是一种公有和私有的奇怪的混合体，用公有的形式掩盖了私有的实质。正如马克思指出的那样："同直接生产者直接相对立的，如果不是私有土地的所有者，而是像在亚洲那样，是既作为土地所有者同时又作为主权者的国家，那么，地租和赋税就会合为一体，或者不如说，在这种情况下就不存在任何同这个地租形式不同的赋税。在这种状态下，对于依附关系来说，无论从政治上或从经济上说，除了面对这种国家的一切臣属关系所共有的形式以外，不需要更严酷的形式。在这里，国家就是最高的地主。在这里，主权就是在全国范围内集中的土地所有权。但因此在这种情况下也就没有私有土地的所有权，虽然存在着对土地的私人的和共同的占有权和用益权。"③即，作为国家最高的唯一的统治者的皇帝是土地的唯一的所有者，实际的公社只不过表现为土地的世袭的占有者，这样，"在这些单个的共同体中，各个个别的人事实上失去了财产"，"因为这种财产，是由作为这许多共同体之父的专制君主所体现的总的统一体，以这些特殊的公社为中介而赐予他的"。④ 由于皇帝是土地的唯一所有者，因此，在这样

---

① 《马克思恩格斯文集》第2卷，北京：人民出版社2009年版，第682—683页。
② 《马克思恩格斯文集》第3卷，北京：人民出版社2009年版，第397页。
③ 《马克思恩格斯文集》第7卷，北京：人民出版社2009年版，第894页。
④ 《马克思恩格斯文集》第8卷，北京：人民出版社2009年版，第124页。

的土地制度的基础上必然产生专制制度。此外，东方专制制度的产生也与其独特的生产方式有关。由于还没有实现完全的分工，东方社会的农业和手工业是结合在一起的，这样，不仅能够保证自给自足，而且包括着再生产和扩大再生产的一切条件。但是，国家通过贡赋的形式控制着公社的剩余劳动。"因此，在东方专制制度下以及那里从法律上看似乎并不存在财产的情况下，这种部落的或公社的财产事实上是作为基础而存在的，这种财产大部分是在小公社范围内通过手工业和农业相结合而创造出来的，因此，这种公社完全能够自给自足，而且在自身中包含着再生产和扩大生产的一切条件。公社的一部分剩余劳动属于最终作为一个**个人**而存在的更高的共同体，而这种剩余劳动既表现在贡赋等等的形式上，也表现在为了颂扬统一体——部分地是为了颂扬现实的专制君主，部分地为了颂扬想象的部落体即神——而共同完成的工程上。"①同时，这种自给自足的生产方式进一步强化了人们的狭隘性，从而进一步强化了专制制度。因此，要破坏这些村社的自给自足的性质，必须消灭古老的工业。这样，才能消灭东方专制制度。

总之，东方专制制度的产生和存在有其固有的地理基础、社会基础和经济基础，并没有也不可能证伪经济基础决定上层建筑的科学原理。

（二）中国是一块活的化石

19世纪50、60年代，马克思恩格斯对中国社会的经济、政治、文化和社会生活等结构进行了较为全面的分析，针对中国传统社会的停滞性，提出了中国是一块活的化石的命题。

在1862年6月下半月—7月初的《中国记事》一文中，马克思指出："在桌子开始跳舞以前不久，在**中国**，在这块活的化石上，就开始闹革命了。"②马克思这里所说的桌子开始跳舞是19世纪50年代初流行于欧洲的贵族和资产阶级中间的降神术之类的迷信活动中的一种。这里

---

① 《马克思恩格斯文集》第8卷，北京：人民出版社2009年版，第124—125页。
② 《马克思恩格斯全集》第15卷，北京：人民出版社1963年版，第545页。

的中国革命是指太平天国起义。这次起义从一开始就带有神秘的宗教色彩，而这也是与以中国为代表的东方社会停滞不动的社会基础密切相联的，是停滞的社会生活的产物。但是，这并不意味着马克思贬低中国，具有西方中心论的色彩。马克思是充分肯定在世界历史的背景中发生的中国革命的意义的。恩格斯认为，"中国和印度，两国共有45000万人口，现在是亚洲举足轻重的国家。"① 概言之，马克思将中国比作一块活的化石，是对中国传统社会的封闭性、停滞性和落后性等特征的最为形象生动的概括。

小农经济和家庭手工业是中国传统社会的主要经济结构。和印度一样，中国传统的经济结构是建立在小农业和家庭手工业统一的基础上的。农业和手工制造业的直接结合而造成的巨大的节约和时间的节省，在中国对大工业产品进行了最顽强的抵抗。对中国问题的分析不能偏离这一点，否则只能得出错误的结论。第一次鸦片战争后，在西方列强坚船利炮的胁迫下，中国被迫打开了长期紧锁的大门，开放了广州、厦门、福州、宁波、上海五个通商口岸。在此背景下，西方国家误认为他们打开了一个占世界人口最多国家的庞大的商品市场，相信西方商品会像潮水一样涌入中国市场。但事实并不尽然。从1842年到1858年期间，中国生产的茶叶和丝绸向英国的出口一直不断增长，而英国工业品向中国出口的数额整体上却长期保持停滞不变甚至相对减少。之所以如此，就在于，"在以小农经济和家庭手工业为核心的当前中国社会经济结构中，根本谈不上大宗进口外国货"②。这样一来，"除我们已证明与西方工业品销售成反比的鸦片贸易之外，妨碍对华出口贸易迅速扩大的主要因素，是那个依靠小农业与家庭工业相结合而存在的中国社会经济结构"③。显然，只有抓住中国独特的经济结构，才能对中国的贸易情况和整个中国传统社会进行正确的分析和判断。当然，从根本上来说，由于以大机器为代表的现代工业代表着先进生产力的发展方向，因此，

---

① 《马克思恩格斯文集》第2卷，北京：人民出版社2009年版，第653页。
② 同上书，第641页。
③ 同上书，第672页。

"以手工劳动为基础的中国工业经不住机器的竞争"①。在这个意义上，中国必然要加入到工业化的洪流中。

中国传统社会的社会结构和政治结构是紧密联系在一起的。村社也是中国传统社会的经济结构，这样，也造成了中国传统社会的封闭性。当然，这也有中国地理上和人种上的原因。而满清王朝建立之后，将之上升成为了中国的一种政治制度。因此，野蛮的、闭关自守的、与文明世界隔绝的状态成为了中国传统社会的重要特征。在此基础上，家长制和父权制成为中国的主要社会生活结构和政治结构，二者在本质上是一致的。"皇帝通常被尊为全中国的君父"，"皇帝的官吏也都被认为对他们各自的管区维持着这种父权关系"。② 家长制的权威则是维持中国这个庞大的国家机器的各部分间的唯一精神联系。这种社会生活结构和政治结构的同构关系在一定程度上强化了中国社会的长期闭关自守的与世隔绝的状态。它们一旦遭到破坏，不仅会导致皇帝及其官员逐渐丧失自己的统治权，还会导致中国传统社会的解体。随着西方殖民入侵的加剧，这种结构被破坏的程度也不断加深。英国的枪炮打破了中华帝国的野蛮的、封闭的、与文明世界相隔绝的状态，英国在走私鸦片贸易的过程中行贿受贿腐蚀了大量中国官员，也逐渐破坏了中国传统的社会结构。在此背景下，中国的财政、社会风尚、工业和政治结构都遭到了前所未有的破坏，并且不得不与外界接触，而"与外界完全隔绝曾是保存旧中国的首要条件，而当这种隔绝状态通过英国而为暴力所打破的时候，接踵而来的必然是解体的过程，正如小心保存在密闭棺材里的木乃伊一接触新鲜空气便必然要解体一样"③。概言之，西方殖民入侵对中国社会产生了巨大的破坏性影响，但也对中国社会的封闭性和滞后性产生了革命性的冲击。最终，中国要汇入到世界历史的进程中。

对于中国古代的科技发明和在现代信用出现之前的中国纸币的流通，马克思则是持肯定态度的。综合考虑马克思恩格斯的相关论述，我

---

① 《马克思恩格斯全集》第10卷，北京：人民出版社1998年版，第277页。
② 《马克思恩格斯文集》第2卷，北京：人民出版社2009年版，第608页。
③ 同上书，第609页。

们是否可以得出这样一个假设：鸦片战争之前的中国是一种典型的亚细亚社会。

（三）印度社会根本没有历史

19 世纪 50 年代，马克思在较为全面深入地分析印度传统社会结构的过程中，提出了"印度根本没有历史"的重要命题。

印度社会从未有过黄金时代。马克思在研究印度的历史和现状的过程中，认识到印度社会的政治结构一直处于四分五裂的状态中，并将亚洲的印度和欧洲的意大利进行了对比。意大利常常被征服者的刀剑压缩为各种大大小小的国家，印度斯坦的情况也是这样，在它不处于伊斯兰教徒、莫卧儿人或不列颠人的压迫之下时，它就分解成像它的城镇甚至村庄那样多的各自独立和互相敌对的邦。整个印度社会的历史就是这样一部不断被征服的历史，阿拉伯人、土耳其人、鞑靼人、莫卧儿人和不列颠人都曾征服过印度，尤其是英国人还是用印度出钱供养的印度军队来奴役印度。之所以会出现这样的情况，是因为在这个国家存在着伊斯兰教徒和印度教徒、部落与部落、种姓与种姓的对立，这个社会是建立在所有成员普遍排斥以及排他思想所造成的均势之上的。因此，马克思在《不列颠在印度统治的未来结果》中指出："印度本来就逃不掉被征服的命运，而它过去的全部历史，如果还算得上是什么历史的话，就是一次又一次被征服的历史。印度社会根本没有历史，至少是没有为人所知的历史。"[①]即，印度过去的全部历史就是一次又一次被征服的历史和一个又一个入侵者的历史，根本没有自己独立发展的历史。在这个意义上，马克思不同意那些相信印度有过黄金时代的人的意见。

印度传统社会是村社制度。在英国殖民主义入侵之前，村社制度构成了印度的传统的社会结构和社会制度。马克思对印度存在农业公社的现实给予了高度的关注，强调农村公社的存在是印度社会的重要基础和特征。在《不列颠在印度的统治》一文中，马克思以印度村社为典型

---

① 《马克思恩格斯文集》第 2 卷，北京：人民出版社 2009 年版，第 685 页。

第一次对东方村社展开了论述:"在印度有这样两种情况:一方面,印度人也像所有东方人一样,把他们的农业和商业所凭借的主要条件即大规模公共工程交给中央政府去管,另一方面,他们又散处于全国各地,通过农业和制造业的家庭结合而聚居在各个很小的中心地点。由于这两种情况,从远古的时候起,在印度便产生了一种特殊的社会制度,即所谓**村社制度**,这种制度使每一个这样的小结合体都成为独立的组织,过着自己独特的生活。"①同时,马克思还分析了农业公社的主要特征。其一,从地理上看,每个村社都有一块面积在几百到几千英亩耕地和荒地不等的地方,各个村社的边界很少变动,即便在经受战争、饥荒或者疾病严重损害的情况下也是如此。其二,从经济上说,与村社制度对应的是大批建立在家庭工业基础上的家庭式公社,主要是手工业和传统农业的特殊结合,是一种典型的自给自足的自然经济。"曾经造就无数训练有素的纺工和织工的手织机和手纺车,是印度社会结构的枢纽。"②印度家庭式公社就是建立在家庭工业上面的,靠着手织业、手纺业和手耕农业的特殊结合而自给自足。而欧洲从远古的时候起就得到印度制作的绝妙的纺织品,同时运送其贵金属去进行交换,这样就给印度的金匠提供了材料。其三,从政治上看,各个村社都有自己固有的管理机构及其官员和职员,主要包括帕特尔(居民首脑)、卡尔纳姆(负责督察耕种情况)、塔利厄尔(搜集关于犯罪和过失的情况)和托蒂(保护庄稼和帮助计算收成)、边界守卫员(负责保护村社边界)、婆罗门(主持村社的祭祀)和教师等,在一定程度上构成了一个地方的自治机构。村社居民们在这种简单的自治制的管理形式下生活,只要他们自己的村社完好无缺、内部的经济生活没有发生改变,外界发生的一切事情都与他们无关。其四,从社会生活上来看,印度传统社会分解为许多固定不变、互不联系的原子。在上述因素的作用下,在村社制度基础上形成的大量农村公社天然就具有封闭性和孤立性的重要特点,是印度社会长期处于停

---

① 《马克思恩格斯文集》第2卷,北京:人民出版社2009年版,第681页。
② 同上书,第680页。

滞状态的主要原因,导致了印度社会很难取得独立的发展,甚至没有自己的历史。因此,无论印度过去在政治上变化多么大,其社会状况却始终没有改变。

印度传统社会的落后和野蛮的特征。在上述社会结构和社会制度的基础上,落后和野蛮成为印度传统社会的重要特征。其一,从社会的观点来看,印度不是东方的意大利,而是东方的爱尔兰。意大利和爱尔兰——一个淫乐世界和一个悲苦世界——的这种奇怪的结合,早在印度宗教的古老传统里已经显示出来了。这个宗教既是纵欲享乐的宗教,又是自我折磨的禁欲主义的宗教;既是崇拜林伽的宗教,又是崇拜札格纳特的宗教;既是僧侣的宗教,又是舞女的宗教。其二,从人与环境的关系来看,印度的这些小小的公社带着种姓划分和奴隶制度的污痕;它们使人屈服于外界环境,而不是把人提高为环境的主宰;它们把自动发展的社会状态变成了一成不变的自然命运,因而造成了对自然的野蛮的崇拜,从身为自然主宰的人竟然向猴子哈努曼和母牛撒巴拉虔诚地叩拜这个事实,就可以看出这种崇拜是多么糟蹋人了。其三,从人的个性的发展来看,上述社会环境促使不开化的人的利己主义在印度大行其道,人们将全部注意力集中在一块小得可怜的土地上,静静地看着一个个帝国的崩溃、各种难以形容的残暴行为和大城市居民的被屠杀,就像观看自然现象那样无动于衷。这样,就造就了这些传统印度人的矛盾性格,一方面听任殖民者的摆布,另一方面反而产生了野性的、盲目的、放纵的破坏力量,甚至使杀生害命在印度成为一种宗教仪式。显然,印度传统社会根本表现不出任何伟大的作为和历史首创精神。

在《印度历史编年大事记》和"人类学笔记"中,马克思一再强调印度可以在世界历史条件下积极参与到世界历史的进程中去。因此,对于马克思提出的印度社会根本没有历史这一思想,我们不能误解,应该辩证看待之。

(四)沙皇是欧洲反动势力的首领

在《〈共产党宣言〉1882年俄文版序言》中,马克思恩格斯指出,在 1848—1849 年革命期间，不仅欧洲的君主，而且连欧洲的资产者，都把俄国的干涉看做是帮助他们对付刚刚开始觉醒的无产阶级的唯一救星，"沙皇被宣布为欧洲反动势力的首领"①，因此，《共产党宣言》首次出版的时候根本没有提及俄国。正是由于这个原因，马克思恩格斯在其一生中不断地同俄国人进行斗争，揭露和批判了沙皇专制制度的反动本性，号召推翻沙皇专制制度。

沙皇专制制度的反动本性。在沙皇俄国发展的过程中，狂热地效仿普鲁士的军事专制制度，建立起了强大而反动的沙皇专制制度。其一，对国内革命和起义采取坚决镇压的态度。在俄国历史上，由于社会矛盾的激化，曾经爆发过像博洛特尼科夫起义（1606 年秋—1607 年 10 月）、拉辛起义（1607 年—1670 年 10 月）、普加乔夫起义（1773 年 9 月—1775 年 8 月）等一系列农民起义。但是，最后都被沙皇镇压下去了。在这样的高压环境中，俄国根本不会发生革命，也不会存在什么本能的革命者。"俄国人民，这些'本能的革命者'，固然曾经举行过无数次零星的农民起义去反对**贵族**和反对个别官吏，但是，除了**冒名沙皇的人**充任农民首领并要夺回王位以外，**从来没有反对过沙皇**。叶卡捷琳娜二世时代最后一次大规模农民起义之所以可能，只是因为叶梅利扬·普加乔夫冒充是她的丈夫彼得三世，说什么他未被妻子杀害，而只是被废黜和关进牢狱，但是他逃出来了。相反，沙皇被俄国农民看成人间的上帝：Bog vysok, Car daljok, 即上帝高, 沙皇远——这就是他们绝望中的哀叹声。"②这样，反过来进一步强化了沙皇的专制统治。当然，农民大众所处的地位，特别是从赎免徭役以来的情况，日益迫使他们也去同政府和沙皇作斗争。其二，对外极力奉行侵略和扩张的政策。在对外方面，沙皇是整个欧洲甚至是世界的反动势力的最后一根有力支柱。这在 1848 年和 1849 年已经非常清楚地显示出来了。由于德国在 1848 年没有及时促使波兰起义并同沙皇作战，以致这个沙皇能够在 1849 年镇压了

---

① 《马克思恩格斯文集》第 2 卷，北京：人民出版社 2009 年版，第 8 页。
② 《马克思恩格斯文集》第 3 卷，北京：人民出版社 2009 年版，第 400 页。

已经迫近维也纳大门的匈牙利革命,在1850年又在华沙裁判了奥地利、普鲁士和德意志各小邦并恢复了旧联邦议会。在1875年5月初,俄国沙皇正像25年前一样,在柏林接受了其仆从们的效忠宣誓,从而证明了他在25年后也依然是欧洲的仲裁人。不仅如此,北极熊还将熊掌伸向了中国。1851年8月6日签订的《中俄伊犁塔尔巴哈台通商章程》使俄国获得了在中国陆上边界自由贸易的权利。1858年5月28日签订的《中俄瑷珲条约》使俄国获得了大片中国领土以及黑龙江航行权。因此,马克思对英俄勾结掠夺中国的行为进行了嘲弄和批评。英国"自己通过进行第一次鸦片战争,使俄国得以签订一个使它有权沿黑龙江航行并在陆上边界自由贸易的条约;而通过进行第二次鸦片战争,又帮助俄国获得了鞑靼海峡和贝加尔湖之间价值无量的地域——这是俄国无限垂涎的一块地方,从沙皇阿列克谢·米哈伊洛维奇到尼古拉,一直都企图把它弄到手。这一切对于约翰牛来说决非愉快的回忆"。①此外,恩格斯还指出,中日之间的甲午战争是把日本作为工具的俄国政府挑拨起来的。显然,在欧洲甚至是整个世界,沙皇都是反动秩序的维护者,是反动势力的最后堡垒。

　　沙皇专制制度的社会基础。在俄国,之所以能够确立起沙皇专制制度,与俄国传统的社会结构密不可分。其一,沙皇专制制度的经济基础。一切政府,甚至最专制的政府,归根到底都不过是本国状况的经济必然性的反映和体现。同亚细亚生产方式的其他国家一样,俄国的专制制度同样是在农业公社的基础上产生的。尽管村社存在着土地公有的成分,但是,"俄国的'农业公社'有一个特征,这个特征造成它的软弱性,从各方面来看对它都是不利的。这就是它的孤立性,公社与公社之间的生活缺乏联系,这种**与世隔绝的小天地**并不到处都是这种类型的公社的内在特征,但是,在有这一特征的地方,这种与世隔绝的小天地就使一种或多或少集权的专制制度凌驾于公社之上。"②显然,农村公社的

---

① 《马克思恩格斯文集》第2卷,北京:人民出版社2009年版,第648页。
② 《马克思恩格斯文集》第3卷,北京:人民出版社2009年版,第575页。

孤立性、公社与公社之间的生活缺乏联系，这种与世隔绝的小天地，总是把集权的专制制度矗立在公社的上面。其二，沙皇专制制度的政治基础。从16世纪起，大俄罗斯沙文主义在俄国开始大行其道。专制、正教、民族以及帝国的统一和不可分割等基本原则，是其主要内容。这样，"在庸俗爱国主义的公众的眼中，胜利的光荣、一连串的征服、沙皇政府的威力和光辉，足以绰绰有余地补偿它的一切罪恶、一切暴政、一切不义和专横；沙文主义的吹嘘夸耀足以绰绰有余地弥补一切拳打脚踢。这些成就的真正原因和详情细节在俄国越无人知道，它们越被官方的奇谈所代替（那些好心肠的政府为了臣民的福利和为了刺激他们的爱国主义到处都在这样做，例如在法国和普鲁士就是如此），这种现象就越厉害。因此，任何俄国人，只要他是沙文主义者，迟早总会拜倒在沙皇政府的面前"[①]。正是信奉大俄罗斯沙文主义的这一帮人，使俄国成为巨大、强盛和令人恐惧的国家，并为它开辟了称霸世界的道路。但这样一来他们也就在国内巩固了沙皇政权。总之，"不仅一般的俄罗斯国家，并且连它的特殊形式即沙皇专制制度，都不是悬在空中，而是俄国社会状态的必然的和合乎逻辑的产物"[②]。而沙皇专制制度一旦确立，就进一步巩固和强化了俄国的传统社会形态。

总之，一旦沙皇政权这个全欧洲反动势力的最后的坚固堡垒垮台，整个欧洲的风向甚至是整个世界的风向就会完全改变。

三 世界历史的二重后果

在资本主义普遍交往的基础上，形成了世界历史。世界历史是世界的一体化趋向，指世界成为了一个相互联系、相互交往的有机整体。西方资本主义通过殖民贸易和殖民战争等手段将世界上一切野蛮的和半野蛮的国家都强行纳入到了资本主义世界体系中，发挥着建设和破坏的双

[①] 《马克思恩格斯文集》第4卷，北京：人民出版社2009年版，第355—356页。
[②] 《马克思恩格斯文集》第3卷，北京：人民出版社2009年版，第397页。

重作用。马克思恩格斯一直是站在世界历史高度来看待对东方社会发展的，深刻地揭示了其对东方社会的二重影响。

（一）东方社会不是脱离现代世界而孤立生存的

在给查苏利奇的复信中，马克思提出了"俄国不是脱离现代世界孤立生存的"①的论断，即俄国在一定程度上已经被卷入到了世界历史中。事实上，随着资本主义世界体系的形成，整个东方社会都不是脱离现代世界而孤立生存的，都成为了世界资本主义体系的组成部分。

工业革命推动东方社会进入世界历史。随着用机器劳动代替手工劳动，大工业生产"首次开创了世界历史，因为它使每个文明国家以及这些国家中的每一个人的需要的满足都依赖于整个世界，因为它消灭了各国以往自然形成的闭关自守的状态"②。在这个过程中，由于世界各国机器劳动不断降低工业品的价格，使大工业创造的劳动产品获得了竞争优势，这样，旧的工场手工业制度或以手工劳动为基础的工业制度完全被摧毁。所有那些迄今或多或少置身于历史发展之外、工业迄今建立在工场手工业基础上的半野蛮国家，随之也就被迫脱离了它们的闭关自守状态。这些国家购买比较便宜的英国商品，把本国的工场手工业工人置于死地。于是，"事情已经发展到这样的地步：今天英国发明的新机器，一年之内就会夺去中国千百万工人的饭碗。这样，大工业便把世界各国人民互相联系起来，把所有地方性的小市场联合成为一个世界市场，到处为文明和进步做好了准备，使各文明国家里发生的一切必然影响到其余各国。"③同时，东方社会卷入工业化的过程也会影响到整个世界历史的进程。例如，英国资本极力要在中国修建铁路。这就意味着中国小农经济和家庭手工业的整个基础的破坏，而在中国甚至没有自己的大工业来予以平衡，这样，亿万居民将陷于无法生存的境地。其后果将是出现世界上从未有过的大规模移民，中国的劳动力将充斥世界市场，并将在

---

① 《马克思恩格斯文集》第3卷，北京：人民出版社2009年版，第571页。
② 《马克思恩格斯文集》第1卷，北京：人民出版社2009年版，第566页。
③ 同上书，第680页。

劳动市场上以中国的生活水准即世界上最低的生活水准,同美洲、澳洲和欧洲的工人展开竞争。如果在那之前欧洲的整个生产关系还没有发生改变,那么,到那时也必定要发生改变。

殖民贸易促使东方社会进入世界历史。市场化是推动世界历史形成的重要力量。资本主义不仅开拓了本国市场,而且开辟了世界市场。在这个过程中,"资产阶级,由于开拓了世界市场,使一切国家的生产和消费都成为世界性的了。"[1]例如,中国过去几乎不输入英国棉织品,英国毛织品的输入也微不足道,但从1833年对华贸易垄断权由东印度公司手中转到私人商业手中之后,这两种商品的输入便迅速地增加了。从1840年其他国家特别是美国也开始参加和中国的通商之后,这两项输入增加得更多了。这种外国工业品的输入,对中国本国工业也产生了类似过去对小亚细亚、波斯和印度所发生的那种影响。中国的纺织业者在外国的这种竞争之下受到很大的损害,结果社会生活也受到了相应程度的破坏。另一方面,中国的产品也开始大量输入西方,甚至出了贸易顺差。对于英国来说,这个市场失败的主要原因看来是鸦片贸易,事实上,对中国的出口贸易的全部增长额始终都只限于这一项贸易,第二个原因则是这个国家内部的经济组织和小农业等等,摧毁这一切需要很长的时间。不论怎样,"资产阶级社会的真正任务是建成世界市场(至少是一个轮廓)和确立以这种市场为基础的生产。因为地球是圆的,所以随着加利福尼亚和澳大利亚的殖民地化,随着中国和日本的门户开放,这个过程看来已完成了。"[2] 显然,殖民贸易的发展事实上有助于世界市场的形成,进而有助于世界历史进程的加快和完成。

殖民战争挟持东方社会进入世界历史。资本主义是凭借刀与火的优势逼迫东方社会进入世界历史的,而东方社会为之付出了血与泪的代价。例如,由于难以解决中英之间的贸易逆差问题,英国用大炮强迫中国输入名叫鸦片的麻醉剂。鸦片贸易不仅打破了中国对外贸易的长期优

---

[1] 《马克思恩格斯文集》第2卷,北京:人民出版社2009年版,第35页。
[2] 《马克思恩格斯文集》第10卷,北京:人民出版社2009年版,第166页。

势,使中国由二百多年来的出超国变成入超国,而且成为影响中国的财政、社会风尚、工业和政治结构的破坏性因素。在此情况下,中国不得已才发起了禁烟行动。但是,英国资本主义把中国的禁烟行动看成是侵犯资产阶级私人财产的行为,觉得不可容忍,促成鸦片战争爆发。这样,"所有这些同时影响着中国的财政、社会风尚、工业和政治结构的破坏性因素,到1840年在英国大炮的轰击之下得到了充分的发展;英国的大炮破坏了皇帝的权威,迫使天朝帝国与地上的世界接触"①。尽管中国闭关锁国的状态被打破了,开始进入世界历史,但是,为之付出了沉痛的代价。中国在1840年战争失败以后被迫付给英国的赔款、大量的非生产性的鸦片消费、鸦片贸易所引起的金银外流、外国竞争对本国工业的破坏性影响、国家行政机关的腐化等问题,造成了旧税更重更难负担,旧税之外又加新税。这样,就使劳动人民进一步陷入到水深火热当中。随着中国社会矛盾的激化,必然在中国爆发革命。而中国革命一旦爆发,将把火星抛到现今工业体系这个火药装得足而又足的地雷上,把酝酿已久的普遍危机引爆,这个普遍危机一扩展到国外,紧接而来的将是欧洲大陆的政治革命。

总之,世界历史具有明显的二重性。东方国家的深重灾难是由资本主义世界历史尤其是殖民主义造成的,但是东方国家要想摆脱这些灾难,实现自身的独立自主的发展,又必须要积极利用世界历史所创造的一系列的有利条件。

(二) 英国在印度要完成破坏和重建的双重使命

在研究印度村社的过程中,马克思强调要客观地、辩证地看待英国殖民入侵给印度造成的影响。他在《不列颠在印度统治的未来结果》中指出:"英国在印度要完成双重的使命:一个是破坏的使命,即消灭旧的亚洲式的社会;另一个是重建的使命,即在亚洲为西方式的社会奠

---

① 《马克思恩格斯文集》第2卷,北京:人民出版社2009年版,第609页。

定物质基础。"①虽然英国的重建工作显得微乎其微,但还是在自觉不自觉地进行当中,并通过工业革命、自由贸易和现代通讯等新事物给印度带来了革命性的影响。

工业革命在印度的双重影响。为了实现自己的利益最大化,英国的工业巨头们决定将印度变成一个生产大国和资本主义世界市场上的一个环节,进而打算修建覆盖整个印度的铁路网,这一举措客观上会对印度产生深远的影响。一方面,它将破坏印度传统的社会结构。尽管英国的殖民入侵破坏了印度村社的自治制基础和经济基础,但是村社的封闭性和孤立性的特征却残留了下来。这种状态在印度造成了道路的缺少,而道路的缺少又使这种孤立状态长久存在下去。铁路的修建正好可以有效地打破印度村社的自给自足的惰性和孤立状态,造成村社之间互相交往的新的需要。此外,由铁路系统产生的现代工业还必然会瓦解印度种姓制度所依赖的传统的社会分工,而种姓制度则是阻碍印度社会进步和强盛的主要因素。不仅如此,铁路还有助于印度融入世界历史的进程中。"蒸汽机使印度能够同欧洲经常地、迅速地交往,把印度的主要港口同整个东南海洋上的港口联系起来,使印度摆脱了孤立状态,而孤立状态是它过去处于停滞状态的主要原因。"②这样,在破坏印度传统社会结构的同时,就为印度的重建准备了基础。另一方面,它将引起印度的建设性变化。以铁路为代表的机器大工业将对印度社会产生建设性的影响。一是修建铁路可以有效地改变印度社会由于极度缺乏交通工具而导致的生产力处于瘫痪的状态,使其可以更加有效地利用其丰富的自然资源,进而改变其十分贫困的状况。二是修建铁路可以有效地为农业服务,例如,在建筑路堤需要取土的地方修建水库,给铁路沿线地区供水等,进而促进作为东方农业必要条件的水利事业的发展,避免由于缺水而造成的地区性饥荒。三是铁路将会有效地将世界各地的先进技术和先进知识带到其途经的各个村庄。四是铁路可以缩减军事机构的数量和开支。而

---

① 《马克思恩格斯文集》第 2 卷,北京:人民出版社 2009 年版,第 686 页。
② 同上书,第 686—687 页。

要在印度这样庞大的国家维持铁路网，就必须要建立与铁路交通有关的各种必要的生产部门，这样，"铁路系统在印度将真正成为现代工业的先驱"①。概言之，以铁路为代表的现代大工业在印度的兴起和发展将促进印度社会发生革命性变革。

自由贸易在印度的双重影响。随着时间的变迁，英国东印度公司从一个商业贸易企业变成印度的实际主宰者。英国用公司的名义进行战争有两百年之久，直到最后才达到印度的天然边界。英国主要是通过搜刮掠夺印度的财富的。1813年取消贸易障碍以后，英印之间的贸易额在很短的时期内增加了两倍以上。不仅如此。这种贸易的整个性质也改变了。1813年前，印度大体上是一个出口国；然而1813年后，它却成了一个进口国。自古以来就是最大的棉织品工场，向全世界供应棉织品的印度，这时到处充斥着英国的毛织品和棉织品。印度本国的制品在英国不能出售，或者只是在最苛刻的条件下才允许输入英国，但英国工业品却充斥印度，关税负担很小，或者有名无实，这样就毁灭了一度十分闻名的印度棉织业。1780年，英国货包括成品在内，总值只有386152英镑，同一年输出的黄金和白银的价值为15041英镑，另外，1780年英国的全部输出总值相当于12648616英镑，这样，对印度的贸易额在英国对外贸易总额中只占1/32。到1850年，由大不列颠和爱尔兰向印度的输出总值增至8024000英镑，其中仅棉织品一项的输出即达522万英镑，占大不列颠出口总值的1/8强，占棉织品对外输出总值的1/4强。大不列颠在棉纺织业中就业的人口已经达到1/8，国民收入的1/12来自棉纺织业。"但是，英国工业界越是依靠印度市场，他们就越是感到在他们摧毁了印度本国的工业之后必须在印度造成新的生产力。一味向某个国家倾销自己的工业品，而不让它也能够向你销售一些它的产品，那是不行的。"②这样，就在印度造成了一场前所未闻的最大的、老实说也是唯一的一次社会革命。因此，印度传统社会遭到大规模破坏并逐渐走

---

① 参见《马克思恩格斯文集》第2卷，北京：人民出版社2009年版，第689页。
② 《马克思恩格斯全集》第12卷，北京：人民出版社1998年版，第169页。

向灭亡的原因主要是英国自由贸易的作用。显然,世界市场发展的需要在对印度社会产生巨大的破坏性影响的同时也产生了革命性的影响。

现代通讯在印度的双重影响。交通通讯方式的革命对于社会发展具有重大的意义。在资本主义危机的发生过程中,"除了英国在世界市场上垄断地位的崩溃而外,新的交通联络工具,如电报、铁路、苏伊士运河和取代了帆船的轮船等,也促使十年一次的工业周期遭到破坏"①。而交通通讯方式的革命依赖科技革命。现代交通通讯方式的革命影响在东方社会表现得更为明显。英国人用刀和剑将政治上长期不统一、部落与部落存在严重对立的印度统一起来,但在巩固这种统一的过程中则选择了电报这种代表了当时先进科技的通讯工具。同时,"第一次被引进亚洲社会并且主要由印度人和欧洲人的共同子孙所领导的自由报刊,是改建这个社会的一个新的和强有力的因素。"② 电报和自由报刊的引入,不仅打破了印度传统社会的封闭和孤立的状态,而且促进了先进科技在印度的传播。而先进科技在印度的传播进一步彻底摧毁了印度传统的农业和制造业相结合的经济结构。印度社会正在崛起一个具有管理国家的必要知识并熟悉欧洲科学的新的阶级,这将为印度社会的重建奠定必要的阶级基础。尤其是,电报和自由报刊的传入有助于在印度形成民主的环境。显然,无论是英国出于什么目的向印度输入了电报和自由报刊,都会对传统的印度社会产生破坏和革命的双重影响。

尽管英国在印度要完成破坏和重建的双重使命,但是,"在大不列颠本国现在的统治阶级还没有被工业无产阶级取代以前,或者在印度人自己还没有强大到能够完全摆脱英国的枷锁以前,印度人是不会收获到不列颠资产阶级在他们中间播下的新的社会因素所结的果实的。但是,无论如何我们都可以满怀信心地期待,在比较遥远的未来,这个巨大而诱人的国家将得到重建。"③ 在这个意义上,英国殖民者在印度只能完成破坏的使命,而不可能完成重建的使命,这是由英国殖民主义的侵略

---

① 《马克思恩格斯文集》第10卷,北京:人民出版社2009年版,第550页。
② 《马克思恩格斯文集》第2卷,北京:人民出版社2009年版,第686页。
③ 同上书,第690页。

本性所决定的。

（三）标榜文明的西方殖民者的极端伪善和野蛮本性

尽管资产阶级历史时期负有为新世界创造物质基础的使命，但是，西方殖民主义给东方社会造成了巨大的灾难。马克思在《不列颠在印度统治的未来结果》中指出："当我们把目光从资产阶级文明的故乡转向殖民地的时候，资产阶级文明的极端伪善和它的野蛮本性就赤裸裸地呈现在我们面前，它在故乡还装出一副体面的样子，而在殖民地它就丝毫不加掩饰了。"①这样，马克思恩格斯就深刻揭露和批判了西方殖民主义的极端伪善和野蛮本性。

不公的贸易往来。尽管商品是天生的平等派，但是，在国际贸易方面，西方殖民主义运用极端不平等和卑劣的贸易手段对东方国家进行掠夺和侵略。例如，1830年以前，中国在对英、美等国家的贸易方面基本上处于出超地位。为了遏制这种情况，英国通过东印度公司加大了向中国走私倾销鸦片的力度，以国家的名义推行肮脏的、邪恶的鸦片贸易，使中国的巨额财富像潮水般涌入西方，不仅直接导致中国陷入银源枯竭的境地，而且严重败坏了社会风尚，摧残了人民的身心健康。同时，如果在鸦片贸易的过程中，西方还输入了一种名叫鸦片的商品的话，那么他们从事的贩卖华工的活动则无需输入任何商品，真正实现了一种一本万利的"商品贸易"。从19世纪中叶起，当时世界上主要的资本主义国家在中国东南沿海一带长期拐骗一批批劳动者，强迫他们接受定期的卖身契约，然后运往古巴、秘鲁和英属西印度等地从事牛马般的强迫劳动。这实际上是一种变相的奴隶贸易，是西方殖民者在东方国家复活了在欧洲已经被禁止了的奴隶贸易。据统计，在1845—1875年间，被卖往海外的"契约华工"总数不下50万人。鸦片贸易和贩卖华工就是标榜文明的西方国家开展的所谓"自由贸易"。它们不仅是西方列强对中国长期侵略的缩影，也是人类文明的巨大耻辱。同样，"在整

---

① 《马克思恩格斯文集》第2卷，北京：人民出版社2009年版，第690页。

个 18 世纪期间，由印度流入英国的财富，已经主要不是通过比较次要的贸易，而是通过对印度的直接剥削，通过在那里掠夺巨额财富然后转运英国的办法弄到手的。"①后来，由于不平等的贸易，使印度的财政状况愈来愈恶化。

野蛮的军事侵略。当通过贸易无法获得他们想要的种种不平等和不合法的权益时，西方殖民主义就会毫不犹豫地运用战争手段来实现其卑劣的企图。两次鸦片战争都是这样爆发的。在第二次鸦片战争中，"广州城的无辜居民和安居乐业的商人惨遭屠杀，他们的住宅被炮火夷为平地，人权横遭侵犯，这一切都是在'中国人的挑衅行为危及英国人的生命和财产'这种站不住脚的借口下发生的! 英国政府和英国人民——至少那些愿意弄清这个问题的人们——都知道这些非难是多么虚伪和空洞"，"英国人控告中国人一桩，中国人至少可以控告英国人九十九桩。"②而在每次军事入侵得手之后，西方殖民者都要强迫中国签订一系列不平等条约，将其种种不平等、不合法的权益合法化，并为下一次军事入侵埋下伏笔。在印度，英国是通过军事征服实现殖民统治的。尽管从 1689 年起东印度公司就想在印度占据领地，使领地上的收入成为公司的一种财源，但是一直到 1744 年，它只在孟买、马德拉斯和加尔各答一带弄到几块不大的地区。随后经过一系列战斗，公司实际上就成了印度的这一地区的主宰。19 世纪 20 年代，英国终于第一次争到了一条合适的边界，即印度边境的沙漠地带。只是到这个时候，英国殖民当局才占有了作为印度历代每一个强大的中央政权所在地的那些亚洲地区。"到 1838—1849 年时期，在同锡克教徒的战争和同阿富汗人的战争中，不列颠人用武力并吞了旁遮普和信德，这样，才从人种边界、政治边界和军事边界来说把东印度大陆全境最终置于不列颠人的统治之下。"③这样，在印度内部，所有的土邦都已被英属领地所包围，都通过这种或那种形式隶属于不列颠的宗主权。

---

① 《马克思恩格斯全集》第 12 卷，北京：人民出版社 1998 年版，第 168 页。
② 《马克思恩格斯文集》第 2 卷，北京：人民出版社 2009 年版，第 620—621 页。
③ 《马克思恩格斯全集》第 12 卷，北京：人民出版社 1998 年版，第 165 页。

残酷的政治统治。虽然不少异民族都曾征服过印度并给印度带来了深重的灾难,但在所有这些征服者当中,不列颠人给印度带来的灾难在程度上最为深重,且在本质上属于另一种。从程度上说,"不列颠东印度公司在亚洲式专制的基础上建立起来的欧洲式专制,这两种专制结合起来要比萨尔赛达庙里任何狰狞的神像都更为可怕。"①由于英国人是第一批文明程度高于印度因而不受印度文明影响的征服者,因此,他们破坏了本地的公社,摧毁了本地的工业,夷平了本地社会中伟大和崇高的一切,从而毁灭了印度的文明。他们在印度进行统治的历史,除破坏以外很难说还有别的什么内容。但是,英国并没有将资产阶级标榜的自由、民主、平等、博爱等政治价值移植到印度,反倒在印度进行了残酷的统治。英国在印度征税的过程中伴随着大量的刑讯,以至于英国官方都承认"普遍施用刑讯已成为英属印度的一种财政制度","刑讯是英国财政政策不可分割的一部分"②。同时,英国在统治印度时还采取了破坏民族的原则,即通过强行消灭土著王公的权力、破坏继承关系和干涉人民的宗教来实现自己的统治。尤其是1848年后,为了解决东印度公司的财政困难问题,英国殖民者通过强行排挤土著王公来扩大自己的地盘,强行改变印度的继承关系,肆意兼并印度土著王公的土地。此外,英国殖民者在镇压印度1857—1859年民族大起义过程中更是犯下了滔天罪行。尽管中国没有沦落为殖民地,但是,也被拖入到了半殖民地的境遇中,在政治上也要听任西方资本主义国家的摆布。

欺诈的外交手腕。外交是政治的一部分,也是西方殖民主义侵略和掠夺东方的又一重要手段。在第二次鸦片战争期间,当英法运用军事手段来实现其目的时,俄国却选择了外交这个稳操胜券的手段来达到自身的目的。当英法侵略中国的时候,俄国保持中立,而当战争快要结束的时候,俄国则以中国人的无私保护人的身份出现,以调停者自居。事实上,英国和法国发动的第二次鸦片战争使俄国渔翁得利、获得的好处最

---

① 《马克思恩格斯文集》第2卷,北京:人民出版社2009年版,第678页。
② 《马克思恩格斯全集》第16卷,北京:人民出版社2007年版,第304、334页。

多，俄国不仅在战争期间就夺取了中国的一块大小等于法德两国加在一起的领土和一条同多瑙河一样长的河流，还在之后的《中俄瑷珲条约》和《中俄北京条约》中割让了包括俄国在战争期间非法夺取的土地在内的一百多万平方公里的土地。事实上，"在对华贸易和交往方面，帕麦斯顿勋爵和路易－拿破仑采用武力来进行扩展，而俄国所处的地位却显然令人大为羡慕。真的，非常可能，从目前同中国人发生的冲突中，俄国不要花费一个钱，不用出动一兵一卒，到头来能比任何一个参战国都得到更多的好处。"①可见，俄国并不是中国的保护者和战争调停者，而是英法等国侵略中国的帮凶，通过虚伪欺诈的外交手段达到了即便用战争也很难实现的目的。

　　傲慢的文化偏见。一定经济和政治基础上产生的文化，总是为这些经济和政治辩护的。这一点在国际层面亦然。以梅恩为代表的资产阶级学者从西方中心论出发，一再污蔑印度村社的灭亡是由于经济进步造成的，西方殖民主义的入侵给印度人民带来了巨大的进步和幸福。事实上，英国的殖民入侵才是印度村社解体的真正原因，而"英属印度的官员们，以及以他们为依据的国际法学家**亨·梅恩爵士**之流，都把旁遮普公社所有制的衰落仅仅说成是**经济进步**的结果（尽管英国人钟爱古老的形式），实际上英国人自己却是造成这种衰落的**主要的**（主动的）**罪人**，——这种衰落又使他们自己受到威胁"②。而公社的解体又给印度社会造成了十分严重的灾难。"**公社团体的瓦解**过程，并不以**确立小农所有制**为限，而且不可避免地导致大土地所有制。如上所述，由于与公社毫不相干的**资本家**阶级侵入公社内部，公社的**宗法性质**就消失了，同时公社首领的影响也消失了；一切人反对一切人的战争开始了。"③英国在侵略和统治印度过程中所做的一切完全是受极卑鄙的利益所驱使，并非是想让印度社会变得更好，即便在此过程中给印度社会带来的一些革命性的变革和影响，以及在印度所造成的亚洲社会的唯一一次社会革命，

---

① 《马克思恩格斯文集》第2卷，北京：人民出版社2009年版，第615页。
② 《马克思恩格斯全集》第45卷，北京：人民出版社1985年版，第300页。
③ 同上书，第304页。

也只是充当了历史的不自觉的工具。事实上，东方国家有自身的发展方式，即便没有被裹挟进入世界历史进程中去，也会走向繁荣和进步。

可见，尽管殖民贸易和殖民战争是开辟世界历史的重要力量，但是，他们不是使东方社会前进，而是使东方社会后退，由此暴露了西方殖民主义的极端伪善和野蛮本性。

（四）东方反对西方殖民主义的斗争终究是人民战争

针对道貌岸然的英国报刊从道德方面指责中国人民在第二次鸦片战争中反抗殖民主义的"可怕暴行"，恩格斯在《波斯和中国》一文中指出："虽然你可以说，这场战争充满这个民族的目空一切的偏见、愚蠢的行动、饱学的愚昧和迂腐的野蛮，但它终究是人民战争。"① 这样，马克思恩格斯就高度评价了东方被压迫民族反抗西方殖民主义侵略的正义斗争。

东方国家反抗西方殖民主义斗争的性质。随着西方列强对东方国家侵略的日益加深，东方各国人民反殖民主义侵略的斗争也蓬勃开展起来。例如，在第一次鸦片战争期间，中国民众保持了相对平静的态度，主要让政府军去同侵略者作战，失败后则抱着东方宿命论的态度屈服于敌人的暴力。到了第二次鸦片战争，这种情况却有了根本的改变。中国人用自己的手段反抗西方列强的侵略，南方各省的人民群众积极地、狂热地参加反对外国人的斗争，或者在供应香港欧洲人居住区的面包里下毒药，或者暗带武器在乘船的过程中杀死船上的欧洲乘客，移民到外国去的苦力都在移民船上进行暴动、宁愿与船同沉海底也决不投降，甚至连国外的华侨也在密谋起事，等等。正是英国政府的海盗政策造成了这一所有中国人普遍奋起反抗所有外国人的局面，并使之表现为一场灭绝战。但是，在事件发生后，西方资产阶级动用其掌握的舆论工具不断从道德方面宣传和谴责中国人的卑劣、野蛮和凶残，强调和论证西方殖民入侵的正当性。对此，恩格斯要求"最好承认这是'保卫社稷和家园'

---

① 《马克思恩格斯文集》第2卷，北京：人民出版社2009年版，第626页。

的战争，这是一场维护中华民族生存的人民战争"①。这样，不仅强烈地驳斥了西方资产阶级的荒谬论调，而且旗帜鲜明地肯定了中国人民反抗西方殖民主义斗争的正义性和合法性。再如，在1857—1859年期间，印度爆发了为争取民族独立、反对英国统治而举行的民族大起义。印度民族大起义又称印度土兵起义，起义军的主体是以印度土兵为代表的印度人民，打击的对象为英国殖民统治。英属东印度公司成立后，血腥地掠夺和压榨印度人民，引起了印度社会的普遍痛恨。1857年初，殖民当局发下的子弹涂有牛油和猪油，西帕依②使用时必须用牙咬破包装纸。这无异蓄意要印度教和伊斯兰教土兵都触犯其宗教禁忌，由此引发了印度民族起义。马克思恩格斯一再强调和论证这不是一场简单的兵变，而是民族大起义。马克思认为，这次起义与以往印度军队中时有发生的起义不同，性质特别严重。印度教和伊斯兰教土兵联合起来反对他们的共同统治者——英国殖民者。显然，"英印军队中的起义与亚洲各大国对英国统治的普遍不满同时发生，孟加拉军队中的起义无疑与对波斯战争和对华战争有密切的联系。"③印度民族大起义迫使英国议会于1858年8月通过法案，撤销东印度公司。这样，印度民族大起义就延缓了西方资本主义国家侵略亚洲的速度，和中国的太平天国运动、伊朗巴布教徒起义、日本明治维新一起构成了亚洲革命风暴，显示了亚洲人民的英勇反抗精神。

东方国家反抗西方殖民主义斗争的手段。针对中国人民在反殖民主义斗争中创造性运用的各种手段，西方"文明"社会一概将之贬斥为不讲"兵法"的野蛮之举。而恩格斯赞同并高度评价了中国人民运用自己的方式反抗列强侵略的斗争，强调这些斗争方式是正义的、符合中国社会的发展程度，真正卑劣、野蛮和凶残的恰恰是西方殖民者自己。

---

① 《马克思恩格斯文集》第2卷，北京：人民出版社2009年版，第626页。
② 西帕依即土兵。18世纪中叶以后，法国、英国、葡萄牙殖民者在印度本地人中间招募的雇佣兵。英印军中的西帕依被英国人用来征服印度和维持在被征服地区建立起的政权。——编者注
③ 《马克思恩格斯全集》第16卷，北京：人民出版社2007年版，第165页。

其一，西方军事组织和作战方式不是普遍有效的。在反抗殖民主义斗争的过程中，波斯军队是按照西化的军事组织和作战方式对抗殖民者的，中国是按照自己的土办法和笨办法对抗侵略者的，但是，前者失败了，后者却有效地阻止了侵略者的侵略步伐。因此，恩格斯指出："在波斯，欧洲式的军事组织被移植到亚洲式的野蛮制度上；在中国，这个世界上最古老国家的腐朽的半文明制度，则用自己的手段与欧洲人进行斗争。波斯被打得一败涂地，而绝望的、陷于半瓦解状态的中国，却找到了一种抵抗办法，这种办法实行起来，就不会再有第一次英国对华战争那种节节胜利的形势出现了。"①同样，在印度民族大起义的过程中，英国军队似乎深受欧洲人关于筑垒城市、围攻和轰击等观念的影响，不愿意采用那种使亚洲人吃惊的出奇制胜的大胆行动，结果自己寸步难行，而土兵起义的范围进一步扩大。显然，正如没有超历史的一般历史哲学一样，也没有超战争的一般兵法。其二，要根据自己达到的发展程度选择作战方式。在"不文明"的表象下，中国人民反抗英国殖民入侵的方式是灵活的、正确的，符合中国的发展程度和发展水平，因此，"不应当根据公认的正规作战规则或者任何别的抽象标准来衡量，而应当根据这个反抗的民族所刚刚达到的文明程度来衡量"②。显然，真正有效的兵法体现的是因地制宜的原则。同样，西帕依的暴行是骇人听闻的，也引起了西方文明社会的极大恐慌和大肆攻击。其实，西帕依的优点正在于这种不规则的作战方法。因此，马克思指出："西帕依的行为尽管声名狼藉，也只不过是集中反映了英国本身在印度的所作所为，不仅包括其建立东方帝国时期，甚至包括其长期统治的最近十年。为了说明这种统治的特点，只要指出刑讯是英国财政政策不可分割的一部分就够了。人类历史上存在着某种类似报应的东西。历史报应的规律就是，锻造报应的工具的，并不是被压迫者，而是压迫者自己。"③因此，如果认为一切暴行都是东方被压迫民族干的，英国人则体现了人类的一切善良天

---

① 《马克思恩格斯文集》第2卷，北京：人民出版社2009年版，第622页。
② 同上书，第626页。
③ 《马克思恩格斯全集》第16卷，北京：人民出版社2007年版，第334页。

性,那么,就大错特错了。殖民主义就是西方资本主义的飞去来器,最终是搬起石头砸自己的脚。

总之,马克思恩格斯提出的东方被压迫民族的反抗西方殖民主义斗争的人民战争的理念、因地制宜的作战标准和依据,打破了文明世界的殖民贩子们所宣传的那套侵略和掠夺合理合法的谬论,为东方国家运用自己的方式反抗西方殖民入侵提供了坚实的理论基础。

四　东方社会的未来前景

从根本上说,马克思恩格斯"论东方村社"服从和服务于无产阶级革命和全人类解放运动,同时为东方落后国家取得民族解放运动(反对殖民主义)、民主运动(反对东方专制主义)和无产阶级革命运动(反对资本主义)的胜利提供了理论指导和方法支撑。因此,对东方社会未来发展前景的探索是马克思恩格斯"论东方村社"的主要出发点和落脚点之一。

(一) 中国革命将把火星抛到西方工业体系上

鸦片战争以后,中国陷入到了内忧外患当中,社会矛盾异常尖锐,既引发了中国人民反抗殖民侵略的民族斗争,也引发了太平天国这样的反对清政府统治和反对西方殖民侵略的农民起义。在《中国革命和欧洲革命》一文中,马克思指出:"中国革命将把火星抛到现今工业体系这个火药装得足而又足的地雷上,把酝酿已久的普遍危机引爆,这个普遍危机一扩展到国外,紧接而来的将是欧洲大陆的政治革命。"[1]这样,马克思不仅揭示出中国革命的国内意义,而且揭示出其国际意义。

中国革命的原因。鸦片战争以后,为支付战争赔款,清政府加紧搜刮人民,致使阶级矛盾和民族矛盾日益激化。这样,"牢固的中华帝国遭受了社会危机。不再有税金收入,国家濒于破产,大批居民落得一贫如

---

[1] 《马克思恩格斯文集》第2卷,北京:人民出版社2009年版,第612页。

洗,这些居民起而闹事,迁怒于皇帝的官吏和佛教僧侣,打击并杀戮他们。这个国家现在已经接近灭亡,已经面临着一场大规模革命的威胁,但是更糟糕的是,在造反的平民当中有人指出了一部分人贫穷和另一部分人富有的现象,要求重新分配财产,甚至要求完全消灭私有制,而且至今还在要求。"①据统计,在 1842 年—1850 年之间,全国各族人民的反清起义达百次以上。虽然清政府四处镇压,但是,群众斗争屡禁不止。在此背景下,1851 年 1 月,太平天国起义正式爆发。"不管引起这些起义的社会原因是什么,也不管这些原因是通过宗教的、王朝的还是民族的形式表现出来,推动了这次大爆发的毫无疑问是英国的大炮,英国用大炮强迫中国输入名叫鸦片的麻醉剂。"②这样,历史好像是首先要麻醉这个国家的人民,然后才能把他们从世代相传的愚昧状态中唤醒似的。

中国革命的影响。在世界历史中,当英国引起了中国革命的时候,便发生一个问题,即这场革命将来会对英国并且通过英国对欧洲发生什么影响?这个问题是不难解答的。"欧洲人民的下一次起义,他们下一阶段争取共和自由、争取廉洁政府的斗争,在更大的程度上恐怕要决定于天朝帝国(欧洲的直接对立面)目前所发生的事件,而不是决定于现存其他任何政治原因,甚至不是决定于俄国的威胁及其带来的可能发生全欧战争的后果。这看来像是一种非常奇怪、非常荒诞的说法,然而,这决不是什么怪论,凡是仔细考察了当前情况的人,都会相信这一点。"③这在于,在世界历史的背景下,中国革命将导致英国世界市场的突然缩小,从而会引发英国的经济危机,而通过英国的经济危机,中国革命将对欧洲革命产生重要影响。在资本主义发展的过程中,"尽管有加利福尼亚和澳大利亚的发现,尽管人口大量地、史无前例地外流,但是,如果不发生什么意外事情的话,到一定的时候,市场的扩大仍然会赶不上英国工业的增长,而这种不相适应的情况也将像过去一样,必不可免地要引起新的危机。这时,如果有一个大市场突然缩小,那么危机

---

① 《马克思恩格斯全集》第 10 卷,北京:人民出版社 1998 年版,第 277 页。
② 《马克思恩格斯文集》第 2 卷,北京:人民出版社 2009 年版,第 607—608 页。
③ 同上书,第 607 页。

的来临必然加速,而目前中国的起义对英国正是会起这种影响。"① 显然,正是由于世界历史所强化的经济上的普遍交往,使中国革命具有了世界历史意义。这里,发挥作用的仍然是经济必然性,而非价值判断。

中国革命的局限。毋庸讳言,中国革命仍然存在着固有的局限性。例如,太平天国起义就存在着落后性和破坏性的问题。根据马克思的论述,可将之概括为以下几点:其一,草菅人命。由于太平天国的士兵没有军饷,只能靠战利品生活,这样,在烧杀掠夺的过程中,就出现了杀人如麻的现象。在太平军看来,一个人头并不比一个菜头贵。其二,奸淫妇女。由于太平天国规定只有到"天下太平"的时候才可以结婚。作为补偿,太平军在拿下一个城市的头三天,趁那里的居民来不及逃走,可以得到任意强奸妇女的行动自由。三天以后,所有的女人都被强迫离开城市。其三,恐惧战术。引起恐惧,是太平军的全部战术。他们先派探子秘密探路,散布惊人的谣言,到处放火。或者是穿着五色相杂的丑角服装,发出惨叫,装出凶恶发狂的样子。他们的成功完全是由于这种妙计的效用。其四,装神弄鬼。太平天国一开始就带有宗教色彩,声称是西方基督教义、中国儒家大同思想、农民平均主义的结合,但是,他们对基督教一无所知,野蛮地对待儒学,只能靠装神弄鬼维持其政权,太平天国事实上是神权与王权的结合。其五,改朝换代。除了改朝换代以外,太平天国没有给自己提出任何任务。他们没有任何口号。他们给予民众的惊惶比给予老统治者们的惊惶还要厉害。总之,现实的太平天国"同传说太平军将'解放中国','复兴中国','拯救人民'和'推行基督教'的英国传教士们的幻想实在不相符合"②。事实上,破坏是太平天国的唯一的结果。

中国革命的意义。尽管在反抗殖民主义斗争和太平天国起义中存在着狂热,但也表明他们已觉悟到中国传统社会遇到了极大的危险,生发出了革命的愿望。这样,尽管中国革命存在着诸多的局限,但是,毕竟

---

① 《马克思恩格斯文集》第 2 卷,北京:人民出版社 2009 年版,第 610 页。
② 《马克思恩格斯全集》第 15 卷,北京:人民出版社 1963 年版,第 546 页。

是在活的化石上开始的革命,不仅有助于中国传统社会的解体,而且在世界历史的背景下有助于欧洲革命的发生。在世界历史的发展过程中,西方列强的入侵在将中国拖入世界历史、使牢固的中华帝国陷入了严重的社会危机的同时,也将中国"带到了一场必将对文明产生极其重要结果的社会变革的前夕。当我们欧洲的反动分子不久的将来在亚洲逃难,到达万里长城,到达最反动最保守的堡垒的大门的时候,他们说不定就会看见上面写着":"中华共和国","自由,平等,博爱"。① 在这个意义上,过不了多少年,人们就会亲眼看到世界上最古老的帝国的垂死挣扎,看到整个亚洲新纪元的曙光。显然,中国也可以积极主动参与和影响世界历史的进程,而不只是被动地接受和适应世界历史。

作为我国第一个马克思主义者、中国共产党的主要创始人之一,李大钊于1926年首先翻译了马克思的《中国革命和欧洲革命》一文,题为《马克思的中国民族革命观》。李大钊明确指出,根据马克思的思想,中国国民革命是世界革命的一个重要组成部分。"在世界革命的运动中,中国和英国所居的地位,最为重要;因为英国是世界市场中欧洲产业的代表,中国是英国帝国资本主义销售商品的重要市场。中国国民革命运动的扩大,就是英国帝国资本主义销售商品的市场的缩狭;这个缩狭,可以促起普遍危机的迫近,加速世界革命的爆发。这种英国帝国主义对于中国的压迫,造成了中国革命;中国革命更以其影响还答于英国,经由英国还答于欧洲,造成了英国革命,欧洲革命,乃至世界革命的关系。"② 同时,李大钊还指出,中国无产阶级政党和国民革命的迅速发展是对马克思所说的中国革命引起欧洲革命在新的历史条件下的证实和发展。

(二)俄国可能跨越资本主义制度卡夫丁峡谷

在俄国村社二重性的基础上,面对资本主义的危机,将俄国摆在了

---

① 《马克思恩格斯全集》第10卷,北京:人民出版社1998年版,第277—278页。
② 《李大钊文集》第5卷,北京:人民出版社1999年版,第105页。

一个十字路口。即，俄国是首先摧毁村社以过渡到资本主义制度呢，还是可以在发展它所特有的历史条件的同时取得资本主义制度的全部成果，而又可以不经受资本主义制度的苦难。在民粹派和恩格斯探讨的基础上，根据其长期思考和研究，马克思在1881年给查苏利奇复信的初稿和三稿中先后四次强调，俄国公社"可能不通过资本主义制度的卡夫丁峡谷"，而占有资本主义制度所创造的一切积极的成果。①其实，从1870年12月中旬起，马克思就曾几次会见过俄国女革命家托马诺夫斯卡娅（德米特里耶娃）并讨论了俄国村社的前途问题。1871年1月7日，托氏在给马克思的信中就回顾了这一点："至于您在有关俄国公社土地所有制的命运问题上所预见的二者必择其一，那末，遗憾的是，它的解体和转为小私有制是十分可能的。"②显然，马克思明确提出了跨越资本主义卡夫丁峡谷的重要设想，强调俄国可以走出一条不同于西欧的发展道路，在农村公社的基础上进入更高形态的社会。③

俄国农业公社的二重性。在人类文明发展的过程中，只有俄国是在全国范围内把"农业公社"保存到马克思恩格斯时代的唯一的欧洲国家。当然，这一点恰恰证明了其农业生产以及与之相适应的农村社会状态还处于很不发达的阶段。尽管如此，俄国村社所具有的土地公社所有制和劳动组合等社会结构的二重性还是决定俄国发展有两种可能的选择。其一，从土地所有制来看，土地公有制仍然是俄国"农村公社"的集体占有制的基础。在俄国村社的实际生活中，公社内部的耕地是公

---

① 参见《马克思恩格斯文集》第3卷，北京：人民出版社2009年版，第575、578、580、587页。
② 《马克思恩格斯与俄国政治活动家通信集》，北京：人民出版社1987年版，第69页。
③ 马克思的原文是"不通过资本主义卡夫丁峡谷"（It is thus in a position to incorporate all the positive acquisitions devised by the capitalist system without passing through its Caudine Forks.）。"通过卡夫丁峡谷"为西方典故，意为遭受巨大的耻辱。因此，汕宁将马克思的上述论述直接翻译为"without having to pass under its harsh tribute"（残酷的吊唁礼物）（Cf. *Late Marx and the Russian Road*：*Marx and 'the peripheries of capitalism*'，A case presented by Teodor Shanin，*Monthly Review Press*，1983，p.110，p.111，p.113.）按照国内讨论中的习惯，我们可将"不通过资本主义卡夫丁峡谷"简称为"跨越发展"，将马克思"不通过资本主义卡夫丁峡谷"的设想简称为"跨越资本主义卡夫丁峡谷的设想"或"跨越设想"。这里的"跨越"即"不通过"的意思。——编者注

有财产，定期在其成员之间进行分配，农民自己耕种自己的土地，产品归为己有。这样，就使俄国的传统土地制度具有了公有和私有的二重属性。即使如此，恩格斯在1894年还是看到："在俄国，全部耕地的半数左右却仍然是农民公社的公有财产。"①即，土地公社所有制是俄国村社的经济基础。其二，从生产方式来看，俄国农民习惯于劳动组合关系。这种集体生产方式有助于农民从小地块劳动向合作劳动过渡。当然，劳动组合起源于人类早期的血族关系，在实际中也存在着效益低下的问题，后来沦落为资本家剥削工人的工具，也没有达到西欧合作社的发展程度。尽管如此，恩格斯在1893年还是指出："毫无疑问，公社，在某种程度上还有劳动组合，都包含了某些萌芽，它们在一定条件下可以发展起来，使俄国不必经受资本主义制度的苦难。"②即，劳动组合是俄国村社的基本结构。在这样的情况下，"'农业公社'的构成形式只能有两种选择：或者是它所包含的私有制因素战胜集体因素，或者是后者战胜前者。先验地说，两种结局都是可能的，但是，对于其中任何一种，显然都必须有完全不同的历史环境。一切都取决于它所处的历史环境。"③显然，俄国村社结构的固有特征和内在矛盾决定了俄国发展前景具有两种可能性，而不是任何人或任何力量强加于村社之上的。

西方资本主义的二重性。俄国村社不是脱离现代世界孤立生存的。这样，"和控制着世界市场的西方生产**同时存在**，就使俄国可以不通过资本主义制度的卡夫丁峡谷，而把资本主义制度所创造的一切积极的成果用到公社中来"④。而这之所以可能，是由资本主义的二重性决定的。一方面，资本主义神奇地发展了生产力。资本主义第一次使生产成为了一个自觉运用科技的过程，这样，在极大地促进工业化发展的基础上，使资本主义创造的物质财富超过了以往一切时代的总和。同时，资本主义市场经济为工业化发挥了保驾护航的作用。资本主义工业化和市场化

---

① 《马克思恩格斯文集》第4卷，北京：人民出版社2009年版，第456页。
② 《马克思恩格斯文集》第10卷，北京：人民出版社2009年版，第649页。
③ 《马克思恩格斯文集》第3卷，北京：人民出版社2009年版，第574页。
④ 同上书，第575页。

不仅为资本主义的发展奠定了物质基础，而且为落后国家的跨越发展提供了可能。因此，马克思提出了这样的诘问："如果资本主义制度的俄国崇拜者要否认这种进化的**理论上的**可能性，那我要向他们提出这样的问题：俄国为了采用机器、轮船、铁路等等，是不是一定要像西方那样先经过一段很长的机器工业的孕育期呢？同时也请他们给我说明：他们怎么能够把西方需要几个世纪才建立起来的一整套交换机构（银行、信用公司等等）一下子就引进到自己这里来呢？"①显然，资本主义创造的工业化和市场化的成果是不可超越的，超越必须以借鉴和移植工业化和市场化的成果为前提。另一方面，资本主义正经历着严重的危机。在俄国公社面前，整个资本主义制度都处于同科学、同人民群众以至同它自己所产生的生产力本身相对抗的境地，正经历着危机，正将无产阶级和劳动人民拖入新的苦难当中。资本主义危机是一种总体性的危机。这就如恩格斯晚年阐明的那样："资本主义生产作为一个暂时的经济阶段，充满着各种内在矛盾，这些矛盾随着资本主义生产的发展而发展，并日趋明显。这种在建立自己的市场的同时又破坏这个市场的趋势正是这类矛盾之一。另一个矛盾是资本主义生产所造成的没有出路的状态"，"资本主义生产准备着自身的灭亡。"② 这充分证明了资本主义的暂时性。既然如此，俄国就丧失了走资本主义发展道路的必要性和合法性。如果以经济的必然性来强调俄国走资本主义道路的必要性，不是对经济必然性的尊重，而是对经济必然性的嘲弄。总之，"资本主义生产一方面神奇地发展了社会的生产力，但是另一方面，也表现出它同自己所产生的社会生产力本身是不相容的。它的历史今后只是对抗、危机、冲突和灾难的历史。结果，资本主义生产向一切人（除了因利益而瞎了眼的人）表明了它的纯粹的暂时性。欧洲和美洲的一些资本主义生产最发达的民族，正力求打碎它的枷锁，以合作生产来代替资本主义生产，以古代类型的所有制**最高形式**即共产主义所有制来代替资本主义所有制。"③

---

① 《马克思恩格斯文集》第 3 卷，北京：人民出版社 2009 年版，第 571 页。
② 《马克思恩格斯文集》第 10 卷，北京：人民出版社 2009 年版，第 635—636 页。
③ 《马克思恩格斯全集》第 25 卷，北京：人民出版社 2001 年版，第 471—472 页。

显然，与俄国村社同时存在的资本主义的暂时性决定了俄国跨越发展的可能性。当然，跨越并不意味着进行"穷过渡"。

跨越资本主义的条件性。要将跨越设想转化为现实，必须具备一系列的条件。其一，在经济上要有改造的需要。随着农奴制改革的进行，土地公有制出现了一定程度的解体，但是，农民的负担加重了，因此，他们迫切需要大规模组织起来的合作劳动。因此，关于经济上的需要，只要把村社置于正常条件之下，就是说，只要把压在它肩上的重担除掉，只要它获得正常数量的耕地，那么它本身就立刻会感到有这种需要。其二，在物质上要有实现改造的条件。跨越发展必须建立在先进生产力和先进科学技术的基础上。那么，"设备、肥料、农艺上的各种方法等等集体劳动所必需的一切资料，到哪里去找呢？俄国'农村公社'比同一类型的古代公社大大优越的地方正是在这里。在欧洲，只有俄国的'农村公社'在全国范围内广泛地保存下来了。因此，它目前处在这样的历史环境中：它和资本主义生产的同时存在为它提供了集体劳动的一切条件。"①即，资本主义创造的先进生产力成就和先进科技成果构成了跨越的物质条件。当然，这种条件对于跨越发展仍然是一种可能。而包括俄国在内的东方社会没有必要自己重新发明与集体生产相应的物质条件。这样，就突出了先进生产力移植和先进科技移植的重要性。在世界历史的环境中，交往的普遍化有助于先进生产力和先进科技的传播和移植。其三，在地理上要有改造的环境。跨越发展还需要相应的自然物质条件。从俄国的地理环境来看，"它能够以应用机器的大农业来逐步代替小地块耕作，而俄国土地的天然地势又非常适于这种大农业。因此，它能够成为现代社会所趋向的那种经济制度的**直接出发点**，不必自杀就可以获得新的生命。"② 显然，俄国土地的天然地势，适合于利用机器进行大规模组织起来的、实行合作劳动的农业经营。其四，在政治上要有改造的革命。随着农奴制改革的推进，不仅农民没有得到解放，

---

① 《马克思恩格斯文集》第3卷，北京：人民出版社2009年版，第578页。
② 同上书，第580页。

而且俄国的社会矛盾加剧了。由于强大的利害关系者的阴谋，村社的存在本身处于危险的境地当中。除了被国家的直接搜刮压得喘不过气来，除了遭受侵入公社的"资本家"、商人等等以及土地"所有者"的狡诈的剥削以外，村社还受到乡村高利贷者以及由于它所处的环境而在内部引起的利益冲突的损害。因此，要挽救俄国公社，就必须有俄国革命。在向集体生产过渡的过程中，由于俄国社会长期以来从农民身上榨取过多，因此，有义务帮助农民实现过渡。其五，在国际上要有改造的机遇。在世界历史的格局中，资本主义尤其是其矛盾是影响东方社会发展的重要变量。在其上升的过程中，由于资本主义代表着历史的前进方向，因此，东方社会只能被动地卷入世界历史。当资本主义出现危机的时候，就为跨越提供了千载难逢的机遇。而"在俄国公社面前，资本主义制度正经历着危机，这种危机只能随着资本主义的消灭，随着现代社会回复到'古代'类型的公有制而告终"①。在世界历史的环境中，资本主义危机同样可以加剧被裹挟卷入世界历史的东方社会的矛盾，东方社会可以利用之实现自身的跨越发展。

鉴此，马克思在给查苏利奇的正式复信中指出："这种农村公社是俄国社会新生的支点；可是要使它能发挥这种作用，首先必须排除从各方面向它袭来的破坏性影响，然后保证它具备自然发展的正常条件。"②这里，"不通过"（跨越）强调的是社会发展的辩证法，"正常条件"强调的是社会发展的唯物论。马克思的跨越设想是唯物论和辩证法的统一。

马克思逝世后，由于时代条件的变化，俄国村社解体和灭亡的趋势更加明显，因此，恩格斯更加强调俄国村社解体和灭亡的必然趋势。即便如此，恩格斯依旧强调，俄国可以大大缩短自己向社会主义发展的过程。1894年，他在《〈论俄国的社会问题〉跋》中指出："不仅可能而且毋庸置疑的是，当西欧各国人民的无产阶级取得胜利和生产资料转归

---

① 《马克思恩格斯文集》第3卷，北京：人民出版社2009年版，第572页。
② 同上书，第590页。

公有之后，那些刚刚进入资本主义生产而仍然保全了氏族制度或氏族制度残余的国家，可以利用公有制的残余和与之相适应的人民风尚作为强大的手段，来大大缩短自己向社会主义社会发展的过程，并避免我们在西欧开辟道路时所不得不经历的大部分苦难和斗争。但这方面的必不可少的条件是：目前还是资本主义的西方作出榜样和积极支持。只有当资本主义经济在自己故乡和在它兴盛的国家里被克服的时候，只有当落后国家从这个榜样上看到'这是怎么回事'，看到怎样把现代工业的生产力作为社会财产来为整个社会服务的时候——只有到那个时候，这些落后的国家才能开始这种缩短的发展过程。然而那时它们的成功也是有保证的。这不仅适用于俄国，而且适用于处在资本主义以前的阶段的一切国家。"① 可见，无论是马克思提出的不通过资本主义制度卡夫丁峡谷的设想，还是恩格斯提出的大大缩短向社会主义发展的进程的思想，其实质都是认为在东方存在着非欧非资本主义发展的可能性。

（三）要挽救俄国公社，就必须要有俄国革命

针对农奴制改革以后社会矛盾的激化，为了实现不通过资本主义制度卡夫丁峡谷的发展前景，马克思在给查苏利奇复信的初稿中两次提出："要挽救俄国公社，就必须有俄国革命。"②这样，就突出了革命在俄国发展中的必要性和重要性。

俄国革命的条件。由于内外交困，俄国已经处于世界发展的火山口上，处于革命的前夜。其一，从国内情况来看，1861年农奴制改革不仅没有使俄国走上正常的发展道路，反而使社会矛盾异常尖锐。由于亚历山大二世从一开始就决定给地主尽可能多一些，而给农民尽可能少一些，以便使地主能够同意在形式上废除农奴制，这样，反倒激化了矛盾。在改革的过程中，农民通过赎买可以获得自由和份地，但是，由于他们根本没有赎买的资金，不得不借高利贷。这样，在各种捐税和高利

---

① 《马克思恩格斯文集》第4卷，北京：人民出版社2009年版，第459页。
② 《马克思恩格斯文集》第3卷，北京：人民出版社2009年版，第579、582页。

贷者的压迫下，农民时常全家或只身逃出公社，抛弃自己的土地，靠做短工谋生。可见，"俄国农民在摆脱农奴地位以后的处境已经不堪忍受，不可能长久这样继续下去，而仅仅由于这个原因，俄国革命正在日益迫近，这都是显而易见的事情。"① 在这种情况下，1860 年发生农民骚动 126 次，1861 年增至 1176 次。其二，从国际环境来看，俄土战争进一步激化了俄国的社会矛盾，从而使这次危机成为欧洲历史上的一个新的转折点。为了继续争夺黑海海峡和巴尔干地区，俄国和土耳其于 1877—1878 年再次进行了由来已久的俄土战争（第 10 次俄土战争）。这次战争使俄国进一步陷入了内外交困的状况之中，从而加速了俄国革命的进程。对此，马克思指出："由于土耳其好汉不仅打击了俄国军队和俄国财政，而且打击了**统率**军队的**王朝**本身（沙皇、王位继承者和其他六个罗曼诺夫），变革的爆发将提前许多年。按照一般规则，变革将从立宪的把戏开始，接着就会有一场绝妙的热闹事。要是老天爷不特别苛待我们，我们该能活到这个胜利的日子吧！"② 这样，革命就将从一向是反革命安然无恙的堡垒和后备军的俄国开始。其三，从革命运动来看，尽管民粹主义具有空想性和盲动性，但是，预示着俄国已经处于土崩瓦解的状态中。像历史上一些暴君一样，亚历山大二世是通过专制制度来维护其统治的，引起了社会的极大不满。这种专制制度的专横，西方人甚至是无法想象的。从 1866 年—1880 年，亚历山大二世遭到的精心策划的未遂刺杀至少有 5 次。1881 年 3 月 1 日，最终被民意党刺杀。尽管这次事件暴露出了俄国大学生反对沙皇斗争的鲁莽性，但是，"这真是一些能干的人，他们没有戏剧式的装腔作势，而是一些普通的、实干的英雄人物。空谈和实干是不可调和的对立面"，他们"力图使欧洲相信，他们的行动方式是俄国独特的、历史上不可避免的行动方式，对此不应多作道德说教——赞成或是反对"。③ 这样，就在俄国出现了新的预兆。可见，俄国早已站在变革的门前，为此所必需的一切因素都已

---

① 《马克思恩格斯文集》第 3 卷，北京：人民出版社 2009 年版，第 393 页。
② 《马克思恩格斯全集》第 34 卷，北京：人民出版社 1972 年版，第 275 页。
③ 《马克思恩格斯全集》第 35 卷，北京：人民出版社 1971 年版，第 173 页。

成熟了。

  俄国革命的性质。1861年之后，俄国社会发生了重大转型，社会结构和社会矛盾出现了复杂化和尖锐化的态势。从原始公社到现代大工业和金融寡头等社会发展的各个阶段都有其代表，所有这一切矛盾都被举世无双的专制制度用强力禁锢着，这种专制制度日益使那些体现了民族智慧和民族尊严的青年们忍无可忍，革命的因素积累到这样的程度，以至于广大人民群众的经济状况日益变得无法忍受。其一，从革命的阶段来看，俄国革命是与俄国当时发展水平相适应的初级革命。农奴制改革之后，尽管俄国资本主义获得了一定程度的发展，无产阶级和资产阶级的矛盾也开始出现，但是，俄国的社会发展总体上仍然处于从公有制（村社）向私有制转变的过程中，因此，"波澜壮阔的社会革命在俄国是不可避免的，并在日益临近，当然是具有同俄国当前发展水平相应的初级形式。"①显然，这种初级形式的革命就是要促进俄国民族走向的正常生活，属于民族革命的范畴。其二，从革命的内容来看，反对沙皇专制制度，争取民族的政治运动和思想运动的自由，是俄国革命的首当其冲的任务。尽管俄国是与西方资本主义同时存在的东西，但是，由于沙皇俄国是世界上独一无二的专制集权国家，把农奴制度和专制制度发展到了登峰造极的地步，因此，革命"在这里理所当然地采取了冲锋的形式，目的是要推翻沙皇专制制度，争得民族的思想和政治运动的自由"②。在这个意义上，让沙皇制度投降成为革命的主要内容。所以，俄国革命是推翻沙皇专制制度的民主主义革命。其三，从革命的国际比较来看，俄国革命主要属于具有资产阶级性质的革命。美国从一诞生起就是现代的，资产阶级的。而俄国是在村社的基础上开始农奴制改革的。即使如此，俄国的"基础则是原始共产主义性质的，是文明时代以前的氏族社会，它虽然正在土崩瓦解，但仍然是资本主义革命（这毕竟是一场真正的社会革命）赖以行动和进行的基础、材料"③。因此，在

---

  ① 《马克思恩格斯文集》第10卷，北京：人民出版社2009年版，第325页。
  ② 《马克思恩格斯文集》第4卷，北京：人民出版社2009年版，第464页。
  ③ 《马克思恩格斯文集》第10卷，北京：人民出版社2009年版，第663页。

俄国，这种变革一定比美国强烈得多，尖锐得多，遭受的痛苦也要大得多。由此，我们是否可以推出这样的看法：俄国革命是具有资产阶级革命性质的民族的民主的革命。当然，在世界历史的环境中，俄国革命可能会带上无产阶级革命的色彩。

总之，"如果革命在适当的时刻发生，如果它能把自己的一切力量集中起来以保证农村公社的自由发展，那么，农村公社就会很快地变为俄国社会新生的因素，变为优于其他还处在资本主义制度奴役下的国家的因素。"①显然，只有实现推翻沙皇专制制度的民族的民主的革命，俄国才能走上正常的发展道路。

（四）东西方革命互补将使土地公有制成为俄国新生的起点

由于俄国发展的两种可能性发生在世界历史、俄国村社和农奴制改革的交汇点上，因此，东西方革命的互补成为俄国实现跨越发展的基本条件。在1882年《〈共产党宣言〉俄文第二版序言》中，马克思恩格斯指出："对于这个问题，目前唯一可能的答复是：假如俄国革命将成为西方无产阶级革命的信号而双方互相补充的话，那么现今的俄国土地公有制便能成为共产主义发展的起点。"②这里，信号是指互相诱发，互补是指相互推进。

俄国革命的国内和国际意义。由于俄国不是脱离现代世界孤立生存的，因此，俄国革命不仅可以推动俄国的资产阶级的民族的民主的革命，而且可以推动西方无产阶级的社会主义革命。一方面，俄国革命具有国内意义。在俄国，一方面，"农村公社"几乎陷入绝境；另一方面，强有力的阴谋正等待着它，准备给它以最后的打击。因此，要挽救俄国公社，就必须有俄国革命。可是，那些掌握着各种政治力量和社会力量的人正在尽一切可能准备把群众推入这一灾祸之中。这样，只有俄国革命，才能促使俄国走上正常的发展道路，使村社成为走向共产主义

---

① 《马克思恩格斯文集》第3卷，北京：人民出版社2009年版，第582页。
② 《马克思恩格斯文集》第2卷，北京：人民出版社2009年版，第8页。

的起点。另一方面,俄国革命具有国际意义。由于俄国是欧洲反动势力的最后堡垒和后备力量,不仅压迫着波兰,而且是阻碍欧洲无产阶级革命的最大反动力量。在1848—1849年革命期间,欧洲的封建君主和资产阶级,都把俄国的干涉看做是帮助他们对付刚刚开始觉醒的无产阶级的唯一救星。因此,西欧的任何革命,只要在近旁还存在着沙皇俄国,就不能获得彻底胜利。不仅对于波兰的民族解放是这样,而且对于西方工人阶级的阶级解放也是这样。由于德国是俄国最近的邻国,俄国反动派军队的第一个冲击便会落到德国身上,因此,俄罗斯沙皇制度的覆灭,俄罗斯帝国的灭亡便成了德国无产阶级取得最终胜利的首要条件之一。显然,没有俄国革命,西方无产阶级革命就不可能取得彻底胜利。在总体上,"要想保全这个残存的公社,就必须首先推翻沙皇专制制度,必须在俄国进行革命。俄国的革命……不仅会把农民引上一个大舞台,使他们通过这个大舞台认识外部世界,同时也认识自己,了解自己的处境和摆脱目前贫困的方法;俄国革命还会给西方的工人运动以新的推动,为它创造新的更好的斗争条件,从而加速现代工业无产阶级的胜利;没有这种胜利,目前的俄国无论是在公社的基础上还是在资本主义的基础上,都不可能达到社会主义的改造"①。可见,俄国革命同样具有世界历史意义,是西方无产阶级革命的信号和补充。

　　西方无产阶级革命的民族解放和阶级解放的双重意义。在由资本主义主导的世界历史发展的过程中,民族矛盾和阶级矛盾是缠绕在一起的,民族矛盾具有了阶级矛盾的属性和意义,阶级矛盾更是直接制约着民族矛盾,这样,不仅无产阶级革命具有民族解放和阶级解放的双重意义和价值,而且民族解放运动有可能成为无产阶级革命的一部分,而且有可能影响和推进无产阶级革命。就西方无产阶级革命来说,一方面,它是实现阶级解放的必然选择。资本主义的内在矛盾决定了只有无产阶级革命才能剥夺剥夺者,实现无产阶级的解放。无产阶级革命正是通过阶级斗争致力于消灭一切阶级,从而消灭一切阶级统治。在这个过程

---

① 《马克思恩格斯文集》第4卷,北京:人民出版社2009年版,第466—467页。

中，无产阶级专政将"提供合理的环境，使阶级斗争能够以最合理、最人道的方式经历它的几个不同阶段"①。在此前提下，无产阶级专政的经济将趋于协调，使资本主义工业造成的有组织的劳动中存在着的各种生产社会形式摆脱掉奴役的锁链和它们目前的阶级性质，这样，才能在全国范围内和国际范围内进行协调合作。另一方面，它是实现民族解放的前提条件。俄国村社发展的两种可能性是在与其同时存在的资本主义发生危机、无产阶级革命成为必要和可能的情况下提出来的，这样，没有西方无产阶级革命的配合和支持，俄国革命就不可能获得成功。"由这一点就已经可以得出结论，对俄国的公社的这样一种可能的改造的首创因素只能来自西方的工业无产阶级，而不是来自公社本身。西欧无产阶级对资产阶级的胜利以及与之俱来的以社会管理的生产代替资本主义生产，这就是俄国公社上升到同样的阶段所必需的先决条件。"② 显然，实现跨越发展的第一个条件，是外部的推动，即西欧经济制度的变革，资本主义在最先产生它的那些国家中被消灭。这里，恩格斯突出的是西方工业无产阶级的首创性，而非唯一性；突出的是这种首创性对于俄国在村社基础上新生的条件性，而非断然否定在村社基础上新生的可能性。在这个意义上，西方无产阶级革命对于俄国革命同样具有重大的意义，是俄国革命的信号和补充。

总之，在世界历史的环境中，只有将俄国革命与西欧无产阶级革命统一起来，才能实现俄国的跨越发展。这样，就要求无产阶级革命成为一种总体性的革命，将阶级解放和民族解放协调起来。因此，马克思恩格斯提出的东西方革命互补理论，主要强调的是东西方革命互补对于东方实现非欧非资本主义发展的条件性，而不能机械地从中引起世界革命的同时胜利的结论。世界革命同时胜利论和东西方革命互补论讲的并非同一个问题。

---

① 《马克思恩格斯文集》第 3 卷，北京：人民出版社 2009 年版，第 198 页。
② 《马克思恩格斯文集》第 4 卷，北京：人民出版社 2009 年版，第 457 页。

第十章　马克思恩格斯"论东方村社"的争议辨析

马克思恩格斯"论东方村社"贯穿于整个马克思主义发展历程中,是一个体系庞杂、内涵丰富、价值巨大的理论整体。这一理论整体是由一个个鲜活的理论观点和命题构成的。长期以来,学术界围绕马克思恩格斯"论东方村社"展开了一些学术论争甚至是政治论争,影响到了人们对马克思恩格斯"论东方村社"的科学理解,因此我们有必要根据马克思恩格斯"论东方村社"文本对之进行科学的辨析,以还事情的本来面目。

一　借鉴和超越:马克思恩格斯和民粹派

马克思恩格斯与同时代的民粹派都对俄国村社和俄国发展道路进行过深入的研究和探索。长期以来,关于马克思恩格斯和民粹派之间的关系一直是学术界关注的焦点,但并没有得到完全厘清。学界或只承认二者之间的否定和断裂,或只承认其关联和承续。这都割裂了两者之间的内在联系。事实上,马克思恩格斯受到了民粹派村社思想的影响和启发,借鉴和吸收了这一思想的合理内容,并对之进行了科学批判和超越,进而提出了一套关于俄国村社和俄国发展道路的科学设想。

(一)民粹派的发展脉络及其村社思想

民粹派是俄国19世纪中叶产生的一个带有浓厚空想社会主义思想

色彩的小资产阶级流派，对俄国社会发展道路进行了长期探索，形成了一套具有自身特色的村社社会主义理论。这一理论最早产生于19世纪40年代，发轫于俄国伟大的民主主义者赫尔岑。赫尔岑在1848年革命期间旅居欧洲，亲眼目睹了革命的失败和资本主义生产方式给广大人民群众带来的深重灾难，从而对西欧资本主义产生了怀疑，并把目光重新转回了俄罗斯。在对俄国村社和俄国社会进行新的思考的基础上，赫尔岑提出了"村社社会主义"理论，即俄国在村社的基础上，依靠农民的力量，直接过渡到社会主义。这一思想被俄国另一位伟大的民主主义者车尔尼雪夫斯基继承和发展。虽然他们本人不属于民粹派行列，但是，其村社社会主义思想构成了民粹派思想的基础和核心。

19世纪60年代末到70年代初，俄罗斯大批知识青年发起到民间去的运动，并以人民精粹自居，民粹派由此而得名。民粹派主要包括革命民粹派和自由民粹派两个派别，其中革命民粹派又包括拉甫罗夫为首的宣传派、特卡乔夫为首的夺权派、巴枯宁为首的暴动派，自由民粹派也分为以米海洛夫斯基为代表的左翼和以切尔温斯基为代表的右翼。这些派别和代表人物思想庞大而复杂，有些内容还存在矛盾和不一致的地方，但总体上他们仍然"相信俄国生活的特殊方式，相信俄国生活的村社制度，由此相信农民社会主义革命的可能性"[1]。这也是民粹派村社社会主义理论的主要内容。

第一，民粹派强调人民至上性和人民主体地位，将人民理想化。民粹派号召并发动革命青年到民间去，认为青年人的战场、生活和科学在民间、在农民中间。只有在人民中间，革命青年才能茁壮成长。一些民粹派思想家强调："人民的生活本身总是合理的，由自己决定的。此外，俄国人民的生活本身是顽强的、固执的和与众不同的。"[2] 需要指出的是，民粹派所说的人民主要指生活在村社中的农民。此外，虽然一些民粹派思想家也承认工人的作用非常重要，仅次于农民，但他们只是把工

---

[1] 《列宁全集》第1卷，北京：人民出版社1984年版，第229页。
[2] 《俄国民粹派文选》，北京：人民出版社1983年版，第31页。

人当做农民的一部分来看待的。在他们看来,"'工人'这个词在我们这里不能像在国外那样来理解它的含义。我们没有或者很少有那种在工厂里成长起来的工人。我们的工人是一年在制呢厂工作,而第二年又到制糖厂工作等等,即使他们在一个工厂里工作,也有大部分人从他们所占有的土地上得到物质帮助。"① 在民粹派眼里,俄国的工人或者是一些还没有脱离土地的农民,或者是一些虽然破了产但仍然和土地有一定联系并且依旧想回到土地的农民,即从总体上仍然是农民的一部分。随着俄国经济社会发展,越来越多民粹派思想家认识到工人的独立性和重要作用,但还是强调"目前城市工人的数量太小,没有可能达到这样的地步:单靠工人的力量,没有农民的协助就能进行可靠的变革。因此我们目前只是把城市工人看做在农民中间传播革命思想的人,我们在城市工人中的任务就是要在中心城市展开宣传工作,然后把全部新增加的力量派往农村"②。显然,民粹派认为开展城市工人工作仍然是为开展农村工作服务的。总之,尽管民粹派对人民主要是农民的推崇和信仰,以及对农民作用的认识存在着局限性,但一定意义上并未脱离俄国基本国情,尤其符合当时俄国这样一个小农经济占主导地位、农民占人口绝大多数的国家的基本国情。就此而论,其思想仍然有重要的意义和价值。

第二,民粹派强调村社的特殊性及其在俄国社会生活中的重要作用,将村理想化。早在19世纪30、40年代,斯拉夫派就一再强调东正教和村社是俄国优越于西方的两个重要因素。这一思想为民粹派所承接和发展。民粹派强调,俄国村社是优越于西欧资本主义、俄国农民土地公有制是优越于西欧土地私有制的重要方面。舍尔古诺夫和米哈伊诺夫在《致青年一代》中指出:"难道欧洲的经济条件和土地条件与我们的相同吗?难道他们有农民村社吗?他们可能存在农民村社吗?难道他们的每一个农民和每一个公民都能成为土地所有者吗?不。而我们则

---

① 《俄国民粹派文选》,北京:人民出版社1983年版,第239页。
② 同上书,第589页。

能。我们有这么多土地，够我们用几万年。"① 可见，民粹派对俄国村社有一种天然的优越感和乐观态度。同时，民粹派认为，村社还自发地孕育了共产主义精神。特卡乔夫指出："人民的社会理想是自治的村社、个人服从米尔、土地的私人使用权，而决不是私人占有权、连环保，以及村社全体成员兄弟般的团结，总之，这是带有明显的共产主义色彩的理想。当然，产生这种理想的生活方式离完全的共产主义还差得很远；共产主义孕育于其中，可以说孕育于种子、胚胎之中。"② 这里，民粹派将村社理想化，将之打上天然的共产主义色彩，并认为村社孕育了共产主义发芽和成长的种子。无疑，民粹派关于村社的论述带有浓厚的空想社会主义色彩和盲目的乐观精神，也反映了民粹派的形而上学思维方式的局限性。但不可否认的是，民粹派也抓住了俄国社会内部结构的一个最重要的方面——村社，并从村社出发探索俄国不同于西方的发展道路。这种立足俄国社会自身实际探索俄国社会发展道路的做法无疑具有重要的意义。

第三，民粹派强调俄国可以在农村公社的基础上，依靠农民的力量，绕过资本主义发展阶段，直接进入社会主义社会。这也是民粹派村社社会主义思想的简要概括，从赫尔岑到车尔尼雪夫斯基、从革命民粹派到自由民粹派都对此持肯定态度，只是在具体论述上存在些许差异。民粹派看到了西欧资本主义生产方式的弊端，反对俄国走西欧资本主义发展道路。他们强调："我们要走的是另一条路，我们不背十字架……让欧洲去背吧。谁能断言，我们应该走欧洲的道路，走萨克森或英国或法国的道路？谁能为俄国的前途负责？谁能说他比六千万人更聪明，比全国居民更聪明？谁能说他知道俄国需要什么，他能引导俄国走向幸福？有哪一种科学能教会他这一点，对他说过他的观点是正确无误的呢？"③ 显然，在民粹派看来，由于俄国与西欧国家存在着的不同国情，尤其是村社的存在，使俄国不应走西欧的发展道路；俄国的发展道路只

---

① 《俄国民粹派文选》，北京：人民出版社1983年版，第8页。
② 同上书，第408页。
③ 同上书，第6页。

能由俄国人民自己来探索，不能由西方国家强加给俄国。随着1861年改革的不断深入，俄国村社遭到破坏的程度也不断加深，民粹派对西方资本主义的态度也变得更加复杂，既不愿意资本主义在俄国得到发展，却又改变不了资本主义在俄国不断发展这一事实。需要指出的是，大多数民粹派思想家看不到西欧资本主义的进步作用，笼统地将资本主义看成是一种祸害，犯了形而上学的错误。总之，由于受自身小资产阶级本性所决定，一方面，民粹派对俄国村社具有天然的乐观和优越感，本能地看不起和排斥西欧资本主义；另一方面，又对西欧资本主义充满了恐惧和不安，不由自主地否定资本主义。尽管如此，民粹派村社社会主义思想打破了人们通常认为的所有国家在世界历史条件下都必须走西欧资本主义发展道路的陈规，坚持从本国国情出发探索自身发展道路，具有独立思考、自主探索的勇气。

要之，民粹派的村社社会主义理论不论在思想观点上还是在思维方式上都有其深刻的历史局限性。但是，这一理论的价值是不容置疑的。这就是：强调尊重人民的主体地位，立足本国国情探索适合自身的发展道路，试图走一条非资本主义道路。

（二）民粹派村社思想对马克思恩格斯的影响和启发

马克思恩格斯与同时代的民粹派保持着密切的交往。他们的研究和探索受到了民粹派思想家的直接影响，并获得了后者提供的大量的资料上的帮助。从时间上看，民粹派的研究和探索要早于马克思恩格斯，其村社社会主义思想也对马克思恩格斯产生了较大的影响和启发。

第一，民粹派在马克思恩格斯转向研究俄国村社和发展道路的过程中发挥了直接的推动作用，并为他们提供了不可或缺的帮助。

早在19世纪40、50年代，马克思恩格斯一直强调，俄国是镇压无产阶级革命运动和民族解放运动的刽子手，是欧洲旧秩序的最后堡垒和后备军，并对俄国的泛斯拉夫主义给予了严厉的批判。同时，他们还没有意识到俄国与西欧国家存在的诸多差异，尤其是对俄国村社知之甚少，认为西欧资本主义国家所展现的只是俄国未来的发展景象。19世纪60年代后，随着马克思恩格斯与民粹派交往的深入，尤其是丹尼尔逊等民粹派思想家向他们介绍、推荐并邮寄了大量关于俄国村社的文献，从而使他们对俄国村社的认识发生了深刻变化。

一方面，民粹派思想家向马克思恩格斯推荐了大量关于俄国村社的著作和文章，直接促使马克思恩格斯转向研究俄国村社。1869年9月30日，丹尼尔逊在给马克思的信中提及弗列罗夫斯基《俄国工人阶级状况》一书，并给他寄了一本，希望对《资本论》的创作有所帮助。为了阅读《俄国工人阶级状况》和车尔尼雪夫斯基的经济学著作，马克思自学了俄语，并把学习俄语当成了"生命攸关的大事"。单从书名上看，人们可能认为《俄国工人阶级状况》是一本描写工人阶级的书，而事实上，该书主要是描述俄国村社和农民生活状况的，强调俄国工人与西欧产业工人的不同仍然在于他们并没有完全脱离农村公社。这本书是民粹派的重要代表作。马克思对之给予了高度的评价，强调该书"对于欧洲来说是一个真正的发现。在大陆上甚至被一些所谓革命家散布的**俄国乐观主义**，在这部著作里被无情地揭露了。如果我说，从纯粹的理论观点来看，这部著作在某些地方还不是完全无可非议的，那也不会降低它的价值。这是一位严肃的观察家、勤劳无畏的劳动者、公正的批评家、大艺术家、而首先是一个愤恨形形色色的压迫、憎恶各种各样的民族颂歌、热情地分担生产者阶级的一切痛苦和希望的人的作品"①。马克思还认为，该书是继恩格斯的《英国工人阶级状况》问世以后的最重要的一本著作。与此同时，马克思还阅读了车尔尼雪夫斯基的《穆勒政治经济学概述》等著作，并强调弗列罗夫斯基和车尔尼雪夫斯基的作品为俄国争得了真正的荣誉。总之，通过民粹派思想家的推荐和帮助，马克思恩格斯阅读了大量关于俄国村社的文献，从而使他们对俄国村社有了一个较为清晰的认识。

另一方面，马克思恩格斯著作在俄国的发行、出版、引起的巨大反响和争议也与民粹派密切相关。马克思恩格斯的《共产党宣言》第

---

① 《马克思恩格斯全集》第16卷，北京：人民出版社1964年版，第463—464页。

一个外文版是俄译文,于 1869 年由巴枯宁翻译在俄国出版;第二个俄译本由普列汉诺夫翻译于 1882 年在俄国出版,马克思恩格斯还为第二个译本写了序。马克思的《资本论》第一卷的第一个外文译本于 1872 年由丹尼尔逊等人翻译在俄国公开出版,引起了强烈的社会反响,成为每个知识分子甚至是大家闺秀案头的必备书。而巴枯宁、丹尼尔逊和普列汉诺夫等人当时都是民粹派的重要代表人物。这就是说,民粹派直接推动了马克思恩格斯著作在俄国的发行、出版和传播。同时,围绕着《资本论》在俄国的发行和传播,俄国社会各阶层展开了热烈的论战。尤其是在民粹派和自由主义知识分子之间展开了激烈的论争,茹柯夫斯基和契切林反对马克思,季别尔和米海洛夫斯基支持马克思。这次论战主要是围绕着俄国村社的历史命运和俄国社会发展前景展开的,也是促使马克思写作《给〈祖国纪事〉杂志编辑部的信》和《给维·伊·查苏利奇的复信》的直接推动因素。换言之,民粹派在马克思主义的传播所引起的强烈反响和论战的过程中发挥了重要作用,进而直接影响和推动了马克思恩格斯对俄国村社和发展道路的研究和探索。

第二,民粹派的村社社会主义思想直接影响和启发了马克思恩格斯对俄国村社和发展道路的研究和探索。

一方面,马克思恩格斯在开始研究俄国村社和探索俄国发展道路时受到了民粹派村社思想的直接影响和启发。从 1868 年开始,在创作《资本论》后几卷的过程中,为了研究有关地租和土地关系的文献,马克思就非常注意农村公社尤其是俄国村社在俄罗斯民族的社会经济制度中的地位和作用。为此,马克思阅读了哈克斯特豪森、弗列罗夫斯基、车尔尼雪夫斯基等人的著作,从而对俄国村社的历史、现状和发展前景有了初步的认识和把握。1870 年 12 月下半月—1871 年 3 月中,马克思曾几次会见俄国女革命家伊丽莎白·托马诺夫斯卡娅,并同她讨论了有关农村公社的发展问题。1871 年 1 月 7 日,托马诺夫斯卡娅给马克思的信中指出:"至于您在有关俄国公社土地所有制的命运问题上所预见的二者必择其一,那么,遗憾的是,它的解体和转为小私有制是十分可能的……您一定熟悉1847年出版的哈克斯特豪森的著作①，其中详细地研究了俄国公社土地所有制……从您目前阅读的有关公社土地所有制的文章中，您可以看到，车尔尼雪夫斯基常常提到这一本书并引用其中的话。"② 可见，马克思之前在与托马诺夫斯卡娅的会谈中就已经提到农村公社可能面临的两种命运，或者是集体因素战胜私有制因素，或者是转为小私有制。这也是马克思最早关于俄国村社的性质及其可能遭遇的历史命运的描述。在此之前，马克思对俄国村社知之甚少，更谈不上对俄国村社可能面临的两种历史命运的评判。显然，这一思想与马克思当时正在阅读的有关俄国村社的著作直接相关，尤其是受到了车尔尼雪夫斯基等人的村社社会主义思想的影响，进而强调俄国村社有可能实现集体因素战胜私有制因素的发展道路，从而避免村社解体的历史命运。

另一方面，马克思恩格斯在研究俄国村社和探索俄国发展道路的过程中，一再吸收肯定民粹派村社思想的合理部分。早在1875年《论俄国的社会问题》中，恩格斯在驳斥以特卡乔夫为代表的民粹派的空想社会主义理论的同时，就首次指出在一定历史条件下俄国公社所有制"有可能实现这种向高级形式的过渡，而俄国农民无须经过资产阶级的小块土地所有制的中间阶段"③。可见，恩格斯不仅没有完全否定民粹派的村社思想，还在一定程度上对这一理论进行了重新思考和解答。在1877年《给〈祖国纪事〉杂志编辑部的信》中，马克思也明确表示了对民粹派探索适合本国发展道路的做法的同情。在1881年《给维·伊·查苏利奇的复信》的初稿和三稿中，马克思曾四次提及俄国公社有可能不通过资本主义制度的卡夫丁峡谷，而占有资本主义制度所创造的一切积极的成果。④ 在1894年《〈论俄国的社会问题〉跋》中，恩格斯明确指出："不仅可能而且毋庸置疑的是，当西欧各国人民的无产阶级

---

① 指《俄国的国内状况、国民生活、特别是农村设施概论》。——编者注
② 《马克思恩格斯与俄国政治活动家通信集》，北京：人民出版社1987年版，第69—70页。
③ 《马克思恩格斯文集》第3卷，北京：人民出版社2009年版，第399页。
④ 同上书，第575、578、580、587页。

取得胜利和生产资料转归公有之后,那些刚刚进入资本主义生产而仍然保全了氏族制度或氏族制度残余的国家,可以利用公有制的残余和与之相适应的人民风尚作为强大的手段,来大大缩短自己向社会主义社会发展的过程,并避免我们在西欧开辟道路时所不得不经历的大部分苦难和斗争……这不仅适用于俄国,而且适用于处在资本主义以前的阶段的一切国家。"① 这里,恩格斯依旧强调已经进入资本主义社会的俄国,仍然应该积极利用国内外有利条件,大大缩短自身走向社会主义的历史进程。显然,从恩格斯开始提出的俄国公社所有制可以向高级形式的过渡到马克思提出的跨越资本主义卡夫丁峡谷再到恩格斯最后提出的俄国可以大大缩短走向社会主义的发展过程的思想,都是对民粹派立足自身实际探索本国发展道路的做法的同情和肯定,在一定程度上都受到了民粹派村社社会主义思想的影响和启发。

需要指出的是,不只民粹派村社思想对马克思恩格斯产生了一定的影响和启发,马克思恩格斯关于俄国村社和俄国发展道路的看法也在包括民粹派在内的俄国社会各阶层内产生了广泛的影响。概言之,他们之间有着内在的思想渊源关系,且这种关系是双向的、互动的。

(三) 马克思恩格斯对民粹派村社思想的批判和超越

马克思恩格斯不仅吸收了民粹派村社思想中的合理成分,而且从思想观点和思维方式两方面对之进行了科学批判和超越。在此过程中,他们提出了一套关于俄国村社和俄国发展道路的科学设想。

第一,马克思恩格斯从方法论上对民粹派村社思想进行了科学批判和超越。

一方面,马克思恩格斯在研究过程中自觉贯彻了唯物辩证法的科学方法论原则,批判和超越了民粹派的形而上学思维方式。与民粹派从主观唯心主义出发、不顾历史发展的客观规律、片面强调俄国村社所具有的天生的社会主义倾向不同,马克思恩格斯自始至终坚持了唯物辩证法

---

① 《马克思恩格斯文集》第 4 卷,北京:人民出版社 2009 年版,第 459 页。

的科学方法论原则，并对民粹派村社思想进行了科学批判和超越。在1875年的《论俄国的社会问题》中，恩格斯就通过分析俄国村社严厉驳斥了以特卡乔夫为代表的民粹派的空想社会主义的观点，并提议他们多学一学关于社会主义的初步知识。在此基础上，他也指出俄国公社所有制可以在一定历史条件下进入更高形态的社会，这个条件是"西欧在这种公社所有制彻底解体以前就胜利地完成无产阶级革命并给俄国农民提供实现这种过渡的必要条件，特别是提供在整个农业制度中实行必然与此相联系的变革所必需的物质条件"①。显然，恩格斯将俄国村社放入整个无产阶级和全人类解放的世界历史语境中进行考察，既尊重规律的普遍性和统一性，又强调规律在一定历史条件下实现的特殊性和多样性，坚持和发展了唯物辩证法，从根本上批判和超越了民粹派的形而上学思维方式。此后，在研究俄国村社和探索俄国发展道路的过程中，马克思恩格斯不断运用和完善唯物辩证法的基本原则。马克思在1881年的《给维·伊·查苏利奇的复信》中四次提到的跨越资本主义卡夫丁峡谷的思想，马克思恩格斯在《〈共产党宣言〉1882年俄文版序言》指出的俄国革命和西欧无产阶级互补使俄国土地公有制成为共产主义发展的起点的思想，恩格斯1894年在《〈论俄国的社会问题〉跋》中强调的包括俄国在内的一切前资本主义国家都可以积极利用国内外有利条件来大大缩短自身走向社会主义的历史进程的思想，无疑都坚持了具体问题具体分析的方法论原则，深化和发展了唯物辩证法。

另一方面，马克思恩格斯关于俄国村社和俄国发展道路的思想中蕴含了自觉的唯物辩证法原则，批判和扬弃了民粹派村社思想中具有的形而上学思维方式。民粹派村社思想强调俄国村社具有天然的社会主义倾向、俄国农民天生是社会主义选民，因此俄国可以在村社基础上依靠农民自身的力量直接进入社会主义。这里，不论民粹派强调的这些论据是否充分和正确，单是这种线性的逻辑推演就使他们陷入了形而上学思维方式和空想之中。马克思恩格斯对此进行了科学批判，并在他们关于俄

---

① 《马克思恩格斯文集》第3卷，北京：人民出版社2009年版，第399页。

国村社和俄国发展道路的思想中处处彰显了具体问题具体分析的唯物辩证法的方法论原则。在《给〈祖国纪事〉杂志编辑部的信》中，马克思强烈地批判了米海洛夫斯基将他关于西欧资本主义历史起源的论述上升到一般历史哲学理论的高度的做法，即每个民族都要经历西欧资本主义起源的发展道路。马克思认为这会给他过多的荣誉和侮辱，并用古代罗马平民的历史命运的案例来反驳这一理论。

最后，马克思还从唯物辩证法的高度指出："极为相似的事变发生在不同的历史环境中就引起了完全不同的结果。如果把这些演变中的每一个都分别加以研究，然后再把它们加以比较，我们就会很容易地找到理解这种现象的钥匙；但是，使用一般历史哲学理论这一把万能钥匙，那是永远达不到这种目的的，这种历史哲学理论的最大长处就在于它是超历史的。"① 显然，各国的发展道路是具体的、历史的，应坚持具体问题具体分析的方法论原则，要随着时间、地点和条件的变化而变化。这与民粹派抱着僵化教条的那套理论形成了鲜明的对比。

尤其是到了19世纪90年代，在俄国资本主义已经得到迅速发展、农村公社解体毫无悬念的情况下，以丹尼尔逊为代表的部分民粹派思想家仍然不顾历史发展的客观规律和社会经济发展的基本事实，强调"资本主义化过程的消极方面大大超过了它的积极方面。资本主义给本身的发展造成了巨大的障碍，以致通过这条道路过渡到较高级的生产形式是不可能的"②。对此，恩格斯不得不指出："同他③所属的这一代俄国人是无法进行辩论的，他们至今还相信那种自发的共产主义使命，似乎这种使命把俄罗斯、真正神圣的罗斯同其他世俗民族区别开来。"④ 这里，恩格斯批判了丹尼尔逊等民粹派思想家不从变化了的实际出发而坚持僵化的教条的做法。

总之，马克思恩格斯在研究俄国村社和探索俄国发展道路的过程中自始至终贯彻了具体问题具体分析的唯物辩证法原则，科学地批判和超

---

① 《马克思恩格斯文集》第3卷，北京：人民出版社2009年版，第466—467页。
② 《马克思恩格斯与俄国政治活动家通信集》，北京：人民出版社1987年版，第681页。
③ 指丹尼尔逊。——编者注
④ 《马克思恩格斯全集》第39卷，北京：人民出版社1974年版，第394页。

越了民粹派不顾历史发展规律、不从发展了的实际出发的形而上学思维方式。

第二，马克思恩格斯从根本观点上对民粹派村社思想进行了科学批判和超越。

一方面，马克思恩格斯一直把对俄国村社和俄国发展道路的研究和探索放在世界历史的语境中，将世界历史作为一种分析问题的框架和方法，科学地批判了民粹派只从俄国村社出发、片面地得出村社社会主义结论的做法。

马克思恩格斯对俄国村社和俄国发展道路的研究和探索从根本上是服从和服务于无产阶级和全人类解放的需要的，旨在为包括俄国在内的所有前资本主义国家在世界历史条件下探索出一条不同于西欧的、适合自身情况的发展道路。不可否认的是，民粹派提出村社社会主义思想的初衷是为了让俄国人民不遭受资本主义生产方式的剥削和掠夺，也看到了俄国村社的优越性和西欧资本主义的弊端，同时有一些民粹派思想家也曾强调要对俄国村社的历史命运进行具体的历史的分析。例如，他们认为："村社正站在两条道路交叉的十字路口上：一条道路通向共产主义的王国，另一条则通向个人主义的王国；生活把村社推向哪里，它就会走向哪里。如果生活既不把它推向这一方，也不把它推向另一方，那么它就会永远停留在十字路口上。"[1] 显然，这一看法具有一定的世界历史眼光。但总体而言，民粹派思想家更多的只是单纯从俄国村社自身和个人主观情感出发，缺乏世界历史的视野，更没有达到马克思恩格斯那样将世界历史上升到方法论来研究俄国村社和探索俄国发展道路问题的高度。马克思恩格斯从世界历史的前提出发，将世界历史作为分析俄国村社的框架和方法。他们一再强调"俄国正处在全世界历史性危机的前夜"[2]；俄国是"一个在世界历史中起着重要作用的拥有一亿人口的民族"[3]；俄国革命具有世界历史意义，"这个革命单只由于如下一点就

---

[1]《俄国民粹派文选》，北京：人民出版社1983年版，第408—409页。
[2]《马克思恩格斯全集》第34卷，北京：人民出版社1972年版，第425页。
[3]《马克思恩格斯文集》第10卷，北京：人民出版社2009年版，第625页。

对全欧洲具有极伟大的意义，这就是它会一举消灭欧洲整个反动势力的迄今一直未被触动的最后的后备力量"①。可见，马克思恩格斯是将俄国村社、俄国发展道路和俄国革命等重要问题放入世界历史的语境中进行研究的。同时，也只有在世界历史的条件下，与西欧资本主义并存，俄国才能积极利用国内外的一系列有利条件，实现在村社基础上向社会主义过渡或大大缩短自身走向社会主义的进程。总之，马克思恩格斯从世界历史出发研究俄国村社和探索俄国发展道路，从而科学地扬弃了民粹派空想的直接过渡理论。

另一方面，马克思恩格斯一直把对农村公社的研究和俄国发展道路的探索放入到无产阶级和全人类解放的无产阶级总体实践活动中进行考察，强调西欧无产阶级革命的推动以及西欧国家的样板和示范作用，科学地扬弃了民粹派只看到俄国村社的优越性、盲目坚持直接过渡的做法。

恩格斯在1875年《论俄国的社会问题》明确指出："如果有什么东西还能挽救俄国的公社所有制，使它可能变成确实富有生命力的新形式，那么这正是西欧的无产阶级革命。"② 此外，马克思恩格斯在《〈共产党宣言〉1882年俄文版序言》中也指出："假如俄国革命将成为西方无产阶级革命的信号而双方互相补充的话，那么现今的俄国土地公有制便能成为共产主义发展的起点。"③ 显然，他们一直将俄国村社的命运放入无产阶级革命总体实践和总体过程中去考察，一再强调西欧无产阶级革命对于俄国在村社基础上进入更高形态社会的前提性作用。在19世纪80、90年代，当俄国资本主义获得迅速发展、农村公社的解体已经不可避免时，恩格斯更加强调在西欧无产阶级革命胜利进入社会主义后给俄国的样板和示范作用。他指出："我还要进一步说，在俄国，从原始的农业共产主义中发展出更高的社会形式，也像任何其他地方一样是不可能的，除非这种更高的形式**已经存在**于其他某个国家，从而起到样板的作用。"④

---

① 《马克思恩格斯文集》第3卷，北京：人民出版社2009年版，第401页。
② 同上书，第399页。
③ 《马克思恩格斯文集》第2卷，北京：人民出版社2009年版，第8页。
④ 《马克思恩格斯文集》第10卷，北京：人民出版社2009年版，第664页。

同时，如果西欧国家能提供这种样板，俄国以及其他前资本主义国家就可以积极利用自身公有制遗存和与之相适应的人民风尚在世界历史条件下大大缩短自己走向资本主义的历史进程。

可见，马克思恩格斯将俄国村社和俄国发展道路问题放到世界历史、无产阶级总体革命中去考察，不仅科学地扬弃了民粹派孤立地、片面地、静止地考察俄国村社和俄国发展道路的做法，而且进一步丰富了其世界历史和无产阶级总体革命思想，具有强烈的总体意识。

总之，马克思恩格斯批判地吸收了包括民粹派思想在内的大量关于东方村社的著作及其思想，并对之进行了科学地批判和超越，进而形成了科学的马克思恩格斯"论东方村社"。

二 分工和互补：马克思和恩格斯

马克思恩格斯"论东方村社"的关系问题一直是国内外学术界研究的热点和焦点问题。在西方学术界，以诺曼·莱文为代表的一些学者长期持马克思恩格斯对立论的观点，强调马克思恩格斯思想之间不一致的地方带有根本性。我国学术界在马克思恩格斯"论东方村社"关系上也存在争议。这也是我们在研究马克思恩格斯"论东方村社"乃至整个马克思主义理论体系过程中无法回避、必须正面回应的理论难题。我们认为，马克思和恩格斯的"论东方村社"在实质上是一种分工和互补的关系。

（一）马克思恩格斯"论东方村社"在创作过程上的互补性

从19世纪50年代开始，马克思恩格斯在研究俄国、中国和印度等东方国家的过程中就通过书信等方式保持联系，互相交流关于东方国家和东方村社的看法。例如，早在1853年3月—4月初，鉴于西方列强和沙皇俄国之间在巴尔干和近东的矛盾激化，马克思和恩格斯在通信中就东方问题交换意见。同年5月26日—6月14日，马克思和恩格斯在通信中就东方各国的历史问题交换意见，都指出不存在土地私有制是理解整个东方的一把钥匙。马克思在1859年12月13日给恩格斯的信中指出,俄国社会运动发展的速度比欧洲其他各地都快,一方面是农民反对贵族的运动,另一方面是贵族反对沙皇的立宪运动;马克思在1870年2月10日给恩格斯的信中,高度评价了弗列罗夫斯基的《俄国工人阶级状况》一书,强调这是继恩格斯的《英国工人阶级状况》问世后的最重要的一本书。总之,在研究东方村社的过程中,马克思恩格斯长期保持着密切的联系,相互交流思想,为他们"论东方村社"的形成和完善奠定了必要的合作基础,也反映了他们思想上的交融和汇通关系。

同时,马克思恩格斯在"论东方村社"创作过程中根据实际需要相互分工,直接体现了他们之间的互补关系。恩格斯对军事方面有着过人的天赋和洞察力,因此马克思恩格斯"论东方村社"中关于军事方面的文章基本上都是出自"将军"恩格斯之手。需要指出的是,马克思刚开始给《纽约每日论坛报》撰稿时还没有精通英文,因此,马克思撰写的大量文章就由恩格斯翻译成英文,这在一定程度上也反映了马克思恩格斯在创作"论东方村社"过程中的一种分工和互补的关系。同时,马克思恩格斯还经常帮对方撰写文章。1853年3月—4月初,恩格斯根据马克思的要求为《纽约每日论坛报》写了几篇文章,对东方问题的实质作了分析,强调要以革命手段解决这个问题;1857年4月16日左右,恩格斯应病中的马克思的要求,撰写了关于克里木战争结束后俄国军队实行改革的文章;1857年5月20日左右,恩格斯应马克思的要求为《纽约每日论坛报》撰写了《波斯和中国》一文。显然,这种工作上的分工和互补在更高层次上反映了马克思恩格斯思想上的珠联璧合。

此外,马克思恩格斯在创作"论东方村社"的过程中还互相征求对方的意见,吸收对方的思想。1853年,马克思建议恩格斯阅读贝尔尼埃论述印度大莫卧儿王国的著作,恩格斯接受了马克思的建议对贝尔尼尔的著作进行了认真的研读,并在1853年6月6日给马克思的信中高度评价贝尔尼埃的著作,并对东方国家的历史和特征展开了初步的分析。马克思在1853年6月7日—10日撰写的《不列颠在印度的统治》一文中就吸收了恩格斯在1853年6月6日信中对东方国家历史和特征的分析，还发挥了恩格斯的信中阐述的关于英国殖民主义者的统治造成印度的农业衰落的思想。同时，当面对共同的敌人时，马克思恩格斯还根据各自分工的情况予以反驳，但都事先得到对方的同意并认真听取和采纳对方的意见。1875年2月—3月初，马克思阅读了俄国民粹主义者特卡乔夫的小册子《致弗里德里希·恩格斯先生的公开信》，认为该文存在着严重的问题，并附上自己的意见后把它转交给恩格斯，建议给予回答。为此，恩格斯撰写了《流亡者文献》这一组文章的第四篇和第五篇[①]作为答复，对民粹派村社社会主义思想进行了深入的批判，并阐述自己关于俄国村社和俄国发展道路的思想。马克思高度评价了《论俄国的社会问题》一文，将之视为恩格斯19世纪70年代为《人民国家报》撰写的最重要的一篇文章。显然，恩格斯的《论俄国的社会问题》在一定程度上吸收和采纳了马克思的意见，而从马克思对这篇文章的高度评价中可以看出他对恩格斯的观点持赞成态度。毫无疑问，这些都鲜明地体现出马克思恩格斯"论东方村社"过程中的分工和互补。

（二）马克思恩格斯"论东方村社"在最终指向上的一致性

西方学者在宣扬马克思恩格斯东方村社对立论时，往往只是从马克思和恩格斯的一些具体论断出发，而忽略了马克思和恩格斯的政治身份，以及他们研究东方村社的最终政治指向。这样的做法，无异于是舍本逐末、抓小放大，是一种典型的形而上学的思维方式。我们认为，只有首先把握住马克思恩格斯"论东方村社"的最终指向，才能对其思想内容有完整准确地把握，才能进一步比较他们的思想上的联系与区别、一致与差异。具体而言，马克思恩格斯"论东方村社"的最终指向是一致的，都是为了进一步推动无产阶级革命运动和民族解放运动并为其提供理论支撑，都是服从和服务于无产阶级和全人类解放这一马克思主义最鲜明的政治立场，最终指向了无产阶级和全人类解放。显然，马克思恩格斯的身份首先是无产阶级革命家，其次才是理论家和马克思

---

① 即《论俄国的社会问题》一文。——编者注

主义学说的创始人，其学说从根本上是为了无产阶级总体实践活动服务的。如果脱离了这一点来谈论马克思和恩格斯的关系，不仅充满了学究气，而且背离了马克思主义的精神实质。

一方面，马克思恩格斯对中国、印度等被压迫国家的研究，进一步深化了对被压迫民族的民族解放运动的认识，最终指向了无产阶级和全人类的解放。马克思恩格斯深切同情并高度评价以中国太平天国运动和印度1857—1859年民族大起义为代表的反抗西方列强的民族解放运动。马克思在《中国革命和欧洲革命》一文中明确提出，中国革命（太平天国运动）会对西方革命产生积极影响。这也是马克思恩格斯最早关于东西方革命的联系和互补的认识。在马克思看来，太平天国运动是一场民族解放运动。这是马克思恩格斯第一次认识到被压迫国家的民族解放运动与西欧无产阶级革命运动的内在关联，即在世界历史条件下被压迫国家的民族解放运动可以推动西欧无产阶级革命运动。同时，恩格斯也高度重视中国人民和印度人民反抗西方入侵的民族解放运动，高度评价了中国人民运用自己的方式反抗英国的殖民入侵，并从理论上论证了被压迫国家和人民运用自己的方式反抗殖民入侵的合理性和合法性。到了19世纪80、90年代，恩格斯更是在与丹尼尔逊、考茨基等人的通信中一再强调，在世界市场和世界历史形成的条件下，中国和印度这样人口众多的被压迫民族由于推进以修建铁路为代表的工业化而导致的大量劳动力的外移将充斥整个美洲、欧洲等地区，并对欧美资本主义产生革命性的影响。这也是一个历史的悖论，也就是当西方国家将资本主义输入中国、印度等国家时，中国和印度却将革命输入西方国家。马克思在1853年就曾指出："这将是一个奇观：当西方列强用英、法、美等国的军舰把'秩序'送到上海、南京和运河口的时候，中国却把动乱送往西方世界。"① 显然，恩格斯在19世纪80、90年代的论述与马克思19世纪50年代的论述是一致的，也是在新的历史条件下对后者的深化和发展，更加彰显了马克思恩格斯站在世界历史的角度，从无产阶级革命

---

① 《马克思恩格斯文集》第2卷，北京：人民出版社2009年版，第612页。

和全人类解放的视角出发,揭示了中国和印度等东方国家民族解放运动对西方国家无产阶级革命运动的影响。

另一方面,马克思恩格斯"论俄国村社"进一步深化了对东西方革命互补的认识,即强调俄国革命引起西方无产阶级革命,而胜利了的西方无产阶级又帮助俄国在农村公社的基础上进入更高形态的社会,最终走向无产阶级和全人类的解放。在马克思恩格斯看来,俄国是欧洲反动势力的最后堡垒和后备军,俄国爆发推翻沙皇专制的革命具有突出的意义:一是俄国国内各族人民可以摆脱沙皇的专制统治,为俄国内部各民族和各阶级从沙皇大民族主义和专制统治的压迫中解放出来创造最基本的条件;二是俄国爆发推翻沙皇专制的革命可以推动西欧无产阶级革命的爆发,至少是当西欧无产阶级爆发革命后不会再面对沙皇这一扼杀西欧无产阶级革命的刽子手;三是俄国革命可以直接推动包括波兰、土耳其在内的那些直接遭受俄国统治和剥削的各民族从沙皇专制统治下解放出来,直接推动被压迫民族的民族解放运动。在1875年《论俄国的社会问题》及其"导言"中,恩格斯就一再强调俄国革命对于欧洲工人阶级运动的重要意义,尤其是对于和俄国近在咫尺的德国工人阶级运动的重要意义。恩格斯还指出,波兰人民只有将自身的民族解放运动与西方无产阶级革命运动汇合在一起,支持西欧无产阶级革命运动,并从无产阶级阵营中寻找自己的盟友,才能真正推翻沙皇的专制统治,获得民族解放。这里,恩格斯再一次将无产阶级革命运动与民族解放运动紧密联系在一起。马克思在1881年给查苏利奇的复信中也一再强调俄国革命对于保存俄国村社以及俄国在村社基础上进入更高形态社会的基础性作用。而在《〈共产党宣言〉1882年俄文版序言》中,马克思恩格斯综合了他们先前的思想,一致强调俄国革命引起西欧无产阶级革命以及实现双方互补对于俄国在村社基础上进入更高形态社会的前提性作用。显然,马克思强调的俄国革命对俄国村社和俄国发展道路的重要作用,恩格斯强调的西欧无产阶级对俄国村社和俄国发展道路的重要作用,一定程度上反映了他们思想着重点的不同,而他们的思想在《〈共产党宣言〉1882年俄文版序言》中得到了统一,又体现了他们思想的根本一致性。

总之，马克思恩格斯"论东方村社"深化了对无产阶级革命运动和民族解放运动的认识，强调两者相互促进、相辅相成，最终指向无产阶级和全人类解放。

（三）马克思恩格斯"论东方村社"在主要思想上的一致性

一些西方学者认为马克思恩格斯"论东方村社"是对立的，他们研究和论述的重点不一样，思想也不一致，应该将他们完全区分开来，称马克思的思想为马克思主义、恩格斯的思想为恩格斯主义；而传统的马克思主义研究则将马克思恩格斯视为一个毫无差别的整体，强调马克思和恩格斯的思想是完全一致的，不存在任何差别。显然，这两种观点都有失偏颇：一方面，马克思恩格斯共同创立了无产阶级和全人类解放的学说——马克思主义，恩格斯在一定程度上是另一个马克思，我们不能也无法把他们截然分开；另一方面，世界上毕竟没有两片完全相同的树叶，也不会有两个完全相同的人，更不可能有两种完全相同的思想，因此，马克思和恩格斯的思想不可能完全相同，必然存在一些各有特色的地方。马克思恩格斯"论东方村社"的思想在根本一致性的基础上也存在一些差异和区别，这些差异和区别也是一种更高层次上的分工和互补。由于大部分学者主张的马克思恩格斯东方村社对立论主要体现在马克思恩格斯俄国村社论方面，即强调马克思在俄国村社问题上主张跨越，恩格斯则对此持否定态度；马克思同情和赞成民粹派的村社思想，恩格斯反对和批判民粹派的村社思想。因此，我们以马克思恩格斯俄国村社论为例来阐述马克思恩格斯"论东方村社"思想方面的分工和互补。

其一，马克思恩格斯俄国村社论的主要思想具有一致性和互补性。综合马克思恩格斯"论俄国村社"的整个历史进程，可以发现他们关于俄国村社和俄国发展道路的主要思想之间具有内在的一致性和互补性，大致包括以下几点：俄国可以在积极利用一系列国内外有利条件的基础上，占有资本主义生产的一切积极成果并进入更高形态的社会；俄国革命与西欧无产阶级革命相互补充、相互推动,西欧无产阶级革命是俄国进入更高形态社会的先决条件;而西欧无产阶级革命胜利后,西欧国家进入社会主义社会并为俄国提供一个样板是俄国进入更高形态社会的又一前提条件;对民粹派的空想的直接跨越思想持否定和批判态度;强调要坚持具体问题具体分析原则在探索俄国发展道路过程中的方法论价值,指出俄国社会发展道路的最终选择和走向都取决于其所处的历史环境和条件,等等。

在马克思恩格斯的语境中,俄国要在农村公社基础上进入更高形态的社会大致要经历这样一个过程:首先,俄国要发生推翻沙皇专制统治的革命。这个革命有两方面的重要意义,一是可以引起和推动西欧无产阶级革命的爆发,二是可以保证农村公社处于正常发展的状态中。其次,西欧无产阶级革命和俄国革命相互促进和互相补充,并都取得胜利。再次,西欧无产阶级夺取政权并建立先进的社会制度,给俄国提供一个样板和示范作用,而俄国的农村公社也能保存到这个时候。最后,俄国要充分利用和吸收西欧国家的先进生产力,西欧国家在这一过程中也要给予俄国积极的帮助,使俄国能够在农村公社基础上跨越资本主义制度的卡夫丁峡谷,也进入社会主义制度。这一完整的构想过程是马克思恩格斯长期探索的成果,也是在他们各自探索的基础上相互补充和完善的结果,深刻体现了他们探索的一致性和互补性。

其二,马克思恩格斯俄国村社论思想在一致性和互补性的基础上确实存在一些差别,这些差别体现了一种更高层次的分工和互补。在研究俄国村社过程中,马克思恩格斯在一些具体问题和具体论述上也存在一定程度的差异。一是马克思对民粹派的批评比较委婉和隐晦,而恩格斯对民粹派的批评则更为直接和激烈。二是马克思更侧重于论述农村公社积极利用内外有利条件,尤其强调利用资本主义制度创造的一切肯定成果来改造农村公社的内部结构,从而实现跨越资本主义制度卡夫丁峡谷;而恩格斯则从生产力发展角度更多论述农村公社的落后性及其解体的必然性,尤其是马克思逝世后,随着资本主义迅速发展,他对此持更加肯定的态度。三是19世纪70年代到80年代初,由于俄国革命形势的高涨,马克思恩格斯一直强调俄国革命对于挽救农村公社的重要作用,以及对于西欧无产阶级革命的带动作用;而马克思逝世后,随着资本主义的迅猛发展以及革命高潮的过去,恩格斯更侧重于强调西欧无产阶级革命以及革命胜利后进入社会主义社会后对俄国进入更高形态社会的前提和榜样作用。

马克思恩格斯俄国村社论的具体差别的形成有其深层次的原因。一方面,他们在一些具体问题上分析的角度和侧重点不一样。例如,在对待民粹派的态度问题上,马克思对民粹派的批评相对委婉和隐晦,而恩格斯的批评则相对激烈和尖锐。在马克思那个时代,民粹派在俄国革命中还发挥着重要的作用。因此,虽然马克思并不赞同民粹派刺杀沙皇亚历山大二世的举动,但还是对这一事件给予了高度的评价。显然,马克思是站在同盟者的角度看待民粹派的,希望民粹派能推动俄国革命的早日发生。马克思逝世后,随着时代条件的变化,俄国民粹派僵化教条的理论已经成为马克思主义在俄国传播的巨大障碍,而民粹派的暗杀活动也已经不能适应新形势下俄国革命斗争的需要。民粹派在一定程度上已沦为了沙皇政府的帮凶,成为革命斗争的障碍。在此背景下,恩格斯从理论和实践上对民粹派展开了全面的批判,措辞相对激烈和尖锐。但无论是马克思还是恩格斯,对民粹派空想的直接跨越理论都持否定和批判态度,只是在具体论述中强调的侧重点和程度不一,实质并无差别。另一方面,也是最主要的原因是他们对俄国村社的探索是随着时代条件的变化而不断向前推进的。马克思逝世后,恩格斯在新的历史条件下对俄国村社进行了深入的探索,深化和发展了许多思想,和他们之前的论述并非完全一致。例如,恩格斯对农村公社解体的趋势和必然性展开了详尽的论述,也不再强调俄国革命引发和推动西欧革命的观点,更加突出西欧进入更高形态的社会对于俄国大大缩短自己走向社会主义进程的榜样和示范作用,等等。我们不能用恩格斯在新的历史条件下关于俄国村社的思想来反对马克思的相关思想,更不能用它来反驳恩格斯之前的相关思想,刻意地制造所谓的"对立"。恰恰相反，这些差异正好证明了马克思恩格斯根据时间、地点和条件的发展变化将对俄国村社的探索不断推向前进，体现了一种更高层次的分工和互补。

总之，我们应该客观全面地看待马克思恩格斯俄国村社论乃至整个"论东方村社"的差别。虽然存在一些差别，但并不构成马恩对立论，而且这些差别是在马克思恩格斯俄国村社论主要思想一致性和互补性基础之上的差别，无法掩盖他们基本思想上的根本一致性。推而广之，马克思恩格斯"论东方村社"存在的一些差异，是一种互补中的差异，一种与时俱进中的差异，而非绝对的对立。在一定程度上，这些差异也是一种更高层次的统一，体现的恰好是马克思恩格斯"论东方村社"的分工和互补。

（四）马克思恩格斯"论东方村社"在研究方法上的一致性

无论是马克思的"论东方村社"思想，还是恩格斯的"论东方村社"思想，都是运用唯物辩证法的科学结晶。

其一，马克思恩格斯研究"论东方村社"的根本方法具有一致性，即一直坚持坚持具体问题具体分析的科学方法论原则，一切随时间、地点和条件的转移来对东方村社展开具体的历史的研究。以马克思恩格斯俄国村社论为例，马克思一再强调关于西欧资本主义的起源的发展道路的论述仅限于西欧，俄国与西欧各国的国情不同、面临着与西欧不同的发展状况和问题，因此不能将西欧的发展道路和发展模式简单地搬到俄国。同时，马克思还列举了罗马平民历史命运的事例来反驳米海洛夫斯基将西欧资本主义起源的发展道路演化为所谓一般历史哲学理论的论调。这些都深刻体现了要研究特殊对象的特殊矛盾、贯彻了具体问题具体分析的方法论要求。也就是说，研究俄国村社和探索俄国发展道路一定要根据俄国的生产力发展情况及其所处的时代历史条件展开具体分析，不能像一些民粹派思想家那样，头脑中先存在某些先验的既定结论，再从书本中寻找某些只言片语来论证自己的结论。

恩格斯在研究俄国村社的过程中一再坚持具体问题具体分析的方法论原则，同时强调马克思的理论必须和俄国具体实际相结合。马克思逝世后，恩格斯在运用马克思的理论研究俄国村社的过程中，一再强调不能把这一理论教条化和神圣化，而应该与俄国的具体历史条件相结合，坚持具体问题具体分析的方法论原则。他在1885年4月23日致查苏利奇的信中指出："在我看来，马克思的历史理论是任何**坚定不移**和**始终一贯**的革命策略的基本条件；为了找到这种策略，需要的只是把这一理论应用于本国的经济条件和政治条件。"[①] 这里，恩格斯认为马克思的理论要在俄国发生作用就必须与俄国实际相结合，并将这一适用范围扩展到包括东方国家在内的世界各国。更进一步地说，整个马克思主义的传播、发展和应用都必须与世界各国的具体国情相结合，坚持一切以时间、地点和条件为转移。显然，马克思恩格斯都坚持具体问题具体分析这一马克思主义最根本的方法论原则，将马克思恩格斯"论东方村社"不断推向前进。

其二，在坚持具体问题具体分析这一根本方法论原则的前提下，马克思恩格斯在研究东方村社过程中所运用的一些具体方法也具有一致性和互补性。马克思恩格斯在坚持具体问题具体分析的方法论原则研究东方村社的过程中，创造性地运用了事实分析、典型分析、比较分析和阶级分析等一系列具体研究方法，从而使其论证更为充分、结论更为科学。例如，恩格斯在分析农村公社起源及其与西欧公社的区别时，就具体运用了事实分析和比较分析法；马克思在列举罗马贫民的事例来反驳所谓一般发展道路的历史哲学理论时，运用的就是典型分析法。这些具体的研究方法在马克思恩格斯东方村社过程中一再得到运用和强化，都是为了强调要根据具体的时间、地点和条件的变化来研究东方村社，进而深化具体问题具体分析这一根本方法论原则在研究东方村社过程中的重要意义，也体现了马克思恩格斯研究东方村社过程中所运用的方法的一致性和互补性。

---

① 《马克思恩格斯文集》第10卷，北京：人民出版社2009年版，第532页。

这里，我们着重强调一下马克思恩格斯"论东方村社"过程中贯彻始终的阶级分析法。阶级分析法是马克思主义的一种重要方法，一定程度上也是马克思主义区别于其他学说的一个重要标志。在1852年3月5日给魏德迈的信中，马克思指出："（1）**阶级的存在**仅仅同**生产发展的一定历史阶段**相联系；（2）阶级斗争必然导致**无产阶级专政**；（3）这个专政不过是达到**消灭一切阶级**和进入**无阶级社会**的过渡。"① 这是马克思生平唯一一次集中阐述其关于阶级和阶级斗争的观点，也是马克思主义阶级学说的核心内容。阶级分析法要求我们从马克思主义的立场、观点和方法出发，运用马克思主义关于阶级和阶级斗争的观点去观察和认识阶级社会的社会历史现象。在研究东方村社的过程中，马克思恩格斯始终坚持从无产阶级的立场、观点和方法出发，运用阶级分析法淋漓尽致地揭露和批判西方资产阶级对东方的侵略。

19世纪40、50年代，西方列强在侵略中国的过程中，一再运用其所掌握的报刊等宣传工具，从所谓的西方资产阶级的道德出发对中国人民反抗侵略斗争进行污蔑。对此，马克思恩格斯运用阶级分析法、站在被压迫民族争取民族解放的角度旗帜鲜明地揭露了西方资产阶级道德的伪善和西方所谓自由报刊的虚伪性和反动性以及中国反抗殖民侵略的正义性。恩格斯在《波斯和中国》中指出，西方世界的文明贩子们从所谓的资产阶级道德出发，将中国人反抗殖民入侵的抵抗方法叫做卑劣的、野蛮的、凶残的方法，并将中国人当做与西欧文明世界相对立的野蛮人来看待。事实上，真正卑劣的、野蛮的、凶残的恰恰是这些把炽热的炮弹射向毫无防御的城市、杀人又强奸妇女的文明贩子们。同样，马克思在《英人在华的残暴行动》中淋漓尽致地揭露了所谓资产阶级自由报刊的虚伪性和反动性："英国报纸对于旅居中国的外国人在英国庇护下每天所干的破坏条约的可恶行为真是讳莫如深！非法的鸦片贸易年年靠摧残人命和败坏道德来填满英国国库的事情，我们一点也听不到。

---

① 《马克思恩格斯文集》第10卷，北京：人民出版社2009年版，第106页。

外国人经常贿赂下级官吏而使中国政府失去在商品进出口方面的合法收入的事情，我们一点也听不到。"① 显然，马克思恩格斯运用阶级分析法对这些道貌岸然的英国报刊那样从道德方面指责中国人的可怕暴行以及不实事求是的报道，进行了强烈的谴责和驳斥。

马克思还运用阶级分析法，批判了以梅恩为代表的资产阶级学者从狭隘的阶级利益出发对农村公社的污蔑。以梅恩为代表的资产阶级学者为了为资产阶级的殖民侵略和掠夺服务，一再辩称是印度公社的落后性导致了其必然解体，还强调西方国家的殖民统治促进了当地的发展和进步并给当地人民带来了幸福。对此，马克思指出："至于比如说东印度，那么，大概除了亨·梅恩爵士及其同流人物之外，谁都知道，那里的土地公有制是由于英国的野蛮行为才被消灭的，这种行为不是使当地人民前进，而是使他们后退。"② 同时，马克思恩格斯运用阶级分析法批判了民粹派的村社社会主义思想。民粹派村社思想强调俄国可以在村社的基础上，依靠农民的力量，绕过资本主义发展阶段，直接进入社会主义。民粹派村社社会主义思想存在两个弊端，一是看不到西欧资本主义的历史进步作用，笼统地将之视为一种祸害；二是过度强调农民的作用，并对工人阶级的作用估计不足，没有对无产阶级的历史使命和重要作用做出科学的判断，这些都使其理论陷入了空想之中。对此，马克思恩格斯运用科学的阶级分析法指出，俄国有可能在村社基础上进入更高形态社会的一个重要条件就是在世界历史条件下俄国和控制世界市场的西方国家同时存在，使俄国可以利用西方的先进的科学技术。例如，针对民粹派代表人物特卡乔夫认为俄国社会更容易开展革命并取得胜利的原因是俄国既没有城市无产阶级也没有资产阶级的错误观点，恩格斯在《论俄国的社会问题》中指出："资产阶级正如无产阶级本身一样，也是社会主义革命的一个必要的先决条件。因此，谁竟然断言在一个**虽然**没有无产阶级**然而**也没有资产阶级的国家里更容易进行这种革命，那就

---

① 《马克思恩格斯文集》第 2 卷，北京：人民出版社 2009 年版，第 621 页。
② 《马克思恩格斯文集》第 3 卷，北京：人民出版社 2009 年版，第 584 页。

只不过证明，他还需要学一学关于社会主义的初步知识。"① 同时，马克思恩格斯一再强调，只有充分发挥无产阶级尤其是西欧国家无产阶级的作用，俄国才有可能在村社的基础上进入更高形态的社会。显然，马克思恩格斯都一直坚持和运用阶级分析法对东方村社展开研究，具有一致性。

从马克思恩格斯"论东方村社"所运用的方法的角度出发，可以更加准确地理解和把握马克思恩格斯"论东方村社"乃至整个马克思主义理论体系，并在此基础上驳斥马克思恩格斯对立论。长期以来，一些西方学者长期持马克思与恩格斯思想对立的看法，刻意强调马克思恩格斯在俄国村社跨越问题上的对立态度。这些所谓对立的产生，一方面是一些西方学者从资产阶级立场出发人为制造的，妄图肢解和割裂马克思主义的整体性，进而扼杀马克思主义；另一方面则是由于许多人没有坚持具体问题具体分析的方法论原则，没有从马克思恩格斯相关思想所在的具体文本语境和文本所在的具体历史语境出发，不从当时的实际尤其是变化发展了的实际出发，脱离具体的文本语境和历史语境机械地诠释某些话语，肯定会得出离奇、错误甚至是有害的结论。这就要求我们在驳斥马克思恩格斯对立论的过程中必须坚持马克思恩格斯所运用的方法，尤其是阶级分析法和具体问题具体分析的方法。通过阶级分析法和具体问题具体分析法，运用马克思主义的立场、观点和方法，从无产阶级和全人类解放的角度出发，从马克思恩格斯相关文本的实际出发，从马克思恩格斯一生中不断发展变化的时代背景出发，可以显而易见地证明这些观点的荒谬性。例如，恩格斯不仅不反对马克思的跨越设想，恰恰是他在1875年的《论俄国的社会问题》中最早提出俄国村社可以在一定条件下进入更高形态的社会。显然，马克思恩格斯在研究俄国村社过程中所运用的方法论具有一致性、得出的观点具有一致性和互补性，根本就不存在马克思恩格斯思想的对立。

总之，从马克思恩格斯"论东方村社"的创作过程、最终指向、

---

① 《马克思恩格斯文集》第3卷，北京：人民出版社2009年版，第390页。

主要观点及其运用方法的一致性和互补性中,可以全面地推出马克思恩格斯"论东方村社"的分工和互补的关系,所谓的马克思恩格斯对立论在根本上是不成立的。

三 个别和一般:"论东方村社"和马克思主义理论体系

马克思恩格斯"论东方村社"是马克思主义理论体系的一个重要组成部分,其形成、发展和完善的过程贯穿于整个马克思主义发展史之中,对整个马克思主义理论体系的完善与创新做出了重大贡献。

(一)"论东方村社"开创了马克思主义东方社会理论

马克思恩格斯"论东方村社"开创了马克思主义对东方社会的研究,形成了马克思主义东方社会理论,进而完善和创新了马克思主义理论体系。

虽然学术界对是否存在马克思主义东方社会理论还存在一些争议和分歧,但是主流观点还是承认这一理论的存在,只是研究和论证的角度不一样。我们认为,马克思恩格斯东方社会理论不仅是存在的,而且是马克思主义理论体系的重要组成部分。与马克思恩格斯长期对以英国为典型的西欧资本主义社会展开研究,从而提出"两个必然"、"两个决不会"等一系列马克思主义根本命题一样,马克思恩格斯对以俄国、中国和印度为典型的东方社会的研究,提出了不通过资本主义卡夫丁峡谷、实现东西方革命互补等一系列马克思主义根本命题。这里,我们需要研究的重点不是马克思主义东方社会理论是否存在,也不是从何种角度论证其存在与否,而是马克思恩格斯关于东方社会的论述与他们关于西欧资本主义社会论述的内在关联。

从时间上看,马克思恩格斯对俄国、中国和印度等东方国家的研究与他们对以英国为典型的西欧国家的研究是相互交叉、平行进行的,贯穿于他们思想发展的整个历程。从动因上看,马克思恩格斯对东方社会的研究一定程度上是为了回答他们在研究西欧资本主义社会过程中所遇到的问题和挑战。因此,马克思恩格斯对东方社会的研究与他们对西欧资本主义社会的研究都是马克思主义理论体系的重要组成部分,两者是一种互补的关系。从背景上看,马克思恩格斯对东方社会研究的重要背景是西欧资本主义大工业开创了世界历史,使各个民族国家摆脱了孤立的和封闭的状态,与世界各国的联系越来越密切,进而无法脱离整个世界而单独存在。这就打破了以中国和印度等东方国家长期保持的孤立的封闭的状态,开始走上了与数千年传统发展截然不同的另一条道路,在被资本主义工业化和市场化裹挟到世界历史的发展进程中的同时能够通过自身的发展积极参与这一进程。显然,马克思主义东方社会理论的形成和发展是与资本主义的发展及其在世界范围内的扩张紧密相连的,不能脱离这一大的世界历史背景而单独存在。

在此背景下,马克思恩格斯站在世界历史的高度对俄国、中国和印度等东方国家展开了深入的研究,提出了一系列重要的理论命题。例如,农业公社是东方专制主义的基础;世界历史的二重性(英国在印度要完成双重使命);要挽救俄国村社,就必须有俄国革命;俄国在一定条件下可以在农村公社的基础上跨越资本主义卡夫丁峡谷;东西方革命互补;历史哲学理论的最大长处在于它是超历史的,等等。从这些命题中就可以看出,马克思恩格斯对东方社会的研究与他们对西欧资本主义社会的研究紧密相连,因此在开创和形成马克思主义东方社会理论的同时,也丰富和发展了马克思主义对西欧资本主义社会的研究,共同完善和创新了马克思主义理论体系。

(二)"论东方村社"丰富和发展了马克思主义方法论体系

方法和理论之间具有天然的密切联系。方法是理论的指导,同时又不能脱离理论而单独存在,是理论的一部分。马克思主义理论体系是马克思恩格斯运用科学的方法建立和发展起来的,而马克思主义方法体系本身就是马克思主义理论体系的重要组成部分。马克思恩格斯运用了事实分析、具体分析、典型分析、比较分析和阶级分析等方法对东方村社进行了深入的研究,不仅取得了丰富的理论成果,还深化了具体问题具体分析、从后思索和阶级分析等方法,丰富和发展了马克思主义方法论体系,进而丰富和发展了马克思主义理论体系。

其一,马克思恩格斯运用事实分析和具体(辩证)分析法,分析了俄国村社的二重性及其发展前景,进而提出俄国可以在村社的基础上进入更高形态社会的思想。事实分析法强调的是事实性原则,即一切从当前的经济事实出发;具体分析法强调的是与时俱进的发展性原则,即一切从变化发展的实际出发。这两种方法都是具体问题具体分析这一唯物辩证法的活的灵魂的具体体现,要求我们一定要从当前的经济事实尤其是从不断变化发展的经济事实出发对具体问题展开具体的历史的分析。

马克思恩格斯运用事实分析法,坚持一切从俄国经济社会发展的实际出发,在占有大量资料的基础上对俄国村社进行客观的分析。在《给〈祖国纪事〉杂志编辑部的信》中,马克思指出:"为了能够对当代俄国的经济发展作出准确的判断,我学习了俄文,后来又在许多年内研究了和这个问题有关的官方发表的和其他方面发表的资料。"① 在此基础上,马克思在1881年给查苏利奇的复信中详细阐述了农村公社所兼具的公有和私有的二重性及其发展前景,强调农村公社面临着两种可能的发展命运:一种是集体因素战胜私有因素,使农村公社获得新生;一种是后者战胜前者,使农村公社彻底瓦解。同样,恩格斯在研究过程中也一再强调全面占有材料的重要性,并将之看做是研究的前提。在1893年5月27日给古尔维奇的信中,恩格斯指出:"至于俄国革命运动中的迫切问题和农民在其中所能起的作用,在我没有对整个问题从头重新研究一番,并用最新的材料补充我对此问题的实际情况的极贫乏的了解以前,在这些方面我是不能在报刊上问心无愧地发表自己的意见的。"② 显然,事实分析法是马克思恩格斯"论东方村社"的重要前提。

---

① 《马克思恩格斯文集》第3卷,北京:人民出版社2009年版,第464页。
② 《马克思恩格斯全集》第39卷,北京:人民出版社1974年版,第74页。

马克思恩格斯坚持具体分析法，从变化发展了的实际出发，对俄国村社和俄国社会发展道路进行研究和探索。在《论俄国的社会问题》中，恩格斯站在世界历史的高度，从俄国的具体实际出发，强调俄国在一定条件下可以在村社基础上进入更高形态的社会。在《给维·伊·查苏利奇的复信》中，马克思坚持从俄国变化发展了的实际出发，提出俄国公社可能不通过资本主义制度的卡夫丁峡谷，并驳斥了西欧资本主义制度的俄国崇拜者们不从俄国变化发展了的实际出发而宣扬俄国村社必然灭亡的论调。"如果资本主义制度的俄国崇拜者要否认这种进化的**理论上的**可能性，那我要向他们提出这样的问题：俄国为了采用机器、轮船、铁路等等，是不是一定要像西方那样先经过一段很长的机器工业的孕育期呢？同时也请他们给我说明：他们怎么能够把西方需要几个世纪才建立起来的一整套交换机构（银行、信用公司等等）一下子就引进到自己这里来呢？"① 同时，马克思在世界历史条件下论述了跨越资本主义卡夫丁峡谷的可能性和条件性。在农村公社所具有的公有和私有二重性的前提下，"要使集体劳动在农业本身中能够代替小地块劳动这个私人占有的根源，必须具备两样东西：在经济上有这种改造的需要，在物质上有实现这种改造的条件"②。所谓经济上的需要，就是要使公社处于正常的发展条件之下，把压在农村公社肩上的各种重担除掉，并使村社获得正常数量的耕地；从历史上看，俄国农民有长期实行劳动组合的愿望和传统，且俄国的土地适合集体耕种，因此可以使农民大规模组织起来进行合作劳动。所谓物质上的条件，就是俄国村社要积极利用自己与资本主义生产同时存在的有利条件，广泛吸取资本主义制度所创造的一切积极成果；利用其土地优势，利用机器进行大规模组织起来的、实行合作劳动的农业经营；国家还必须为村社的正常发展支付费用（包括智力的和物质的），因为它长久靠农村公社生存并且也必须从公社中寻找自己新生的因素。③ 概言之，马克思恩格斯俄国村社论是建立在俄

---

① 《马克思恩格斯文集》第3卷，北京：人民出版社2009年版，第571页。
② 同上书，第578页。
③ 参见《马克思恩格斯文集》第3卷，北京：人民出版社2009年版，第578—579页。

国当时的经济事实尤其是变化发展了的经济事实的基础之上的，是随着时间、地点和条件的转移而转移的，体现了具体问题具体分析的方法论原则。

马克思恩格斯"论东方村社"丰富和发展了事实分析和具体（辩证）分析法，进而丰富和发展了具体问题具体分析这一唯物辩证法的活的灵魂。事实分析和辩证分析法都是具体问题具体分析这一唯物辩证法活的灵魂的具体体现。在研究俄国村社的过程中，马克思恩格斯从俄国的经济社会发展现实出发，在占有大量的一手资料的基础上，得出俄国应该立足自身实际、走一条不同于西欧资本主义国家的发展道路。同时，他们强调俄国可以在农村公社的基础上进入更高形态的社会，并充分论证了实现这一跨越的可能性和条件，丰富和发展了具体问题具体分析的方法论原则，并将之上升成为具有普遍意义的方法论原则。

其二，马克思恩格斯运用典型分析和比较分析法对东方村社展开研究，进而丰富和发展了从后思索的方法，并将这一方法上升为具有普遍意义的方法论高度。马克思恩格斯运用典型分析法，分析了俄国村社的特殊性，并强调村社对于俄国探索适合自身实际发展道路的重要作用。马克思恩格斯选择俄国村社进行研究本身就是典型分析法的具体运用和体现。俄国村社只是东方村社的一种，与印度村社、日耳曼村社处于同样的发展阶段。在一定意义上，俄国只是一个典型的半亚细亚社会，中国才是一个典型意义上的亚细亚社会。但他们为什么还要坚持选择俄国这一半亚细亚社会作为典型呢？一方面，俄国村社是欧洲保存最完整的村社，既没有像西欧村社那样随着生产力的发展而全面解体，也没有像东印度那样成为外国公司的猎获物。另一方面，俄国没有像印度和中国等东方国家那样，沦为西方国家的殖民地或半殖民地，因此，它是村社制度、血缘宗法制、东方专制制度保存得最为完整的国家。那么，选择俄国村社作为典型进行分析，无疑是马克思恩格斯运用典型分析方法的重要体现。而通过对俄国村社的典型研究，马克思恩格斯进一步认识到俄国与西欧国家的土地制度存在很大的不同，强调西欧资本主义起源的历史必然性仅限于西欧，俄国不应该照搬西欧的发展道路和发展模式，而应该积极利用国内外有利条件走一条适合自身实际的发展道路。

马克思恩格斯运用比较分析法，分析原始公社和农村公社之间的区别和联系，比较俄国村社与西欧村社的不同以及俄国与西欧国家土地制度的不同。在《论俄国的社会问题》中，恩格斯指出，俄国的公社所有制并非是俄国所特有的，而是一种较为普遍的现象，在日耳曼语系各民族的低级发展阶段上都可以见到，而在德国曾经是一种普遍现象。但俄国村社与西欧村社最大的不同是，西欧村社随着生产力的发展逐渐解体，只剩下一些残余的痕迹；而俄国村社虽然正遭受着种种打击，面临着解体的危险，但仍然在全国范围内相对完整地保存下来了，为俄国在农村公社的基础上进入更高形态的社会奠定了必要的基础。在《给维·伊·查苏利奇的复信》的初稿、二稿和三稿中，马克思从社会组织、财产关系、分配方式等方面分析了原始公社和农村公社之间的区别。同时，马克思还指出原始公社和农村公社之间的联系，即后者是前者的最近的类型，是从公有制到私有制、从原生形态到次生形态的过渡时期。分析和比较俄国与西欧国家土地制度的不同，不仅是马克思恩格斯俄国村社论的一个重要起因，更是他们对俄国村社展开研究并提出俄国可以在村社基础上进入更高形态社会的一个前提性条件。具体来说，虽然俄国1861年改革后，其土地制度逐渐向小土地私有制转变，但在全国范围内仍然保留了大量的土地公有制，尤其是广大农村地区；而西欧则随着资本主义的发展，其土地制度完全转化为私有，而且是大土地私有制。

马克思恩格斯"论东方村社"丰富和发展了典型分析和比较分析法，进而丰富和发展了从后思索法。马克思指出："人体解剖对于猴体解剖是一把钥匙。反过来说，低等动物身上表露的高等动物的征兆，只有在高等动物本身已被认识之后才能理解。"① 这就是我们通常强调的从后思索法，通过研究人体来深化对猴体的研究。人体解剖是指通过对事物成熟典型形态的研究，反过来研究事物原初形态；猴体解剖恰好与人体解剖相反，是一种发生学方法，即通过对事物原初形态的研究，展

---

① 《马克思恩格斯文集》第8卷，北京：人民出版社2009年版，第29页。

开对事物成熟形态的研究。从后思索法既包括典型分析法又包括比较分析法，是建立在这两种具体方法的基础之上的，即先通过对事物发展的高级形态的典型研究，反过来去研究事物发展的低级形态。在创作《资本论》的过程中，马克思通过对英国这一资本主义发展最为成熟和典型的国家的研究，进而追溯资本主义的起源和发展历程，运用的就是典型的从后思索法。在研究俄国村社的过程中，马克思恩格斯通过对俄国村社这一典型的研究，揭示了农村公社和原始公社的区别和联系，即通过对农村公社这个次生形态公社的研究来揭示原始公社这一原生形态的公社，运用的也是典型的从后思索法。与先前马克思恩格斯运用从后思索法从宏观层面通过对资本主义社会的典型研究来分析前资本主义社会的生产方式相比，他们将这一方法运用到具体的微观层面上，通过对东方村社的研究来分析原始公社。概言之，马克思恩格斯扩大了从后思索法的适用范围，使其不仅适用于宏观的抽象层面也适用于微观的具体层面的研究，即将其上升到普遍的方法论的高度。

其三，马克思恩格斯运用阶级分析法，在世界历史的框架内，批判了西欧资产阶级学者对农村公社的污蔑和民粹派的村社社会主义思想，丰富和发展了阶级分析法。马克思恩格斯坚持从无产阶级的立场、观点和方法出发，运用阶级分析法对东方村社展开了深入的研究，从根本上说是服从和服务于无产阶级和全人类解放运动的。一方面，马克思运用阶级分析法，批判了以梅恩为代表的资产阶级学者从狭隘的阶级利益出发对农村公社的污蔑。另一方面，马克思恩格斯运用阶级分析法批判了民粹派的村社社会主义思想。民粹派村社思想强调俄国可以在村社的基础上，依靠农民的力量，绕过资本主义发展阶段，直接进入社会主义。对此，马克思恩格斯运用科学的阶级分析法指出，俄国有可能在村社基础上跨越资本主义卡夫丁峡谷的一个重要原因就是在世界历史条件下俄国和控制世界市场的西方国家同时存在，使俄国可以利用西方的先进生产力和先进科学技术。同时，只有充分发挥无产阶级尤其是西欧国家无产阶级的作用，俄国才有可能在村社的基础上进入更高形态的社会。

马克思恩格斯"论东方村社"丰富和发展了马克思主义阶级分析

法。马克思恩格斯一生都坚持从无产阶级的立场、观点和方法出发,运用阶级分析法探索无产阶级和全人类解放的实现途径。在研究东方村社的过程中,马克思恩格斯运用阶级分析法不仅批判了以梅恩为代表的资产阶级学者为了论证西方国家的殖民统治和入侵的合理性而强加给东方村社的种种污蔑之词,还批判了俄国民粹派思想家无视客观事实、简单机械地将资本主义看做是一种祸害并轻视无产阶级历史作用的错误做法。这样,马克思恩格斯不仅将阶级分析法进一步运用到俄国和印度这样具有浓厚东方专制主义传统的国家,还在世界历史的条件下将东方村社与西欧国家无产阶级革命作为一个整体进行分析,扩大了阶级分析法的运用范围,将之上升为马克思主义的一个普遍性和根本性的方法。

(三)"论东方村社"完善和创新了马克思主义理论体系

唯物史观和剩余价值理论是马克思在科学上的两个伟大发现,马克思恩格斯"论东方村社"丰富和发展了这两个科学发现。

其一,马克思恩恩格斯"论东方村社"深化了对唯物史观关于社会发展规律和矛盾特殊性的研究。在唯物史观创立初期,马克思恩格斯面对的主要任务是将唯心史观从社会历史领域中驱逐出去。而唯心史观的实质是英雄史观,强调个别英雄人物对历史发展所起的重大作用甚至是决定性作用,否认人民群众的社会主体地位和决定性作用,否认社会历史发展有其内在必然性、是一个自然的历史过程。因此,在反驳唯心史观的时期,马克思恩格斯对人类社会发展规律的客观性、普遍性和统一性论述较多,即更侧重于强调矛盾的普遍性。随着人类社会不断发展,唯物史观也逐渐深入人心,马克思恩格斯需要根据实践和具体科学的发展来丰富和完善唯物史观的"艺术整体"和整个马克思主义理论体系,即要深化唯物史观关于社会发展规律和矛盾特殊性的研究。而通过东方村社的研究,马克思恩格斯正好完成了这一重要任务。

马克思恩格斯"论东方村社"深化了唯物史观关于社会发展规律的认识,即深化了对社会发展规律统一性和其实现方式、表现形式的多样性的认识。马克思明确反对米海洛夫斯基将他关于西欧资本主义起源发展道路的理论上升为所谓一般历史哲学的理论,并运用罗马平民的事例来反驳米海洛夫斯基的荒谬论点。马克思还从哲学方法论的高度指出,所谓一般历史哲学理论的最大长处在于它是超历史的,各个国家应该根据自己的国情探索适合自己实际的发展道路。概言之,马克思恩格斯"论东方村社"既强调了社会发展规律的普遍性原理,也深化和发展了社会发展规律的特殊性原理,揭示了人类社会发展规律不仅具有客观性、普遍性、统一性和渐进性,在一定条件下也具有选择性、特殊性、多样性和跨越性,丰富和发展了马克思主义关于社会发展规律的认识。同时,马克思恩格斯分析了农业公社起源的多样性和私有制解体方式的多样性。例如,马克思在给查苏利奇的信中指出了日耳曼的农业公社是从较古类型的公社中产生出来的,而印度公社则往往是古代形态的最后阶段和最后时期。也就是说,即便是同处于一个时代的农业公社,其起源和特征也不尽相同。同时,关于私有制的解体并在此基础上进入社会主义社会的方式也不尽一样:在西欧是在小私有制的基础上发展到大私有制,并在生产力高度发达的基础上进入社会主义社会;而在俄国,则可能是农村公社自身所蕴含的集体因素战胜私人因素,并在此基础上跨越资本主义卡夫丁峡谷,进入社会主义社会。因此,马克思恩格斯"论东方村社"深化了唯物史观关于社会发展规律的认识。

马克思恩格斯"论东方村社"深化了唯物史观关于矛盾特殊性的科学认识。唯物史观和唯物辩证法是统一的。矛盾的普遍性和特殊性关系的原理是马克思主义的一个重要命题,是矛盾问题的精髓。早在1842年《黑格尔法哲学批判》中,马克思就指出:"这种**理解**不在于到处去重新辨认逻辑概念的规定,像黑格尔所想象的那样,而在于把握特有对象的特有逻辑。"[①] 在1847年《哲学的贫困》中,马克思也强调:"谁用政治经济学的范畴构筑某种意识形态体系的大厦,谁就是把社会体系的各个环节割裂开来,就是把社会的各个环节变成同等数量的依次

---

① 《马克思恩格斯全集》第3卷,北京:人民出版社2002年版,第114页。

出现的单个社会。"① 显然，马克思强调在分析某一事物和问题时，要坚持具体问题具体分析的原则，抓住矛盾的特殊性，绝对不能教条化。恩格斯在《反杜林论》中也指出："人们在生产和交换时所处的条件，各个国家各不相同，而在每一个国家里，各个世代又各不相同。因此，政治经济学不可能对一切国家和一切历史时代都是一样的。"② 也就是说，政治经济学要根据具体国家和具体时代的不同条件展开具体的分析和应用，要抓住特殊对象的特殊矛盾，不能千篇一律。在研究东方村社的过程中，马克思恩格斯在强调矛盾的普遍性的基础上，更注重研究特殊对象的特殊矛盾，并通过对以俄国村社为代表的东方村社的探索，抓住东方国家土地制度、历史传统、劳动习惯等与西方国家不同的特殊矛盾，明确反对以俄国为代表的东方国家照搬西欧资本主义起源的发展道路的做法，指出以俄国为代表的东方国家可以跨越资本主义的卡夫丁峡谷，进入更高形态的社会。

这里，马克思恩格斯将矛盾的特殊性这一范畴的运用扩展到世界各国探索适合自身实际的发展道路这一层面，不仅为世界各国探索适合自己实际的发展道路提供了重要的方法论指导，也丰富和发展了唯物辩证法关于矛盾特殊性的学说。

其二，马克思恩格斯"论东方村社"丰富和发展了马克思主义社会形态理论。社会形态是马克思主义所特有的范畴，是指一定生产力基础上的经济基础和上层建筑的统一体，是划分社会发展的过程性和阶段性的稳定单位。社会形态的划分标准不是单一的，可以从多个角度展开。例如，从生产资料角度，可以将社会形态分为原始社会、奴隶社会、封建社会、资本主义社会、社会主义社会和共产主义社会；从人的发展角度，可将之分为人对人的依赖阶段、人对物的依赖阶段和人的自由全面发展阶段；从技术角度，可将之分为前工业社会、工业社会和后工业社会。马克思恩格斯"论东方村社"从多个角度丰富和发展了马

---

① 《马克思恩格斯文集》第1卷，北京：人民出版社2009年版，第603—604页。
② 《马克思恩格斯文集》第9卷，北京：人民出版社2009年版，第153页。

克思主义社会形态学说。

一是马克思通过对俄国村社的典型分析,运用比较分析法揭示了原始公社和农村公社之间的区别和联系。同时,马克思借用地质结构的理论来阐述各种不同类型的原始公社:"各种原始公社(把所有的原始公社混为一谈是错误的;正像在地质的层系构造中一样,在历史的形态中,也有原生类型、次生类型、再次生类型等一系列的类型)的衰落的历史,还有待于撰述。"① 在此基础上,马克思明确地将原始公社和农业公社、原生形态和次生形态区分开来,发展和完善了唯物史观关于社会形态的理论。同时,通过对史前公社的研究,马克思恩格斯更加确定了原始社会公有制的存在,从事实上证明了他们之前从生产资料性质的角度对社会发展阶段的划分是符合人类社会发展的客观规律的。换言之,马克思恩格斯"论东方村社"从生产资料的角度丰富和发展了马克思主义社会形态的学说。

二是通过对东方村社的研究,马克思恩格斯从人的发展的角度丰富和发展了马克思主义社会形态学说。在《1857—1858年经济学手稿》中,马克思指出:"人的依赖关系(起初完全是自然发生的),是最初的社会形式,在这种形式下,人的生产能力只是在狭小的范围内和孤立的地点上发展着。以**物**的依赖性为基础的人的独立性,是第二大形式,在这种形式下,才形成普遍的社会物质变换、全面的关系、多方面的需要以及全面的能力的体系。建立在个人全面发展和他们共同的、社会的生产能力成为从属于他们的社会财富这一基础上的自由个性,是第三个阶段。"②这里,马克思从人的发展角度明确将社会形态分为人对人的依赖、人对物的依赖以及人的全面发展三个阶段。在研究东方村社的过程中,马克思在阅读摩尔根的《古代社会》一书时着重强调并摘录了这样一段话:"社会的瓦解,即将成为以财富为唯一的最终目的的那个历程的终结,因为这一历程包含着自我消灭的因素……这(即更高级的

---

① 《马克思恩格斯文集》第3卷,北京:人民出版社2009年版,第581页。
② 《马克思恩格斯文集》第8卷,北京:人民出版社2009年版,第52页。

社会制度）**将是古代氏族的自由、平等和博爱的复活，但却是在更高形式上的复活。"**① 显然，马克思赞同摩尔根从人的发展的角度论述私有制社会的覆灭，以及共产主义社会在人的发展的更高形态上的复活的论断。在《给维·伊·查苏利奇的复信》中，马克思一再引用这一思想："在俄国公社面前，资本主义制度正经历着危机，这种危机只能随着资本主义的消灭，随着现代社会回复到'古代'类型的公有制而告终，这种形式的所有制，或者像一位美国著作家②（这位著作家是不可能有革命倾向的嫌疑的，他的研究工作曾得到华盛顿政府的支持）所说的，现代社会所趋向的'新制度'，将是'古代类型社会在一种高级的形式下（in a superior form）的复活（a revival）'。"③ 显然，马克思强调社会形态发展的否定之否定的规律，即共产主义是对古代社会在一种更高层次上的复活，将是一个人的自由而全面发展的社会。这里，通过对东方村社的研究，马克思从人的发展的角度丰富和发展了马克思主义社会形态学说。

三是通过对东方村社的研究，马克思恩格斯从技术的角度丰富和发展了马克思主义社会形态学说。1847年，马克思在《哲学的贫困》中指出："手推磨产生的是封建主的社会，蒸汽磨产生的是工业资本家的社会。"④ 这里，马克思是从技术的角度对社会形态展开划分的。19世纪50年代，马克思在分析英国的殖民统治在给印度带来深重灾难的同时，也给印度社会带来了以电报为代表的先进技术、自由报刊和铁路大工业，进而给印度社会带来了革命性的影响。19世纪70、80年代，马克思恩格斯一再强调，俄国要在农村公社的基础上进入更高形态的社会，就必须吸收和利用西欧资本主义社会的轮船、铁路、机器等先进科技成果。这里，马克思恩格斯将电报、铁路、轮船、机器为代表的先进技术看做是资产阶级社会形态的典型特征，是对《哲学的贫困》中从以

---

① 《马克思恩格斯全集》第45卷，北京：人民出版社1985年版，第398页。
② 指摩尔根。——编者注
③ 《马克思恩格斯文集》第3卷，北京：人民出版社2009年版，第572页。
④ 《马克思恩格斯文集》第1卷，北京：人民出版社2009年版，第602页。

蒸汽磨为代表的先进技术的角度划分资本主义社会之观点的发展和完善。

同时，马克思在摘录摩尔根《古代社会》一书时，对原书的结构做了重大调整，即将原书中"从生产技术的发展到政治观念的发展再到家庭形式的变化和私有制的产生"的结构改造为"从生产技术的发展到家庭形式的变化到私有制和国家的产生"。但马克思并没有否定摩尔根从技术的角度将人类社会的发展划分为蒙昧社会、野蛮社会和文明社会的合理性，并对之进行了详细的摘录和批注。同时，马克思还对摩尔根在划分过程中的某些不科学的说法进行了修改，使之更能体现唯物主义的观点。此外，为了执行马克思的遗愿，恩格斯创作了《家庭、私有制和国家的起源》（以下简称《起源》）这一科学著作。在《起源》中，恩格斯指出："蒙昧时代是以获取现成的天然产物为主的时期；人工产品主要是用做获取天然产物的辅助工具。野蛮时代是学会畜牧和农耕的时期，是学会靠人的活动来增加天然产物生产的方法的时期。文明时代是学会对天然产物进一步加工的时期，是真正的工业和艺术的时期。"① 显然，恩格斯在借用和介绍摩尔根从技术角度对人类社会发展阶段进行划分的同时，对之加以科学地批判和改造，使之真正符合唯物主义的科学要求。

概言之，通过对东方村社的研究，马克思恩格斯深化了从技术角度对社会形态的划分，丰富和发展了马克思主义社会形态理论。

其三，马克思恩格斯"论东方村社"一定程度上贯穿于《资本论》的整个创作过程之中，深化了《资本论》的逻辑体系。与唯物史观的创立和完善一样，《资本论》的创作和完善在整个马克思主义理论体系中也占据极为重要的地位，在一定程度上构成了马克思恩格斯思想发展的另一条主线。马克思在19世纪50年代研究印度村社的原因之一是为《资本论》的写作准备材料。在此过程中，马克思恩格斯通过对中国和印度等东方国家的研究，发现了东方国家的土地所有制不同于西欧国家，将不存在土地私有制看做是理解东方社会的一把钥匙，并提出了亚

---

① 《马克思恩格斯文集》第4卷，北京：人民出版社2009年版，第38页。

细亚生产方式的概念。而在《资本论》的准备材料《1857—1858年经济学手稿》中的《资本主义生产以前的各种形式》一章中,马克思对亚细亚生产方式展开了深入的研究,将其视为所有制的第一种形式或类型。但在当时,马克思对亚细亚生产方式的研究还没有达到科学的地步。显然,马克思恩格斯研究中国和印度等东方国家的过程一定程度上也是深化《资本论》逻辑体系的过程。

《资本论》第1卷出版后,马克思在撰写《资本论》后几卷的过程中需要对各国的土地关系和地租情况进行阐述。在此过程中,马克思发现,由于农村公社的存在,俄国土地关系和地租情况与西欧国家存在很大不同。因此,马克思以俄国村社为典型对东方村社展开了进一步深入的研究,同时通过对俄国这一典型的半亚细亚社会的研究进一步深化了对亚细亚生产方式的研究。通过这些研究,马克思进一步认识到东方村社的存在有其合理性,符合东方国家的国情,并驳斥了以梅恩为代表的西方学者站在资产阶级的立场所强调和论证的公社的落后性、野蛮性及其灭亡的天然合理性。在此基础上,马克思深化了对各国土地关系和地租情况的研究,这一研究的成果直接体现在马克思在《资本论》中对中国、印度等东方国家土地公有制和地租情况的论述。在《资本论》第3卷中,马克思论述了亚洲国家的地租形式:"地租的占有是土地所有权借以实现的经济形式,而地租又是以土地所有权,以某些个人对某些地块的所有权为前提。土地所有者可以是代表共同体的个人,如在亚洲、埃及等地那样。"[①] 同时,马克思还指出了亚洲国家的特殊的土地所有制形式:"同直接生产者直接相对立的,如果不是私有土地的所有者,而是像在亚洲那样,是既作为土地所有者同时又作为主权者的国家,那么,地租和赋税就会合为一体,或者不如说,在这种情况下就不存在任何同这个地租形式不同的赋税。在这种状态下,对于依附关系来说,无论从政治上或从经济上说,除了面对这种国家的一切臣属关系所共有的形式以外,不需要更严酷的形式。在这里,国家就是最高的地

---

① 《马克思恩格斯文集》第7卷,北京:人民出版社2009年版,第714页。

主。在这里,主权就是在全国范围内集中的土地所有权。但因此在这种情况下也就没有私有土地的所有权,虽然存在着对土地的私人的和共同的占有权和用益权。"① 此外,马克思恩格斯还深化了对亚细亚生产方式的研究,科学地扬弃了亚细亚生产方式的概念,并深化了人体解剖与猴体解剖的关系的研究,即从多个层面深化了《资本论》的逻辑体系,保证了这一巨著体系的完善和创新。

总之,马克思恩格斯"论东方村社"开创了科学的马克思主义东方社会理论,发展和完善了马克思主义方法论体系,深化和完善了唯物史观的艺术整体和《资本论》的逻辑体系,是对整个马克思主义理论体系的丰富和发展。

---

① 《马克思恩格斯文集》第7卷,北京:人民出版社2009年版,第894页。

第十一章 马克思恩格斯"论东方村社"的实践价值

马克思恩格斯"论东方村社"在过去的百余年产生了重大的影响,不仅将无产阶级革命运动和民族解放运动推向了一个新的高度,而且为现在已经进入社会主义社会的经济文化相对落后的国家坚持、巩固和发展社会主义以及解决不发达问题并最终进入共产主义社会提供了重要的理论指导。

一 "论东方村社"是推动阶级解放和民族解放的思想动力

马克思恩格斯"论东方村社"在回应1848年欧洲革命和1871年巴黎公社失败所提出的一系列问题的基础上,进一步深化了对无产阶级革命运动和民族解放运动的认识,并为之提供了理论支撑。

在世界历史的语境中,无产阶级革命运动与被压迫国家的民族解放运动紧密相连。19世纪50年代,马克思在《中国革命和欧洲革命》中就指出:"欧洲人民的下一次起义,他们下一阶段争取共和自由、争取廉洁政府的斗争,在更大的程度上恐怕要决定于天朝帝国(欧洲的直接对立面)目前所发生的事件,而不是决定于现存其他任何政治原因,甚至不是决定于俄国的威胁及其带来的可能发生全欧战争的后果。"[①] 显然,中国革命与欧洲革命具有内在联系,也就是说被压迫国家的民族解

---

① 《马克思恩格斯文集》第2卷,北京:人民出版社2009年版,第607页。

放斗争是和无产阶级革命运动密切联系在一起的。

在研究俄国村社的过程中，马克思恩格斯进一步深化了对无产阶级革命运动和民族解放运动的认识。一方面，西欧无产阶级革命要取得成功，首先必须爆发推翻沙皇专制制度这个欧洲现存秩序最后堡垒的俄国革命；而没有西欧无产阶级革命的胜利和帮助，俄国就不可能在农村公社基础上进入更高形态的社会。同时，俄国革命与西欧无产阶级革命的相互补充，在推翻沙皇专制制度和使西欧国家无产阶级革命获得胜利的同时，也会给受沙皇俄国以及西欧资本主义剥削压迫的国家的民族解放运动以极大的推动。另一方面，正如恩格斯强调的那样："一个民族当它还在压迫其他民族的时候，是不可能获得自由的。"① 俄国革命和西欧无产阶级革命不仅有利于被压迫民族国家获得解放，也有利于俄国和西欧资本主义国家国内各族人民获得解放，从而使俄国和西欧资本主义国家获得真正的解放。总之，俄国革命与西欧无产阶级革命的相互补充的思想，进一步深化了马克思主义关于东西方革命互补和在世界范围内建立无产阶级同盟军的思想，具有重要的理论和实践价值。

在实践中，世界范围内尤其是东方国家的民族解放运动和无产阶级革命运动的兴起和发展与马克思恩格斯"论东方村社"有着密切的关系。在马克思主义的指导下，在以列宁为首的布尔什维克的领导下，俄国爆发了十月革命，率先在东方国家建立了世界上第一个社会主义国家。而这与马克思主义在俄国的普及和发展，尤其是马克思恩格斯"论东方村社"在俄国的具体运用密切相关。十月革命的胜利和苏联的建立对于世界范围内被压迫民族的民族解放运动和无产阶级革命运动是一个巨大的推动。例如，俄国在十月革命后首先宣布废除对中国的一切不平等条约，苏联成立后更是一再宣布废除沙皇俄国在华的一切特权，并帮助中国开展反抗殖民主义列强的革命。这些都极大地鼓舞和推动了包括中国在内的被压迫国家开展民族解放运动，也推动了马克思主义在这些国家的传播和接受。

---

① 《马克思恩格斯文集》第1卷，北京：人民出版社2009年版，第696页。

在此背景下，以中国为代表的东方被压迫国家，运用马克思主义来指导民族解放运动和无产阶级革命运动，而马克思恩格斯"论东方村社"也发挥了重要的作用。中国在争取民族解放运动的过程中，马克思恩格斯关于中国问题的论述，尤其是讴歌中国人民反抗西方殖民主义侵略、争取民族解放的文章首先得到翻译并在全国范围内广泛传播。抗日战争期间，马克思恩格斯关于中国革命的论述对于鼓舞和指导中国人民反抗日本帝国主义的侵略，争取民族解放运动发挥了重要作用。

概言之，马克思恩格斯"论东方村社"，尤其是关于无产阶级革命运动和民族解放运动、东方革命和西欧革命互补的认识，对于东方国家开展民族解放运动和无产阶级革命运动产生了重要影响。

二 "论东方村社"是解决不发达问题的理论源头

第二次世界大战后，广大第三世界国家纷纷取得民族独立和人民解放，政治上摆脱了对帝国主义国家的依附。其中，以中国为代表的一些第三世界国家，更是在本国共产党的领导下，在实现民族独立的过程中逐渐走上了社会主义道路。但是，现实情况是，在政治上实现民族独立的广大第三世界国家并没有获得真正的独立。由于广大第三世界国家历史上长期遭受西方帝国主义国家残酷剥削和掠夺，导致其经济发展水平十分低下，而且处于资本主义世界经济体系产业链的最底端，仍然不得不依附于以美国为首的发达资本主义国家。因此，解决不发达现状、实现自身发展，进而真正实现民族的完全独立，成为摆在广大第三世界国家面前的第一要务。在此背景下，以阿明、多斯桑托斯、沃勒斯坦为代表的"新马克思主义"迅速兴起，提出了"依附"理论和"世界体系"理论等重要思想，在世界范围内产生了重要影响。而马克思恩格斯"论东方村社"在一定程度上构成了上述理论的直接理论源头，为广大第三世界国家解决不发达问题，实现自身发展提供了重要的理论支撑。

第一，马克思恩格斯"论东方村社"为广大第三世界国家解决不发达问题，实现以工业化和市场化为核心的现代化提供了重要的理论支撑。在《给维·伊·查苏利奇的复信》中，为了反驳西欧资本主义制度的俄国崇拜者认为俄国必须经过资本主义发展道路的论调，马克思根据俄国经济社会发展的事实指出："如果资本主义制度的俄国崇拜者要否认这种进化的理论上的可能性，那我要向他们提出这样的问题：俄国为了采用机器、轮船、铁路等等，是不是一定要像西方那样先经过一段很长的机器工业的孕育期呢？同时也请他们给我说明：他们怎么能够把西方需要几个世纪才建立起来的一整套交换机构（银行、信用公司等等）一下子就引进到自己这里来呢？"①这一说法在给查苏利奇的复信中一共先后出现了三次，其中初稿中出现了两次，二稿中出现了一次。②显然，马克思在提出俄国可以跨越资本主义发展阶段的同时，也提出了建立和发展以机器、轮船、铁路为代表的现代工业体系和以银行、信用公司为代表的现代市场体系对于俄国实现跨越式发展的重要意义，也表明了工业化和市场化是经济文化落后的国家必须经历的发展历程。这里，马克思明确提出了经济落后国家实现工业化和市场化的两个重要途径：一是要积极引进西方资本主义国家的先进的科技文化成果，为我所用；二是不能仅跟在西方国家后面亦步亦趋、简单照搬西方国家发展道路过程中所经历的各个步骤，要勇于和敢于利用国内外有利条件实现跨越式发展。

　　第二次世界大战后，广大第三世界国家在解决不发达问题、实现自身独立自主发展过程中所面临的重要瓶颈就是工业化和市场化，以及与之密切相关的科学技术的发展。这在于，要最终实现工业化和市场化，没有先进的科学技术的支撑无异于天方夜谭。工业化是现代化的一个重要经济特征，是指社会的产业结构从以农业为主向以工业为主的结构过渡，确立机器生产的大工业的社会生产方式。市场化是现代化的又一重要经济特征，是指人类社会的经济类型已经完成了从自然经济向商品经济的过渡，并发展到商品经济的高级阶段即市场经济阶段，可以凭借市

---

① 《马克思恩格斯文集》第3卷，北京：人民出版社2009年版，第571页。
② 参见《马克思恩格斯文集》第3卷，北京：人民出版社2009年版，第571、575页；《马克思恩格斯全集》第25卷，北京：人民出版社2001年版，第472页。

场的机制来实现资源的优化配置。广大第三世界国家要实现工业化和市场化，就必须从以农业经济为主导的社会过渡到以工业经济为主导的社会、从以自然经济为主导的社会过渡到以商品经济和市场经济为主导的社会。而马克思恩格斯"论东方村社"直接为广大第三世界国家实现以工业化和市场化为主导的现代化提供了重要的理论支撑。例如，马克思恩格斯一再强调以俄国为代表的经济落后国家可以大力吸收、借鉴和引进同处于世界历史中的西方资本主义国家的先进科学技术，进行大规模的生产力移植；经济落后国家可以积极利用国内外有利条件实现跨越式发展的思想，等。概言之，马克思恩格斯"论东方村社"直接开启了广大第三世界国家解决不发达问题的理论先河。

第二，马克思恩格斯"论东方村社"构成了"依附"理论和"世界体系"理论的直接理论源头，而后者也在一定程度上丰富和发展了马克思恩格斯"论东方村社"。二战后，为了解决第三世界国家的不发达问题，新马克思主义者对之进行了深入的研究，提出了一系列重要的思想。其中，最有代表性、影响最大的是多斯桑托斯等人提出的依附理论和沃勒斯坦等人提出的世界体系理论。

依附理论是在马克思恩格斯提出的"三个从属于"理论的基础上发展起来的，并在新的历史条件下丰富和发展了后者。早在1848年《共产党宣言》中，马克思恩格斯就指出："资产阶级使农村屈服于城市的统治。它创立了巨大的城市，使城市人口比农村人口大大增加起来，因而使很大一部分居民脱离了农村生活的愚昧状态。正像它使农村从属于城市一样，它使未开化和半开化的国家从属于文明的国家，使农民的民族从属于资产阶级的民族，使东方从属于西方。"① 这也是我们通常所说的"三个从属于"的思想，构成了依附论的重要理论来源。在论述东方村社的过程中，马克思恩格斯一再强调以印度为代表的殖民地国家对其宗主国英国等西方殖民主义国家的依附。马克思指出："在大不列颠本国现在的统治阶级还没有被工业无产阶级取代以前，或者在

---

① 《马克思恩格斯文集》第2卷，北京：人民出版社2009年版，第36页。

印度人自己还没有强大到能够完全摆脱英国的枷锁以前，印度人是不会收获到不列颠资产阶级在他们中间播下的新的社会因素所结的果实的。"① 也就是说，印度社会的发展不仅取决于印度社会自身，还在一定程度上取决于英国社会的发展状况，尤其是英国工业无产阶级能否取代资产阶级的统治。显然，在世界历史条件下，在殖民主义二重性的作用下，东方国家在一定程度上仍然依附于西欧资本主义国家。

依附论是在拉丁美洲产生并发展起来的，是研究当代资本主义积累运动在不发达国家的特殊表现形式的一种理论，其代表性著作有阿明的《不平等的发展》、弗兰克的《资本主义和拉丁美洲的不发达》、多斯桑托斯的《帝国主义与依附》以及卡多索和法莱托合著的《拉丁美洲的依附与发展》等。虽然各国学者对于依附理论的理解不尽相同，但他们还是在一些重要观点上达成了一定的共识。其中，依附不单是指经济依附，而是一个反映发达国家和发展中国家不平等关系的总体性概念，涉及政治、经济、文化等各个方面。依附理论通常使用的理论公式是"外围——中心论"，强调世界被分为中心国家和外围国家。广大第三世界国家是典型的外围国家，依附于中心的发达国家。同时，由于中心与外围之间国际地位的不平等，导致中心与外围之间的差距越来越严重。显然，依附论是在马克思恩格斯"三个从属于"思想的基础上发展起来的，并在新的历史条件下丰富和发展了后者。

世界体系理论是在马克思恩格斯提出的世界历史思想的基础上发展起来的，并在新的历史条件下丰富和发展了后者。"世界历史"思想是马克思在《1844年经济学哲学手稿》中首先提出来的，并由马克思恩格斯在《德意志意识形态》和《共产党宣言》中进一步阐明和深化。在研究东方村社的过程中，马克思恩格斯一直以世界历史作为重要的方法论和理论框架，将俄国、中国和印度等东方国家放入世界历史框架中加以研究。在研究俄国村社的过程中，马克思恩格斯一再强调俄国要在农村公社的基础上进入更高形态的社会的一个重要前提是俄国没有脱离

---

① 《马克思恩格斯文集》第2卷，北京：人民出版社2009年版，第690页。

世界历史而存在。同时，俄国要想在农村公社基础上进入更高形态的社会，就必须积极参与世界历史进程，充分利用与西欧资本主义国家同处于世界历史的有利条件，积极吸收西欧资本主义的先进科学技术，并通过俄国革命推动西欧无产阶级革命的爆发，进而推动俄国实现跨越式发展。

沃勒斯坦在《现代世界体系》三卷本中详细阐述了世界体系理论，强调资本主义世界体系从16世纪开始形成到现在都是由中心区、半边缘区和边缘区三个部分组成的，是一个庞大的经济网络，却没有一个统一的政治中心。而伴随着世界体系的最重要的特征就是不平等和依附，"中心——半边缘——边缘"的层级结构表明了世界经济体的极端不平等性。从现实情况来划分，以美国为首的发达国家居于体系的"中心"，一些中等发达程度的国家属于体系的"半边缘"，广大第三世界国家只能处于体系的"边缘"。广大第三世界国家不仅要接受"中心"国家的剥削和掠夺，还要接受"半边缘"国家的剥削和掠夺，仍然处于世界经济体系的最底端。这里，中心、半边缘和边缘国家并不是固定不变的，在资本主义世界体系下也是可以发展改变的。显然，世界体系理论直接起源于马克思恩格斯的世界历史思想，又根据实践的发展、尤其是二战后广大第三世界国家纷纷赢得民族独立后所遭遇的发展难题丰富和发展了世界历史思想。

总之，马克思恩格斯"论东方村社"在为广大第三世界国家解决不发达问题、实现自身发展提供理论支撑和指导的过程中，自身也得到了丰富和发展。这也证明了马克思"论东方村社"是一个开放的理论体系，是随着实践的发展而不断向前发展的。

三 "论东方村社"是坚定社会主义信心的科学指南

在20世纪，社会主义由理想变成了现实、从行动变成了制度，以俄国、中国为代表的许多国家纷纷进入社会主义社会。但这些国家都具有一个共同的特征，即都是经济文化相对落后的国家。相对于资本主义国家，社会主义国家从成立至今，一直处于相对弱势的地位，处于资本主义世界体系包围之中。因此，现时代走上社会主义的经济文化相对落后国家如何坚持、巩固和发展社会主义，并最终进入共产主义，成为摆在我们面前的一个高难度的历史课题。而马克思恩格斯"论东方村社"的许多思想恰好有利于回应这一重要课题。

第一，已经进入社会主义的经济文化落后国家要充分认识到自己走上社会主义道路的合理性和合法性。我们不能轻信一些西方学者或西化学者的看法，认为现今的社会主义没有建立的合法性，应该改旗易帜，回到资本主义社会。例如，以梅恩和魏特夫为代表的一些西方学者都坚持从资产阶级利益出发，强调东方国家村社的落后性及东方国家专制主义的一面，从根本上说是为西方国家的殖民侵略寻找合法性依据服务的。但不可否认的是，东方国家历史上确实存在着严重的专制主义的传统，这种传统现在仍在一定程度上影响着这些国家的发展和进步，也给苏联和中国的社会主义建设造成过灾难性的影响，值得我们警惕和深思。同时，20世纪80年代末90年代初发生的苏东剧变，使世界范围内的社会主义运动遭受了严重的挫折的同时，也为西方资产阶级学者攻击马克思主义和社会主义提供了重要的"事实"根据。在此背景下，西方关于社会主义是"早产儿"、不符合历史发展的规律、必然要灭亡重新回到资本主义，资本主义才是人类社会历史发展的最高阶段和永恒阶段等论调更是甚嚣尘上。

一方面，我们必须坚持从无产阶级的立场、观点和方法出发，**警惕和反对西方资产阶级学者从其阶级立场出发，对东方国家历史进行污蔑**进而为西方殖民入侵或再殖民寻找合法性，以及否定和反对东方国家率先进入社会主义的合理性和合法性的情况的发生。我们还必须运用马克思主义关于社会发展理论和社会发展规律的原理，来论述像中国这样的经济文化相对落后的国家率先进入社会主义社会的合理性和合法性，并坚信社会主义胜利的历史必然性。事实上，社会主义在东方首先胜利并不违反历史规律，而是有其历史必然性和合理性的。在某种意义上，以中国和印度为代表的东方国家是被西方资本主义国家所开创的世界历史裹挟进去的，世界历史在促使这些国家不得不与外部发生日益紧密的联系时，也激化了这些长期封闭自守的东方国家与西欧资本主义国家的矛盾，同时激化了这些国家的内部早已存在的种种社会矛盾。在这些矛盾的作用下，20世纪初，东方国家成为资本主义世界体系中最为薄弱的一环。而这时的东方国家在世界历史中已经不完全处于被动地位，而是积极主动地参与和创造世界历史的进程，并充分利用国内外矛盾，率先进入社会主义社会。这不仅不违反客观规律，而且是符合人类社会发展规律的。而社会主义在苏东的失败，也不意味着社会主义的失败。在人类历史发展的长河中，任何先进的社会制度的发展确立都要经过一个长期反复的过程。例如，资本主义制度运用了数百年的时间才在世界范围内战胜封建主义制度。而社会主义在探索中前进，即便是暂时遭受了一些挫折，也不能证明是社会主义的失败。在现实中，以中国为代表的社会主义国家坚持走本国特色社会主义的道路，取得了举世瞩目的成就，更是证明了社会主义的强大生命力。概言之，无论是东方国家率先进入社会主义社会，还是苏联东欧国家发生剧变，都凸显了社会发展规律的辩证特征，证明了人类社会的发展是普遍性和特殊性、渐进性和跨越性、前进性和曲折性的统一。

另一方面，我们必须运用阶级分析法对东方专制主义及其在现实生活中的残余进行深刻的剖析和批判，消除东方专制主义的传统，反对那些过分强调东方国家的特殊国情、进而为东方国家历史上的专制主义作论证和服务情况的发生。不可否认的是，现实中的社会主义国家都是从经济文化相对落后、专制主义传统相对浓厚的国情下直接进入社会主义社会的。这就导致了这些国家的专制主义传统还没有完全消除，尤其是中国这样具有长期专制传统的国家。因此，我们必须要大力发展社会主义民主、加强社会主义法制建设。只有通过民主和法制建设，实现民主的制度化和法律化，使民主法治的观念深入人心，真正让人民群众当家做主，才能逐渐消除现实生活中存在着的专制主义传统，才能有效地防止像苏联东欧国家那样发生社会主义倒退的情况，才能将世界范围内的社会主义和中国特色社会主义事业不断推向前进。

第二，已经走上社会主义的经济文化相对落后国家，也必须虚心向资本主义国家学习，积极吸收利用发达资本主义国家先进的生产力和科学技术以及管理经验，大力开展生产力移植，发展商品经济，实现跨越式发展，在学习资本主义的过程中战胜资本主义，从而为坚持、巩固和发展社会主义，以及最终实现共产主义奠定坚实的物质基础。恩格斯明确提出了在一定条件下生产力可以移植、实现跨越式发展的思想，为经济文化落后国家走非欧发展道路提供了直接的理论依据。他在1886年2月8日给丹尼尔逊的信指出："近三十年在全世界表明，即使在至今还是纯农业的国家里，现代工业的巨大生产力也可以在多么短的期间里移植过去，并且牢牢地扎下根子，而且随这一过程而来的现象到处都在重现。"① 也就是说，生产力落后国家可以在短时间内移植现代工业的巨大生产力，而且这一"移植"是普遍现象。这对于落后国家吸收借鉴和移植发达国家的先进生产力，实现跨越式发展具有重要意义。

总之，马克思恩格斯"论东方村社"具有重要的理论意义和实践价值，并在过去的百余年间中发挥了巨大的历史作用。只有在无产阶级总体活动的实践中，在社会主义革命、建设和改革的伟大征程中，我们才能将马克思恩格斯"论东方村社"不断推向前进。

---

① 《马克思恩格斯全集》第36卷，北京：人民出版社1974年版，第429页。

第四部分 经典著作选编

为了便于读者和研究者更准确、更全面地理解和把握马克思恩格斯"论东方村社",我们特意对马克思恩格斯"论东方村社"的重要文献进行了摘编,主要包括马克思恩格斯论社会形态和东方村社等问题文献摘编、马克思恩格斯论俄国村社文献摘编、马克思恩格斯论中国问题文献摘编和马克思恩格斯论印度村文献摘编等内容。

马克思恩格斯论社会形态和农村公社等问题文献摘编

一 马克思恩格斯论社会形态文献摘编

卡·马克思和弗·恩格斯
《德意志意识形态》（节选）①

1845年秋—1846年5月

分工的各个不同发展阶段，同时也就是所有制的各种不同形式。这就是说，分工的每一个阶段还决定个人在劳动材料、劳动工具和劳动产品方面的相互关系。

第一种所有制形式是部落［Stamm］② 所有制。这种所有制与生产的不发达阶段相适应，当时人们靠狩猎、捕鱼、畜牧，或者最多靠耕作为生。在人们靠耕作为生的情况下，这种所有制是以有大量未开垦的土地为前提的。在这个阶段，分工还很不发达，仅限于家庭中现有的自然

---

① 本节选自《马克思恩格斯文集》第1卷，北京：人民出版社2009年版，第521—523页。

② 马克思和恩格斯使用的术语Stamm，在本文中译为"部落"。在19世纪中叶的历史科学中，这个术语的含义比现在广泛。它是指渊源于共同祖先的人们的共同体，包括近代所谓的"氏族"和"部落"。美国的民族学家路·亨·摩尔根在其主要著作《古代社会》（1877年）中第一次把"氏族"和"部落"这两个概念区分开来，并下了准确的定义。摩尔根指明，氏族是原始公社制度的基层单位，从而为原始社会的全部历史奠定了科学的基础。恩格斯在《家庭、私有制和国家的起源》（见《马克思恩格斯文集》第4卷）一书中总结了摩尔根的这些发现，全面地解释了氏族和部落这两个概念的内容。——译者注

形成的分工的进一步扩大。因此，社会结构只限于家庭的扩大：父权制的部落首领，他们管辖的部落成员，最后是奴隶。潜在于家庭中的奴隶制，是随着人口和需求的增长，随着战争和交易这种外部交往的扩大而逐渐发展起来的。

第二种所有制形式是古典古代的公社所有制和国家所有制。这种所有制首先是由于几个部落通过契约或征服联合为一个**城市**而产生的。在这种所有制下仍然保存着奴隶制。除公社所有制以外，动产私有制以及后来的不动产私有制已经发展起来，但它们是作为一种反常的、从属于公社所有制的形式发展起来的。公民仅仅共同拥有支配自己那些做工的奴隶的权力，因此受公社所有制形式的约束。这是积极公民的一种共同私有制，他们面对着奴隶不得不保存这种自然形成的联合方式。因此，建筑在这个基础上的整个社会结构，以及与此相联系的人民权力，随着私有制，特别是不动产私有制的发展而逐渐趋向衰落。分工已经比较发达。城乡之间的对立已经产生，后来，一些代表城市利益的国家同另一些代表乡村利益的国家之间的对立出现了。在城市内部存在着工业和海外贸易之间的对立。公民和奴隶之间的阶级关系已经充分发展。

随着私有制的发展，这里第一次出现了这样的关系，这些关系我们在考察现代私有制时还会遇见，不过规模更为巨大而已。一方面是私有财产的集中，这种集中在罗马很早就开始了（李奇尼乌斯土地法[①]就是证明），从内战[②]发生以来，尤其是在帝政时期，发展得非常迅速；另一方面是由此而来的平民小农向无产阶级的转化，然而，后者由于处于有产者公民和奴隶之间的中间地位，并未获得独立的发展。

第三种形式是封建的或等级的所有制。古代的起点是**城市**及其狭小

---

① 李奇尼乌斯土地法是公元前367年在古罗马通过的一项法律，又称李奇尼乌斯法。该法律对于把公有地转交个人使用的权利作了某种限制，并规定撤销部分债务。该法反对大土地占有制，反对扩大贵族的特权，反映了平民的经济地位和政治地位有所加强。根据罗马的传统说法，该法是罗马护民官李奇尼乌斯和塞克斯蒂乌斯制定的。——译者注

② 内战指在罗马发生的内战，通常是指罗马统治阶级各集团之间从公元前2世纪末至公元前30年持续进行的斗争。这些内战连同日益尖锐的阶级矛盾和奴隶起义加速了罗马共和国的衰亡，并导致罗马帝国的建立。——译者注

的领域，中世纪的起点则是**乡村**。地旷人稀，居住分散，而征服者也没有使人口大量增加，——这种情况决定了起点有这样的变化。因此，与希腊和罗马相反，封建制度的发展是在一个宽广得多的、由罗马的征服以及起初就同征服联系在一起的农业的普及所准备好了的地域中开始的。趋于衰落的罗马帝国的最后几个世纪和蛮族对它的征服本身，使得生产力遭到了极大的破坏；农业衰落了，工业由于缺乏销路而一蹶不振，商业停滞或被迫中断，城乡居民减少了。这些情况以及受其制约的进行征服的组织方式，在日耳曼人的军事制度①的影响下，发展了封建所有制。这种所有制像部落所有制和公社所有制一样，也是以一种共同体为基础的。但是作为直接进行生产的阶级而与这种共同体对立的，已经不是与古典古代的共同体相对立的奴隶，而是小农奴。随着封建制度的充分发展，也产生了与城市对立的现象。土地占有的等级结构以及与此相联系的武装扈从制度使贵族掌握了支配农奴的权力。这种封建结构同古典古代的公社所有制一样，是一种联合，其目的在于对付被统治的生产者阶级；只是联合的形式和对于直接生产者的关系有所不同，因为出现了不同的生产条件。

在**城市**中与这种土地占有的封建结构相适应的是同业公会所有制，即手工业的封建组织。在这里财产主要在于个人的劳动。联合起来反对成群搭伙的掠夺成性的贵族的必要性，在实业家同时又是商人的时期对公共商场的需要，流入当时繁华城市的逃亡农奴的竞争的加剧，全国的封建结构，——所有这一切产生了**行会**；个别手工业者逐渐积蓄起少量资本，而且在人口不断增长的情况下他们的人数没有什么变动，这就使得帮工制度和学徒制度发展起来，而这种制度在城市里产生了一种和农村等级制相似的等级制。

这样，封建时代的所有制的主要形式，一方面是土地所有制和束缚于土地所有制的农奴劳动，另一方面是拥有少量资本并支配着帮工劳动

---

① 在恩格斯的《家庭、私有制和国家的起源》（见《马克思恩格斯文集》第4卷）以及《法兰克时代》（见《马克思恩格斯全集》中文第2版第25卷）中均有关于日耳曼人军事制度的论述。——译者注

的自身劳动。这两种所有制的结构都是由狭隘的生产关系——小规模的粗陋的土地耕作和手工业式的工业——决定的。在封建制度的繁荣时代，分工是很少的。每一个国家都存在着城乡之间的对立；等级结构固然表现得非常鲜明，但是除了在乡村里有王公、贵族、僧侣和农民的划分，在城市里有师傅、帮工、学徒以及后来的平民短工的划分之外，就再没有什么大的分工了。在农业中，分工因土地的小块耕作而受到阻碍，与这种耕作方式同时产生的还有农民自己的家庭工业；在工业中，各手工业内部根本没有实行分工，而各手工业之间的分工也是非常少的。在比较老的城市中，工业和商业早就分工了；而在比较新的城市中，只是在后来当这些城市彼此发生了关系的时候，这样的分工才发展起来。

比较广大的地区联合为封建王国，无论对于土地贵族或城市来说，都是一种需要。因此，统治阶级的组织即贵族的组织到处都在君主的领导之下。

卡·马克思
《〈政治经济学批判〉导言》（节选）①

写于 1857 年 8 月下旬

资产阶级社会是最发达的和最多样性的历史的生产组织。因此，那些表现它的各种关系的范畴以及对于它的结构的理解，同时也能使我们透视一切已经覆灭的社会形式的结构和生产关系。资产阶级社会借这些社会形式的残片和因素建立起来，其中一部分是还未克服的遗物，继续在这里存留着，一部分原来只是征兆的东西，发展到具有充分意义，等等。人体解剖对于猴体解剖是一把钥匙。反过来说，低等动物身上表露的高等动物的征兆，只有在高等动物本身已被认识之后才能理解。因此，资产阶级经济为古代经济等等提供了钥匙。但是，决不是像那些抹

---

① 本节选自《马克思恩格斯文集》第 8 卷，北京：人民出版社 2009 年版，第 29—30 页。

杀一切历史差别、把一切社会形式都看成资产阶级社会形式的经济学家所理解的那样。人们认识了地租，就能理解代役租、什一税等等。但是不应当把它们等同起来。

其次，因为资产阶级社会本身只是发展的一种对立的形式，所以，那些早期形式的各种关系，在它里面常常只以十分萎缩的或者完全歪曲的形式出现。公社所有制就是个例子。因此，如果说资产阶级经济的范畴适用于一切其他社会形式这种说法是对的，那么，这也只能在一定意义上来理解。这些范畴可以在发展了的、萎缩了的、漫画式的种种形式上，总是在有本质区别的形式上，包含着这些社会形式。所说的历史发展总是建立在这样的基础上的：最后的形式总是把过去的形式看成是向着自己发展的各个阶段，并且因为它很少而且只是在特定条件下才能够进行自我批判——这里当然不是指作为崩溃时期出现的那样的历史时期——，所以总是对过去的形式作片面的理解。基督教只有在它的自我批判在一定程度上，可说是在可能范围内完成时，才有助于对早期神话作客观的理解。同样，资产阶级经济学只有在资产阶级社会的自我批判已经开始时，才能理解封建的、古代的和东方的经济。在资产阶级经济学没有用编造神话的办法把自己同过去的经济完全等同起来时，它对于以前的经济，特别是它曾经还不得不与之直接斗争的封建经济的批判，是与基督教对异教的批判或者新教对旧教的批判相似的。

卡·马克思
《政治经济学批判（1857—1858年手稿）》（节选）①

[资本主义生产以前的各种形式]

[亚细亚的所有制形式]

在这种土地所有制的第一种形式中，第一个前提首先是自然形成的

---

① 本节选自《马克思恩格斯文集》第8卷，北京：人民出版社2009年版，第122—130页。

共同体。家庭和扩大成为部落①的家庭，或通过家庭之间互相通婚［而组成的部落］，或部落的联合。因为我们可以设想，**游牧**，总而言之**迁徙**，是生存方式的最初的形式，部落不是定居在一定的地方，而是哪里有牧草就往哪里放牧（人类不是生来就定居的；除非在特别富饶的自然环境里，人才有可能像猿猴那样栖息在某一棵树上，否则总是像野兽那样到处游荡），所以，**部落共同体**，即天然的共同体，并不是**共同占有**（暂时的）和利用**土地**的结果，而是**其前提**。

一旦人类终于定居下来，这种原始共同体就将随种种外界的，即气候的、地理的、物理的等等条件，以及他们的特殊的自然性质——他们的部落性质——等等，而或多或少地发生变化。自然形成的部落共同体，或者也可以说群体——血缘、语言、习惯等等的共同性，是人类**占有**他们生活的**客观条件**，占有那种再生产自身和使自身对象化的活动（牧人、猎人、农人等的活动）的**客观条件**的第一个前提。

土地是一个大实验场，是一个武库，既提供劳动资料，又提供劳动材料，还提供共同体居住的地方，即共同体的**基础**。人类素朴天真地把**土地当做共同体的财产**，而且是在活劳动中生产并再生产自身的共同体的**财产**。每一个单个的人，只有作为这个共同体的一个肢体，作为这个共同体的成员，才能把自己看成**所有者**或**占有者**。

---

① 氏族（或部落）的原文是"Stamm"，这一术语在19世纪中叶的历史科学中含义比现在要广，它表示渊源于同一祖先的人们的共同体，包括近代所谓的"氏族"（Gens）和"部落"（Stamm）两个概念。另外，马克思关于原始社会和早期部落制中家庭关系的观点，即认为人们最初先是形成为"家庭"，然后从家庭发展和扩大而成为"氏族"，也是沿用当时历史科学中的观点。美国的著名民族学家路·亨·摩尔根在《古代社会》（1877年）中第一次把"氏族"和"部落"区分开来，并下了准确的定义，第一次阐明了氏族作为原始公社制度的主要基层单位的意义。瑞士历史学家约·雅·巴霍芬的《母权论》（1861年）也在古代社会和民族学的研究方面作出了新贡献。马克思和恩格斯后来吸收了这些新研究成果，从马克思对摩尔根著作的摘录中可以看出他关于氏族和家庭之间关系的新观点，即氏族是以血缘为基础的人类社会的原始形式，氏族纽带的解体，才发展起各种形式的家庭。恩格斯在1884年写的《家庭、私有制和国家的起源》（见《马克思恩格斯文集》第4卷）中全面阐述了这些新见解。恩格斯还为《资本论》第一卷第十二章（见《马克思恩格斯文集》第5卷第407页）加了关于氏族和家庭的关系的脚注（50a）。——译者注

通过劳动过程而实现的实际**占有**是在这样一些**前提下**进行的，这些**前提**本身并不是劳动的**产物**，而是表现为劳动的自然的或**神授的**前提。这种以同一基本关系为基础的形式，本身可以以十分不同的方式实现。例如，跟这种形式完全不矛盾的是，在大多数**亚细亚**的基本形式中，凌驾于所有这一切小的共同体之上的**总合的统一体**表现为**更高的所有者**或**唯一的所有者**，因而实际的公社只不过表现为**世袭的**占有者。因为这种**统一体**是实际的所有者，并且是公共财产的实际前提，所以统一体本身能够表现为一种凌驾于这许多实际的单个共同体之上的**特殊东西**，而在这些单个的共同体中，各个个别的人事实上失去了财产，或者说，财产——即单个的人把劳动和再生产的**自然**条件看做属于他的条件，看做他的主体的以无机自然形式存在的客观躯体这样一种关系——对这个别的人来说是间接的财产，因为这种财产，是由作为这许多共同体之父的专制君主所体现的总的统一体，以这些特殊的公社为中介而赐予他的。因此，剩余产品——其实，这在立法上被规定为通过劳动而实际占有的成果——不言而喻地属于这个最高的统一体。

因此，在东方专制制度下以及那里从法律上看似乎并不存在财产的情况下，这种部落的或公社的财产事实上是作为基础而存在的，这种财产大部分是在小公社范围内通过手工业和农业相结合而创造出来的，因此，这种公社完全能够自给自足，而且在自身中包含着再生产和扩大生产的一切条件。公社的一部分剩余劳动属于最终作为一个**个人**而存在的更高的共同体，而这种剩余劳动既表现在贡赋等等的形式上，也表现在为了颂扬统一体——部分地是为了颂扬现实的专制君主，部分地为了颂扬想象的部落体即神——而共同完成的工程上。

这类公社财产，只要它在这里确实是在劳动中实现的，就或是可能这样表现出来：各个小公社彼此独立地勉强度日，而在公社内部，单个的人则同自己的家庭一起，独立地在分配给他的份地上从事劳动（必须有一定量的劳动，一方面用于**公共储备**，可以说是为了**保险**，另一方面，用于**支付共同体本身的费用**，即用于战争、祭祀等等；正是在这种情况下，例如在斯拉夫公社、罗马尼亚公社等等地方，才第一次出现最原始意义上的领主的财产支配权。在这里奠定了向徭役制过渡的基础等等）；或是可能这样表现出来：统一体能够使劳动过程本身具有共同性，这种共同性能够成为整套制度，例如在墨西哥，特别是在秘鲁，在古代凯尔特人那里，在印度的某些部落中就是这样。

其次，部落体内部的共同性还可能这样表现出来：统一体或是由部落中一个家庭的首领来代表，或是表现为各个家长彼此间的联系。与此相应，这种共同体的形式就或是较为专制的，或是较为民主的。在这种情况下，那些通过劳动而实际占有的共同的条件，如在亚细亚各民族中起过非常重要作用的**灌溉渠道**，还有交通工具等等，就表现为更高的统一体，即凌驾于各小公社之上的专制政府的事业。在这里，与这些乡村并存，真正的城市只是在特别适宜于对外贸易的地方才形成起来，或者只是在国家首脑及其地方总督把自己的收入（剩余产品）同劳动相交换，把收入作为劳动基金来花费的地方才形成起来。

[古代的所有制形式]

[所有制的]第二种形式——它也像第一种形式一样，曾经在地域上、历史上等等发生一些重大的变化——是原始部落更为动荡的历史生活、各种遭遇以及变化的产物，它也要以**共同体**作为第一个前提，但不像在第一种情况下那样：共同体是实体，而个人则只不过是实体的偶然因素，或者是实体的纯粹自然形成的组成部分。这第二种形式不是以土地作为自己的基础，而是以城市作为农民（土地所有者）的已经建立的居住地。耕地表现为城市的领土；而不是［像在第一种形式中那样］村庄表现为土地的单纯附属物。

土地本身，无论它的耕作、它的实际占有会有多大障碍，也并不妨碍把它当做活的个体的无机自然，当做他的工作场所，当做主体的劳动资料、劳动对象和生活资料。一个共同体所遭遇的困难，只能是由其他共同体引起的，后者或是先已占领了土地，或是到这个共同体已占领的土地上来骚扰。因此，战争就或是为了占领生存的客观条件，或是为了保护并永久保持这种占领所要求的巨大的共同任务，巨大的共同工作。因此，这种由家庭组成的公社首先是按军事方式组织起来的，是军事组织和军队组织，而这是公社以所有者的资格而存在的条件之一。住处集中于城市，是这种军事组织的基础。

部落体本身导致区分为高级的和低级的氏族，这种区别又由于［胜利者］与被征服部落相混合等等而更加发展起来。

公社财产——作为国有财产——即公有地，在这里是和私有财产分开的。在这里，单个人的财产不像在第一种情况下那样，本身直接就是公社财产，在第一种情况下，单个人的财产并不是同公社分开的个人的财产，相反，个人只不过是公社财产的占有者。

单个人的财产在事实上只靠共同劳动来利用——例如像东方的灌溉渠道那样——的可能性越少，部落的纯粹自然形成的性质由于历史的运动、迁徙而受到的破坏越大，部落越是远离自己的原来住地而占领异乡的土地，因而进入全新的劳动条件并使个人的能力得到更大的发展——部落的共同性质越是对外界表现为并且必然表现为消极的统一体——，那么，单个人变成归他和他的家庭单独耕作的那小块土地——单独的小块土地——的**私有者**的条件就越是具备。

公社（作为国家），一方面是这些自由的和平等的私有者间的相互关系，是他们对抗外界的联合，同时也是他们的保障。在这里，公社组织的基础，既在于它的成员是由劳动的土地所有者即拥有小块土地的农民所组成的，也在于拥有小块土地的农民的独立性是由他们作为公社成员的相互关系来维持的，是由确保公有地以满足共同的需要和共同的荣誉等等来维持的。公社成员的身份在这里依旧是占有土地的前提，但作为公社成员，单个的人又是私有者。他把自己的私有财产看做就是土地，同时又看做就是他自己作为公社成员的身份；而保持他自己作为公社成员的身份，也正是保持公社的存在，反过来也一样，等等。虽然公社（在这里它已经是**历史的产物**，不仅在事实上，而且在人们的意识里也是如此，因而是**一个产生出来的东西**）在这里表现为**土地财产**的前提，也就是说，表现为劳动主体把劳动的自然前提看做属于他所有这种关系的前提，但是，这种"属于"是由他作为国家成员的存在作中介的，是由国家的存在，因而也是由那被看做神授之类的**前提**作中介的。

集中于城市而以周围土地作为领土；为直接消费而从事劳动的小农业；作为妻女家庭副业的那种手工业（纺和织），或仅在个别生产部门才独立起来的手工业（fabri① 等等）。

这种共同体继续存在的前提，是组成共同体的那些自由而自给自足的农民之间保持平等，以及作为他们的财产继续存在的条件的本人劳动。他们把自己看做劳动的自然条件的所有者；但这些条件还必须不断地通过个人本人的劳动才真正成为个人人格的、即个人本人劳动的条件和客观因素。

另一方面，这个小的军事的共同体的趋向，又促使它越出这些限制等等（罗马、希腊、犹太人等等）。

［日耳曼的所有制形式］

劳动的个人，即自给自足的公社成员，对他们劳动的自然条件的所有制的第三种形式，是**日耳曼**的所有制。在这种所有制形式下，公社成员本身既不像在东方特有的形式下那样是共同财产的共有者（在财产**仅仅**作为公社财产而存在的地方，单个成员本身只是一块特定土地的**占有者**，或是继承的，或不是继承的，因为财产的每一小部分都不属于任何单独的成员，而属于作为公社的直接成员的人，也就是说，属于同公社直接统一而不是同公社有别的人。因此，这种单个的人只是占有者。只有**公共**财产，只有**私人占有**。对**公共**财产的这种占有方式可以发生十分不同的历史的、地域的等等变化，这要看劳动本身是由每一个私人占有者孤立地进行，还是由公社来规定或由凌驾于各个公社之上的统一体来规定）；也不像罗马的、希腊的（简言之，古典古代的）形式下那样，土地为公社所占领，是罗马的土地；一部分土地留给公社本身支配，而不是由公社成员支配，这就是各种不同

---

① fabri（古罗马的匠人），指加工硬质材料的木工、锻工等。——译者注

形式的公有地；另一部分则被分割，而每一小块土地由于是一个罗马人的私有财产，是他的领地，是实验场中属于他的一份，因而都是罗马的土地；但他之所以是罗马人，也只是因为他在一部分罗马的土地上享有这样的主权。

马克思和恩格斯其他著作节选

各个人借以进行生产的社会关系，即**社会生产关系，是随着物质生产资料、生产力的变化和发展而变化和改变的。**生产关系总合起来就构成所谓社会关系，构成所谓社会，并且是构成一个处于一定历史发展阶段上的社会，具有独特的特征的社会。**古典古代**社会、**封建**社会和**资产阶级**社会都是这样的生产关系的总和，而其中每一个生产关系的总和同时又标志着人类历史发展中的一个特殊阶段。

选自马克思：《雇佣劳动和资本》（1847 年 12 月），《马克思恩格斯文集》第 1 卷，北京：人民出版社 2009 年版，第 724 页。

至今一切社会的历史①都是阶级斗争的历史。

选自马克思和恩格斯：《共产党宣言》（1847 年 12 月—1848 年 1 月底），《马克思恩格斯文集》第 2 卷，北京：人民出版社 2009 年版，第 31 页。

人的依赖关系（起初完全是自然发生的），是最初的社会形式，在

---

① 恩格斯在 1888 年英文版上加了一个注："这是指有**文字**记载的全部历史。在 1847 年，社会的史前史、成文史以前的社会组织，几乎还没有人知道。后来，哈克斯特豪森发现了俄国的土地公有制，毛勒证明了这种公有制是一切条顿族的历史起源的社会基础，而且人们逐渐发现，农村公社是或者曾经是从印度到爱尔兰的各地社会的原始形态。最后，摩尔根发现了**氏族**的真正本质及其对**部落**的关系，这一卓绝发现把这种原始共产主义社会的内部组织的典型形式揭示出来了。随着这种原始公社的解体，社会开始分裂为各个独特的、终于彼此对立的阶级。关于这个解体过程，我曾经试图在《家庭、私有制和国家的起源》（1886 年斯图加特第 2 版）中加以探讨。"

这种形式下，人的生产能力只是在狭小的范围内和孤立的地点上发展着。以**物**的依赖性为基础的人的独立性，是第二大形式，在这种形式下，才形成普遍的社会物质变换、全面的关系、多方面的需要以及全面的能力的体系。建立在个人全面发展和他们共同的、社会的生产能力成为从属于他们的社会财富这一基础上的自由个性，是第三个阶段。第二个阶段为第三个阶段创造条件。因此，家长制的，古代的（以及封建的）状态随着商业、奢侈、**货币、交换价值**的发展而没落下去，现代社会则随着这些东西同步发展起来。

　　选自马克思：《政治经济学批判（1857—1858年手稿）》，《马克思恩格斯文集》第8卷，北京：人民出版社2009年版，第52页。

　　我们判断一个人不能以他对自己的看法为根据，同样，我们判断这样一个变革时代也不能以它的意识为根据；相反，这个意识必须从物质生活的矛盾中，从社会生产力和生产关系之间的现存冲突中去解释。无论哪一个社会形态，在它所能容纳的全部生产力发挥出来以前，是决不会灭亡的；而新的更高的生产关系，在它的物质存在条件在旧社会的胎胞里成熟以前，是决不会出现的。所以人类始终只提出自己能够解决的任务，因为只要仔细考察就可以发现，任务本身，只有在解决它的物质条件已经存在或者至少是在生成过程中的时候，才会产生。大体说来，亚细亚的、古希腊罗马的、封建的和现代资产阶级的生产方式可以看做是经济的社会形态演进的几个时代。资产阶级的生产关系是社会生产过程的最后一个对抗形式，这里所说的对抗，不是指个人的对抗，而是指从个人的社会生活条件中生长出来的对抗；但是，在资产阶级社会的胎胞里发展的生产力，同时又创造着解决这种对抗的物质条件。因此，人类社会的史前时期就以这种社会形态而告终。

　　选自马克思：《〈政治经济学批判〉序言》（1859年），《马克思恩格斯文集》第2卷，北京：人民出版社2009年版，第592页。

自从文明时代开始以来所经过的时间，只是人类已经经历过的生存时间的一小部分

（而且只是很小的一部分），

只是人类将要经历的生存时间的一小部分。社会的瓦解，即将成为以财富为唯一的最终目的的那个历程的终结，因为这一历程包含着自我消灭的因素……这（即更高级的社会制度）将是古代氏族的自由、平等和博爱的复活，但却是在更高级形式上的复活。

选自马克思：《路易斯·亨·摩尔根〈古代社会〉一书摘录》（1880年底—1881年3月初），《马克思恩格斯全集》第45卷，北京：人民出版社1985年版，第398页。

二 马克思恩格斯论农村公社和东方社会文献摘编

卡·马克思
《马·柯瓦列夫斯基〈公社土地占有制，其解体的原因、进程和结果〉（第一册，1879年莫斯科版）一书摘要》（节选）

1879年秋—1880年夏

[根据印度的法律，**统治者的权力**不得在诸子中**分配**；这样一来，**欧洲封建主义**的主要源泉之一便被堵塞了。]

选自《马克思恩格斯全集》第45卷，北京：人民出版社1985年版，第274页。

由于在印度有"采邑制"、"**公职承包制**"（后者根本不是**封建主义的**，罗马就是证明）和荫庇制，所以柯瓦列夫斯基就认为这是西欧意义上的**封建主义**。**别的不说**，柯瓦列夫斯基忘记了**农奴制**，这种制度并不

存在于印度,而且它是一个基本因素。

> 选自《马克思恩格斯全集》第 45 卷,北京:人民出版社 1985 年版,第 283—284 页。

英属印度的官员们,以及以他们为依据的国际法学家**亨·梅恩爵士**之流,都把旁遮普公社所有制的衰落仅仅说成是**经济进步**的结果(尽管英国人钟爱古老的形式),实际上英国人自己却是造成这种衰落的**主要的**(主动的)**罪人**,——这种衰落又使他们自己受到威胁。

> 选自《马克思恩格斯全集》第 45 卷,北京:人民出版社 1985 年版,第 300 页。

公社团体的瓦解过程,并不以**确立小农所有制**为限,而且不可避免地导致大土地所有制。如上所述,由于与公社毫不相干的**资本家**阶级侵入公社内部,公社的**宗法性质**就消失了,同时公社首领的影响也消失了;一切人反对一切人的战争开始了。

> 选自《马克思恩格斯全集》第 45 卷,北京:人民出版社 1985 年版,第 304 页。

马克思和恩格斯其他著作节选

或者像亚洲的专制制度那样,政治国家只是单个人一己之任意,换句话说,政治国家像物质国家一样,是奴隶。

> 选自马克思:《黑格尔法哲学批判》(1843 年 3 月中—9 月底),《马克思恩格斯全集》第 3 卷,北京:人民出版社 2002 年版,第 43 页。

贝尔尼埃正确地看到,东方(他指的是土耳其、波斯、印度斯坦)一切现象的基础是**不存在土地私有制**。这甚至是了解东方天国的一把真正的钥匙。

选自《马克思致恩格斯》（1853年6月2日），《马克思恩格斯文集》第10卷，北京：人民出版社2009年版，第112页。

不存在土地私有制，的确是了解整个东方的一把钥匙。这是东方全部政治史和宗教史的基础。但是东方各民族为什么没有达到土地私有制，甚至没有达到封建的土地所有制呢？我认为，这主要是由于气候和土壤的性质，特别是由于大沙漠地带，这个地带从撒哈拉起横贯阿拉伯、波斯、印度和鞑靼①直到亚洲高原的最高地区。在这里，农业的第一个条件是人工灌溉，而这是村社、省或中央政府的事。在东方，政府总共只有三个部门：财政（掠夺本国）、军事（掠夺本国和外国）和公共工程（管理再生产）。在印度的英政府对第一和第二个部门进行了调整，使两者具有了更加庸俗的形态，而把第三个部门完全抛开不管，结果断送了印度的农业。在那里，自由竞争被看成极丢脸的事。土壤肥力是靠人工达到的，灌溉系统一旦遭到破坏，土壤肥力就立即消失，这就说明了用其他理由难以说明的下述事实，即过去耕种得很好的整个整个地区（巴尔米拉，佩特拉，也门废墟，以及埃及、波斯和印度斯坦的某些地区），现在一片荒芜，成了不毛之地。这也说明了另一个事实，即一次毁灭性的战争足以使一个国家在数世纪内荒无人烟，文明毁灭。

选自《恩格斯致马克思》（1853年6月6日），《马克思恩格斯文集》第10卷，北京：人民出版社2009年版，第113—114页。

亚洲这一地区的停滞性质（尽管有政治表面上的各种无效果的运动），完全可以用下面两种相互促进的情况来解释：（1）公共工程是中央政府的事情；（2）除了这个政府之外，整个国家（几个较大的城市不算在内）分为许多村社，它们有完全独立的组织，自成一个小天地。

选自《马克思致恩格斯》（1853年6月14日），《马克思恩格斯文集》第10卷，北京：人民出版社2009年版，第117页。

---

① 鞑靼是19世纪对中亚细亚和突厥斯坦的一部分地区的称呼。——译者注

依我看，真正的殖民地，即欧洲移民占据的土地——加拿大、好望角和澳大利亚，都会独立的；相反地，那些只是被征服的、由土著人居住的土地——印度、阿尔及利亚以及荷兰、葡萄牙、西班牙的属地，无产阶级不得不暂时接过来，并且尽快地引导它们走向独立。这一过程究竟怎样展开，还很难说。印度也许会，甚至很可能会闹革命，既然争取解放的无产阶级不能进行殖民战争，那就必须容许它这样做，那时自然不会没有种种破坏，但是，这类事情恰恰是任何革命都免不了的。在其它地方，如阿尔及利亚和埃及，也可能发生同样情况，这**对我们**来说当然是最好不过的事情。我们在自己家里将有足够的工作要做。只要欧洲和北美一实行改造，就会产生巨大的力量和做出极好的榜样，使各个半文明国家完全自动地跟着走，单是经济上的需要就会促成这一点。至于这些国家要经过哪些社会和政治发展阶段才能同样达到社会主义的组织，我认为我们今天只能作一些相当空泛的假设。不过有一点是肯定的：胜利了的无产阶级不能强迫他国人民接受任何替他们造福的办法，否则就会断送自己的胜利。当然，这决不排除各种各样的自卫战争。

> 选自《恩格斯致卡尔·考茨基》（1882年9月12日），《马克思恩格斯文集》第10卷，北京：人民出版社2009年版，第480—481页。

同直接生产者直接相对立的，如果不是私有土地的所有者，而是像在亚洲那样，是既作为土地所有者同时又作为主权者的国家，那么，地租和赋税就会合为一体，或者不如说，在这种情况下就不存在任何同这个地租形式不同的赋税。在这种状态下，对于依附关系来说，无论从政治上或从经济上说，除了面对这种国家的一切臣属关系所共有的形式以外，不需要更严酷的形式。在这里，国家就是最高的地主。在这里，主权就是在全国范围内集中的土地所有权。但因此在这种情况下也就没有私有土地的所有权，虽然存在着对土地的私人的和共同的占有权和用益权。

> 选自马克思：《资本论》第3卷（1894年11月出版），《马克思恩格斯文集》第7卷，北京：人民出版社2009年版，第894页。

马克思恩格斯论俄国村社文献摘编

一 马克思恩格斯论俄国村社论文文献全文选编

弗·恩格斯
《论俄国的社会问题》①

特卡乔夫先生谈到这个问题时告诉德国工人说,我对于俄国没有"丝毫知识",相反地,只表现出"愚昧无知";因此,他感到不得不向他们说明真实情况,特别是说明,为什么正是现在在俄国可能轻而易举地、比西欧要容易得多地实现社会革命。

"我们这里没有城市无产阶级,这的确是事实;然而我们这里也没有资产阶级……我国工人只需要**同政治权力**作斗争,因为**资本的权力**在我们这里还处于萌芽状态。而阁下不是不知道,同前者作斗争要比同后者作斗争容易得多。"②

现代社会主义力图实现的变革,简言之就是无产阶级战胜资产阶级,以及通过消灭一切阶级差别来建立新的社会组织。为此不但需要有能实现这个变革的无产阶级,而且还需要有使社会生产力发展到能够彻底消灭阶级差别的资产阶级。野蛮人和半野蛮人通常也没有任何阶级差别,

---

① 本文选自《马克思恩格斯文集》第3卷,北京:人民出版社2009年版,第389—402页。
② 这段引文和以下几处引文,均引自特卡乔夫的小册子《给弗里德里希·恩格斯先生的公开信》。——译者注

每个民族都经历了这种状态。我们决不会想到要重新恢复这种状态,因为随着社会生产力的发展,从这种状态中必然要产生阶级差别。只有在社会生产力发展到一定程度,发展到甚至对我们现代条件来说也是很高的程度,才有可能把生产提高到这样的水平,以致使得阶级差别的消除成为真正的进步,使得这种消除可以持续下去,并且不致在社会的生产方式中引起停滞甚至倒退。但是生产力只有在资产阶级手中才达到了这样的发展程度。可见,就是从这一方面说来,资产阶级正如无产阶级本身一样,也是社会主义革命的一个必要的先决条件。因此,谁竟然断言在一个**虽然**没有无产阶级**然而**也没有资产阶级的国家里更容易进行这种革命,那就只不过证明,他还需要学一学关于社会主义的初步知识。

总之,俄国工人——而这些工人,用特卡乔夫先生自己的话说,乃是"农夫,因此不是无产者,而是**有产者**"——要做到这点是较为容易的,因为他们斗争的对象不是资本的权力,而"只是政治权力",即俄罗斯国家。而这个国家

"只有从远处看才像是一种权力…… 它在人民的经济生活里没有任何根基,它自身并不体现任何阶层的利益…… 在你们那里国家不是虚幻的权力,它用双脚站在资本上面;它本身体现着〈!〉一定的经济利益…… 我们这里的情况在这方面恰好相反;我国社会形式本身的存在有赖于国家的存在,这个国家可以说是悬在空中的,它和现存的社会制度毫不相干,它的根基是过去,而不是现在。"

我们既不去谈论认为经济利益需要有它们本身所创造的国家来充当自身的**体现者**这样一种混乱的观点,也不去谈论说什么俄国的社会形式〈要知道农民的公社所有制也是包括在其中的〉本身的存在有赖于国家的存在这样一种大胆的论断,也不去谈论认定这个国家本身同据说是由它创造的现存社会制度"毫不相干"这样一种矛盾的说法。我们最好是马上来看看这个绝对不代表任何阶层的利益的、"悬在空中的国家"吧。

在俄国欧洲部分,农民占有10500万俄亩土地,贵族(为简便起见

我把大土地所有者称为贵族）占有1亿俄亩土地，其中几乎有一半属于15000个贵族，所以他们每人平均占有3300俄亩。可见，农民的土地只比贵族的土地稍微多一点。你们看，贵族同充当他们占有全国一半土地的后盾的俄罗斯国家的存在竟没有丝毫利害关系！其次，农民为自己这一半土地一年交纳19500万卢布的土地税，而贵族则只交纳1300万！贵族的土地收获量平均比农民的高一倍，因为在赎免徭役后接着分配土地时，国家从农民手中夺走而转交给贵族的，不仅是大部分的土地，而且也是最好的土地，同时农民不得不为了自己最坏的土地向贵族按最好的土地付地价。而俄国贵族同俄罗斯国家的存在竟没有丝毫利害关系！

农民——其大多数——在赎免以后，陷入了极其贫困的、完全无法忍受的状况。他们不仅被夺去了他们大部分的和最好的土地，因而甚至在帝国富饶的地区，农民的份地——按俄国的耕作条件说——都小得无法赖以糊口。农民不仅为这块土地被刮去了极大的一笔钱，这笔钱是由国家替他们垫付的，现在他们必须连本带利逐渐偿还给国家。他们不仅肩负着几乎全部土地税的重担，而贵族却几乎完全免税；单是这一项土地税就抵消了并且甚至超过了农民份地地租的全部价值，所以农民必须交付的其他一切捐税——关于这些，我们下面要谈到——就要直接从构成农民工资的那一部分收入中来扣除。不仅如此。除了要交纳土地税，交付国家垫付赎金的利息和分期偿付赎金以外，自从新近建立地方管理机关以来又加上了省和县的捐税。这次"改革"的最重大的后果就是给农民加上了各种新的捐税负担。国家完全保持了自己的收入，然而把相当大的一部分支出转嫁给各省和县，省和县为了弥补这种支出便征收新的捐税，而俄国的惯例是，上等阶层几乎不纳税，农民几乎交纳全部捐税。

这样的状况仿佛是专为高利贷者制造的。而由于俄国人在进行低级阶段的贸易，利用有利行情和玩弄与此密不可分的欺诈手腕面都具有几乎无与伦比的本领，所以在俄国高利贷者比比皆是——无怪乎彼得一世早就说过，一个俄罗斯人抵得过三个犹太人。快到收税的时候，高利贷者、富农——往往是同一公社的富裕农民——就跑出来，拿自己的现钱放债。农民无论如何需要钱用，所以只得无可奈何地接受高利贷者的条件。这样一来,农民也就更深地陷入困境,需要的现钱越来越多。一到收获的时节,粮商就来了;因为需要钱,农民被迫出售一部分养家活口所必需的粮食。粮商散布各种压低价格的谣言,只出很低的价钱,甚至连这很低的价钱也常常部分地用按高价折合的商品来支付,因为在俄国实物工资制十分盛行。可见,俄国粮食的大量出口是直接以农民挨饿为基础的。——另一种剥削农民的方式是投机家从政府那里长期租赁一片国有土地,当土地不用施肥就能得到很好收成的时候就自己耕种,然后把这片土地分成小块,把耗尽地力的土地以很高的租价租给邻近的少地的农民。如果说上面我们看到的是英国式的实物工资制,那么在这里,我们看到的便是不折不扣的爱尔兰式的中间人。简言之,没有任何一个国家像俄国这样,当资产阶级社会还处在原始蒙昧状态的时候,资本主义的寄生性便已经发展到了这样的程度,以致整个国家、全体人民群众都被这种寄生性的罗网覆盖和缠绕。而所有这些吮吸农民血液的吸血鬼,同运用法律和法庭来保护吸血鬼的巧取豪夺的俄罗斯国家的存在,竟没有丝毫利害关系!

彼得堡、莫斯科、敖德萨近10年来那批特别由于铁路建设而获得空前迅速发展并在最近的投机年代倒霉地"一同遭到破产"的大资产阶级,那些把自己的全部生意建筑在农民贫困上面的经营粮食、大麻、亚麻和油脂的出口商,只有依赖国家恩赐的保护关税才能存在的整个俄国大工业——难道居民中这一切颇有分量的、迅速成长的因素同俄罗斯国家的存在竟没有利害关系?至于充斥俄国、盗窃俄国并在俄国形成一个真正阶层的人数众多的官僚群体,就更不用说了。既然特卡乔夫先生硬要我们相信,俄罗斯国家"在人民的经济生活里没有任何根基,它自身并不体现任何阶层的利益",它是"悬在空中"的,那就不禁使我们觉得,悬在空中的与其说是俄罗斯国家,倒不如说是特卡乔夫先生自己。

俄国农民在摆脱农奴地位以后的处境已经不堪忍受,不可能长久这样继续下去,而仅仅由于这个原因,俄国革命正在日益迫近,这都是显而易见的事情。问题只在于这个革命的结果可能怎样,将会怎样?特卡乔夫先生说,它将是社会革命。这纯粹是同义反复。任何一次真正的革命都是社会革命，因为它使新阶级占据统治地位并且让这个阶级有可能按照自己的面貌来改造社会。其实，特卡乔夫先生是想说，这将是社会主义革命，它将在我们西方还没有实现以前，就在俄国实现西欧社会主义所追求的那种社会形式——而且是在无产阶级和资产阶级只是零星出现并且还处在低级发展阶段上的社会状态下来实现！这一点所以成为可能，是因为俄国人可以说是社会主义的选民，而且他们还有劳动组合和土地公社所有制！

关于劳动组合特卡乔夫先生只是附带提了一下，但是我们在这里要多谈几句，因为从赫尔岑年代起，在许多俄国人心目中它就具有某种神秘的作用。劳动组合是俄国一种很普遍的协作形式，是自由合作的一种最简单的形式，很像狩猎民族在打猎时的自由合作形式。无论按名称或按事实说来，它都不是起源于斯拉夫族，而是起源于鞑靼族。它的名称和事实，一方面在吉尔吉斯族、雅库特族等中间可以见到，另一方面在拉普族、萨莫耶德族和其他芬兰民族中也可以见到。① 所以劳动组合最初不是在俄国西南部，而是在它的北部和东部，即同芬兰人和鞑靼人接壤的地方发展起来的。严寒的气候要求进行多种多样的工业活动，而城市的不够发达和资本的缺乏就尽可能由这种合作形式来弥补。劳动组合的最重要的特征之一，即组合成员们彼此负有团结一致对付第三者的责任，这原来是以血族关系为基础的，如像古德意志人中间的相互担保、血族复仇等等一样。——附带说说，劳动组合这个名词在俄国不仅用于各种合伙的行动上，而且还用于共同的机构上。②

在工人劳动组合里面，总是要选出一个领导（starosta 即长者）来执行财务员、会计等职务，需要时还执行经理的职务，并且领取一笔特别薪俸。这类劳动组合：

（1）是为了暂时性的事业而建立的，事业结束后即行解散；
（2）是在从事某种同一职业的人中间，例如在搬运工人等等中间

---

① 关于劳动组合，还可以参看 "Sbornik materialov ob Arteljach v Rossiji"（《俄国劳动组合材料汇编》）1873 年圣彼得堡版第 1 分册。

② 此文在 1875 年发表时接着还写有下面这句话：交易所也是一种劳动组合。

建立的；

（3）是为了真正的工业企业，即永久性的企业而建立的。

它们是根据全体成员签订的合同建立的。如果这些成员自己不能凑足必要的资本，如像在干酪业和捕鱼业（为了买渔网、渔船等等）中所常见的那样，那么劳动组合便落在高利贷者手中，他以高额利息贷出组合欠缺的款子，从此就把大部分的劳动收入装进自己的腰包。但是，全体以雇佣工人身份受雇于某个企业主的那些劳动组合，则受到更加卑鄙的剥削。他们自己管理着自己的生产活动，这样就为资本家节省了监督费用。资本家把茅舍租给他们住，借给他们生活资料，从而又实行起最可鄙的实物工资制。在阿尔汉格尔斯克省的伐木工人和松焦油提炼工人中间，在西伯利亚以及其他地方的许多行业中间，情况就是如此（参看弗列罗夫斯基《俄国工人阶级状况》1869年圣彼得堡版）。可见，劳动组合在这里是使资本家**便于**剥削雇佣工人的工具。但是，另一方面，也有一种雇用本团体**以外**的人作雇佣工人的劳动组合。

总之，劳动组合是一种自发产生的，因而还很不发达的合作社形式，并且也不是纯俄罗斯或纯斯拉夫的合作社形式。在凡是需要的地方，都建有这种合作社：在瑞士的乳品业中，在英国的捕鱼业中，合作社的种类甚至是非常纷繁的。在40年代建造那么多德国铁路的西里西亚的土方工人（是德国人，而决不是波兰人）就曾组织在真正的劳动组合里面。这种形式在俄国占有优势当然证明俄国人民有着强烈的联合愿望，但这还远不能证明他们靠这种愿望就能够从劳动组合直接跳入社会主义的社会制度。要实现这种过渡，首先劳动组合本身应当能够向前发展，抛弃它本身那种自发的，如我们所看到的与其说为工人不如说为资本家服务的形式，并且它应当**至少提高到西欧合作社的水平**。然而，即使这一次可以相信特卡乔夫先生（从上面说过的一切看来，这样做自然是过于冒险了），问题也远不是那么回事。相反，他竟用一种对于他的观点是非常典型的傲慢态度向我们断言：

"至于不久前在俄国人为地培植起来的德国〈！〉式的合作社和信用社，

我国大多数工人都是以完全漠然的态度对待它们，并且它们几乎到处都遭到了彻底破产。"

现代的合作社至少已经证明，它能够自担风险、有利可图地经营大工业（如兰开夏郡的纺织业）。劳动组合则直到现在不仅没有能力做到这点，而且如果它不继续发展的话，它甚至必然要亡于大工业。

俄国农民的公社所有制是普鲁士的政府顾问哈克斯特豪森于1845年发现的，他把这种所有制当做一种十分奇妙的东西向全世界大肆吹嘘，虽然哈克斯特豪森在自己的故乡威斯特伐利亚也能找到不少公社所有制的残余，而他作为一个政府官员，甚至有义务确切了解这种残余的情况。① 身为俄国地主的赫尔岑，从哈克斯特豪森那里第一次得悉，他的农民们是共同占有土地的，于是他便利用这一点来把俄国农民描绘成真正的社会主义体现者、天生的共产主义者，把他们同衰老腐朽的西欧的那些不得不绞尽脑汁想出社会主义的工人对立起来。这种认识由赫尔岑传给了巴枯宁，又由巴枯宁传给了特卡乔夫先生。我们听听特卡乔夫先生是怎么说的：

"我国人民……绝大多数……都充满着公有制原则的精神；他们——如果可以这样说的话——是本能的、传统的共产主义者。集体所有制的思想同俄国人民的整个世界观〈我们马上就会看到，俄国农民的世界能达到多远的境地〉深深地生长在一起，以致现在当政府开始领悟到这个思想同一个'有良好秩序的'社会的各种原则不能相容，并且为了这些原则想把个人所有制思想灌入人民意识和人民生活中去的时候，就只好依靠刺刀和皮鞭。由此看来，我国人民尽管愚昧无知，但是比西欧各国人民更接近于社会主义，虽然后者是较有教养的。"

其实，土地公社所有制这种制度，我们在从印度到爱尔兰的一切印度日耳曼语系各民族的低级发展阶段上，甚至在那些在发展中曾受到印度影响的马来人中间，例如在爪哇，都可以见到。早在1608年，在刚

---

① 参看奥·哈克斯特豪森《俄国的国内状况、国民生活、特别是农村设施概论》1847年汉诺威版第1—2册，1852年柏林版第3册。

被征服的爱尔兰北部合法存在的土地公社所有制，曾被英国人用做借口来宣布说土地无主，从而把这些土地收归皇家所有。在印度，直到今天还存在着许多种公社所有制形式。在德国，它曾经是普遍现象；现在有些地方还可以看到的公有地，就是它的残余；特别是在山区，常常会看到它的明显遗迹，如公有地的定期重新分配等等。关于古德意志公社所有制的更精确的说明及其详细情况，可以在**毛勒**的许多著作中找到，这些著作都是论述这个问题的经典作品。① 在西欧，包括波兰和小俄罗斯在内，这种公社所有制在社会发展的一定阶段上，变成了农业生产的桎梏和障碍，因而渐渐被取消了。相反地，在大俄罗斯（即俄国本土），它一直保存到今天，这首先就证明农业生产以及与之相适应的农村社会状态在这里还处在很不发达的阶段，而且事实上也是如此。俄国农民只是在自己的公社里面生活和活动；其余的整个世界只有在干预他的公社事务时，对于他才是存在的。这一点甚至表现在这一事实上：在俄语中，мир一词既有"世界"的意思，又有"农民公社"的意思。Весь мир，即"全世界"，在农民的语言中就是公社社员大会。因此，特卡乔夫先生说到俄国农民的"**世界观**"，显然是把俄文 мир 一词译错了。各个公社相互间这种完全隔绝的状态，在全国造成虽然相同但绝非共同的利益，这就是**东方专制制度**的自然形成的基础。从印度到俄国，凡是这种社会形式占优势的地方，它总是产生这种专制制度，总是在这种专制制度中找到自己的补充。不仅一般的俄罗斯国家，并且连它的特殊形式即沙皇专制制度，都不是悬在空中，而是俄国社会状态的必然的和合乎逻辑的产物，而根据特卡乔夫先生的说法，它同这种状态竟"毫不相干"！——俄国向**资产阶级**的方向继续发展，即使没有俄国政府的"刺刀和皮鞭"的任何干涉，在这里也会把公社所有制逐渐消灭掉的。这特别是因为俄国农民不是像在印度某些省份里现在还有的情形那样，共同耕种公有地，仅仅把产品拿来分配。相反，在俄国，土地不时在各个家

---

① 指格·毛勒的下述著作：《德国马尔克制度史》1856年埃朗根版；《德国领主庄园、农户和农户制度史》1862—1863年埃朗根版第1—4卷；《德国乡村制度史》1865—1866年埃朗根版第1—2卷。——译者注

长之间进行分配，并且每家各自耕种自己的一份土地。这就有可能造成公社社员间在富裕程度上的极大差异，而这种现象也确实是存在的。几乎在一切地方，公社社员中总有几个富裕农民，有时是百万富翁，他们放高利贷，榨取农民大众的脂膏。这一点谁也没有特卡乔夫先生知道得清楚。他一方面硬要德国工人相信，只有刺刀和皮鞭才能迫使俄国农民这个本能的、传统的共产主义者放弃"集体所有制的思想"，同时却在自己的俄文小册子第15页上说道：

"一个高利贷者〈kulakov〉阶级，农民土地和地主土地的购买者和租佃者阶级，即农民贵族正在农民中间培植出来。"

这正是我们上面详细说过的那一类吸血鬼。

给公社所有制以最沉重打击的仍然是赎免徭役。地主获得了大部分和最好的土地；留给农民的土地只勉强够，往往是根本不够维持生活。此外，森林也转归地主；以前农民可以不花钱取用的薪柴、做木器用和建筑用的木料，现在也必须用钱来购买。于是，农民除了一所小房子和一块光秃秃的土地以外就一无所有，没有钱来耕种；通常土地也不够用，不能保证他一家由一次收获活到下一次收获。在这种条件下，由于各种捐税和高利贷者的压迫，土地公社所有制已不再是一种恩惠，而变成了一种桎梏。农民时常全家或只身逃出公社，抛弃自己的土地，靠做短工谋生。①

由此可见，俄国的公社所有制早已度过了它的繁荣时代，看样子正在趋于解体。但是也不可否认有可能使这一社会形式转变为高级形式，只要它能够保留到条件已经成熟到可以这样做的时候，只要它显示出能够在农民不再是单独而是集体耕作的方式下向前发展②；就是说，有可能

---

① 关于农民状况，还可以参看政府农业委员会的正式报告（1873年），以及斯卡尔金"W Zacholusti i w Stolice"（《在穷乡僻壤和在首都》）1870年圣彼得堡版。后一著作是自由派中的保守分子写的。

② 在波兰，尤其是在格罗德诺省，地主由于1863年的暴动而大部分破产，农民现在往往购买或租赁地主庄园，并且为着共同的利益共同进行耕种。但这些农民几百年来已没有任何公社所有制，并且他们不是大俄罗斯人，而是波兰人、立陶宛人和白俄罗斯人。

实现这种向高级形式的过渡，而俄国农民无须经过资产阶级的小块土地所有制的中间阶段。然而这只有在下述情况下才会发生，即西欧在这种公社所有制彻底解体以前就胜利地完成无产阶级革命并给俄国农民提供实现这种过渡的必要条件，特别是提供在整个农业制度中实行必然与此相联系的变革所必需的物质条件。可见，特卡乔夫先生断言俄国农民虽然是"有产者"，但比西欧无财产的工人"更接近于社会主义"，完全是胡说八道。恰恰相反。如果有什么东西还能挽救俄国的公社所有制，使它有可能变成确实富有生命力的新形式，那么这正是西欧的无产阶级革命。

特卡乔夫先生处理政治革命也像他处理经济革命一样轻率。他说，俄国人民用"组成教派……抗税……建立强盗集团〈德国工人可以额手称庆了，因为屠夫汉斯竟是德国社会民主党之父〉……放火……暴动"等形式"不断地反抗"奴隶制，"所以俄国人民可以说是**本能的革命者**"。所有这一切都使特卡乔夫先生确信："只要在几个地方同时激起始终在我国人民心胸中沸腾着的……积愤和不满情绪……"那时"革命力量的团结就会**自然而然地**发生，而斗争……就一定会有利于人民事业。实际的必要性，自卫的本能"也将自然而然地造成"进行反抗的各个公社间紧密的不可分割的联盟"。

不能想象有比这更容易更惬意的革命了。只要在三四个地方同时发动起义，则"本能的革命者"、"实际的必要性"、"自卫的本能"就会"自然而然地"把其他一切都做好。革命既然是这样难以置信的轻易，那为什么没有早就去革命，为什么人民还没有获得解放，为什么俄国还没有变成模范的社会主义国家，这简直是无法理解的。

其实情况完全不是这样。俄国人民，这些"本能的革命者"，固然曾经举行过无数次零星的农民起义去反对**贵族**和反对个别官吏，但是，除了**冒名沙皇的人**充任农民首领并要夺回王位以外，**从来没有反对过沙皇**。叶卡捷琳娜二世时代最后一次大规模农民起义之所以可能，只是因为叶梅利扬·普加乔夫冒充是她的丈夫彼得三世，说什么他未被妻子杀害，而只是被废黜和关进牢狱，但是他逃出来了。相反，沙皇被俄国农民看成人间的上帝：Bog vysok, Car daljok，即上帝高，沙皇远——这就是他们绝望中的哀叹声。至于农民大众——特别是从赎免徭役以来——所处的地位,日益迫使他们也去同政府和沙皇作斗争,这是确实无疑的事实;而关于"本能的革命者"的童话,让特卡乔夫先生去说给别人听吧。

除此之外,**就假定**俄国农民大众本能上是最革命不过的,**就假定**我们设想革命是可以像定做一块印花布或一把茶炊那样来定做的,那么请问:是否容许一个12岁以上的人像我们在这里所看到的那样极其幼稚地设想革命的进程呢?大家还要进一步想一想,这一切是在按这种巴枯宁方式制造出来的第一次革命于1873年在西班牙惨败以后写出来的。在那里也是同时在几个地方开始起义。在那里人们也是指望,实际的必要性、自卫的本能将自然而然地在进行反抗的各个公社间建立起紧密的不可分割的联盟。结果怎样呢?每个公社,每个城市,都只是各自保卫自己,根本谈不上互相援助,因而帕维亚只率领3000个士兵,在14天内就相继征服了各个城市,消除了所有这些无政府主义的壮举。(见我的《行动中的巴枯宁主义者》① 一文,那里关于这点写得很详细。)

俄国无疑是处在革命的前夜。财政已经混乱到了极点。捐税额已无法再往上提高,旧国债的利息要用新公债来偿付,而每一次举借新公债都遇到越来越大的困难;只有借口建造铁路还能筹到一些钱!行政机构早已腐败透顶,官吏们主要是靠贪污、受贿和敲诈来维持生活,而不是靠薪俸。全部农业生产——这是俄国最主要的生产——都被1861年的赎买办法弄得混乱不堪;大地产没有足够的劳动力,农民没有足够的土地,他们遭到捐税压榨,受到高利贷者的洗劫;农业生产一年比一年下降。所有这一切只是靠东方专制制度在表面上勉强支持着,这种专制制度的专横,我们在西方甚至是无法想象的。这种专制制度不但日益同各个开明阶级的见解,特别是同迅速发展的首都资产阶级的见解发生越来越剧烈的矛盾,而且连它现在的体现者也不知所措:今天向自由主义让步,明天又吓得要命地把这些让步收回,因而越来越失去信用。同时,集中于首都的那些较开明的国民阶层越来越

---

① 见《马克思恩格斯全集》中文第1版第18卷。

意识到，这种情况不可容忍，变革已经迫近，但他们也产生一种幻想，以为能把这个变革纳入安静的立宪的轨道。这里，革命的一切条件都结合在一起；这次革命将由首都的上等阶级，甚至可能由政府自己开始进行，但是农民将把它向前推进，很快就会使它超出最初的立宪阶段的范围；这个革命单只由于如下一点就对全欧洲具有极伟大的意义，这就是它会一举消灭欧洲整个反动势力的迄今一直未被触动的最后的后备力量。这个革命无疑正在日益临近。只有两个事变可能使它长久迁延下去：或者是反对土耳其或反对奥地利的战争得手，为此需要有金钱和可靠的同盟者，或者是过早的起义尝试把有产阶级再次赶入政府的怀抱。

弗·恩格斯写于1874年5月中1875年4月
载于1874年6月17和26日，10月6和8日《人民国家报》第69、73、117和118号；1875年3月28日，4月2、16和18日《人民国家报》第36、37、43和45号

原文是德文

中文根据《马克思恩格斯全集》历史考证版第1部分第24卷并参考《马克思恩格斯全集》德文版第18卷翻译

弗·恩格斯
《〈论俄国的社会问题〉一书导言》[①]

　　下面这篇文章是我被卷入同一位名叫彼得·尼基提奇·特卡乔夫的先生进行论战时写的。在一篇评论伦敦出版的俄文杂志《前进》的文章（1874年《人民国家报》第117号和第118号）中，我曾经完全附带地提到了这位先生的名字，但是，这一提却惹起了他对我的可敬的敌意。特卡乔夫先生立即发表了一封《致弗里德里希·恩格斯先生的公开信》（1874年苏黎世），在这封信中，他给我胡诌了一大堆奇奇怪怪的

---

① 本文选自《马克思恩格斯全集》第25卷，北京：人民出版社2001年版，第34—37页。

事情，然后，针对着我的极端无知，大谈他自己对俄国实际状况和社会革命前途的看法。这篇劣等作品从形式到内容都带有一般的巴枯宁主义的烙印。该信是用德文发表的，所以我认为值得费点功夫在《人民国家报》上作出答复（见《流亡者文献》第4篇和第5篇，1875年《人民国家报》第36号和以后几号）。我的答复的第一部分主要是分析巴枯宁主义者进行文字斗争的方法，这种方法就是，把一大堆不加掩饰的谎言强加在对方身上。对于这个主要谈个人方面的部分来说，在《人民国家报》上发表就已经完全足够了。因此我在这里把它略去，而在根据出版社的意见出版的单行本中只留下了第二部分，这一部分主要探讨1861年以来，即所谓农民解放以来俄国的社会状况。

俄国事态的发展，对德国工人阶级有极其重大的意义。现存的俄罗斯帝国是整个西欧反动势力的最后一根有力支柱。这在1848年和1849年已经非常清楚地显示出来了。由于德国在1848年没有及时促使波兰起义并同沙皇作战（像《新莱茵报》一开始就要求的那样），以致这个沙皇能够在1849年镇压了已经迫近维也纳大门的匈牙利革命，在1850年又在华沙裁判了奥地利、普鲁士和德意志各小邦①并恢复了旧联邦议会。就在几天以前，即1875年5月初，俄国沙皇正像25年前一样，在柏林接受了他的仆从们的效忠宣誓，从而证明了在今天他也依然是欧洲的仲裁人。西欧的任何革命，只要在近旁还存在着现在这个俄罗斯国家，就不能获得彻底胜利。而德国却是俄国最近的邻国，因此俄国反动派军队的第一个冲击便会落到德国身上。因而，俄罗斯沙皇制度的覆灭，俄罗斯帝国的灭亡便成了德国无产阶级取得最终胜利的首要条件之一。

但是，它的覆灭绝不能从外部引起，虽然外部战争有可能大大加速它的覆灭。俄罗斯帝国内部具有正在大力促使它崩溃的因素。

第一个因素就是**波兰人**。他们经过百年来的压迫，已处于这样的境

---

① 指在沙皇尼古拉一世调停下，奥地利皇帝弗兰茨—约瑟夫一世和普鲁士首相勃兰登堡伯爵弗里德里希·威廉为调整普奥两国的关系于1850年10月在华沙举行的谈判。——译者注

地：或者起来革命，支持西欧的一切真正的革命起义，作为解放波兰的第一步；或者就只有灭亡。现在他们恰好处于这种境况，即他们只能在无产阶级阵营里寻找自己的西欧盟友。近百年来，他们不断地被西欧的一切资产阶级政党出卖。在德国，资产阶级一般地只是从1848年起才算数的，从那时以来它始终敌视波兰人。在法国，1812年拿破仑出卖了波兰人，而由于这次背叛，他的远征失败了，皇冠和帝国都丢掉了；资产阶级王国在1830年和1846年，资产阶级共和国在1848年，第二帝国在克里木战争①期间和在1863年都效法了他的榜样。它们都同样卑鄙地背叛了波兰人。就是现在，法国的资产阶级激进共和派还仍然匍匐于沙皇面前，希望用再一次对波兰人的出卖来换得一个反普鲁士的复仇同盟，正好像德意志帝国的资产者把这同一个沙皇尊崇为欧洲和平的保护者，也就是说尊崇为德意志普鲁士兼并地区保护者一样。除了革命工人而外，波兰人不论在哪里也找不到真诚的和毫无保留的支持，因为推翻共同的敌人对他们两者都有同样的利害关系，因为波兰的解放就意味着推翻了这个敌人。

然而，波兰人的活动受到了地域上的限制。这种活动只限于波兰、立陶宛和小俄罗斯。俄罗斯帝国的真正核心——大俄罗斯——几乎完全处于这个活动的影响之外。4000万大俄罗斯人是一个非常大的民族，而且经过了非常独特的发展，以致不能从外面把一种运动强加给他们。而这样做也完全没有必要。的确，俄国人民的主体，农民，千百年来在脱离历史发展的泥潭中世世代代愚昧地过着苟且偷安的生活，而打破这种荒漠状况的唯一变动，便是零星的毫无结果的起义，以及贵族和政府的新压迫。这种脱离历史发展的生存，已由俄国政府自己通过再也不能拖延下去的废除农奴制度以及实行徭役赎买结束了（1861年）。徭役赎买这个办法实行得非常狡猾，它使大多数农民以及贵族遭到了必不可免

---

① 克里木战争是1853—1856年俄国对英国、法国、土耳其和撒丁的联盟进行的战争。这场战争是由于这些国家在近东的经济和政治利益发生冲突而引起的，故又称东方战争。克里木战争中俄国的惨败重挫了沙皇俄国独占黑海海峡和巴尔干半岛的野心，同时加剧了俄国国内封建制度的危机。——译者注

的破产。由此可见，俄国农民现在所处的环境本身，正推动他们投身到运动中去，这个运动诚然在目前还刚刚产生，但是，农民群众日益恶化的经济状况，将不可遏止地推动它朝前发展。农民的愤恨不满，现在已经是政府以及一切不满意的党派和反对党派都不得不予以重视的事实了。

因此，下文中说到的俄国，不是指整个俄罗斯帝国，而是专门指大俄罗斯，这个地区最西的省份是普斯科夫和斯摩棱斯克，而最南的省份是库尔斯克和沃罗涅日。

弗·恩格斯写于1875年5月下半月

原文是德文

第一次发表于弗·恩格斯《论俄国的社会问题》1875年莱比锡版

中文根据《马克思恩格斯全集》1984年历史考证版第1部分第24卷翻译

卡·马克思
《给〈祖国纪事〉杂志编辑部的信》①

编辑先生：

关于茹柯夫斯基先生一文的作者②，显然是一个聪明人，假如他在我的关于"原始积累"的论述中能找到一个可以用来支持他的结论的地方，他就会加以引证了。因为找不到这样的地方，所以不得不抓住刊载在《资本论》德文第一版注释增补材料里面的一段针对一个俄国"文学家"③的批评性插话④。我在那里对这位作家提出了什么责难呢？

---

① 本文选自《马克思恩格斯文集》第3卷，北京：人民出版社2009年版，第463—467页。
② 尼·康·米海洛夫斯基。
③ 亚·伊·赫尔岑。
④ 参看马克思《资本论》（根据第一卷德文第一版翻译）1987年北京经济科学出版社版第750—751页。

这就是：他不是在俄国而是在普鲁士的政府顾问哈克斯特豪森的书①里发现了"俄国"共产主义，并且俄国公社在他手中只是用以证明腐朽的旧欧洲必须通过泛斯拉夫主义的胜利才能获得新生的一种论据。我对于这位作家的评价可能是对的，也可能是错的，但是无论如何，决不能根据这点来理解我对"俄国人为他们的祖国寻找一条不同于西欧已经走过而且正在走着的发展道路"②的努力的看法等等。

在《资本论》德文第二版的跋里——而这篇跋是关于茹柯夫斯基先生的那篇文章的作者所知道的，因为他曾经引证过——，我曾经以应有的高度的尊重谈到"俄国的伟大学者和批评家"③。这个人在几篇出色的文章中研究了这样一个问题：俄国是应当像它的自由派经济学家们所希望的那样，首先摧毁农村公社以过渡到资本主义制度呢，还是与此相反，俄国可以在发展它所特有的历史条件的同时取得资本主义制度的全部成果，而又可以不经受资本主义制度的苦难。他表示赞成后一种解决办法。我的可敬的批评家既然可以根据我同那位俄国"文学家"和泛斯拉夫主义者的争论得出我不同意他关于这个问题的观点的结论，那么，他至少也同样有理由根据我对这位"俄国的伟大学者和批评家"的尊重断定我同意他关于这个问题的观点。

最后，因为我不喜欢留下"一些东西让人去揣测"，我准备直截了当地说。为了能够对当代俄国的经济发展作出准确的判断，我学习了俄文，后来又在许多年内研究了和这个问题有关的官方发表的和其他方面发表的资料。我得出了这样一个结论：如果俄国继续走它在1861年所开始走的道路，那它将会失去当时历史所能提供给一个民族的最好的机会，而遭受资本主义制度所带来的一切灾难性的波折。

二

关于原始积累的那一章只不过想描述西欧的资本主义经济制度从封建

---

① 奥·哈克斯特豪森《俄国的国内状况、国民生活、特别是农村设施概论》1847年汉诺威版第1—2册，1852年柏林版第3册。

② 尼·康·米海洛夫斯基文章中的这段话，在马克思手稿中引用的是俄文原文。

③ 尼·加·车尔尼雪夫斯基。

主义经济制度内部产生出来的途径。因此，这一章叙述了使生产者同他们的生产资料分离，从而把他们变成雇佣工人（现代意义上的无产者）而把生产资料占有者变成资本家的历史运动。在这一历史中，"对正在形成的资本家阶级起过推动作用的一切变革，都是历史上划时代的事情；尤其是那些剥夺大量人手中的传统的生产资料和生存资料并把他们突然抛向劳动市场的变革。但是，全部过程的基础是对农民的剥夺。这种剥夺只是在英国才彻底完成了……但是，西欧的其他一切国家都正在经历着同样的运动"等等（《资本论》法文版第 315 页①）。在那一章末尾，资本主义生产的历史趋势被归结成这样："资本主义生产本身由于自然变化的必然性，造成了对自身的否定"；它本身已经创造出了新的经济制度的要素，它同时给社会劳动生产力和一切生产者个人的全面发展以极大的推动；实际上已经以一种集体生产方式为基础的资本主义所有制只能转变为社会所有制。② 在这个地方我并没有提出任何证据，理由很简单，这个论断本身只不过是概括地总结了前面关于资本主义生产的那几章里所作的详细阐述。

现在，我的批评家可以把这个历史概述中的哪些东西应用到俄国去呢？只有这些：假如俄国想要遵照西欧各国的先例成为一个资本主义国家——它最近几年已经在这方面费了很大的精力——，它不先把很大一部分农民变成无产者就达不到这个目的；而它一旦倒进资本主义制度的怀抱，它就会和尘世间的其他民族一样地受那些铁面无情的规律的支配。事情就是这样。但是这对我的批评家来说是太少了。他一定要把我关于西欧资本主义起源的历史概述彻底变成一般发展道路的历史哲学理论，一切民族，不管它们所处的历史环境如何，都注定要走这条道

---

① 见马克思《资本论》（根据作者修订的法文版第一卷翻译）1983 年中国社会科学出版社版第 770 页。

② 在马克思的手稿上，第 2 节第一段有两个文稿，这里译出的是第二稿，第一稿全文如下："关于原始积累的那一章只不过想描述西欧的资本主义经济制度从封建主义经济制度内部产生出来的途径。因此，这一章说明了使生产者同他的生产资料分离，从而把他变成雇佣工人（现代意义上的无产者）而把生产资料变成资本的运动。在这一历史中，'对正在形成的资本家阶级起过推动作用的一切变革，都是历史上划时代的事情……但是，过程的基础是对农民的剥夺。'在那一章末尾，我论述了资本主义积累的历史趋势并断言，资本主义积累的最后结果是资本主义所有制转变为社会所有制。"——译者注

路，——以便最后都达到在保证社会劳动生产力极高度发展的同时又保证每个生产者个人最全面的发展的这样一种经济形态。但是我要请他原谅。（他这样做，会给我过多的荣誉，同时也会给我过多的侮辱。）让我们举个例子来看看。

在《资本论》里的好几个地方，我都提到古代罗马平民所遭到的命运。这些人本来都是自己耕种自己小块土地的独立经营的自由农民。在罗马历史发展的过程中，他们被剥夺了。使他们同他们的生产资料和生存资料分离的运动，不仅蕴涵着大地产的形成，而且还蕴涵着大货币资本的形成。于是，有那么一天就一方面出现了除自己的劳动力外一切都被剥夺的自由人，另一方面出现了占有已创造出来的全部财富的人，他们剥削他人劳动。结果怎样呢？罗马的无产者并没有变成雇佣工人，却成为无所事事的**游民**，他们比过去美国南部各州的"白种贫民"① 更卑贱，和他们同时发展起来的生产方式不是资本主义的，而是奴隶制的。因此，极为相似的事变发生在不同的历史环境中就引起了完全不同的结果。如果把这些演变中的每一个都分别加以研究，然后再把它们加以比较，我们就会很容易地找到理解这种现象的钥匙；但是，使用一般历史哲学理论这一把万能钥匙，那是永远达不到这种目的的，这种历史哲学理论的最大长处就在于它是超历史的。

卡·马克思写于1877年10—11月　　　原文是法文

第一次用俄文发表于1886年《民间导报》第5期　　中文根据《马克思恩格斯全集》历史考证版第1部分第25卷并参考《马克思恩格斯全集》德文版第19卷翻译

---

① "白种贫民"指美国南部蓄奴州自由的、但依附于奴隶主的无地居民。由于棉花生产为大农场主带来了巨大的利润，以奴隶制为基础的种植业经济阻碍了小商品生产的发展，大部分农民因此而破产并沦为"白种贫民"，他们耕种贫瘠的土地，住在破旧的茅屋里，甚至连农奴都鄙视他们。大奴隶主统治着奴隶和数百万"白种贫民"。——译者注

卡·马克思
《给维·伊·查苏利奇的复信》

[初 稿]①

约1881年2月18日—3月8日之间

（1）在分析资本主义生产的起源时，我说过，它实质上是"生产者和生产资料彻底分离"（《资本论》法文版第315页第1栏），并且说过，"全部过程的基础**是对农民的剥夺**。这种剥夺只是在英国才彻底完成了…… 但是，**西欧的其他一切国家都正在经历着同样的运动**"（同上，第2栏）②。

可见，我明确地把这一运动的"历史必然性"限制在西欧各国的范围内。为什么呢？请看第三十二章，那里写道：

"它被消灭的过程，即个人的分散的生产资料转化为社会的积聚的生产资料，多数人的小财产转化为少数人的大财产，——这种对劳动人民的痛苦的、残酷的剥夺，就是资本的起源…… 以自己的劳动为基础的私有制……被以剥削他人劳动即以雇佣劳动为基础的资本主义私有制所排挤。"（第341页第2栏）③

可见，归根到底这里所说的是**把一种私有制形式变为另一种私有制形式**。但是，既然俄国农民手中的土地从来没有成为他们的**私有财产**，那么这一论述又如何应用呢？

（2）从历史观点来看，证明**俄国农民**的公社**必然解体**的唯一有力论据如下：

回顾一下遥远的过去，我们发现西欧到处都有不同程度上是古代类

---

① 本文选自《马克思恩格斯文集》第3卷，北京：人民出版社2009年版，第570—582页。
② 见马克思《资本论》（根据作者修订的法文版第一卷翻译）1983年中国社会科学出版社版第769、770页。
③ 同上书，第825页。

型的公有制；随着社会的进步，它在各地都不见了。为什么它只是在俄国免于这种遭遇呢？

我的回答是：在俄国，由于各种独特情况的结合，至今还在全国范围内存在着的农村公社能够逐渐摆脱其原始特征，并直接作为集体生产的因素在全国范围内发展起来。正因为它和资本主义生产是同时存在的东西，所以它能够不经受资本主义生产的可怕的波折而占有它的一切**积极的成果**。俄国不是脱离现代世界孤立生存的；同时，它也不像东印度那样，是外国征服者的猎获物。

如果资本主义制度的俄国崇拜者要否认这种进化的**理论上的**可能性，那我要向他们提出这样的问题：俄国为了采用机器、轮船、铁路等等，是不是一定要像西方那样先经过一段很长的机器工业的孕育期呢？同时也请他们给我说明：他们怎么能够把西方需要几个世纪才建立起来的一整套交换机构（银行、信用公司等等）一下子就引进到自己这里来呢？

如果在农民解放的时候，农村公社立即被置于正常的发展条件下，其次，如果主要靠农民来偿付的巨额国债，以及通过国家（仍然要靠农民来偿付）向那些转化为资本家的"社会新栋梁"提供的其他巨款，都用于进一步发展农村公社，那么，现在谁也不会再臆测消灭公社的"历史必然性"了，因为大家都将会承认，公社是俄国社会新生的因素和一种优于其他还处在资本主义制度奴役下的国家的因素。

另外一个有利于（通过发展公社）保存俄国公社的情况是：俄国公社不仅和资本主义生产是同时存在的东西，而且经历了这种社会制度尚未受触动的时期而幸存下来；相反，在俄国公社面前，不论是在西欧，还是在美国，这种社会制度现在都处于同科学、同人民群众以至同它自己所产生的生产力本身相对抗的境地。总之，在俄国公社面前，资本主义制度正经历着危机，这种危机只能随着资本主义的消灭，随着现代社会回复到"古代"类型的公有制而告终，这种形式的所有制，或者像一位美国著作家（这位著作家是不可能有革命倾向的嫌疑的，他的研究工作曾得到华盛顿政府的支持）所说的，现代社会所趋向的"新制度"，将是"古代类型社会在一种高级的形式下（in a superior form）的复活（a revival）"①。因此，不应该过分地害怕"古代"一词。

如果是这样，那至少应该了解这些波折。然而，关于这些波折，我们还什么都不了解。

不管怎样，这种公社是在连绵不断的内外战争的情况下灭亡的，很可能是亡于暴力之下的。在日耳曼部落征服意大利、西班牙、高卢等地时，那里的古代类型的公社已经不存在了。但是，它的**天然的生命力**却为两个事实所证实。一些公社零零散散地分布于各地，经历了中世纪的一切波折，一直保存到今天，例如，在我的家乡特里尔专区就有。然而更重要的是，这种公社的各种特征非常清晰地表现在取代它的公社里面，在后一种公社里，耕地变成了私有财产，然而森林、牧场、荒地等仍为公有财产，所以毛勒在研究了这种次生形态的公社后，就能还原出它的古代原型。由日耳曼人在所有被征服的地区引入的新公社，由于继承了古代原型的特征，在整个中世纪时期，成了人民自由和人民生活的唯一中心。

如果说，在塔西佗时代以后，我们关于**公社**的生活，关于公社是怎样消失和在什么时候消失的，都一点也不了解，那么，至少由于尤利乌斯·凯撒的叙述，我们对这一过程的起点还是知道的。在凯撒的那个时代，已是逐年分配土地，但是这种分配是在日耳曼人的部落联盟**各氏族**和部落之间，还不是在公社各个社员之间进行的。由此可见，日耳曼人的**农村公社**是从较古的类型的公社中产生出来的。在这里，它是自然发展的产物，而决不是从亚洲现成地输入的东西。在那里，在东印度也有这种农村公社，并且往往是古代形态的**最后阶段**或最后时期。

---

① 见路·亨·摩尔根《古代社会，或人类从蒙昧时代经过野蛮时代到文明时代的发展过程的研究》1877年伦敦版第552页。

为了从纯理论观点，即始终以正常的生活条件为前提，来判断农村公社可能有的命运，我现在必须指出"农业公社"不同于较古的类型的公社的某些特征。

首先，所有较早的原始公社都是建立在公社社员的血缘亲属关系上的；"农业公社"割断了这种牢固然而狭窄的联系，就更能够扩大范围并经受得住同外界的接触。

其次，在公社内，房屋及其附属物——园地，已经是农民的私有财产，可是远在引入农业以前，共有的房屋曾是早先各种公社的物质基础之一。

最后，虽然耕地仍然是公有财产，但定期在农业公社各个社员之间进行分配，因此，每个农民自力经营分配给他的田地，并且把产品留为己有，然而在较古的公社中，生产是共同进行的，只有产品才拿来分配。这种原始类型的合作生产或集体生产显然是单个人的力量太小的结果，而不是生产资料社会化的结果。

不难了解，"农业公社"所固有的二重性能够赋予它强大的生命力，因为，一方面，公有制以及公有制所造成的各种社会联系，使公社基础稳固，同时，房屋的私有、耕地的小块耕种和产品的私人占有又使那种与较原始的公社条件不相容的个性获得发展。但是，同样明显，这种二重性也可能逐渐成为公社解体的根源。撇开敌对环境的一切影响不说，仅仅从积累牲畜开始的动产的逐步积累（甚至有像农奴这样一种财富的积累），动产因素在农业本身中所起的日益重要的作用以及与这种积累密切相关的许多其他情况（如果我要对此加以阐述就会离题太远），都起着破坏经济平等和社会平等的作用，并且在公社内部产生利益冲突，这种冲突先是使耕地变为私有财产，最后造成私人占有那些已经变成私有财产的**公社附属物**的森林、牧场、荒地等等。正由于这个原因，"农业公社"到处都是古代社会形态的**最近的类型**；由于同样原因，在古代和现代的西欧的历史运动中，农业公社时期是从公有制到私有制、从原生形态到次生形态的过渡时期。但这是不是说，不管在什么情况下，"农业公社"的发展都要遵循这条道路呢？绝对不是的。"农业公社"的构成形式只能有两种选择：或者是它所包含的私有制因素战胜集体因素，或者是后者战胜前者。先验地说，两种结局都是可能的，但是，对于其中任何一种，显然都必须有完全不同的历史环境。一切都取决于它所处的历史环境。（见第10页）

俄国是在全国范围内把"农业公社"保存到今天的唯一的欧洲国家。它不像东印度那样，是外国征服者的猎获物。同时，它也不是脱离现代世界孤立生存的。一方面，土地公有制使它有可能直接地、逐步地把小地块个体耕作转化为集体耕作，并且俄国农民已经在没有进行分配的草地上实行着集体耕作。俄国土地的天然地势适合于大规模地使用机器。农民习惯于**劳动组合**关系，这有助于他们从小地块劳动向合作劳动过渡；最后，长久以来靠农民维持生存的俄国社会，也有义务给予农民必要的垫款，来实现这一过渡。另一方面，和控制着世界市场的西方生产**同时存在**，就使俄国可以不通过资本主义制度的卡夫丁峡谷①，而把资本主义制度所创造的一切积极的成果用到公社中来。

如果"社会新栋梁"的代言人要否认现代农村公社上述进化的**理论上的**可能性，那么，可以向他们提出这样的问题：俄国为了获得机器、轮船、铁路等等，是不是一定要像西方那样先经过一段很长的机器工业的孕育期呢？也可以向他们提出这样的问题：他们怎么能够把西方需要几个世纪才建立起来的一整套交换机构（银行、股份公司等等）一下子就引进到自己这里来呢？

俄国的"农业公社"有一个特征，这个特征造成它的软弱性，从各方面来看对它都是不利的。这就是它的孤立性，公社与公社之间的生活缺乏联系，这种**与世隔绝的小天地**并不到处都是这种类型的公社的内

---

① 公元前321年第二次萨姆尼特战争时期，萨姆尼特人在古罗马卡夫丁城（今蒙泰萨尔基奥）附近的卡夫丁峡谷包围并击败了罗马军队。按照意大利双方交战的惯例，罗马军队必须在由长矛交叉构成的"轭形门"下通过。这被认为是对战败军的最大羞辱。"通过卡夫丁峡谷"（"通过卡夫丁轭形门"）一语即由此而来。——译者注

在特征，但是，在有这一特征的地方，这种与世隔绝的小天地就使一种或多或少集权的专制制度凌驾于公社之上。俄罗斯北部各公国的联合证明，这种孤立性在最初似乎是由于领土辽阔而形成的，在相当大的程度上又由于蒙古人入侵以来俄国遭到的政治命运而加强了。在今天，这个障碍是很容易消除的。也许只要用各公社自己选出的农民代表会议代替乡①这一政府机关就行了，这种会议将成为维护它们利益的经济机关和行政机关。

从历史观点来看，一个十分有利于通过"农业公社"的进一步发展来保存这种公社的情况是："农业公社"不仅和西方资本主义生产是同时存在的东西，这使它可以不必屈从于资本主义的活动方式而占有它的各种成果；而且，它经历了资本主义制度尚未受触动的时期而幸存下来；相反，在俄国公社面前，不论是在西欧，还是在美国，资本主义制度现在都处于同劳动群众、同科学以至同它自己所产生的生产力本身相对抗的境地。总之，在俄国公社面前，资本主义制度正经历着危机，这种危机将随着资本主义的消灭，随着现代社会回复到"古代"类型的集体所有制和集体生产的高级形式而告终。

不言而喻，公社的进化将是逐步的，第一步可能是在**它目前的基础**上把它置于正常条件之下。

因此，从理论上说，俄国"农村公社"可以通过发展它的基础即土地公有制和消灭它也包含着的私有制原则来保存自己；它能够成为现代社会所趋向的那种经济制度的**直接出发点**，不必自杀就可以获得新的生命；它能够不经历资本主义制度（这个制度单纯从它可能**延续的时间**来看，在社会生活中是微不足道的）而占有资本主义生产使人类丰富起来的那些成果。但是我们必须从纯理论回到俄国现实中来。

（3）要剥夺农民，不必像在英国和在其他国家那样，把他们从他们的土地上赶走；同样，也不必用命令来消灭公有制。请你们试一试，

---

① 这个词马克思写的是俄文：волость。

从农民那里夺取他们的农业劳动产品一旦超过一定的限度,那么,你们即使动用宪兵和军队也不能再把他们束缚在他们的土地上!罗马帝国末年,各行省的十人长(不是农民,而是土地所有者)就曾抛弃自己的家园,离开自己的土地,甚至卖身当奴隶,只是为了摆脱那种不过成了官方无情压榨的借口的财产。

正是从所谓农民解放的时候起,国家把俄国公社置于不正常的经济条件之下,并且从那时候起,国家借助集中在它手中的各种社会力量来不断地压迫公社。由于国家的财政搜刮而被削弱得一筹莫展的公社,成了商业、地产、高利贷随意剥削的任人摆布的对象。这种外来的压迫激发了公社内部原来已经产生的各种利益的冲突,并加速了公社的各种瓦解因素的发展。但是,还不止如此。国家靠牺牲农民培植起来的是西方资本主义制度的这样一些部门,它们丝毫不发展农业生产能力,却特别有助于不从事生产的中间人更容易、更迅速地窃取它的果实。这样,国家就帮助了那些吮吸"农村公社"本来已经枯竭的血液的新资本主义寄生虫去发财致富。

——总之,那些最能促进和加速剥削农民(俄国的最巨大的生产力)、并最能使"社会新栋梁"发财致富的一切技术和经济手段,都在**国家**的促进下过早地发展起来。

破坏性影响的这种共同作用,只要不被强大的反作用打破,就必然会导致农村公社的灭亡。

但是要问,为什么从农村公社的**现状**中得到好处的所有这些利害关系者(包括政府监护下的大工业企业),合谋要杀死给他们下金蛋的母鸡呢?正因为它们感到:"这种现状"不能继续维持下去,因而现在的剥削方式已经过时了。由于农民的贫困状况,地力已经耗尽而变得贫瘠不堪。丰年被荒年抵消。最近十年的平均数字表明,农业生产不仅停滞,甚至下降。最后,第一次出现了俄国不仅不能输出粮食,反而必须输入粮食的情况。因此,不能再浪费时间。必须结束这一切。必须创造一个由比较富裕的少数农民组成的农村中等阶级,并把大多数农民干脆都变为无产者。正是为了这一目的,"社会新栋梁"的代言人才把公社所受的创伤说成是公社衰老的自然征兆。

撇开目前压迫着俄国"农村公社"的一切灾难而仅仅考察它的构成形式和历史环境,那么一看就很清楚,它的一个基本特征,即土地公有制,是构成集体生产和集体占有的自然基础。此外,俄国农民习惯于**劳动组合**关系,这有助于他们从小地块劳动向集体劳动过渡,而且,俄国农民在没有进行分配的草地上、在排水工程以及其他公益事业方面,已经在一定程度上实行集体劳动了。但是,要使集体劳动在农业本身中能够代替小地块劳动这个私人占有的根源,必须具备两样东西:在经济上有这种改造的需要,在物质上有实现这种改造的条件。

关于经济上的需要,只要把"农村公社"置于正常条件之下,就是说,只要把压在它肩上的重担除掉,只要它获得正常数量的耕地,那么它本身就立刻会感到有这种需要。俄国农业只要求有土地和用比较原始的工具装备起来的小地块农民的时期已经过去了。这个时期之所以很快地成为过去,是因为对农民的压迫耗尽了农民的土地的地力,使他们的土地贫瘠。现在,农民需要的是大规模组织起来的合作劳动。况且,现在他们连种两三俄亩土地都还缺乏各种最必要的东西,难道把他们的耕地增加到10倍,他们的状况就会变得好些吗?

设备、肥料、农艺上的各种方法等等集体劳动所必需的一切资料,到哪里去找呢?俄国"农村公社"比同一类型的古代公社大大优越的地方正是在这里。在欧洲,只有俄国的"农村公社"在全国范围内广泛地保存下来了。因此,它目前处在这样的历史环境中:它和资本主义生产的同时存在为它提供了集体劳动的一切条件。它有可能不通过资本主义制度的卡夫丁峡谷,而占有资本主义制度所创造的一切积极的成果。俄国土地的天然地势,适合于利用机器进行大规模组织起来的、实行合作劳动的农业经营。至于最初的创办费用(包括智力上的和物质的),俄国社会有支付的义务,因为它长久以来靠"农村公社"维持生存并且也必须从"农村公社"中去寻找它的"新生的因素"。

"农村公社"的这种发展是符合我们时代历史发展的方向的，对这一点的最好证明，是资本主义生产在它最发达的欧美各国中所遭到的致命危机，而这种危机将随着资本主义的消灭，随着现代社会回复到古代类型的高级形式，回复到集体生产和集体占有而告终。

既然这么多不同的利害关系者，特别是在亚历山大二世仁慈的统治下成长起来的"社会新栋梁"从"农村公社"的**现状**中得到好处，那么，为什么他们还合谋要使公社灭亡呢？为什么他们的代言人还把公社所受的创伤说成是公社自然衰老的确凿证据呢？为什么他们要杀死下金蛋的母鸡呢？

只是因为经济上的事实（我要来分析这些事实，就会离题太远）揭开了这样一个秘密：**公社的现状不能继续维持下去了**，并且纯粹由于事物的必然性，现在的剥削人民群众的方式已经过时了。因此，必须有点新东西，而这种新东西，虽然表现为各种不同的形式，但总不外是：消灭公有制，创造一个由比较富裕的少数农民组成的农村中等阶级，并把大多数农民干脆都变为无产者。

一方面，"农村公社"几乎陷入绝境；另一方面，强有力的阴谋正等待着它，准备给它以最后的打击。要挽救俄国公社，就必须有俄国革命。可是，那些掌握着各种政治力量和社会力量的人正在尽一切可能准备把群众推入这一灾祸之中。

俄国"农村公社"的历史环境是独一无二的！在欧洲，只有俄国"农村公社"不是像稀有的残存的微缩模型那样以不久前在西方还可见到的那种古代形式零星地保存下来，而几乎是作为巨大帝国疆土上人民生活的占统治地位的形式保存下来的。如果说土地公有制是俄国"农村公社"的集体占有制的基础，那么，它的历史环境，即它和资本主义生产同时存在，则为它提供了大规模地进行共同劳动的现成的物质条件。因此，它能够不通过资本主义制度的卡夫丁峡谷，而占有资本主义制度所创造的一切积极的成果。它能够以应用机器的大农业来逐步代替小地块耕作，而俄国土地的天然地势又非常适于这种大农业。因此，它能够成为现代社会所趋向的那种经济制度的**直接出发点**，不必自杀就可以获得新的生命。相反，作为开端，必须把它置于正常条件之下。

但是，同公社相对立，出现了这样的地产，它掌握了将近一半土地，而且是优等地，更不用说国有土地了。正因为如此，所以通过"农村公社"的进一步发展来保存它是和俄国社会总的运动一致的，俄国社会的新生只有付出这个代价才能获得。

甚至仅仅从经济观点来看，俄国能够通过本国农村公社的发展来摆脱它在农业上所处的绝境；通过英国式的资本主义的租佃来摆脱这种绝境的尝试，将是徒劳无功的，因为这种制度是同俄国的整个社会条件相抵触的。①

要能发展，首先必须生存，可是任何人都不能否认，"农村公社"目前正处于危险境地。

撇开敌对环境的一切其他有害因素的影响不说，仅仅是个别家庭手中的动产，例如它们的牲畜、有时甚至是奴隶或农奴这样的财富的逐步增长，这种私人积累，从长远来看足以破坏原始的经济平等和社会平等，并且在公社内部产生利益冲突，这种冲突首先触及作为公共财产的耕地，最后扩展到森林、牧场和荒地等等这样一些已经变成私有财产的**公社附属物**的公共财产。

（4）各种原始公社（把所有的原始公社混为一谈是错误的；正像在地质的层系构造中一样，在历史的形态②中，也有原生类型、次生类型、再次生类型等一系列的类型）的衰落的历史，还有待于撰述。到现在为止，我们只有一些粗糙的描绘。但是，无论如何，研究的进展已经足以证明：（1）原始公社的生命力比闪米特人社会、希腊社会、罗马社会以及其他社会，尤其是现代资本主义社会的生命力要

---

① 初稿中原来没有这段话，这里是马克思从他给维·伊·查苏利奇的复信第三稿第4页上移过来的。

② "地质的层系构造"和"历史的形态"中的"层系构造"和"形态"，原文为"formation"。——编者注

强大得多;(2)它们衰落的原因,是那些阻碍它们越过一定发展阶段的经济条件,是和今日俄国公社的历史环境毫无相似之处的历史环境。

我们在阅读资产者所写的原始公社历史时必须有所警惕。他们是甚至不惜伪造的。例如,亨利·梅恩爵士本来是英国政府用暴力破坏印度公社行动的热心帮手,但他却伪善地要我们相信:政府维护这些公社的一切崇高的努力,碰到经济规律的自发力量都失败了!①

(5)您完全清楚,现在俄国公社的存在本身由于强大的利害关系者的阴谋而处于危险境地。除了被国家的直接搜刮压得喘不过气来,除了遭受侵入公社的"资本家"、商人等等以及土地"所有者"的狡诈的剥削以外,公社还受到乡村高利贷者以及由于它所处的环境而在内部引起的利益冲突的损害。

要剥夺农民,不必像在英国和在其他国家那样,把他们从他们的土地上赶走;同样,也不必用命令来消灭公社所有制。相反,请你们试一试,从农民那里夺取他们的农业劳动产品一旦超过一定的限度,那么,你们即使动用听你们指挥的宪兵也不能再把他们束缚在他们的土地上!罗马帝国末年,各行省的十人长(大土地所有者)就曾抛弃自己的土地,成为流浪者,甚至卖身当奴隶,只是为了摆脱那种不过成了官方压榨的借口的"财产"。

正当人们吸着公社的血、蹂躏它、耗尽它的地力、使它的土地贫瘠的时候,"社会新栋梁"的文坛奴仆却以嘲弄的口吻指出,公社所受的创伤正是它自然衰老的征兆;并宣称,公社的灭亡是自然的死亡,缩短它的临终的时间是一件好事。因此,这里涉及的已经不是有待解决的问题,而简直是应给以打击的敌人。要挽救俄国公社,就必须有俄国革命。而且,政府和"社会新栋梁"正在尽一切可能准备把群众推入这一灾祸之中。如果革命在适当的时刻发生,如果它能把自己的一切力量集中起来以保证农村公社的自由发展,那么,农村公社

---

① 参看亨·梅恩《东方和西方的农村公社》1871年伦敦版。

就会很快地变为俄国社会新生的因素，变为优于其他还处在资本主义制度奴役下的国家的因素。

卡·马克思
《给维·伊·查苏利奇的复信》

[二稿]①

约1881年2月18日—3月8日之间

（1）我在《资本论》中指出，**封建生产**向**资本主义生产**转变是以**剥夺生产者**为出发点的，并特别指出，"**这整个发展的基础就是对农民的剥夺**"（法文版第315页）。接着我又说："这种剥夺（剥夺农民）只是在英国才彻底完成了…… 西欧其他一切国家都正在经历着同样的运动。"（同上）

可见，我明确地把这种"**历史必然性**"限于"**西欧各国**"。为了使人们对我的思想不致发生任何疑问，我在第341页上说：

"**私有制**作为集体所有制的对立物，只存在于……**劳动的外部条件**属于**私人**的地方。但是私有制的形式依这些私人是劳动者还是非劳动者而改变。"

由此可见，我所分析的过程，是微不足道的少数人的资本主义所有制代替劳动者私有的、分散的所有制形式的过程（同上，第342页），是**一种所有制代替另一种所有制**的过程。这怎么能应用到土地不是而且从来不是农民的"**私有财产**"的俄国呢？因此，他们有理由根据西方事态的发展做出的**唯一结论**可能就是：俄国要确立资本主义生产，就应该从消灭公社所有制、从剥夺农民即广大人民群众着手。而俄国自由派的愿望就是这样的；但是，他们的**愿望**是否比叶卡捷琳娜二世企图把西方中世纪的行会制度移植到俄国土地

---

① 本文选自《马克思恩格斯全集》第25卷，北京：人民出版社2001年版，第470—474页。

上来的愿望①更有理由呢？

ad（1）② 总之，西方对农民的剥夺，使"劳动者私有的、分散的所有制变为"资本家私有的、集中的所有制。但这终究仍然是一种私有制形式代替另一种私有制形式。俄国则相反，它是资本主义所有制代替共产主义所有制的问题。

（2）从历史观点来看，证明俄国共产主义所有制**必然解体**的唯一有力论据如下：共产主义所有制曾在西欧各地存在过，随着社会的进步，它在各地都不见了，为什么它只是在俄国免于这种遭遇呢？

当然，如果资本主义生产要想在俄国确立自己的统治，那么，绝大多数农民即俄国人民定将变成雇佣工人，因而也会遭到剥夺，即通过共产主义所有制先被消灭而遭到剥夺。但是，不管怎样，西方的先例在这里完全不能说明问题。

（2）关于您所讲到的俄国的"马克思主义者"，我完全不知道。现在和我保持个人联系的一些俄国人，就我所知，是持有完全相反的观点的。

（3）从历史观点来看，证明俄国公社所有制**必然解体**的唯一有力的论据如下：公社所有制曾在西欧各地存在过，随着社会的进步，它在各地都不见了，而在俄国，它怎么能免于这种遭遇呢？

首先，在西欧，公社所有制的灭亡和资本主义生产的诞生之间隔着一段很长的时间，包括整个一系列依次相继的经济上的革命和进化，而资本主义生产不过是其中距离我们最近的一个。资本主义生产一方面神奇地发展了社会的生产力，但是另一方面，也表现出它同自己所产生的社会生产力本身是不相容的。它的历史今后只是对抗、危机、冲突和灾难的历史。结果，资本主义生产向一切人（除了因利益而瞎了眼的人）表明了它的纯粹的暂时性。欧洲和美洲的一些资本主

---

① 1785年4月21日颁发的给俄罗斯帝国各城市的权利和利益的文件中反映了叶卡捷琳娜二世建立行会组织的意图，文件中包括详细确定行会组织的手工业特别条例。规定各城市手工业者必须在行会中登记注册，禁止从事非行商手工业生产。——译者注

② 对（1）的增补。

义生产最发达的民族,正力求打碎它的枷锁,以合作生产来代替资本主义生产,以古代类型的所有制**最高形式**即共产主义所有制来代替资本主义所有制。

如果俄国是脱离世界而孤立存在的,如果它要靠自己的力量取得西欧通过长期的一系列进化(从原始公社的存在到它的目前状态)才取得的那些经济成就,那么,公社注定会随着俄国社会的逐步发展而灭亡这一点,至少在我看来,是毫无疑问的。可是,俄国公社的情况同西方原始公社的情况完全不同。俄国是在全国广大范围内把公社所有制保存下来的欧洲唯一的国家,但同时又生存在现代的历史环境中,同较高的文化同时存在,和资本主义生产所统治的世界市场联系在一起。俄国吸取这种生产方式的积极成果,就有可能发展并改造它的农村公社的古代形式,而不必加以破坏(我顺便指出,俄国的共产主义所有制形式是古代类型的最现代的形式,而后者又经历过一系列的进化)。如果俄国的资本主义制度崇拜者否认这种结合的可能性,那么,就请他们来证明:要在俄国使用机器,它必须先经过机器生产的孕育期。请他们给我说明:他们怎么能够可以说是在几天之内就把西方需要几个世纪才建立起来的一整套交换机构(银行、信用公司等等)引进到自己这里来呢?

(4)威胁着俄国公社生命的不是历史的必然性,不是理论,而是国家的压迫,以及侵入公社的,也是由国家靠牺牲农民扶植壮大起来的资本家的剥削。

(5)地球的太古结构或原生结构是由一系列不同年代的叠复的地层组成的。古代社会形态也是这样,表现为一系列不同的、标志着依次更迭的时代的类型。俄国农村公社属于这一链条中最近的类型。在这种公社里面,农民已经具有了他所居住的房屋和作为房屋附属物的菜园的私有权。这正是古代形式的第一个破坏性因素,是较古的类型所没有的。另一方面,较古的类型都是建立在公社各个社员的血缘亲属关系上的,而俄国公社所属的类型已经摆脱了这种狭窄的联系。这使它有了较广阔的发展余地。农村公社的孤立性、公社与公社之间的生活缺乏联系,这种与世隔绝的小天地,并不到处都是这种最后的原始类型的内在特征,但是,在有这一特征的任何地方,它总是把集权的专制制度矗立在公社的上面。我认为,在俄国,这种由幅员辽阔决定的原始的孤立性,一旦摆脱了政府的桎梏是很容易消除的。

现在我来谈谈问题的实质。毋庸讳言,俄国公社所属的古代类型,包含着一种内在的二重性,这种二重性在一定的历史条件下会导致公社的灭亡。土地虽然是公有的,但是每个农民则和西方的小农一样,都靠自己的力量来耕种自己的土地。公有制和土地的小块耕种相结合,这在较久远的时代是有益的,但在我们时代就变成危险的了。一方面,动产这种在农业中起着越来越重要作用的因素,促使公社社员的财产状况日益分化,特别是在国家的财政压力之下,还引起公社内部各种利益之间的斗争;另一方面,作为合作劳动和协作劳动基础的公有制,它的经济上的优越性日益丧失。可是也不应该忘记,俄国农民在使用没有进行分配的草地方面,已经采用了集体方式,并且他们习惯于**劳动组合**关系,这就大大便利了他们从小土地耕种过渡到集体耕种;俄国土地的天然地势,有利于进行大规模使用机器的联合耕种;而且,长久以来靠农村公社生存的俄国社会,也有义务为公社垫付实现这一改变所必需的最初的经费。不言而喻,这里所说的只是逐渐的改变,而这一改变必须从使公社在**目前**的基础上走上正常状态开始。

(6)把一切多少带有理论性的问题撇开不谈,那也用不着向您说明,今天威胁着俄国公社生存的危险来自共谋反对它的那些强有力的利害关系者。某种在国家帮助下靠牺牲农民哺育起来的资本主义是同公社对立的;它所关心的是公社的毁灭。并且为了地主的利益,创造出一个由比较富裕的农民组成的农村中间阶级,而把贫苦农民即农民大众变为普通的雇佣工人,这意味着廉价的劳动!公社受国家勒索的压制、商业的掠夺、地主的剥削和高利贷从内部的破坏,那它怎么能够抵抗得住呢!

卡·马克思
《给维·伊·查苏利奇的复信》

[三稿]①

约 1881 年 2 月 18 日—3 月 8 日之间

亲爱的女公民：

要深入分析您 2 月 16 日来信中提出的问题，我必须钻研事物的细节而放下紧急的工作。但是，我希望，现在我很荣幸地写给您的这一简短的说明，就足以消除对所谓我的理论的一切误解。

一、我在分析资本主义生产的起源时说："因此，在资本主义制度的基础上，生产者和生产资料彻底分离了……全部过程的基础是**对农民的剥夺**。这种剥夺只是在英国才彻底完成了……但是，**西欧的其他一切国家都正在经历着同样的运动。**"（《资本论》法文版第 315 页）②

可见，这一运动的"**历史必然性**"明确地限制在**西欧各国**的范围内。造成这种限制的原因在第三十二章的下面这一段里已经指出："**以自己的劳动为基础的私有制**……被以剥削他人劳动即以雇佣劳动为基础的**资本主义私有制**所排挤。"（同上，第 341 页）③

因此，在这种西方的运动中，问题是**把一种私有制形式变为另一种私有制形式**。相反，在俄国农民中，则是**要把他们的公有制变为私有制**。人们承认还是否认这种转变的必然性，提出赞成或反对这种转变的理由，都和我对资本主义制度起源的分析毫无关系。从这一分析中，至多只能作出这样的结论：在目前俄国农民占绝大多数的情况下，把他们变成小私有者，不过是对他们进行迅速剥夺的序幕。

---

① 本文选自《马克思恩格斯文集》第 3 卷，北京：人民出版社 2009 年版，第 583—588 页。
② 见马克思《资本论》（根据作者修订的法文版第一卷翻译）1983 年中国社会科学出版社版第 769、770 页。
③ 同上，第 825 页。

二、用来反对俄国公社的最有力的论据如下：

如果您回顾一下西方社会的起源，那么您到处都会发现土地公有制；随着社会的进步，它又到处让位给私有制；因此，它不可能只是在俄国免于这种遭遇。

我之所以注意这一推论，仅仅因为它是以欧洲的经验为根据的。至于比如说东印度，那么，大概除了亨·梅恩爵士及其同流人物之外，谁都知道，那里的土地公有制是由于英国的野蛮行为才被消灭的，这种行为不是使当地人民前进，而是使他们后退。

并不是所有的原始公社都是按照同一形式建立起来的。相反，从整体上看，它们是一系列社会组织，这些组织的类型、生存的年代彼此都不相同，标志着依次进化的各个阶段。**俄国的公社**就是通常称做**农业公社**的一种类型。在西方相当于这种公社的是存在时期很短的**日耳曼公社**。在尤利乌斯·凯撒时代，日耳曼公社尚未出现，而到日耳曼部落征服意大利、高卢、西班牙等地的时候，它已经不存在了。在尤利乌斯·凯撒时代，各集团之间、**各氏族**和**部落**之间已经逐年分配耕地，但还不是在公社的各个家庭之间分配；大概，耕种也是由集团共同进行的。在日耳曼尼亚本土，这种较古类型的公社通过自然的发展而变为塔西佗所描绘的那种**农业公社**。从那时起，我们就看不到它了。它在连绵不断的战争和迁徙的情况下不知不觉地灭亡了；它有可能是亡于暴力之下的。但是，它的天然的生命力却为两个不可争辩的事实所证实。这种类型的一些公社零零散散地分布于各地，经历了中世纪的一切波折，一直保存到今天，例如，在我的家乡特里尔专区就有。然而更重要的是，这种"农业公社"的烙印是如此清晰地表现在从它产生出来的新公社里面，以致毛勒在辨认了新公社后能够还原出这种"农业公社"。在新公社里，耕地是农民的**私有财产**，而森林、牧场、荒地等等仍然是**公共财产**；这种新公社由日耳曼人引入所有被征服的地区。由于它继承了原型的特征，所以，在整个中世纪时期，成了人民自由和人民生活的唯一中心。

同样在亚洲，在阿富汗人及其他人中间也有"农村公社"。但是，这些地方的公社都是**最近类型**的公社，也可以说，是**古代**社会**形态**的最近形式。为了指出这一事实，所以我就谈了关于日耳曼公社的一些细节。

现在，我们必须考察一下"农业公社"不同于较古的公社的最主要的特征。

（1）所有其他公社都是建立在公社社员的血缘亲属关系上的。在这些公社中，只容许有血缘亲属或收养来的亲属。他们的结构是系谱树的结构。"农业公社"是最早的没有血缘关系的自由人的社会组织。

（2）在农业公社中，房屋及其附属物——园地，是农民私有的。相反，**公共房屋**和**集体住所**是远在畜牧生活和农业生活形成以前时期的较原始的公社的经济基础。当然，也有一些农业公社，它们的房屋虽然已经不再是集体的住所，但仍然定期改换占有者。这样，个人用益权就和公有制结合起来。但是，这样的公社仍然带有它的起源的烙印，因为它们是处在由较古的公社向真正的农业公社过渡的状态。

（3）耕地是不可让渡的公共财产，定期在农业公社各个社员之间进行分配，因此，每一社员自力经营分配给他的田地，并把产品留为己有。而在较原始的公社中，生产是共同进行的；共同的产品，除储存起来以备再生产的部分外，都根据消费的需要陆续分配。

显然，农业公社制度所固有的这种**二重性**能够赋予它强大的生命力。它摆脱了牢固然而狭窄的血缘亲属关系的束缚，并以土地公有制以及公有制所造成的各种社会联系为自己的稳固基础；同时，各个家庭单独占有房屋和园地、小地块耕种和私人占有产品，促进了那种与较原始的公社机体不相容的个性的发展。

但是，同样明显，就是这种二重性也可能逐渐成为公社解体的萌芽。除了外来的各种破坏性影响，公社内部就有使自己毁灭的因素。土地私有制已经通过房屋及农作园地的私有渗入公社内部，这就可能变为从那里准备对公有土地进攻的堡垒。这是已经发生的事情。但是，最重要的还是私人占有的源泉——小地块劳动。它是牲畜、货币、有时甚至奴隶或农奴等动产积累的根源。这种不受公社控制的动产，个体交换的对象（在交换中，投机取巧起极大的作用）将对整个农村经济产生越来越大的压力。这就是破坏原始的经济平等和社会平等的因素。它把异质的因素带进来，引起公社内部各种利益和私欲的冲突，这种冲突首先触及作为公共财产的耕地，然后触及作为公共财产的森林、牧场、荒地等等；一旦这些东西变成了私有财产的**公社附属物**，也就会逐渐变成私有了。

农业公社既然是原生的社会形态的最后阶段，所以它同时也是向次生形态过渡的阶段，即以公有制为基础的社会向以私有制为基础的社会的过渡。不言而喻，次生形态包括建立在奴隶制上和农奴制上的一系列社会。

但是，这是不是说，农业公社的历史道路必然要导致这种结果呢？绝对不是的。农业公社固有的二重性使得它只能有两种选择：或者是它的私有制因素战胜集体因素，或者是后者战胜前者。一切都取决于它所处的历史环境。

现在，我们暂且不谈俄国公社所遭遇的灾难，只来考察一下它的可能的发展。它的环境是独一无二的，在历史上没有先例。在整个欧洲，它是唯一在一个巨大的帝国内的农村生活中尚占统治地位的组织形式。土地公有制赋予它以集体占有的自然基础，而它的历史环境，即它和资本主义生产同时存在，则为它提供了大规模组织起来进行合作劳动的现成的物质条件。因此，它可以不通过资本主义制度的卡夫丁峡谷，而占有资本主义制度所创造的一切积极的成果。它可以借使用机器而逐步以联合耕作代替小地块耕作，而俄国土地的天然地势又非常适合于使用机器。如果它在现在的形式下事先被置于正常条件之下，那它就能够成为现代社会所趋向的那种经济制度的**直接出发点**，不必自杀就可以获得新的生命。

英国人在东印度就进行过让公社自杀的尝试；他们得到的结果不过是破坏了当地的农业，使荒年更加频繁，饥馑更加严重。

可是公社受到诅咒的是它的孤立性，公社与公社之间的生活缺乏联系，不正是这种**与世隔绝的小天地**使它至今不能有任何历史创举吗？**而这种与世隔绝的小天地将在俄国社会的普遍动荡中消失。**

俄国农民习惯于**劳动组合**，这特别有助于他们从小地块劳动向合作劳动过渡，并且他们在翻晒草料，以及像排除积水等公社的作业中，已经在某种程度上实行了合作劳动。一种与古代类型十分相似的特性（这是现代农学家感到头痛的东西）也有利于实行合作劳动。如果您在某一个地方看到有垄沟痕迹的小块土地组成的棋盘状耕地，那您就不必怀疑，这就是已经死亡的农业公社的地产！农业公社的社员并没有学过地租理论，可是他们了解，在天然肥力和位置不同的土地上消耗等量的农业劳动，会得到不等的收入。为了使自己的劳动机会均等，他们根据土壤的自然差别和经济差别把土地分成一定数量的地段，然后按农民的人数把这些比较大的地段再分成小块。然后，每一个人在每一地段中得到一份土地。这种直到今天还在俄国公社里实行的做法，毫无疑问是和农艺学的要求相矛盾的。除其他种种不便外，这种做法也造成人力和时间的浪费。可是，这种做法虽然乍看起来似乎和集体耕种相矛盾，但它的确有助于向集体耕种的过渡。小块土地……①

卡·马克思
《给维·伊·查苏利奇的复信》

[四稿]②

1881年3月8日

亲爱的女公民：

最近十年来定期发作的神经痛妨碍了我，使我不能较早地答复您2

---

① 手稿到此中断。
② 本文选自《马克思恩格斯全集》第25卷，北京：人民出版社2001年版，第481页。

月16日的来信。承蒙您向我提出问题,但很遗憾,我却不能给您一个适合于发表的简短说明。几个月前,我曾经答应给圣彼得堡委员会①就这个题目写篇文章。可是,我希望寥寥几行就足以消除您因误解所谓我的理论而产生的一切疑问。

由此可见,在《资本论》中所作的分析,既没有提供任何肯定俄国农村公社有生命力的东西,也没有提供否定农村公社有生命力的东西。

我根据自己找到的原始材料对此进行的专门研究使我深信:这种农村公社是俄国社会新生的自然支点;可是要使它能发挥这种作用,首先必须排除从各方面向它袭来的破坏性影响,然后保证它具备自然发展的条件。

卡·马克思
《给维·伊·查苏利奇的复信》

[复信]②

1881年3月8日于伦敦西北区

梅特兰公园路41号

亲爱的女公民:

最近十年来定期发作的神经痛妨碍了我,使我不能较早地答复您2月16日的来信。承蒙您向我提出问题,但很遗憾,我却不能给您一个适合于发表的简短说明。几个月前,我曾经答应给圣彼得堡委员会就同一题目写篇文章。可是,我希望寥寥几行就足以消除您因误解所谓我的理论而产生的一切疑问。

---

① 指俄国民意党执行委员会。民意党是1879年8月成立的俄国最大的民粹派组织。——译者注

② 本文选自《马克思恩格斯文集》第3卷,北京:人民出版社2009年版,第589—590页。

在分析资本主义生产的起源时,我说:

"因此,在资本主义制度的基础上,生产者和生产资料彻底分离了……全部过程的基础是**对农民的剥夺**。这种剥夺只是在英国才彻底完成了……   但是,**西欧的其他一切国家**都正在经历着同样的运动。"(《资本论》法文版第315页)①

可见,这一运动的"历史必然性"**明确地**限制在**西欧各国**的范围内。造成这种限制的原因在第三十二章的下面这一段里已经指出:

"以自己的劳动为基础的**私有制**……被以剥削他人劳动即以雇佣劳动为基础的**资本主义私有制**所排挤。"(同上,第341页)②

因此,在这种西方的运动中,问题是**把一种私有制形式变为另一种私有制形式**。相反,在俄国农民中,则是要把**他们的公有制变为私有制**。

由此可见,在《资本论》中所作的分析,既没有提供肯定俄国农村公社有生命力的论据,也没有提供否定农村公社有生命力的论据,但是,我根据自己找到的原始材料对此进行的专门研究使我深信:这种农村公社是俄国社会新生的支点;可是要使它能发挥这种作用,首先必须排除从各方面向它袭来的破坏性影响,然后保证它具备自然发展的正常条件。

亲爱的女公民,您忠实的

卡尔·马克思

卡·马克思写于1881年2月—3月8日之间 第一次用俄文发表于《马克思恩格斯文库》1924年版第1卷	原文是法文 中文根据《马克思恩格斯全集》历史考证版第1部分第25卷并参考《马克思恩格斯全集》德文版第19卷翻译

---

① 见马克思《资本论》(根据作者修订的法文版第一卷翻译)1983年中国社会科学出版社版第769、770页。

② 同上,第825页。

卡·马克思和弗·恩格斯
《〈共产党宣言〉1882年俄文版序言》①

巴枯宁翻译的《共产党宣言》俄文第一版，60年代初②由《钟声》印刷所出版。当时西方认为这件事（《宣言》译成**俄文**出版）不过是著作界的一件奇闻。这种看法今天是不可能有了。

当时（1847年12月）卷入无产阶级运动的地区是多么狭小，这从《宣言》最后一章《共产党人对各国各种反对党派的态度》③中可以看得很清楚。在这一章里，正好没有说到俄国和美国。那时，俄国是欧洲全部反动势力的最后一支庞大后备军；美国正通过移民吸收欧洲无产阶级的过剩力量。这两个国家，都向欧洲提供原料，同时又都是欧洲工业品的销售市场。所以，这两个国家不管怎样当时都是欧洲现存秩序的支柱。

今天，情况完全不同了！正是欧洲移民，使北美能够进行大规模的农业生产，这种农业生产的竞争震撼着欧洲大小土地所有制的根基。此外，这种移民还使美国能够以巨大的力量和规模开发其丰富的工业资源，以至于很快就会摧毁西欧特别是英国迄今为止的工业垄断地位。这两种情况反过来对美国本身也起着革命作用。作为整个政治制度基础的农场主的中小土地所有制，正逐渐被大农场的竞争所征服；同时，在各工业区，人数众多的无产阶级和神话般的资本积聚第一次发展起来了。

现在来看看俄国吧！在1848—1849年革命期间，不仅欧洲的君主，而且连欧洲的资产者，都把俄国的干涉看做是帮助他们对付刚刚开始觉醒的无产阶级的唯一救星。沙皇被宣布为欧洲反动势力的首领。现在，沙皇在加特契纳成了革命的俘虏④，而俄国已是欧洲革命

---

① 本文选自《马克思恩格斯文集》第2卷，北京：人民出版社2009年版，第7—8页。
② 应是1869年。
③ 《宣言》最后一章的标题应是《共产党人对各种反对党派的态度》。
④ 1881年3月1日民意党人刺杀沙皇亚历山大二世以后，亚历山大三世因害怕民意党人采取新的恐怖行动，终日藏匿在彼得堡附近的加特契纳行宫内，因而被人们戏谑地称为"加特契纳的俘虏"。——译者注

运动的先进部队了。

《共产主义宣言》①的任务，是宣告现代资产阶级所有制必然灭亡。但是在俄国，我们看见，除了迅速盛行起来的资本主义狂热和刚开始发展的资产阶级土地所有制外，大半土地仍归农民公共占有。那么试问：俄国公社，这一固然已经大遭破坏的原始土地公共占有形式，是能够直接过渡到高级的共产主义的公共占有形式呢？或者相反，它还必须先经历西方的历史发展所经历的那个瓦解过程呢？

对于这个问题，目前唯一可能的答复是：假如俄国革命将成为西方无产阶级革命的信号而双方互相补充的话，那么现今的俄国土地公有制便能成为共产主义发展的起点。

卡尔·马克思　弗里德里希·恩格斯

卡·马克思和弗·恩格斯写于 1882 年 1 月 21 日
载于 1882 年 2 月 5 日《民意》杂志第 8—9 期

原文是德文

中文根据《马克思恩格斯全集》历史考证版第 1 部分第 25 卷并参考《马克思恩格斯全集》德文版第 19 卷翻译

弗·恩格斯
《〈论俄国的社会问题〉跋》②

1894 年 1 月上半月

首先我应当更正一下：准确地说，彼·特卡乔夫先生不是巴枯宁主义者，即不是无政府主义者，而是自己冒充的"布朗基主义者"。这个错误是很自然的，因为上面提到的那位先生，按照当时俄国流亡者的惯

---

① 即《共产党宣言》。
② 本文选自《马克思恩格斯文集》第 4 卷，北京：人民出版社 2009 年版，第 451—467 页。

例，在西方面前表现自己同全体俄国流亡者团结一致，并且在他的小册子里实际上还为受到我抨击的巴枯宁及其一伙进行辩护，仿佛我的抨击是针对他本人似的。①

他在同我的论战中所坚持的对于俄国共产主义农民公社的观点，实质上是赫尔岑的观点。赫尔岑，这位被吹捧为革命家的泛斯拉夫主义文学家，从哈克斯特豪森的《对俄国的概论》②中得知，他的庄园里的农奴不知道土地私有，而且时常在相互之间重新分配耕地和草地。作为一个文学家，他没有必要去熟悉那很快就为大家知道的事情，即土地公有是一种在原始时代曾经盛行于德意志人、凯尔特人、印度人，总而言之曾经盛行于一切印度日耳曼语系各民族中的占有形式，这种占有形式，在印度至今还存在，在爱尔兰和苏格兰，只是不久前才遭到暴力压制，在德国，甚至现在在一些地方还能见到；这是一种衰亡中的占有形式，它实际上是所有民族在一定的发展阶段上的共同现象。然而作为一个泛斯拉夫主义者，这位充其量不过是个口头社会主义者的赫尔岑，却从中发现一个新的口实，使他能够在这个腐朽的西方面前用更鲜明的色彩来描述自己"神圣的"俄罗斯和它的使命——使这个腐朽的、衰老的西方返老还童和得到新生，必要时甚至不惜使用武力。老朽的法国人和英国人无论怎样努力都不能实现的东西，俄国人在自己家里却有现成的。

"保存农民公社和保障个人自由，把乡村的自治扩展到城市和整个国家，同时保持民族的统一——这就是俄国未来的全部问题所在，也就是西方思想家正

---

① 指彼·特卡乔夫的小册子《给弗里德里希·恩格斯先生的公开信。致1874年度〈人民国家报〉第117和118号所载〈流亡者文献〉一文的作者》（1874年苏黎世《哨兵报》印刷所版）。这封信的俄译文载于特卡乔夫《社会经济问题论文选》1933年版第3卷第88—98页。

恩格斯《流亡者文献》这一组文章的第四篇和第五篇就是对特卡乔夫的答复（见《马克思恩格斯文集》第3卷）。——译者注

② 奥·哈克斯特豪森《俄国的国内状况、国民生活、特别是农村设施概论》1847—1852年汉诺威—柏林版第1—3册。

在行动起来力求解决的同一个社会矛盾的问题所在。"（赫尔岑给林顿的信）①

这就是说，在俄国也许还存在政治问题；但"社会问题"在俄国则已经解决。

赫尔岑的追随者特卡乔夫像赫尔岑一样把事情看得很简单。虽然在1875年他已经不能再断言什么"社会问题"在俄国已经解决，但是他仍然认为，俄国农民作为天生的共产主义者，同贫困的、被上帝遗忘的西欧无产者比起来，要无限地接近社会主义，并且他们的生活也要无限地好。如果说法国的共和主义者由于他们百年来的革命活动，认为自己的人民是政治方面的上帝选民，那么当时的许多俄国社会主义者则认为俄罗斯是社会方面的上帝选民；据说旧的经济世界不是从西欧无产阶级的斗争中而是从俄国农民的最内在的东西中得到它的新生。我的抨击就是针对这种幼稚观点的。

但是俄国的公社还引起了一些远比赫尔岑们和特卡乔夫们高明的人的注意，并且博得他们的承认。其中包括尼古拉·车尔尼雪夫斯基这位伟大的思想家，他对俄国有难以估量的贡献，把他长年流放在西伯利亚的雅库特人中间而对他施行慢性谋杀，这将给"解放者"亚历山大二世留下一个永久的污点。

由于俄国的思想封锁，车尔尼雪夫斯基从未读过马克思的著作，当《资本论》问世的时候，他早已在中维柳伊斯克的雅库特人中间了。他的全部精神发展只能在这种思想封锁所造成的环境中进行。俄国书报检查机关不放过的东西，对俄国说来都是几乎不存在的或者根本不存在的。因此如果说他在某些地方有弱点，他的视野有局限性，那么令人惊奇的，只是类似的情况不是更多。

车尔尼雪夫斯基也把俄国农民公社看做从现存社会形式过渡到新的

---

① 亚·伊·赫尔岑给《英格兰共和国》杂志编辑威·林顿的三封信是他在1854年1—2月写的，第一次用英文发表在该杂志1854年第3卷上。恩格斯所引赫尔岑给林顿的第三封信上的这段话转引自1885年日内瓦出版的格·瓦·普列汉诺夫《我们的意见分歧》一书第9页。

赫尔岑给林顿的信的全文，见赫尔岑的文集《旧世界和俄国》。——译者注发展阶段的手段，这个新阶段一方面高于俄国的公社，另一方面也高于阶级对立的西欧资本主义社会。俄国拥有这种手段，而西方却没有这种手段，车尔尼雪夫斯基认为这是俄国优越的地方。

"在西欧，由于个人权利的无限扩张，实行一种良好的制度异常困难……人们习惯上享有的东西，哪怕是放弃一点点也不容易，在西欧，个人已经习惯于个人权利的无限性。只有经过痛苦的经验和长时间的思考才能够教人认识到相互让步的益处和不可避免性。在西方，建立一种经济关系的良好制度是不能没有牺牲的，因此建立这种制度很困难。它同英法两国农民的习惯是不相容的。"但是，"在一个国家里是空想的东西，在另一个国家里却是事实……有些习惯，对英国人和法国人说来，要贯彻到人民生活中去是无比困难的，但在俄国人这里，却作为人民生活中的事实而存在着……西方目前正在经过如此艰难而漫长的道路来争取的那种制度，在我们这里却仍然是我们农村生活中强有力的人民风尚……我们看到，在西方土地公有制的衰亡带来了多么悲惨的后果，而西方人民要挽回自己失去的东西又是何等费力。西方的例子我们不应当视而不见。"（《车尔尼雪夫斯基文集》日内瓦版第 5 卷第 16—19 页；转引自普列汉诺夫《我们的意见分歧》1885 年日内瓦版）①。

而在谈到乌拉尔哥萨克那里至今还盛行土地共耕然后在各户之间分配产品的制度时，他说：

"假使乌拉尔人在他们现在的制度下一直生活到在谷物生产中使用机器的时候，那时乌拉尔人将会因他们保存了那种允许使用机器（这些机器要求以数百俄亩计的大农庄）的制度而十分高兴。"（同上，第 131 页）

---

① 这段引文出自尼·加·车尔尼雪夫斯基的批评文章《杂志短评》，这篇文章第一次发表在 1857 年《同时代人》杂志第 5 期上。下面一段引文出自他的另一篇文章《评奥·哈克斯特豪森男爵〈俄国的国内状况、国民生活，特别是农村设施概论〉》，这篇文章第一次发表在 1857 年《同时代人》杂志第 7 期上。两篇文章均被收入 1879 年日内瓦出版的《车尔尼雪夫斯基文集》第 5 卷，总标题是《论公社的土地占有制》。在格·瓦·普列汉诺夫《我们的意见分歧》（1885 年日内瓦版）一书中这段引文在第 16—17 页上；下面那段引文在第 15 页上。显然恩格斯是从普列汉诺夫的书上引用了车尔尼雪夫斯基的话，因为这两段引文同该书中的这两段话一致。——译者注

只是这里不应忘记，乌拉尔人和他们的出于军事考虑才保留下来的土地共耕制（我们这里也有兵营共产主义）在俄国是非常独特的，情形大致同我们这里摩泽尔河地区的农户公社及其定期的重新分配的做法一样。如果他们保存现有的制度到他们能够使用机器的时候，那么，从这里得到好处的不是乌拉尔人自己，而是奴役他们的俄国军事国库。

不管怎么说，事实是这样：当资本主义社会正在西欧崩溃而它本身发展中必然产生的矛盾威胁着它的生存的时候，就在这个时候，在俄国，全部耕地的半数左右却仍然是农民公社的公有财产。如果说在西方用重新改组社会的办法来解决矛盾是要以一切生产资料（当然也包括土地）转归社会所有作为前提条件，那么在俄国已经存在，或者说得更准确点，仍然存在的公有制对于西方的这个只是行将建立的公有制是怎样的关系呢？它难道不能作为民族活动的一个起点，以便用资本主义时代的一切技术成就来充实俄国的农民共产主义，使它一下子越过整个资本主义时期进入一切生产资料的现代社会主义公有制？或者像马克思在本文后面引用的一封信里表述车尔尼雪夫斯基的思想时所说的那样："俄国是应当像自由派所希望的那样，首先摧毁农民公社以过渡到资本主义制度呢，还是与此相反，发展它所特有的历史条件，就可以不经受资本主义制度的一切苦难而取得它的全部成果。"

问题的提法本身已经表明应当向哪个方向去寻求解决问题的办法。俄国的公社存在了几百年，在它内部从来没有出现过要把它自己发展成高级的公有制形式的促进因素；情况恰如德意志人的马尔克制度、凯尔特人的克兰①、印度人的和其他民族的实行原始共产主义制度的公社一样。所有这些公社，都在包围着它们的、或者在它们内部产生并且逐渐渗透它们的商品生产以及各户之间和各人之间的交换的影响下，随着时间的推移越来越丧失共产主义的性质，而变成互不依赖的土地占有者的公社。因此，如果一般地说可以提出俄国的公社是否将有别的更好的命

---

① 克兰即氏族，在凯尔特民族中，除指氏族外偶尔也指部落；在氏族关系解体时期，则指一群血缘相近且具有想象中的共同祖先的人们。克兰内部保存着土地公有制和氏族制度的古老习俗。在苏格兰和威尔士的个别地区，克兰一直存在到19世纪。——译者注

运这样一个问题，那么这不是公社本身的错，而完全是由于公社在一个欧洲国家里保持相当的生命力到了这样一个时刻，这时，在西欧不仅一般的商品生产，甚至连它的最高和最后的形式——资本主义生产都同它本身所创造的生产力发生了矛盾，它不能再继续支配这种生产力，它正在由于这些内部矛盾及其所造成的阶级冲突而走向灭亡。由这一点就已经可以得出结论，对俄国的公社的这样一种可能的改造的首创因素只能来自西方的工业无产阶级，而不是来自公社本身。西欧无产阶级对资产阶级的胜利以及与之俱来的以社会管理的生产代替资本主义生产，这就是俄国公社上升到同样的阶段所必需的先决条件。

事实上，从氏族社会遗留下来的农业共产主义在任何地方和任何时候除了本身的解体以外，都没有从自己身上生长出任何别的东西。俄国的农民公社本身，在1861年就已经是这种共产主义的比较衰弱的形式；在印度某些地方以及在可能是俄国公社的母体的南方斯拉夫人家庭公社（扎德鲁加①）中还存在着的土地共耕，已经让位给单个家庭的经营管理；公有制只是还表现在一次又一次的重新分配土地上，而这种重新分配土地的做法在不同的地方其间隔时间也极不相同。只要这种重新分配土地的做法一终止或通过决定被废止，就会出现小农的农村。

然而单是这样一个事实：与俄国农民公社并存的西欧资本主义生产同时接近了崩溃的时刻，在这一时刻它本身就会显示出一种新的生产形式，在这种新的生产形式下将有计划地使用作为社会财产的生产资料——单单这样一个事实，并不能赋予俄国公社一种能够使它把自己发展成这种新的社会形式的力量。在资本主义社会本身完成这一革命以前，俄国公社如何能够把资本主义社会的巨大生产力作为社会财产和社会工具而掌握起来呢？在俄国公社已经不再按照公有原则耕种自己的土地之后，它又怎么能向世界指明如何按照公有原则管理大工业呢？

诚然，在俄国有不少人很了解西方资本主义社会及其所有的不可调

---

① 扎德鲁加是塞尔维亚—克罗地亚人大家族，由同一父亲的若干后代及其妻子儿女组成的家庭公社（20—30人），大家共同生产，共同消费，19世纪后半期扎德鲁加逐渐解体。——译者注

和的矛盾和冲突，并且清楚地知道这条似乎走不通的死胡同的出路何在。可是，首先，明白这一点的几千人并不生活在公社里，而大俄罗斯的仍然生活在土地公有制条件下的大约 5000 万人，却对这一切一无所知。他们至少对这几千人感到陌生和不可理解，就像 1800—1840 年的英国无产者对罗伯特·欧文为了拯救他们而设想出来的计划感到陌生和不可理解一样。在新拉纳克的欧文的工厂里做工的工人当中，大多数也是在解体的共产主义氏族社会的秩序和习俗中、在苏格兰凯尔特人的克兰中成长起来的，但是欧文一个字也没有谈到这些人对他有很好的理解。其次，较低的经济发展阶段解决只有高得多的发展阶段才产生了的和才能产生的问题和冲突，这在历史上是不可能的。在商品生产和单个交换以前出现的一切形式的氏族公社同未来的社会主义社会只有一个共同点，就是一定的东西即生产资料由一定的集团共同所有和共同使用。但是单单这一个共同特性并不会使较低的社会形式能够从自己本身产生出未来的社会主义社会，后者是资本主义社会的最独特的最后的产物。每一种特定的经济形态都应当解决它自己的、从它本身产生的问题；如果要去解决另一种完全不同的经济形态的问题，那是十分荒谬的。这一点对于俄国的公社，也同对于南方斯拉夫人的扎德鲁加、印度的氏族公社、或者任何其他以生产资料公有为特点的蒙昧时期或野蛮时期的社会形式一样，是完全适用的。

然而，不仅可能而且毋庸置疑的是，当西欧各国人民的无产阶级取得胜利和生产资料转归公有之后，那些刚刚进入资本主义生产而仍然保全了氏族制度或氏族制度残余的国家，可以利用公有制的残余和与之相适应的人民风尚作为强大的手段，来大大缩短自己向社会主义社会发展的过程，并避免我们在西欧开辟道路时所不得不经历的大部分苦难和斗争。但这方面的必不可少的条件是：目前还是资本主义的西方作出榜样和积极支持。只有当资本主义经济在自己故乡和在它兴盛的国家里被克服的时候，只有当落后国家从这个榜样上看到"这是怎么回事"，看到怎样把现代工业的生产力作为社会财产来为整个社会服务的时候——只有到那个时候，这些落后的国家才能开始这种缩短的发展过程。然而那时它们的成功也是有保证的。这不仅适用于俄国，而且适用于处在资本主义以前的阶段的一切国家。但比较起来，这在俄国将最容易做到，因为这个国家的一部分本地居民已经吸取了资本主义发展的精神成果，因而在革命时期这个国家可以几乎与西方同时完成社会的改造。

这一点，马克思和我已经在1882年1月21日给普列汉诺夫翻译的俄文版《共产主义宣言》①写的序言里说过了。我们在那里写道：

"但是在俄国，我们看见，除了迅速盛行起来的资本主义狂热和刚刚开始发展的资产阶级土地所有制外，大半土地仍归农民公共占有。那么试问：俄国公社，这一固然已经大遭破坏的原始土地公共占有形式，是能够直接过渡到高级的共产主义的公共占有形式呢？或者相反，它还必须先经历西方的历史发展所经历的那个瓦解过程呢？对于这个问题，目前唯一可能的答复是：假如俄国革命将成为西方无产阶级革命的信号而双方互相补充的话，那么现今的俄国土地公有制便能成为共产主义发展的起点。"②

可是，不应当忘记，这里提到的大遭破坏的俄国公有制从那时以来已经又向前迈了一大步。克里木战争期间的失败清楚地表明，俄国必须迅速发展工业。首先需要铁路，而大规模修筑铁路不能没有本国的大工业。产生大工业的先决条件是所谓的农民解放；随着农民的解放，俄国进入了资本主义时代，从而也进入了土地公有制迅速灭亡的时代。农民负担了赎金，加之捐税加重，同时分配给农民的土地更少、更差，自然使农民落入高利贷者手中，这些高利贷者大半都是发了财的农民公社社员。铁路为早先的许多边远地区开放了谷物销售市场，同时又运来了便宜的大工业产品，结果排挤了农民的家庭工业，这类产品原先是由农民制造的，一部分供自用，一部分供出售。久已习惯的经济关系被破坏了，随着自然经济向货币经济的过渡，各地出现了混乱局面，在公社社员中间出现了巨大的财产差别——穷人沦为富人的债务奴隶。总而言

---

① 即《共产党宣言》。

② 见《共产党宣言》1882年俄文版序言（《马克思恩格斯文集》第2卷）。这段引文是恩格斯从格·瓦·普列汉诺夫的俄译文转译的，因此同序言手稿稍有出入。——译者注

之，那种在梭伦之前曾经因货币经济的渗入导致雅典氏族解体的过程，在这里开始导致俄国公社解体。① 梭伦固然能够通过对当时还很年轻的私有权实行革命的干预，来解放债务奴隶，干脆废除他们的债务，但是他不能使古雅典氏族复活。同样，现在世界上也没有一种力量能在俄国公社的解体过程达到一定深度时重建俄国公社。况且俄国政府还规定，在公社社员之间重新分配土地，间隔时间不得少于12年，目的就在于使农民越来越不习惯于重新分配土地并开始把自己看做自己份地的私有者。

早在1877年，马克思在他的一封寄往俄国的信里就表示过这样的看法。有一位茹柯夫斯基先生，即现在以国家银行司库的身份在俄国信用券上署上自己名字的那位先生，曾在《欧洲通报》上刊登过一篇谈论马克思的东西，另一个著作家②在《祖国纪事》上出来回答他。③ 马克思为了指出这后一篇文章的错误，写了一封信给《纪事》的编辑，这封信曾以法文原信的手抄本在俄国流传很久，后来译成俄文于1886年发表在日内瓦的《民意导报》上，随后俄译文又在俄国国内发表。④ 这封信同所有出自马克思手笔的东西一样，在俄国各界人士中引起极大注意，并被作了极不相同的解释；因此我在这里把它的内容扼要加以转述。

马克思首先驳斥《祖国纪事》上的文章强加给他的观点，文章硬

---

① 恩格斯指出的《家庭、私有制和国家的起源》一书中关于雅典民族解体的过程，见《马克思恩格斯文集》第4卷第126—136页。——译者注

② 尼·康·米海洛夫斯基。

③ 指1877年《欧洲通报》杂志第9期发表的尤·茹柯夫斯基的文章《卡尔·马克思和他的〈资本论〉一书》，以及俄国民粹主义思想家之一尼·康·米海洛夫斯基为答复这篇文章而在1877年《祖国纪事》杂志第10期上发表的《卡尔·马克思在尤·茹柯夫斯基先生的法庭上》一文。——译者注

④ 马克思《给〈祖国纪事〉杂志编辑部的信》（见《马克思恩格斯文集》第3卷）是在该杂志1877年10月登载了尼·康·米海洛夫斯基《卡尔·马克思在尤·茹柯夫斯基先生的法庭上》一文后不久写的。这篇文章对《资本论》作了错误的解释。当时这封信没有寄出，马克思逝世以后，恩格斯从他的文件中发现并复制了这封信。恩格斯将一份复制件和自己于1884年3月6日写的附信一并寄给了在日内瓦的劳动解放社成员维·伊·查苏利奇。马克思的这封信被译成俄文曾在日内瓦1886年《民意导报》杂志第5期上发表；后来又于1888年10月在俄国的合法刊物《司法通报》杂志上发表。——译者注

说他所持的观点同俄国自由派一样,认为对俄国来说没有比消灭农民公有制和急速进入资本主义更为刻不容缓的事了。他在《资本论》德文第一版注释的增补中关于赫尔岑的简短评语根本不能证明什么。这一评语是这样写的:"如果说在欧洲大陆上……破坏人类的资本主义生产的影响,将像迄今为止一样,同在扩大国民军、国债、赋税以及以优雅方式进行战争等等方面的竞争手拉手地向前发展,那么,正像半个俄罗斯人但又是完全的莫斯科人赫尔岑(顺便说一下,这位文学家不是在俄国而是在普鲁士政府顾问哈克斯特豪森的书里发现了'俄国的'共产主义)非常认真地预言的,欧洲也许最终将不可避免地靠鞭子和强行注入卡尔梅克人的血液来返老还童。"(《资本论》德文第一版第一卷第 763 页)①马克思接着说②:"无论如何,决不能根据这点来理解我对'俄国人为他们的祖国寻找一条不同于西欧已经走过而且正在走着的发展道路'〈单引号里面的话在原稿中是引的俄文〉的努力的看法等等。——在《资本论》德文第二版的跋里,我曾经以应有的高度的尊重谈到'俄国的伟大学者和批评家'〈车尔尼雪夫斯基〉。③ 这个人在几篇出色的文章中研究了这样一个问题:俄国是应当像它的自由派经济学家们所希望的那样,首先摧毁农民公社以过渡到资本主义制度呢,还是与此相反,俄国可以在发展它所特有的历史条件的同时取得资本主义制度的全部成果,而又可以不经受资本主义制度的苦难。他表示赞成后一种解决办法。

最后,因为我不喜欢留下'一些东西让人去揣测',我准备直截了当地说。为了能够对当代俄国的经济发展作出准确的判断,我学习了俄文,后来又在许多年内研究了和这个问题有关的官方发表的和其他方面发表的资料。我得出了这样一个结论:如果俄国继续走它在 1861 年所开始走的道路,那将会失去当时历史所能提供给一个民族的最好的机

---

① 马克思关于亚·伊·赫尔岑的这段话,见 1867 年汉堡出版的《资本论》德文第 1 版第 1 卷第 763 页(1987 年北京经济科学出版社出版的《资本论》第 1 卷第 750—751 页)。马克思在《资本论》第 1 卷的德文第 2 版及其以后各版里删去了这个附注。——译者注

② 以下引文出自马克思给《祖国纪事》编辑部的信(见《马克思恩格斯文集》第 3 卷第 463、464 和 466 页)。——译者注

③ 参看马克思《资本论》第 1 卷,《马克思恩格斯文集》第 5 卷第 17—18 页。

会，而遭受资本主义制度所带来的一切灾难性的波折"。

接着马克思澄清了他的批评者的其他一些错误观点；涉及我们这里研究的问题的唯一的一个地方是这样说的：

"现在，我的批评家可以把这个历史概述〈《资本论》中关于原始积累的叙述〉中的哪些东西应用到俄国去呢？只有这些：假如俄国想要遵照西欧各国的先例成为一个资本主义国家——它最近几年已经在这方面费了很大的精力——，它不先把很大一部分农民变成无产者就达不到这个目的；而它一旦倒进资本主义制度的怀抱，它就会和尘世间的其他民族一样地受那些铁面无情的规律的支配。事情就是这样。"

马克思在1877年就是这样写的。那时候俄国有两个政府：沙皇政府和恐怖主义密谋家的秘密执行委员会的政府①。这个秘密的并列政府的势力日益壮大。推翻沙皇制度似乎指日可待；俄国的革命一定会使欧洲的一切反动势力失去它的最有力的支柱，失去它的强大的后备军，从而也一定会给西方的政治运动一个新的有力的推动，并且为它创造无比有利的斗争条件。马克思在他的信里劝告俄国人不必急急忙忙地跳进资本主义，是不奇怪的。

俄国的革命没有发生。沙皇制度战胜了恐怖主义，后者在当时甚至把一切"喜欢秩序"的有产阶级都推到了沙皇制度的怀抱里。在马克思写了那封信以后的17年间，在俄国，无论是资本主义的发展还是农民公社的解体都大有进展。目前，在1894年，情况怎样呢？

在克里木战争失败和皇帝尼古拉一世自杀以后，旧的沙皇专制制度原封不动地继续存在，在这种情况下，就只有一条出路：尽快地过渡到资本主义工业。帝国的辽阔版图毁了军队，调兵到战场上去的漫长路程毁了军队；必须靠战略性的铁路网来消除这种距离遥远的状态。但是，铁路意味着兴建资本主义工业和把原始的农业革命化。一方面，最边远的地区的农产品也同世界市场发生了直接的联系；另一方面，没有提供

---

① 恩格斯在这里显然是指民粹派的组织土地和自由社（1876年秋—1879年秋）以及民意党（1879年8月—1881年3月）的领导机关；民意党领导机关曾宣称以恐怖手段作为政治斗争的主要手段。——译者注

钢轨、机车、车厢等等的本国的工业，就不可能建造和利用广阔的铁路网。然而不能只建立大工业的**一个**部门而不同时建立整个体系；早先已在莫斯科省和弗拉基米尔省，以及在波罗的海沿岸边区生根的较现代化的纺织工业，获得了新的高涨。随着铁路和工厂的建立，已有的银行扩大了而且建立了新的银行；由于农民从农奴地位下解放出来，有了迁徙自由，而且可以预期，在这之后，这些农民中的很大部分自然而然也将从占有土地的状况中解放出来。这样，俄国在短短的时间里就奠定了资本主义生产方式的全部基础。但是与此同时也就举起了连根砍断俄国农民公社的斧头。

现在来抱怨这个是无益的。如果在克里木战争后，沙皇专制制度被贵族和官僚的直接议会统治所代替，那么这一过程也许要慢一些；如果新兴的资产阶级执政，那么这一过程一定会加快。在既成的条件下没有别的选择可言。当法国建立起第二帝国的时候，当英国的资本主义工业繁荣昌盛的时候，实际上也不能够要求俄国在农民公社的基础上投身于自上而下的国家社会主义的试验。必定会发生什么事情。在这样的条件下，可能发生的事情的确发生了，正如在商品生产的国家里任何地方任何时候发生的事情一样，人们多半只是半自觉地或者完全机械地行动，而不知道他们做的是什么。

这时，一个由德国开创的从上面进行的革命的新时期，同时也就是社会主义在所有欧洲国家迅速成长的时期到来了。俄国参加了共同的运动。这一运动在这里理所当然地采取了冲锋的形式，目的是要推翻沙皇专制制度，争得民族的思想和政治运动的自由。认为农民公社本身具有一种能够带来并且必定带来社会新生的神奇力量的信念（我们已经看到，车尔尼雪夫斯基也没有能完全摆脱这一信念），起了自己的作用，它鼓起了英勇的俄国先进战士的热情和毅力。这些人不过几百，但是由于他们的牺牲精神和大无畏精神，竟然弄得沙皇专制制度也不得不考虑投降的可能性和条件了——我们不去同这些人争论，虽然他们把俄国人民看做社会革命的上帝选民。因此我们也没有必要跟他们抱同样的空想。上帝选民的时代一去不复返了。

而在这个斗争的同时，资本主义在俄国迅速前进而且越来越接近恐怖主义者所没有能达到的目的：让沙皇制度投降。

沙皇制度需要钱。它要钱不仅是为了它的宫廷豪华生活，它的官僚，首先是为了它的军队和以收买为基础的对外政策，而且尤其是为了它那可怜的财政经济和在铁路建设方面所采取的相应的荒唐的政策。外国再也不愿意而且也不能够来弥补沙皇的全部赤字了；它只好在国内寻求帮助。一部分铁路股票不得不在本国推销；一部分公债也是这样。俄国资产阶级的第一个胜利是铁路租让合同，根据这个合同，将来的利润全部归股东，而将来的亏损却全部由国家承担。接踵而来的是对开办工业企业的津贴和奖励金，以及维护本国工业利益的保护关税，这种关税使得许多东西最终完全不可能进口。俄国政府由于负有无数债务，并且在国外的信用几乎完全丧失，不得不为了国库的直接利益而设法人工培植本国的工业。它经常需要黄金来支付外债的利息。但是在俄国没有黄金，因为流通的是纸币。一部分黄金来自规定以黄金支付的几种关税，顺便指出，这种规定使这几种关税提高50%。但是最大部分的黄金要由俄国原料出口对外国工业品进口的顺差中得来；购买者对这一余额所开的票据，俄国政府在国内用纸币收买进来，再到国外提取黄金。因此，如果政府不愿为支付外债的利息而举借新的外债，它就得设法使俄国的工业迅速壮大到能够满足国内的全部需求。这就要求俄国成为不依赖外国的、能够自给的工业国；使政府拼命努力要在几年内使俄国的资本主义达到高水平。因为如果这一点落空了，那就没有其他办法，只有动用储存在国家银行和国库里的硬币军事基金或者宣布国家破产。在这两种情况下，俄国对外政策都会完蛋。

有一点很清楚：在这样的情况下，年轻的俄国资产阶级就把国家完全掌握在自己的手中。国家在所有重要的经济问题上都不得不屈从于它。如果说它仍然容忍沙皇及其官僚的专制独裁统治，那只是因为这个独裁统治由于官僚受贿而变得较为温和，它给资产阶级提供的保证，比实行资产阶级自由主义改革所能提供的还要多，而在俄国国内目前情况下，这种改革的后果是谁也不能预测的。这样一来，俄国越来越快地转变为资本主义工业国，很大一部分农民越来越快地无产阶级化，旧的共产主义公社也越来越快地崩溃。

我不敢判断目前这种公社是否还保存得这样完整,以致在一定的时刻,像马克思和我在1882年所希望的那样,它能够同西欧的转变相配合而成为共产主义发展的起点。但是有一点是毋庸置疑的:要想保全这个残存的公社,就必须首先推翻沙皇专制制度,必须在俄国进行革命。俄国的革命不仅会把这个民族的大部分即农民从构成他们的"天地"、他们的"世界"① 的农村的隔绝状态中解脱出来,不仅会把农民引上一个大舞台,使他们通过这个大舞台认识外部世界,同时也认识自己,了解自己的处境和摆脱目前贫困的方法;俄国革命还会给西方的工人运动以新的推动,为它创造新的更好的斗争条件,从而加速现代工业无产阶级的胜利;没有这种胜利,目前的俄国无论是在公社的基础上还是在资本主义的基础上,都不可能达到社会主义的改造。

二 马克思恩格斯论俄国村社文献摘编

卡·马克思
《关于俄国一八六一年改革和改革后的
发展的札记》(节选)

写于1881年底—1882年

I ②
[准备改革的]③ 过程

亚历山大二世从一开始就决定给地主尽可能多一些(而给农民尽可能少一些),以便使地主能够同意**在形式上废除农奴制**;他打算把必须

---

① 俄文"мир"既有"村社"、"公社"的意思,也有"世界"、"天地"的意思。
② 用以标明手稿各个部分的罗马字是(原书)编者加的。
③ 方括号里的字是(原书)编者加的。

赎买的范围仅限于农民的园地（即农民的庭院、菜园和大麻地），以及耕地使用权（在已经实行的地方）；他甚至打算给地主保留独特的领主审判权；他坚持要农民经过12年的暂时农奴依附时期等等。

  选自《马克思恩格斯全集》第19卷，北京：人民出版社1963年版，第455页。

II

虚伪的原则（皇帝的圣旨等等以及总委员会早已宣布过的）	实际情况。
（a）赎买应当是双方自愿的（园地①除外）。	（a）只对农民是强制性赎买；地主可以强迫他们赎买。
（b）农奴不应该支付取得人身自由的费用。	（b）农奴应该支付取得人身自由的费用……
（c）现行代役租不应当提高。	（c）现行代役租在提高（固然是由于份地减少）（……）。
（d）农民应该得到足以保证他们的生存以及支付赎金和税款的份地。	（d）事实上份地（包括最高份地在内）不能保证农民的生存，而**农民仍得暂时依附于地主**。

  选自《马克思恩格斯全集》第19卷，北京：人民出版社1963年版，第457—458页。

III
地方自治机关

［农民］解放的真正实质

农民同地主之间进行游击战争。

---

① 这个词马克思是用俄文写的。

解放一般说来就是高贵的地主再也不能**支配农民的人身**，出卖他们等等。这种**人身奴役制已被消灭**。地主失去了**支配农民人身的权力**。

打算解放农民的风声刚一传开，政府就不得不采取措施对付地主用强力剥夺农民或者把农民迁往不毛之地的做法。

从前在农奴制时期，地主关心的是把农民当做必要的**劳动力**加以支持。这种情况已经成为过去了。现在**农民在经济上依附于他们原先的地主**。

选自《马克思恩格斯全集》第19卷，北京：人民出版社1963年版，第463—464页。

政府从**解放农民**中**所得到的好处：**

（1）**欠政府所保障的那些银行**（后来，这些银行全部与国家银行合并）**的债务都转给了政府**，因此，农民应当向政府交付利息。

（2）**在编纂委员会的报告书中**（**斯克列比茨基**。罗斯托夫策夫给皇帝的信："政府①将得到很多在省和国家管理机关中身居高位的候补者"）。

（3）**直接向农民征税**（从前是**地主**②**担负赋税**），因而有广泛的可能**提高捐税**。

（4）结束领地贵族的世袭领地权力。

（5）由此有广泛的可能**征集新兵**（以及普遍改革军队）。

（6）与解放农民有关的所谓**地方自治**③**机关**：国家的负担现在大部分都转嫁给省和县（国家直接税没有**降低**，反而提高了）。

选自《马克思恩格斯全集》第19卷，北京：人民出版社1963年版，第468页。

---

① 这个词马克思是用俄文写的
② 同上。
③ 同上。

农奴制废除后的农民状况

扬松指出**黑土地带**（是在三圃制的地区，而不是在**草原区**）农民的经济状况一般比农奴制时期更坏，并从有关繁殖牲畜（也是在黑土地带）的**官方报告**中引用了下列资料：

在**喀山省**，牲畜数量大大地减少了（指前农奴的牲畜，他们可以把自己的牲畜赶到地主牧场上去放牧）；减少的原因是，缺乏牧场①，为了纳税而卖掉牲畜，收成不好。**在辛比尔斯克省**［牲畜数量］减少了；较富裕的农民出卖他们不十分需要的牲畜；他们预先出卖牲畜，为的是不至于将来被迫出卖牲畜以［支付］因公社连环保而担负的欠款（有的是个人负担，有的是共同负担）。另一个原因是，在有份地②的情况下实行割地，主要是割去森林牧场。**萨马拉省**、**萨拉托夫省**、**平兹省**（这些省的马匹数量也减少了）也是同样的情况；**梁赞省**的牲畜数量由于牧场缺乏而减少了50%。**土拉省**由于同样原因，由于税吏强迫出卖牲畜以及牲畜病死，马匹和牲畜都减少了。在**库尔斯克省**，由于要［支付］欠款而不顾一切地出卖牲畜，由于缺乏牧场以及分家等原因，［畜牧业］也［减少了］。

选自《马克思恩格斯全集》第19卷，北京：人民出版社1963年版，第469—470页。

《恩格斯致维拉·伊万诺夫娜·查苏利奇》（节选）

1885年4月23日于伦敦

首先，我再对您说一遍，得知在俄国青年中有一派人真诚地、无保留地接受了马克思的伟大的经济理论和历史理论，并坚决地同他们前辈

---

① 这个词马克思是用俄文写的。
② 同上。

的一切无政府主义的和带点泛斯拉夫主义的传统决裂,① 我感到自豪。如果马克思能够多活几年,那他本人也同样会以此自豪的。这是一个对俄国革命运动的发展将会具有重大意义的进步。在我看来,马克思的历史理论是任何**坚定不移**和**始终一贯**的革命策略的基本条件;为了找到这种策略,需要的只是把这一理论应用于本国的经济条件和政治条件。

……

我所知道的或者我自以为知道的俄国情况,使我产生如下的想法:这个国家正在接近它的 1789 年。革命**一定**会在某一时刻爆发;它每天都**可能**爆发。在这种情况下,这个国家就像一颗装上炸药的地雷,所差的就是点导火线了。从 3 月 13 日②以来更是如此。这是一种例外情况,在这种情况下,一小伙人就能**制造出**一场革命来,换句话说,只要轻轻一撞就能使处于极不稳定的平衡状态(用普列汉诺夫的比喻③来说④)的整个制度倒塌,只要采取一个本身是无足轻重的行动,就能释放出一种接着便无法控制的爆炸力。如果说布朗基主义(幻想通过一个小小的密谋团体的活动来推翻整个社会)有某种存在的理由的话,那这肯定是在彼得堡⑤。只要火药一点着,只要力量一释放出来,只要人民的能量由位能变为动能(仍然是普列汉诺夫爱用的、而且用得很妙的比喻⑥),那么,点燃导火线的人们就会被炸得粉身碎骨,因为

---

① 指俄国的第一个马克思主义团体"劳动解放社"。这个组织是由一部分流亡国外的俄国社会民主主义者于 1883 年 9 月在日内瓦建立的。他们在一份纲领性文件中宣布与民粹派运动决裂。他们提出的主要任务是:传播马克思主义,批判革命阵营中占主导地位的民粹主义倾向,从马克思主义的立场和俄国劳动人民的利益出发分析和阐明社会生活中的一些重要问题。维·伊·查苏利奇和格·瓦·普列汉诺夫都是这个组织的成员。——译者注
② 1881 年 3 月 13 日,民意党人根据民意党执行委员会的决定,在彼得堡刺死了俄皇亚历山大二世。——译者注
③ 草稿中这里删去:"爱用的比喻"。
④ 指格·瓦·普列汉诺夫在他的著作《我们的意见分歧》中一再使用的说法,即俄国的公社关系处于不稳定的平衡状态。——译者注
⑤ 草稿中这里删去:"我不说是在俄国,因为在远离行政中心的省份,这样的打击是无法进行的。"
⑥ 指格·瓦·普列汉诺夫《我们的意见分歧》一书中用位能和动能所作的比喻。书中有这样一段话:"我认为,俄国革命的位能是巨大的、不可战胜的,如果说反动势力日益抬头,那只是因为我们不善于把这种位能变成动能。"——译者注

这种爆炸力将比他们强一千倍，它将以经济力和经济阻力为转移尽可能给自己寻找出路。

……

据我看来，最重要的是：在俄国能有一种推动力，能爆发革命。至于是这一派还是那一派发出信号，是在这面旗帜下还是那面旗帜下发生，我认为是无关紧要的。如果这是①一场宫廷革命，那它在第二天就会被一扫而光。在这个国家里，形势这样紧张，革命的因素积累到这样的程度，广大人民群众的经济状况日益变得无法忍受，社会发展的各个阶段——从原始公社到现代大工业和金融巨头——都有其代表，所有这一切矛盾都被举世无双的专制制度用强力禁锢着，这种专制制度日益使那些体现了民族智慧和民族尊严的青年们忍无可忍了，——在这样的国家里，如果1789年一开始，1793年很快就会跟着到来……

选自《马克思恩格斯文集》第10卷，北京：人民出版社2009年版，第532—534页。

弗·恩格斯
《俄国沙皇政府的对外政策》（节选）

写于1889年12月23日—1890年2月底

我们，西欧的工人政党②，加倍地关心俄国革命政党的胜利。

第一，因为沙俄帝国是欧洲反动势力的主要堡垒、后备阵地和后备军；因为单是它的消极存在，对我们来说已经是一种威胁和危险。

第二，——对于这一点，我们这方面一直还强调得不够——因为这个帝国以其对西方事务的不断干涉，阻挠和破坏我们的正常发展，而且其目的是占领一些可以保证它对欧洲的统治并从而使欧洲无产阶级的胜

---

① 草稿中这里删去：“贵族集团或交易所投机分子集团，好吧，欢迎！直到”。

② 在发表于《时代》杂志的英译文中不是"我们，西欧的工人政党"，而是"不仅社会主义者，而且西欧任何国家的每一个进步政党"。

利成为不可能的地理据点。①

卡尔·马克思的功劳就在于，他第一个在1848年指出，并从那时起不止一次地强调：正是由于这个原因，西欧的工人政党必须与俄国沙皇政府作殊死的斗争。

    选自《马克思恩格斯文集》第4卷，北京：人民出版社2009年版，第353页。

决定欧洲当前局势的是以下三个事实：（1）德国吞并阿尔萨斯—洛林；（2）沙皇俄国力图占领君士坦丁堡；（3）无产阶级和资产阶级之间的斗争在所有国家中更加炽烈地燃烧起来，社会主义运动的普遍高涨是这个斗争的标志。

前两件事实使得欧洲分裂为现在的两大军事阵营。德国的吞并把法国变成俄国反对德国的同盟者，沙皇对君士坦丁堡的威胁把奥地利，甚至意大利，变成德国的同盟者。两个阵营都在准备决战，准备一场世界上从未见过的战争，一场将有1000万到1500万武装的士兵互相对峙的战争。只有两个情况至今阻碍着这场可怕的战争爆发：第一，武器技术空前迅速地发展，每一种新发明的武器甚至还没有来得及在**一支**军队中使用，就被另外的新发明所超过；第二，绝对没有可能预料胜负，完全不知道究竟谁将在这场大战中最后成为胜利者。

只有当俄国局势发生变化，使得俄国人民能够永远结束自己沙皇的传统的侵略政策，抛弃世界霸权的幻想，而关心自己在国内的受到极严重威胁的切身利益时，这种世界战争的全部危险才会消失。

    选自《马克思恩格斯文集》第4卷，北京：人民出版社2009年版，第390页。

整个西欧，特别是西欧的工人政党，关心着，深切地关心着俄国革

---

① 在英译文中不是"使欧洲无产阶级的胜利成为不可能"，而是"使进步的一切可能性都消灭在沙皇的铁蹄之下"。

命政党的胜利和沙皇专制制度的崩溃。欧洲正好像沿着斜坡一样越来越快地滑向规模空前和激烈程度空前的世界战争的深渊。能够阻止这种趋势的只有一种情况，那就是俄国制度的改变。这种改变必将在最近若干年内发生，这是毋庸置疑的。但愿这种改变及时发生，发生在没有它就无法避免的那种事情出现之前。

  选自《马克思恩格斯文集》第4卷，北京：人民出版社2009年版，第394页。

《恩格斯致尼古拉·弗兰策维奇·丹尼尔逊》（节选）

1893年2月24日

  毫无疑问，公社，在某种程度上还有劳动组合，都包含了某些萌芽，它们在一定条件下可以发展起来，使俄国不必经受资本主义制度的苦难。我完全同意我们的作者有关茹柯夫斯基的那封信①。但无论他还是我都认为，实现这一点的第一个条件，是**外部的推动**，即西欧经济制度的变革，资本主义在最先产生它的那些国家中被消灭。我们的作者在1882年1月给过去的一篇《宣言》写的一篇序言中，对于俄国的公社能否成为更高级的社会发展的起点这个问题，是这样回答的：假如俄国经济制度的变革与西方经济制度的变革同时发生，"从而双方互相补充

---

  ① 恩格斯在这里所说的"我们的作者"是指马克思，"那封信"是指马克思《给〈祖国纪事〉杂志编辑部的信》（见《马克思恩格斯文集》第3卷）。这封信是马克思于1877年底读到该杂志第10期登载的俄国民粹主义思想家尼·康·米海洛夫斯基《卡尔·马克思在尤·茹柯夫斯基先生的法庭上》一文后写的。米海洛夫斯基的文章对《资本论》作了错误的解释。马克思这封信没有寄出，是他逝世以后恩格斯从他的文件中发现的。恩格斯认为，当时马克思"写了这篇答辩文章，看来是准备在俄国发表的，但是没有把它寄到彼得堡去，因为他担心，光是他的名字就会使刊登他的这篇答辩文章的刊物的存在遭到危险。"（见《马克思恩格斯全集》中文第1版第36卷第123页）恩格斯将这封信抄写了几个副本，并把其中一个副本附在1884年3月6日的信中寄给了日内瓦的劳动解放社成员维·伊·查苏利奇。马克思这封信曾在日内瓦1886年《民意导报》杂志第5期上发表。后来又由尼·丹尼尔逊译成俄文于1888年10月在俄国的合法刊物《司法通报》杂志上发表。——译者注

的话，那么现今的俄国土地占有制便能成为新的社会发展的起点"。①

如果在西方，我们在自己的经济发展中走得更快些，如果我们在10年或20年以前能够推翻资本主义制度，那么，俄国也许还来得及避开它自己向资本主义发展的趋势。遗憾的是，我们的进展太慢，那些必然使资本主义制度达到临界点的经济后果，目前在我们周围的各个国家只是刚刚开始发展：当英国迅速丧失它在工业上的垄断地位的时候，法国和德国正在接近英国的工业水平，而美国正要不仅在工业品方面，而且在农产品方面把它们统统赶出世界市场。美国实行一种至少是相对的自由贸易政策，无疑会彻底摧毁英国的工业垄断地位，同时会破坏德国和法国的工业品出口贸易；然后危机就会到来，这就是到**世纪末**还剩下的一切。而在这期间你们那里的公社却在衰败，我们只能希望我们这里向更好的制度的过渡尽快发生，以挽救——至少是在你们国家一些较边远的地区——那些在这种情况下负有使命实现伟大未来的制度。但事实终究是事实，我们不应当忘记，这种机会正在逐年减少。

选自《马克思恩格斯文集》第10卷，北京：人民出版社2009年版，第649—650页。

《恩格斯致尼古拉·弗兰策维奇·丹尼尔逊》（节选）

1893年10月17日

我还要进一步说，在俄国，从原始的农业共产主义中发展出更高的社会形式，也像任何其他地方一样是不可能的，除非这种更高的形式**已经存在**于其他某个国家，从而起到样板的作用。这种更高的形式——凡在历史上它可能存在的地方——是资本主义生产形式及其所造成的社会二元对抗的必然结果，它不可能从农村公社直接发展出来，除非是仿效某处已存在

---

① 这是马克思和恩格斯1882年1月21日为《共产党宣言》俄文版第二版写的序言中的一段话（见《马克思恩格斯文集》第2卷第8页）。恩格斯在这里引用的是格·普列汉诺夫翻译的版本，俄文译文与德文原文略有差别。——译者注

的样板。假如西欧在1860—1870年间已经成熟到能实行这种转变，假如这种变革当时已开始在英法等国实行，那么俄国人就应该表明，从他们那种当时大体上还保持原状的公社中能够发展出什么来。但是西方当时却处于停滞状态，不打算实行这种转变，而资本主义倒是越来越迅速地发展起来。因而，俄国就只能二者择一：要么把公社发展成这样一种生产形式，这种生产形式和公社相隔许多历史阶段，而且实现这种生产形式的条件当时甚至在西方也还没有成熟——这显然是一项不可能完成的任务，要么向资本主义发展。试问，除了这后一条路，它还有什么办法呢？

至于公社①，只有在其成员间的财产差别很小的条件下，它才可能存在。这种差别一旦扩大，它的某些成员一旦成为其他较富有的成员的债务奴隶，它就不能再存在下去了。雅典的富农和富豪在梭伦那个时代以前无情地破坏了雅典的**氏族**，现在你们国家的富农和富豪也在同样无情地破坏着公社。恐怕这一制度注定要灭亡。但是，另一方面，资本主义正在展示出新的前景和新的希望。请看它在西方已经做的和正在做的事情吧。像你们的民族那样的伟大民族，是经得起任何危机的。没有哪一次巨大的历史灾难不是以历史的进步为补偿的。只有活动方式在改变。让命运实现吧！

选自《马克思恩格斯文集》第10卷，北京：人民出版社2009年版，第664—665页。

马克思和恩格斯其他著作摘编

最近两个星期我在努力啃俄语，现在差不多学完了语法，再用两三

---

① 公社（община）是俄国农民共同使用土地的形式，其特点是在实行强制性的统一轮作的前提下，将耕地分给农户使用，森林、牧场则共同使用，不得分割。公社内实行连环保制度。公社的土地定期重分，农民无权放弃土地和买卖土地。公社管理机构由选举产生。俄国的公社在远古时代即已存在，在历史发展过程中逐渐成为俄国封建制度的基础。俄国自1861年改革以后，随着资本主义生产关系的发展和资本主义向俄国农业的渗透，公社制度逐渐解体。——译者注

个月丰富必要的词汇，我就可以开始学别的东西了。我必须今年学完斯拉夫语，其实这些语言并不太难。除了这种学习引起我对语言学的兴趣之外，还有一个想法，那就是在下一场大型政治历史剧①上演时，我们当中至少有一个人对那些恰好立即就会与之发生冲突的民族的语言、历史、文学以及社会制度的特点有所了解。说实在的，巴枯宁之所以捞到了一点东西，只是由于谁也不懂俄语。而这种把古代斯拉夫公社所有制变成共产主义和把俄罗斯农民描绘成天生的共产主义者的陈旧的泛斯拉夫主义的骗人鬼话，将会再次十分广泛地传播。

选自《恩格斯致马克思》（1852年3月18日），《马克思恩格斯文集》第10卷，北京：人民出版社2009年版，第107—108页。

据我看来，现在世界上所发生的最大的事件，一方面是由于布朗的死而展开的美国的奴隶运动，另一方面是俄国的奴隶运动。

选自《马克思致恩格斯》（1860年1月11日），《马克思恩格斯全集》第30卷，北京：人民出版社1974年版，第6—7页。

这是命运的捉弄：二十五年以来我不仅用德语而且用法语和英语不断地同俄国人进行斗争，他们却始终是我的"恩人"。1843—1844年在巴黎时，那里的俄国贵族给我捧场。我的反对蒲鲁东的著作（1847），以及由敦克尔出版的著作（1859）②，在任何地方都不如在俄国销售得多。第一个翻译《资本论》的外国又是俄国。但是对这一切都不应当估计过高。俄国贵族在青年时代在德国的大学受教育，也在巴黎受教育。他们总是追求西方提供的最极端的事物。这是不折不扣的美食癖，和十八世纪一部分法国贵族的爱好一样。"这不是为裁缝和鞋匠写

---

① 大型政治历史剧的德文原文是 Haupt - und Staatsaktion。这个词原本是指17世纪和18世纪上半叶德国巡回剧团演出的戏剧。这些戏剧用夸张的、粗俗的和笑剧的方式展现悲剧性历史事件。这个词的引申意义是指重大的政治历史事件。在这封信里，恩格斯是指革命。——译者注

② 卡·马克思《哲学的贫困》、《政治经济学批判》。

的"——那时伏尔泰谈到自己的启蒙思想时这样说。这并不妨碍这些俄国人一旦做官就成为混蛋。

选自《马克思致路德维希·库格曼》（1868年10月12日），《马克思恩格斯全集》第32卷，北京：人民出版社1974年版，第554页。

弗列罗夫斯基的书①我看过开头的一百五十页（这些篇幅是论述西伯利亚、俄罗斯北部和阿斯特拉罕的）。这是第一部说出俄国经济状况真相的著作。这个人是他所谓的"俄罗斯乐观主义"的死敌。对于这种共产主义的黄金国，我从来不抱乐观的看法，但是弗列罗夫斯基的书的确完全出乎意料。这样的东西能在彼得堡出版，实在令人惊奇，无论如何是一种转变的标志。

"我国的无产者并不多，但是我们的工人阶级群众是由命运比任何无产者还要坏的劳动者组成的。"

这种阐述方法完全是独具一格的，其中有些地方最能使人想起蒙泰。可以看出，这个人曾亲自到各地作过旅行和观察。对地主、资本家和官吏有烈火般的仇恨。没有社会主义学说，没有土地神秘主义（尽管赞成公共所有制形式），没有虚无主义极端。有时也有些善意的空谈，但这是适合于读这一著作的那些人的发展水平的。无论如何，这是继你的《工人阶级状况》这一著作问世以后的最重要的一本书。对俄国农民的家庭生活，如骇人听闻地把老婆往死里打，酗酒，蓄妾，也有出色的描写。如果你把公民赫尔岑虚构的谎言寄给我，现在正是时候。

选自《马克思致恩格斯》（1870年2月10日），《马克思恩格斯全集》第32卷，北京：人民出版社1974年版，第421页。

---

① 恩·弗列罗夫斯基《俄国工人阶级的状况》。

几个月以前，我接到从彼得堡寄来的一部弗列罗夫斯基的著作"俄国工人阶级的状况"。这对于欧洲来说是一个真正的发现。在大陆上甚至被一些所谓革命家散布的**俄国乐观主义**，在这部著作里被无情地揭露了。如果我说，从纯粹的理论观点来看，这部著作在某些地方还不是完全无可非议的，那也不会降低它的价值。这是一位严肃的观察家、勤劳无畏的劳动者、公正的批评家、大艺术家、而首先是一个愤恨形形色色的压迫、憎恶各种各样的民族颂歌、热情地分担生产者阶级的一切痛苦和希望的人的作品。

弗列罗夫斯基的以及你们的导师车尔尼雪夫斯基的作品，为俄国争得了真正的荣誉，而且证明你们的国家也开始参加到我们这一世纪的共同运动中来了。

选自马克思：《国际工人协会总委员会致日内瓦的俄国支部委员会委员》（1870年3月24日），《马克思恩格斯全集》第16卷，北京：人民出版社1964年版，第463—464页。

如果您能告诉我一些关于契切林对俄国公社土地占有制的历史发展的看法以及他在这个问题上和别利亚耶夫的论战的**情况**①，我将非常感谢。关于这种占有制形式在俄国（历史地）形成的途径问题，当然是次要的，它和关于这个制度的意义问题不能相提并论。但是，像柏林教授阿·瓦格纳等等一类的德国反动分子，都在利用契切林提供给他们的这个武器。② 同时，历史上一切类似的现象都说明与契切林的看法相反。这个制度在所有其他国家是自然地产生的，是各个自由民族发展的必然阶段，而在俄国，这个制度怎么会是纯粹作为国家的措施而实行，

---

① 指波·尼·契切林和伊·德·别利亚耶夫之间关于俄国公社起源的论战，论战是由于契切林在1856年《俄罗斯通报》第1期上发表了《俄国农村公社历史发展概述》的文章和别利亚耶夫在1856年《俄罗斯笔谈》第1期上发表了对该文的批评文章而引起的。论战持续了好几年。——译者注

② 德国讲坛社会主义者阿·瓦格纳为了反对1869年巴塞尔代表大会关于土地集体所有制的决议，而写了《土地私有制的废除》这一著作，为了论证自己的观点，除引用其他的材料外，还引用了契切林的一系列有关俄国公社土地占有制的著作。——译者注

并作为农奴制的伴随现象而发生的呢?

　　选自《马克思致尼古拉·弗兰策维奇·丹尼尔逊》(1873年3月22日),《马克思恩格斯全集》第33卷,北京:人民出版社1973年版,第577页。

　　我们最深切地关心在俄国这样的国家中一切有助于国民教育的事情,以及哪怕是间接地有助于那里的运动的事情,因为俄国正处在全世界历史性危机的前夜,那里建立了具有前所未闻的自我牺牲精神和毅力的从事运动的党。

　　选自《恩格斯致敏娜·卡尔洛夫娜·哥尔布诺娃》(1880年7月22日),《马克思恩格斯全集》第34卷,北京:人民出版社1972年版,第425—426页。

　　您信①中所谈关于公社和劳动组合已经开始瓦解的情况,证实了我们从其他来源得到的消息。即使这样,这种瓦解过程可能还要延续很长时间。因为西欧总的潮流是向着正好相反的方向发展,而且在下一次的震荡中必定会具有非同寻常的力量,所以可以预料,在近30年来出现了那么多有批判头脑的人物的俄国,这种潮流也会及时地变得足够强大,以致还能在人民千百年来的天然的协作本能完全泯灭之前,求助于这种本能。因此,对于俄国人民那里的生产协作社和实行协作的其他做法,也应当以不同于西方的观点来看待。当然,它们毕竟还是一些微小的治标办法。

　　《恩格斯致敏娜·卡尔洛夫娜·哥尔布诺娃》(1880年8月5日),《马克思恩格斯文集》第10卷,北京:人民出版社2009年版,第451—452页。

---

　　① 指敏娜·卡尔洛夫娜·哥尔布诺娃1880年7月上半月致恩格斯的信(《马克思恩格斯与俄国政治活动家通信集》,北京:人民出版社1987年版,第343—346页)。——编者注

你是否注意到了圣彼得堡对谋杀事件组织者的审判？这真是一些能干的人，他们没有戏剧式的装腔作势，而是一些普通的、实干的英雄人物。

选自《马克思致燕妮·龙格》（1881年4月11日），《马克思恩格斯全集》第35卷，北京：人民出版社1971年版，第173页。

有几本在神圣的罗斯而不是在国外印刷的**新出版的俄文著作**[①]证明，我的理论正在那个国家迅速传播。不论在什么地方我所取得的成就都不会比这更使我愉快的了。我感到满意的是，我正在打击那个与英国一起构成旧社会的真正堡垒的强国。

选自《马克思致劳拉·拉法格》（1882年12月14日），《马克思恩格斯全集》第35卷，北京：人民出版社1971年版，第407页。

十分感谢您介绍了贵国的经济状况。凡是这一类的材料总是引起我极大的兴趣。近三十年在全世界表明，即使在至今还是纯农业的国家里，现代工业的巨大生产力也可以在多么短的期间里移植过去，并且牢牢地扎下根子，而且随这一过程而来的现象到处都在重现。

选自《恩格斯致尼古拉·弗兰策维奇·丹尼尔逊》（1886年2月8日），《马克思恩格斯全集》第36卷，北京：人民出版社1974年版，第429页。

我们认为，推翻沙皇政府，消灭这个压迫整个欧洲的祸害，是解放

[①] 卡·马克思大概是根据他当时读了1882年圣彼得堡出版的瓦·沃（瓦·巴·沃龙佐夫）的《俄国资本主义的命运》一书所得印象作出的这个结论。瓦·巴·沃龙佐夫是个有名的著作家和经济学家，自由主义民粹派领袖，他在该书序言中谈到，俄国的"马克思学派社会主义者"肯定了俄国资本主义发展的必然性。沃龙佐夫本人则力图证明俄国社会经济进化的非资本主义性质，提出关于俄国发展的独特道路、关于所谓人民生产在国内占统治地位的反科学理论。他在该书的另一处把他所不同意的卡·马克思的经济学说称为"普遍接受的理论"。——译者注

中欧和东欧各民族的首要条件。一旦沙皇政府垮台,那么,现在以俾斯麦为代表的那个倒霉的国家就会因失去它的主要支柱而崩溃①。奥地利将会解体,因为它将丧失自己存在的唯一理由:它的存在是为了阻止沙皇政府吞并喀尔巴阡和巴尔干地区各分散的民族。波兰将会复兴。小俄罗斯将可以自由地选择自己的政治立场。罗马尼亚人、马扎尔人、南方斯拉夫人将能自己处理自己的事务和解决边界问题,而不受任何外来干涉。最后,高贵的大俄罗斯民族所竭力追求的,将不再是为沙皇政府的利益进行毫无意义的征服,而是在亚洲负起自己传播文明的真正使命,并且同西方一起发挥自己广博的才智,而不是用绞架和苦役去摧残自己的优秀人物。

……

请原谅我的信写得这么长,但是在目前这种时候,我给罗马尼亚人写信,不能不谈谈自己对这些迫切问题的看法。这些看法归结起来就是:在目前,要是俄国发生革命,它就会使欧洲免遭全面战争的灾难,并成为全世界社会革命的开端。

    选自《恩格斯致若安·纳杰日杰》(1888年1月4日),《马克思恩格斯文集》第10卷,北京:人民出版社2009年版,第567—568页。

我完全同意您的意见②,必须同各地的民粹派作斗争,不管是德国的、法国的、英国的还是俄国的。

    选自《恩格斯致维拉·伊万诺夫娜·查苏利奇》(1890年4月3日),《马克思恩格斯全集》第37卷,北京:人民出版社1971年版,第370—371页。

---

① 草稿中这里还写道:"于是我们工人政党就会大踏步地走向革命。"——编者注
② 参见《维拉·伊万诺夫娜·查苏利奇致恩格斯》(1890年3月底),(《马克思恩格斯与俄国政治活动家通信集》,北京:人民出版社1987年版,第548—549页)。——编者注

您不妨回忆一下我们的作者在关于茹柯夫斯基的信中所说的话①：如果俄国继续沿着1861年走上的道路走下去，俄国的农民公社就必然要灭亡。我看，正是现在开始出现这种情况。看来，这样的时刻日益接近，——至少在某些地区是这样——那时，俄国农民生活的全部陈旧社会结构，像西欧以前出现过的情况那样，对个体农民来说不但会失去其价值，而且会成为束缚他们的枷锁。恐怕我们将不得不把公社看做是对过去的一种梦幻，将来不得不考虑到会出现一个资本主义的俄国。毫无疑问，这样就会失去一个大好机会，但对经济事实是无可奈何的。

选自《恩格斯致尼古拉·弗兰策维奇·丹尼尔逊》（1892年3月15日），《马克思恩格斯全集》第38卷，北京：人民出版社1972年版，第306页。

在我看来，很明显，"俄国的大工业必将扼杀农业公社"，除非发生其他有助于保留这种公社的巨大变化。问题是，俄国的社会舆论是否会发生这样的变化，以至于能使现代工业和现代农业嫁接在公社上面，同时又能对公社加以改造，使之成为组织这种现代生产和变这种生产的资本主义形式为社会主义形式的适当而又有利的工具？您会同意，哪怕只是去设想这样一种变化，你们国家的社会舆论首先就要有一个巨大的进步。在资本主义生产连同这次危机的后果使公社遭到极其严重的破坏之前，是否会发生这种变化呢？我丝毫也不怀疑，在许多地方，公社在1861年受到打击以后，已经恢复过来了（像瓦·沃·描写的那样②）。但是，工业变革、资本主义的迅猛发展、家庭工业的破坏、公社对牧场及森林的无权地位、农民的自然经济向货币经济的演变以及富农与恶霸的财富和权力的增长等等，对公社的打击连续不断，而公社是否能经受住这些打击呢？

---

① 卡·马克思《给〈祖国纪事〉杂志编辑部的信》。
② 指俄国民粹派经济学家瓦·巴·沃龙佐夫《农民公社》1892年莫斯科版。1892年3月，尼·丹尼尔逊把这本书寄给了恩格斯。——译者注

选自《恩格斯致尼古拉·弗兰策维奇·丹尼尔逊》（1892年6月18日），《马克思恩格斯文集》第10卷，北京：人民出版社2009年版，第627页。

至于俄国革命运动中的迫切问题和农民在其中所能起的作用，在我没有对整个问题从头重新研究一番，并用最新的材料补充我对此问题的实际情况的极贫乏的了解以前，在这些方面我是不能在报刊上问心无愧地发表自己的意见的。但是很遗憾，我现在没有时间这样做。而且，我完全有理由怀疑，我这样公开发表意见能否达到您所期望的那种效果。根据我在1849—1852年的亲身经验，我知道，任何政治流亡者在祖国暂时平静的时候，是怎样不可避免地要分裂成许多互相敌视的小集团。要行动的愿望很强烈，但又没有可能做出什么有成效的事情，这就使得很多有头脑、精力旺盛的人们冥思苦想，企图发现或者发明新的、大概是有奇效的行动方法。旁人的话不起什么作用，最多留下一些暂时的印象。如果您留心最近十年的俄国流亡者所写的东西，您自己也会知道，譬如说，对马克思的著作和通信中的某些地方，俄国流亡者的各种集团是怎样做出极其矛盾的解释的，完全像对待古典作家的名言或新约的篇章一样。对于您提到的问题，不管我讲些什么，只要有人注意，我的话总会遭到同样的命运。

选自《恩格斯致伊萨克·阿道夫维奇·古尔维奇》（1893年5月27日），《马克思恩格斯全集》第39卷，北京：人民出版社1974年版，第74—75页。

最后一篇文章，《**论俄国的社会问题**》，在1875年也出过单行本，现在把它重印出来不能没有一个比较详细的跋。关于俄国农民公社的未来这一问题，比任何时候都更引起所有考虑自己国家经济发展的俄国人的注意。对于我引用的马克思的一封信，俄国社会主义者做了各种极不相同的解释。而且最近一个时期，俄国国内外的一些俄国人，再三请求我发表对这个问题的看法。长期以来我都推辞了,因为我十分清楚,我对俄国经济状况的细节了解得很不够;我怎么能在同一个时间里既整理付印《资本论》第三卷,又钻研旧俄国用来编造临死前的财产清单(这是马克思喜欢用的说法)的真正堆积如山的文献呢?既然人们迫切希望重印《论俄国的社会问题》这篇文章,这种情况使我不得不去尝试从对俄国当前经济状况的历史比较研究中得出某些结论,作为对这篇旧文章的补充。虽然这些结论未必给俄国公社指明伟大的未来,但是,在另一方面,它们还是试图论证这样一个观点,即西方资本主义社会日益临近瓦解,也将使俄国有可能大大缩短它现在必然要经历的资本主义发展过程。

选自恩格斯:《〈人民国家报〉国际问题论文集(1871—1875)》序(1894年1月3日),《马克思恩格斯文集》第4卷,北京:人民出版社2009年版,第449—450页。

至于说到丹尼尔逊,恐怕对他无可奈何。我已经把《〈人民国家报〉国际问题论文集》中关于俄国问题的材料,特别是1894年写的跋(**部分地**是直接针对他写的)**用信件**寄给他了。他已经收到,如您所知,这并没有起什么作用。同他所属的这一代俄国人是无法进行辩论的,他们至今还相信那种自发的共产主义使命,似乎这种使命把俄罗斯、真正神圣的罗斯同其他世俗民族区别开来。

在现代大工业接枝于原始村社,同时存在着文明的一切中间阶段的你们的国家里,在专制制度筑起的相当牢固的精神万里长城所封锁的国家里,出现各种最不可思议的和离奇古怪的思想,是不足为奇的。就拿可怜虫弗列罗夫斯基来说吧,他认为桌子和床都能思考,只是它们没有记忆。这是一个国家必须经历的阶段。随着城市的发展,有才能的人们与世隔绝的状态将逐渐消失,这些思想谬误也会随之消失,因为这些谬误是由这些古怪的思想家的离群索居以及知识零散无条理所引起的,部分地(在民粹派那里)也是由于他们看到自己的希望破灭感到绝望所引起的。事实上,曾经是恐怖主义者的民粹派,最后完全可能成为沙皇制度的拥护者。

  选自《恩格斯致格奥尔基·瓦连廷诺维奇·普列汉诺夫》(1895年2月26日),《马克思恩格斯全集》第39卷,北京:人民出版社1974年版,第393—394页。

马克思恩格斯论中国问题成文文献全文选编

一 马克思:《中国革命和欧洲革命》

卡·马克思

《中国革命和欧洲革命》①

写于 1853 年 5 月 31 日前后

有一位思想极其深刻但又怪诞的研究人类发展原理的思辨哲学家②,常常把他所说的两极相联规律赞誉为自然界的基本奥秘之一。在他看来,这个朴素的谚语是一个伟大而不可移易地"两极相联"适用于生活一切方面的真理,是哲学家所离不开的定理,就像天文学家离不开开普勒的定律或牛顿的伟大发现一样。

"两极相联"是否就是这样一个普遍的原则姑且不论,中国革命③对文明世界很可能发生的影响却是这个原则的一个明显例证。欧洲人民的下一次起义,他们下一阶段争取共和自由、争取廉洁政府的斗争,在更大的程度上恐怕要决定于天朝帝国(欧洲的直接对立面)目前所发生的事件,而不是决定于现存其他任何政治原因,甚至不是决定于俄国的威胁及其带来的可能发生全欧战争的后果。这看来像是一种非常奇

---
① 本文选自《马克思恩格斯文集》第 2 卷,北京:人民出版社 2009 年版,第 607—614 页。
② 黑格尔。
③ 太平天国革命。

怪、非常荒诞的说法，然而，这决不是什么怪论，凡是仔细考察了当前情况的人，都会相信这一点。

中国的连绵不断的起义已经延续了约十年之久，现在汇合成了一场惊心动魄的革命；不管引起这些起义的社会原因是什么，也不管这些原因是通过宗教的、王朝的还是民族的形式表现出来，推动了这次大爆发的毫无疑问是英国的大炮，英国用大炮强迫中国输入名叫鸦片的麻醉剂。满族王朝的声威一遇到英国的枪炮就扫地以尽，天朝帝国万世长存的迷信破了产，野蛮的、闭关自守的、与文明世界隔绝的状态被打破，开始同外界发生联系，这种联系从那时起就在加利福尼亚和澳大利亚黄金①的吸引之下迅速地发展起来。同时，这个帝国的银币——它的血液——也开始流向英属东印度。

在1830年以前，中国人在对外贸易上经常是出超，白银不断地从印度、英国和美国向中国输出。可是从1833年，特别是1840年以来，由中国向印度输出的白银，几乎使天朝帝国的银源有枯竭的危险。因此皇帝②下诏严禁鸦片贸易，结果引起了比他的诏书更有力的反抗。除了这些直接的经济后果之外，和私贩鸦片有关的行贿受贿完全腐蚀了中国南方各省的国家官吏。正如皇帝通常被尊为全中国的君父一样，皇帝的官吏也都被认为对他们各自的管区维持着这种父权关系。可是，那些靠纵容私贩鸦片发了大财的官吏的贪污行为，却逐渐破坏着这一家长制权威——这个庞大的国家机器的各部分间的唯一的精神联系。存在这种情况的地方，主要正是首先起义的南方各省。所以几乎不言而喻，随着鸦片日益成为中国人的统治者，皇帝及其周围墨守成规的大官们也就日益丧失自己的统治权。历史好像是首先要麻醉这个国家的人民，然后才能把他们从世代相传的愚昧状态中唤醒似的。

中国过去几乎不输入英国棉织品，英国毛织品的输入也微不足道，

---

① 1848年在加利福尼亚、1851年在澳大利亚发现了丰富的金矿，这些发现对欧美各国的经济发展产生了重大影响。——译者注

② 道光帝。

但从 1833 年对华贸易垄断权由东印度公司①手中转到私人商业手中之后，这两种商品的输入便迅速地增加了。从 1840 年其他国家特别是我国②也开始参加和中国的通商之后，这两项输入增加得更多了。这种外国工业品的输入，对本国工业也发生了类似过去对小亚细亚、波斯和印度所发生的那种影响。中国的纺织业者在外国的这种竞争之下受到很大的损害，结果社会生活也受到了相应程度的破坏。

中国在 1840 年战争失败以后被迫付给英国的赔款、大量的非生产性的鸦片消费、鸦片贸易所引起的金银外流、外国竞争对本国工业的破坏性影响、国家行政机关的腐化，这一切造成了两个后果：旧税更重更难负担，旧税之外又加新税。因此，1853 年 1 月 5 日皇帝③在北京下的一道上谕中，就责成武昌、汉阳南方各省督抚减缓捐税，特别是在任何情况下均不准额外加征；否则，这道上谕中说，"小民其何以堪？"又说：

"……庶几吾民于颠沛困苦之时，不致再受追呼迫切之累。"④

---

① 东印度公司是存在于 1600—1858 年的英国贸易公司，是英国在印度和中国以及亚洲其他国家经营垄断贸易、推行殖民主义掠夺政策的工具。从 18 世纪中叶起，公司拥有军队和舰队，成为巨大的军事力量。在公司的名义下，英国殖民主义者完成了对印度的占领。该公司长期控制着同印度进行贸易的垄断权和印度最主要的行政权。它的贸易和行政特权由英国议会定期续发的公司特许状规定。由于公司管理中的独断专行、经营不善，加之 19 世纪初日益强大的英国工业资产阶级迫使印度对外"开放"，致使东印度公司的权力和影响日渐削弱。1853 年下院辩论印度法案时的焦点就是英国今后在印度的统治形式问题，因为 1854 年 4 月 30 日是东印度公司特许状的截止日期。1857—1859 年印度的民族解放起义迫使英国改变殖民统治的形式，于是公司被撤销，印度被宣布为英王的领地。英国资产阶级要求扩大对华贸易，提倡自由贸易。1833 年 8 月 23 日，英国议会通过了取消东印度公司对华贸易特权的法案，该法案自 1834 年 4 月 22 日开始实施。——译者注

② 在马克思和恩格斯以《纽约每日论坛报》驻伦敦通讯员的身份为该报撰写的文章中，"我国"常指美国，"我们"常指美国人。——译者注

③ 咸丰帝。

④ 1853 年 1 月 5 日，咸丰帝在太平军已攻克岳州，行将夺取武昌、汉阳的形势下，谕令"该督抚悉心体察被贼地方，分别蠲缓，奏请恩施。其余应征钱粮之处，亦著严查各州县，总期照旧开征，毋得稍有浮勒。"本段引文和正文中马克思的引文均见《大清文宗显皇帝实录》卷七十七第十八页。这里咸丰帝提到的"督抚"，当指湖南、湖北两省的总督和巡抚。马克思文中的"武昌、汉阳南方各省督抚"一语显然不确切。——译者注

这种措辞，这种让步，记得在1848年我们从奥地利这个日耳曼人的中国也同样听到过。

所有这些同时影响着中国的财政、社会风尚、工业和政治结构的破坏性因素，到1840年在英国大炮的轰击之下得到了充分的发展；英国的大炮破坏了皇帝的权威，迫使天朝帝国与地上的世界接触。与外界完全隔绝曾是保存旧中国的首要条件，而当这种隔绝状态通过英国而为暴力所打破的时候，接踵而来的必然是解体的过程，正如小心保存在密闭棺材里的木乃伊一接触新鲜空气便必然要解体一样。可是现在，当英国引起了中国革命的时候，便发生一个问题，即这场革命将来会对英国并且通过英国对欧洲发生什么影响？这个问题是不难解答的。

我们时常提请读者注意英国的工业自1850年以来空前发展的情况。在最惊人的繁荣当中，就已不难看出日益迫近的工业危机的明显征兆。尽管有加利福尼亚和澳大利亚的发现，尽管人口大量地、史无前例地外流，但是，如果不发生什么意外事情的话，到一定的时候，市场的扩大仍然会赶不上英国工业的增长，而这种不相适应的情况也将像过去一样，必不可免地要引起新的危机。这时，如果有一个大市场突然缩小，那么危机的来临必然加速，而目前中国的起义对英国正是会起这种影响。英国需要开辟新市场或扩大旧市场，这是英国降低茶叶税的主要原因之一，因为英国预期，随着茶叶进口量的增加，向中国输出的工业品也一定会增加。在1833年取消东印度公司的贸易垄断权以前，联合王国对中国的年输出总值只有60万英镑，而1836年达到了1326388英镑，1845年增加到2394827英镑，到1852年便达到了300万英镑左右。从中国输入的茶叶数量在1793年还不超过16067331磅，然而在1845年便达到了50714657磅，1846年是57584561磅，现在已超过6000万磅。

上一季茶叶的采购量从上海的出口统计表上可以看出，至少比前一年增加200万磅。新增加的这一部分应归因于两种情况：一方面，1851年底市场极不景气，剩下的大量存货被投入1852年的出口；另一方面，在中国，人们一听到英国修改茶叶进口的法律的消息，便把所有可供应的茶叶按提高很多的价格全部投入这个现成的市场。可是讲到下一季的茶叶采购，情况就完全不同了。这一点可以从伦敦一家大茶叶公司的下面一段通信中看出：

"上海的恐慌据报道达到了极点。黄金**因人们抢购贮藏**而价格上涨25％以上。白银现已不见，以致英国轮船向中国交纳关税所需用的白银都**根本弄不到**。因此，阿礼国先生同意向中国当局担保，一俟接到东印度公司的票据或其他有信誉的有价证券，便交纳这些关税。从商业的最近未来这一角度看，金银的缺乏是一个最不利的条件，因为它恰恰是发生在最需要金银的时候。茶和丝的收购商有了金银才能够到内地去采购，因为采购**要预付大量金银，以使生产者能够进行生产**……每年在这个时候都已开始签订新茶收购合同，可是现在人们不讲别的问题，只讲如何保护生命财产，一切交易都陷于停顿……如不备好资金在四五月间把茶叶购妥，那么，包括红茶绿茶的精品在内的早茶，必然要像到圣诞节还未收割的小麦一样损失掉。"①

停泊在中国领海上的英、美、法各国的舰队，肯定不能提供收购茶叶所需的资金，而它们的干涉却能够很容易地造成混乱，使产茶的内地和出口茶叶的海港之间的一切交易中断。由此看来，收购目前这一季茶叶势必要提高价格——在伦敦投机活动已经开始了，而要收购下一季茶叶，肯定会缺少大量资金。问题还不止于此。中国人虽然也同革命震荡时期的一切人一样，愿意将他们手上全部的大批存货卖给外国人，可是，正像东方人在担心发生大变动时所做的那样，他们也会把他们的茶和丝贮存起来，非付给现金现银是不大肯卖的。因此，英国就不免要面临这样的问题：它的主要消费品之一涨价，金银外流，它的棉毛织品的一个重要市场大大缩小。甚至《经济学家》杂志，这个善于把一切使商业界人心不安的事物化忧为喜的乐观的魔术师，也不得不说出这样的话：

"我们千万不可沾沾自喜，以为给我们向中国出口的货物找到了同以前一样大的市场……更可能的是：我们对中国的出口贸易要倒霉，对曼彻斯特

---

① 见1853年5月21日《经济学家》第508期。

和格拉斯哥的产品的需求量要减少。"①

不要忘记,茶叶这样一种必需品涨价和中国这样一个重要市场缩小的时候,将正好是西欧发生歉收因而肉类、谷物及其他一切农产品涨价的时候。这样,工厂主们的市场就要缩小,因为生活必需品每涨一次价,国内和国外对工业品的需求量都要相应地减少。现在大不列颠到处都在抱怨大部分庄稼种植情况不好。关于这个问题《经济学家》说:

"在英国南部,不但会有许多田地错过各种作物的农时而未播种,而且已经播种的田地有许多看来也会是满地杂草,或者是不利于谷物生长。在准备种植小麦的阴湿贫瘠的土地上,显然预示着灾荒。现在,种饲用甜菜的时节可以说已经过去了,而种上的很少;为种植芜菁备田的季节也快要过去,然而种植这一重要作物的必要的准备工作却一点也没有完成……雪和雨严重地阻碍了燕麦的播种。早播种下去的燕麦很少,而晚播种的燕麦是很难有好收成的……许多地区种畜损失相当大。"①

谷物以外的农产品的价格比去年上涨 20%—30%,甚至 50%。欧洲大陆的谷物价格比英国涨得更高。在比利时和荷兰,黑麦价格足足涨了 100%,小麦和其他谷物也跟着涨价。

在这样的情况下,既然英国的贸易已经经历了通常商业周期的大部分,所以可以有把握地说,中国革命将把火星抛到现今工业体系这个火药装得足而又足的地雷上,把酝酿已久的普遍危机引爆,这个普遍危机一扩展到国外,紧接而来的将是欧洲大陆的政治革命。这将是一个奇观:当西方列强用英、法、美等国的军舰把"秩序"送到上海、南京和运河口的时候,中国却把动乱送往西方世界。这些贩卖"秩序",企图扶持摇摇欲坠的满族王朝的列强恐怕是忘记了:仇视外国人,把他们排除在帝国之外,这在过去仅仅是出于中国地理上、人种上的原因,只是在满族鞑靼人②征服了全国

---

① 见1853年5月14日《经济学家》第507期。
② 西方通常将中国北方诸民族泛称为"鞑靼"。所谓"满族鞑靼人"也就是满族。

以后才形成为一种政治原则。毫无疑问，17世纪末竞相与中国通商的欧洲各国彼此间的剧烈纷争，有力地助长了满族人实行排外的政策。可是，更主要的原因是，这个新的王朝害怕外国人会支持一大部分中国人在中国被鞑靼人征服以后大约最初半个世纪里所怀抱的不满情绪。出于此种考虑，它那时禁止外国人同中国人有任何来往，要来往只有通过离北京和产茶区很远的一个城市广州。外国人要做生意，只限同领有政府特许执照从事外贸的行商①进行交易。这是为了阻止它的其余臣民同它所仇视的外国人发生任何联系。无论如何，在现在这个时候，西方各国政府进行干涉只能使革命更加暴烈，并拖长商业的停滞。

同时，从印度这方面来看还必须指出，印度的英国当局的收入，足足有七分之一要靠向中国人出售鸦片，而印度对英国工业品的需求在很大程度上又是取决于印度的鸦片生产。不错，中国人不大可能戒吸鸦片，就像德国人不可能戒吸烟草一样。可是大家都知道，新皇帝②颇有意在中国本土种植罂粟和炼制鸦片，显然，这将使印度的鸦片生产、印度的收入以及印度斯坦的商业资源同时受到致命的打击。虽然利益攸关的各方或许不会马上感觉到这种打击，但它到一定的时候会实实在在地起作用，并且使我们前面预言过的普遍的金融危机尖锐化和长期化。

欧洲从18世纪初以来没有一次严重的革命事先没发生过商业危机和金融危机。1848年的革命是这样，1789年的革命也是这样。不错，我们每天都看到，不仅称霸世界的列强和它们的臣民之间、国家和社会之间、阶级和阶级之间发生冲突的迹象日趋严重，而且现时的列强相互之间的冲突正在一步步尖锐，乃至剑拔弩张，非由国君们来打最后的交道不可了。在欧洲各国首都，每天都传来全面大战在即的消息，第二天的消息又说和平可以维持一星期左右。但是我们可以相信，无论欧洲列强间的冲突怎样尖锐，无论外交方面的形势如何严峻，无论哪个国家的某个狂热集团企图采取什么行动，只要有一丝一毫的繁荣气息，国君们

---

① 鸦片战争以前，中国的对外贸易是由官方特许的垄断组织"公行"在广州进行的。公行的商人叫做"行商"。行商制度在南京条约第五款中被取消。——译者注

② 咸丰帝。

的狂怒和人民的愤恨同样都会缓和下来。战争也好,革命也好,如果不是来自工商业普遍危机,都不大可能造成全欧洲的纷争,而那种危机到来的信号,总是来自英国这个欧洲工业在世界市场上的代表。

现在,英国工厂空前扩充,而官方政党都已完全衰朽瓦解;法国的全部国家机器已经变成一个巨大的从事诈骗活动和证券交易的商行;奥地利则处于破产前夕;到处都积怨累累,行将引起人民的报复;反动的列强本身利益互相冲突;俄国再一次向全世界显示出它的侵略野心——在这样的时候,上述危机所必将造成的政治后果是毋庸赘述的。

卡·马克思于1853年5月31日前后　　原文是英文

作为社论载于1853年6月14日　　中文根据《马克思恩格斯全集》历
《纽约每日论坛报》第3794号　　史考证版第1部分第12卷翻译

〔附录〕李大钊:《马克思的中国民族革命观》[①]

(一九二六年五月)

马克思批评当代历史事实的论文,是无产阶级研究马克思的人们绝好的材料的宝藏。我们现在要想根据马克思主义就中国现在的民族革命运动寻求一个显明的分析,最好是一读马克思当时关于中国革命的论

---

① 本文选自《政治生活》第76期。《马克思的中国民族革命观》是我国第一个马克思主义者、中国共产党的主要创始人之一李大钊根据马克思的《中国革命和欧洲革命》一文翻译的,发表于中国共产党的机关报《政治生活》1926年5月第76期,署名猎夫(李大钊的笔名)。这篇文章不仅仅是单纯的翻译,还包括李大钊对中国国民革命和世界革命关系以及中国国民革命重要性的分析,即在新的历史条件下推进了马克思主义对中国革命的分析,具有重要的意义。同时,该文作为马克思恩格斯撰写的关于中国问题的众多文章中的第一篇中译文,具有重要的资料价值。因此,将李大钊的《马克思的中国民族革命观》收录于马克思恩格斯东方村社论的重要文献中,与马克思的《中国革命与欧洲革命》编译局中译文做一比较,具有重要的价值。——编者注。

文。从此我们不仅可以得到他的公式,我们更可以看出他怎样的应用他的研究的方法,以解剖那赤裸裸的历史事实,整理那粗生的材料,最后我们便可以得到一个明确的结果。

前年莫斯科无产阶级政治论坛,曾有一度勃兴了研究中国太平天国的革命运动的狂热,拉荻客①在《真理报》上发表论文,谓太平天国的变乱,恰当马克思生存的年代,何以偏在马克思的著作里,找不出关于此事的评论?近者美国出版的《工人月刊》载有马克思《中国及欧洲的革命》②一文,这是非常重要的材料。足见马克思的著作,还有很多埋没在图书馆的故纸堆中的,真是可惜!马克思这篇论文是一八五三年六月在《纽约日报》发表的。原来马克思充该报的外国通信员,是一八五一年至一八六二年的事,而太平天国的年代恰恰是由一八五〇年至一八六四年,正与马克思在《纽约日报》上发表论文的年代相值。这一篇论文,说明太平天国的变乱实为大英帝国主义侵入中国后第一次中国国民革命的大运动,并且指出中国的革命将要影响于英国,经由英国影响于欧洲的关系。这实在值得我们的注意研究,尤其在中国国民革命运动普遍全国、英国发生空前未有的大罢工的今日。以下便是马克思论文的译述:

"一个探求支配人类运动原理的深玄的想象家,惯称两端相接的法则,为支配自然界奥秘的原则。在他看来,俗谚所云'两极相遇'者,在人生的每一方面,都是一个伟大而有力的真理。这一个原理,哲学家用之可以执简驭繁,如同天文家用 Kepler 的法则或 Newton 的伟大的发见(引力的法则)一样。

两极相遇,是否是那样一个普遍的原则?姑勿深论。而此原则之显

---

① 拉荻客,今译拉狄克(1885—1939),生于奥匈帝国东里西亚的利沃夫城(今属乌克兰)。1904 年、1908 年、1917 年先后参加波兰、立陶宛社会民主党、德国社会民主党、俄国布尔什维克党。1919 年起,任共产国际(第三国际)执行委员会委员、继任书记。1925 年起任中山大学校长。1927 年因托派问题被开除出党。1929 年恢复党籍。1936 年又因布哈林案被捕,再次开除出党,被判处 10 年徒刑。1988 年平反。

② 《中国及欧洲的革命》今译为:《中国革命和欧洲革命》,1853 年 6 月 14 日(原误为"1862 年 8 月")发表于《纽约每日论坛报》,收入中译本《马克思恩格斯全集》中文第 1 版第 9 卷第 109—116 页。

明的表现，是可以在中国革命似将影响于所谓文明世界的结果看得出来的。说欧洲人民的未来暴动，和他们的为共和的自由与政府的经济的未来运动，其系于现代经历于此天朝帝国者将远胜于现存的任何其他政治原因，抑且胜于俄罗斯的威胁，以及从而发生的全欧战争之似有可能。这似乎是奇而妄的推论，但此并不谬妄，只一细察此事的实状，便可洞明无余了。

不管什么是他的社会的原因，不管他们听的是什么宗教的、朝代的、民族的形式，他产生了慢性的变乱，过去约十年间存在于中国，现在集合起来成了一个可惊的革命。他的暴发的机会毫无问题的是那强制输入麻醉毒品叫作鸦片的东西于中国的英国大炮所给与的。在英国炮火之前，满洲皇统的权威，扫地无灵了；天朝永世的迷信，全然打破了；封锁未开与所谓文明世界未曾接触的孤立，骤被侵入了；东西交通的开发，从此以后，在加利佛尼亚州及澳洲的黄金的诱引之下，很快的进行。同时这个帝国的银钱，——他的生命膏血——开始流出于大英帝国的东印度了。

一八三〇年以前，中外贸易的平准，还是中国方面站在有利的地位，银货不断的由印度、不列颠、北美合众国输入于中国。一八三三年以后，特别是一八四〇年以后，则银货由中国到印度的输出，几乎耗竭了这个天朝上国。于是中国皇帝严令禁止鸦片贸易，但是所得的还答是对于他的法度与以更强的抵抗。除去直接的经济结果以外，关联于鸦片密输的贿赂公行，将中国南方各省国家官吏的风纪完全腐化。如同把皇帝看做全国的父亲一样，皇帝的官吏，亦被看做是对于各该属县邑的维持亲长关系者。但此父权的威力，是维系国家全局惟一的道德纪纲，渐为以默许鸦片密输、自饱私囊的官吏的腐败所蚀毁了。此种情形，曾多见于发生变乱的南方各省，鸦片遂适如其分以获得了制御中国的主权，而皇帝及其官派十足的臣仆，乃以丧失其所自有的主权了。这好像历史于他把中国全民族从其遗传的愚昧中拯救出来以前，先使他们沉醉一回似的。

英国棉花的输入，从前几乎没有，英国羊毛的输入亦只有少许。至一八三三年以后，则二者输入于中国，很快的增加。这是由东印度公司把对华贸易独占转移到私人商业的时期。至于此等物品大规模的输入中国，乃在一八四〇年以后，这是其他各国特别是我们自己的国家（北美合众国）在中国贸易亦获得一份的时期。这个外国制造品的引入，影响到本地的产业，同他从前曾经影响到小亚细亚、波斯、印度一样。在外国竞争之下，中国国内有许多纺者织者，都遭受了很大的艰苦，而社会生活，亦随着外货侵入的程度呈出不安的景象。

一八四〇年不幸的战争以后，赔款必须付给英国。那巨额的不生产的消费的鸦片，随着鸦片贸易而生的贵金属的流出，外国竞争对于本地制造品的破坏的影响，公共行政的腐败情形，产生了两件事物：旧税益加烦累，新税又见增设。这样，在一个一八五三年一月五日由北京发出的皇帝诏令里，我们可以察知有些命令颁布给武昌、汉阳等处以及南方各省督抚，令他们减轻或延缓人民的纳税，特别是无论如何不许强取以逾定额。诏令上说，倘不这样，则'贫苦人民将何以堪'？诏令上又说：'则当举国艰忧之时，如此吾民或能免于苛吏诛求之祸矣'云云。这样的辞语和这样的宽假，我们犹忆在一八四八年顷曾从奥地利亚听见过，那是日耳曼的中国。

所有这些集合起来从着中国的财政、道德、产业及政治构造而行动的崩解的动因，在一八四〇年英国炮火之下，领受了完全的发展。这个炮火，打落了清朝皇帝的威灵，强迫了这天朝上国与俗野的世界相接触。完全的孤立，是老大中国保藏的原状，那个孤立，必须依英国的媒介来—强制的终结。分解必定随之而起，这与谨藏在封固的棺中的木乃伊，不论何时，一与空气相接，立即分解一样，是确然的。现在呢，英国已经造成了中国的革命，问题是那中国的革命怎样的迟早将其反响及于英国，经由英国以及于欧洲，这问题是不难解决的。

一八五〇年以后，读者常被唤起，使其注意及于英国制造品不平行的发长。在那最可惊的繁荣中间，不难指出一个逼近产业危机的显明征候。虽然有加里佛尼亚州和澳洲，虽然有浩大未曾前闻的移民出境，苟无任何特别事变，在一个相当时顷，迟早总有一天，市场的扩张，不能齐驱并驾于英国制造品的扩张。这种不相比齐，必要造成一个新危机，其确定与过去所曾经历者全无异致。但是假如大市场中之一忽然变成缩狭，那么危机之到来，亦必因之而加速。目下中国的变乱完全有此影响及于英国。开新市场或扩大旧市场的必要，是英国茶税低减主要原由之一，期于以茶的增加的输入，谋对华制造品的增加的输出。现在每年由联合国（The United Kingdom）输出到中国的价值，在一八八三年①，东印度公司所享有的贸易独占权废止以前，总额只为 600000 镑；在一八三六年，总额达于 1326388 镑之数；在一八四五年②，又增加到 2394827 镑；至一八五二年，则达于约 3000000 镑了。至于由中国输入于英国的茶的总量，在一七九三年，尚未超过 16167331 磅③；但在一八四五年，达于 50714657 磅；在一八四六年，则又达于 57584561 磅；现在已超过过 60000000 磅以上了。

上季的茶收获超过前年的额不下 2000000 磅，已经为上海的输出表所明示。这个超过，有两个情由可以说明：一方是一八五一年终的市场情形很是低减，多量剩余下来的过剩物品，移入于一八五二年的输出；在另一方，是那关于茶输入的变更的英国立法的近顷报告，传到了中国，使所有的有利的茶，都以极贵的价钱，上了预备市场。但是关于来季的收获，则情形大异了。这可以从伦敦某大茶庄的通信中，摘录下来的下列语句证明：

> 在上海，恐惶已达于极点。金价涨了百分之二十五，银的缺乏至于一点亦不能不见得以还付英船对于中国应付的税款，这于出港许可是必须的。因此阿尔阔克（Alcoek）君曾同意于负有对中国官吏交还这些税款的责任，而以东印度公司的票据或其他认可的担保的领收为质。设若着眼于商业的最近的将来，则贵金属的缺乏，乃为最不利的景象之一。因为此种空虚，适值于他们的使用最是需要的时会，以致

---

① 一八八三年　原文"一八三四年"据今译本校。
② 一八四五年　原文为"一八五四年"据今译本校。
③ 16167331 磅　原文为"16167331 两"，以下 50714657 磅、5784561 磅，原文"磅"均为"两"，均据今译本校。

茶丝的购买者深入内地影响于他们的购买，因为此等购买，须以正在腾涨的金银块付价，以致那些生产茶丝者得以尽操纵的能事。

历年此季，开始办理新茶以为常。可是在现时除去保障人身与财产的方法而外，什么亦谈不到。一切交易都已截止。……设若在四、五月中不能应用那些保护茶叶的方法，这黑茶、绿茶一切纯良种类均包含在内的早期收获，将成为同在复活节尚未成熟的小麦一样的损耗。

现在保护茶叶的方法，一定不是英、美、法等国的舰队驻在中国海中可以给与的。可是因为他们的干涉，这些却很容易产生像那可以切断产茶内地与输茶海港间一切交易的纠纷情形。如此则于现在的收获，一个价格的腾起是可以预期的（投机已经在伦敦开始了）。即于次季的收获一个大的缺乏，亦是同样的确定。不宁惟是，中国人亦同在革命的震动时期中的一切民族一样，虽然准备着将他们手下的那一切笨重物品卖与外国人，而如东洋人在大变动的恐怖中所惯作者然，亦欲置之于贮藏。故于茶丝的取偿，除硬货的钱币外，则多不愿受。英国于是乎可以预期他的主要消费品中之一的价格的腾起，金银块的流出，出售他的棉花和羊毛制品的一个重要市场的缩狭，即那一切威胁商业社会沉静精神的事物的乐天祝咒家的'经济学派'，亦不能不作如下的语句了：

我们不要自信觉得一个为我们输出品去到中国的市场，其广大一如从前。……我们对于中国的输出贸易将遭蒙损害，满切斯特（Manchester）及古拉斯哥（Glasgow）的生产，将有一个减少的要求，这是最可能的。

切勿忘记了像茶那样一种必需的物品，像中国那样一个广大市场的缩狭，将适合于一个西欧的歉收，从而发生麦谷和其他农产品价格的腾贵，于是缩狭了制造品的市场。因为每一种首要的生活必需品价格的腾涨，依一个相当的对于制造品的需要的低减，相为消抵以保内外的平衡。迩来大不列颠各处，时闻关于收获减色的叹声，'经济学派'关于此问题有云：

在英伦的南方，不仅有些土地尚未耕种，并有许多已种的田，亦呈出恶象，或则谷实的发育不良。预定种小麦（Wheat）的濡湿下田，正在发生损害的征候，已极明显。种菾菜（Mangelwurzel）的时期，现在可以说是已经空误了，种植的很少。而那预备植种芜菁（Turnip）的田时，看看亦迅将过去。为这样一种重要的收获的任何充分的预备，亦没有安置妥当。……燕麦的耕种，被雨雪妨害了不少。及时下种的燕麦很少，迟种的燕麦，少有能得丰厚的收获的。……在许多区域内，饲养的羊群间的损失，其价值亦不在少。

谷以外的农产品价格，比去年的增高百分之二十至三十，甚且有百分之五十者。在欧洲大陆，谷较在英伦腾高，而在比利时及荷兰，则菜麦（Rye）高涨了一倍。小麦及他种谷物，亦从其例。

在这种情形之下，因为普通商业范围的大部分，已为英国的商业所荡尽。我们可以很稳当的卜知中国革命将掷其火星于现在产业制度积载过多的地雷上，而致此长期准备的总危机的爆发。这个广播海外的总危机，将为欧洲大陆的政治革命所紧接。中国送来骚乱于西方世界，而西方列强方由英、法、美的战舰载着所谓'秩序'到上海与南京。这是一个伟壮的奇观。这些将要援助那动摇的满洲皇统的秩序贩客的列强，忘记了对于外人的憎恶并驱逐外人出此帝国，从前只是中国的地理的人种的位置的单纯结果，而自满洲鞑虏征服此邦以后，才成为政治制度了么？在十七世纪末，那互相竞敌，争着与中国通商的欧洲各国间的纷争轧轹，给了满洲所采行的排外政策一很大的助力，是明显无疑的事实。此外这个新朝因恐外人或将袒右那当中国人民被征服于鞑虏的上半世纪间在大多数华人间存在的不平，而益促其采行排外政策也更剧。根于这些顾虑，当时外人遂被禁止而不许与华人交通。外人只准经由一个离北京及产茶地方甚远的都市广州，与华人通商。而外人的通商，又只限于与行商交际。行商是政府特许公开的从事外国贸易的商人，为的是使其余的人民得以避免与那可憎的远人相接触。无论如何，西方各国政府对于中国的干涉，此时只能致中国革命愈益猛烈，愈益延长商业的停滞而已。

同时关于印度有须注意的，是那个世纪的英国政府，足有他的岁入七分之一，是靠着售卖鸦片于华人的。同时印度人的大部分，又靠着在印度鸦片的出产，以需求英国的制造品。华人对于鸦片的使用的非难，并不减于德国人的禁绝淡巴菰（Tobacco）。但是因为这位新皇帝知道赞助罂粟的培植及在中国自己境内鸦片的预备，很明显的将立刻予印度的培种鸦片事业、印度的岁入以及印度斯坦的财源，以绝大的打击。此种打击，虽不能立刻即为与此有关的利害关系所感觉，经过一个相当的时期，将必显其效用，将必加厚并且延长这普遍的财政危机。这危机是我们已在上文卜定其运命的。

自从十八世纪开始以后，在欧洲未曾有过激烈的革命而不先朕以商业和财政的危机者，此理证之于一七八九年的革命与一八四八年的革命悉无二致。这是实在的，不仅仅我们每天看见那些统治的权力者与其人民间，国家与社会间，各阶级间，冲突的胁迫征候，一天一天的加多，便是现存的各强国间的冲突，亦似乎将达到图穷匕见的程度，最后谈判的机运亦且若现若隐了。在欧洲各国的都城中，每日都有关于普遍大战的飞书相告，一到次日，此等消息，又复消灭了，似乎又有个半星期的平和的确保了。虽然，我们的确知道，欧洲列强间的冲突可以达到无论如何的极度，外交界的情形可以显出无论如何的危迫，由于这个国那个国的些个狂热的党派，无论如何的运动都可以企图，可是那些王公的忿怒，人民的愤慨，都一样的被那繁荣的呼吸销沈下去。战争与革命，都一样的不能令欧洲争哄起来，除非是一个普遍的商业的和产业的危机之结果。这个危机的信号，与夙常一样，必要发自英国，他是世界市场中欧洲产业的代表。

注意政治的关系是不必须的。就以英国工厂有未曾前闻的扩张，英国的公开政党全然瓦解，法国的全部国家机关变成了广大的诈骗投机买卖的商馆，奥地利亚的财政濒于破产，招人民仇恨的错误层层叠叠到处都是，反动的列强间的利益冲突，和那曾经一度显露于世的征服世界的俄罗斯迷梦等等事实看来，在这些时候，那样一个危机必定产生。"

我们读了马克思这篇论文以后，应该很明确的认识出来中国国民革命是世界革命一部分的理论和事实。在世界革命的运动中,中国和英国所居的地位,最为重要;因为英国是世界市场中欧洲产业的代表,中国是英国帝国资本主义销售商品的重要市场。中国国民革命运动的扩大,就是英国帝国资本主义销售商品的市场的缩狭;这个缩狭,可以促起普遍危机的迫近,加速世界革命的爆发。这种英国帝国主义对于中国的压迫,造成了中国革命;中国革命更以其影响还答于英国,经由英国还答于欧洲,造成了英国革命,欧洲革命,乃至世界革命的关系。在马克思生存的时代,就是太平天国动乱的时代,是如此;即在今日,中国全国爆发了反帝国主义运动的时代的,亦还是如此;直到世界革命完成的那一天为止,总是如此;不过这种关系的暴露,一天一天的明显,由中国革命以趋于世界革命的倾势,一天一天的逼近罢了。中国国民革命运动的主潮,自从太平天国动乱以还,总是浩浩荡荡的向前涌进,并没有一刹那间的停止。帝国主义对于中国民族的压迫,只有日益增加;故中国民族之革命运动,亦只有从之而日益强烈。现在怎么样了?帝国主义者与从前一样?否。现在更百倍于从前,日惟用其驻华军舰载来所谓"秩序"——大屠杀,由上海而广州,而九江,而汉口,乃至北方的北京、天津、济南、青岛、旅顺、大连,到处都有中国民众被屠杀于他们所谓"秩序"之下的血迹,即到处都有中国民众反抗列强的斗争。因为对于压迫的还答,只有反抗;对于他们镇压我们的"秩序"的酬应,只有我们反抗他们的骚乱,这便是革命。依"礼尚往来"的礼让,这个骚乱,亦必然的要输运到欧洲去,输运到一切帝国主义的国家去。帝国主义者倘如横来干涉中国民众的运动,马克思说的好,这个干涉,只能使中国的革命运动日趋于凶猛,只能致列强在中国的商业日趋于停滞。屈指一算,现在距马克思作这论文的时候,已经七十三年了。中国的革命运动,一天一天的扩大,欧洲的危机,一天一天的逼近。最近两年间,中、英两国无产阶级政党的发展,大有一日千里的势子;在全世界各民族的无产阶级革命运动竞赛中,有首屈一指的进步。现在与中国国民革命运动普遍全国的今日同时,英国工人号召了一个几百万人参加的空前未有的大罢工,正如铜山东崩,洛钟西应,这是不是英国资本阶级以其用军舰装来的"秩序",由中国换去的骚动?这是不是中国革命的火星,已经迸[进]入欧洲产业制度积载过重的地雷上,将要产生一个大爆发?那逼在眉睫的革命的历史事实可以证明。

署名:猎夫
选自《政治生活》第76期
1926年5月

二 恩格斯:《波斯和中国》

弗·恩格斯
《波斯和中国》①

写于1857年5月20日前后

英国人在亚洲刚结束了一场战争②,现在又开始进行另一场战争③了。波斯人对英国侵略的抵抗和中国人迄今对英国侵略所进行的抵抗,形成了值得我们注意的对照。在波斯,欧洲式的军事组织被移植到亚洲式的野蛮制度上;在中国,这个世界上最古老国家的腐朽的半文明制度,则用自己的手段与欧洲人进行斗争。波斯被打得一败涂地,而绝望的、陷于半瓦解状态的中国,却找到了一种抵抗办法,这

---

① 本文选自《马克思恩格斯文集》第2卷,北京:人民出版社2009年版,第622—628页。
② 指1856—1857年英国对波斯进行的战争。19世纪中叶,英国企图征服波斯和阿富汗,以便在中东和亚洲实行进一步的侵略扩张。1856年10月,波斯占领了波阿两国有争议的领土赫拉特。英国以此为借口于11月对波斯宣战,先后占领了恰拉克岛、布什尔港、穆罕默腊市和阿瓦士市。由于俄国在外交上支持波斯,印度爆发了为争取民族独立、反对英国统治的大规模的人民起义,以及向中国调兵进行第二次鸦片战争等等,英国不得不在1857年3月4日同波斯签订和约,英军撤出波斯,波斯撤出赫拉特,并放弃对赫拉特的一切要求。——译者注
③ 指第二次鸦片战争。——译者注

种办法实行起来，就不会再有第一次英国对华战争①那种节节胜利的形势出现了。

波斯的状况与1828—1829年俄土战争②时土耳其的状况相同。英国的、法国的、俄国的军官曾先后尝试过组织波斯的军队。各种办法相继采用，但是每一种办法都行不通，因为那些本来应在这些办法的实施下成为欧洲式军官和士兵的东方人忌妒、阴险、愚昧、贪婪而又腐败。新式的正规军从来没有机会在战场上考验一下自己的组织性和战斗力。它的全部战绩只限于对库尔德人、土库曼人和阿富汗人的几次征讨，而在这几次征讨中，它只是作为波斯数量众多的非正规骑兵的某种核心或预备队。实际作战的主要是非正规骑兵，而正规军通常只是利用它那表面威武的阵势来吓唬敌人而已。最后，同英国的战争终于爆发了。

英军进攻布什尔，遇到了虽然无效但却勇敢的抵抗。但是在布什尔作战的并不是正规军，而是从住在海滨地区的波斯人和阿拉伯人中征召兵员编成的非正规部队。正规军当时还正在大约60英里以外的山区集结。最后，他们向前挺进了。英印军队与他们在中途相遇；虽然波斯人很熟练地运用了自己的大炮，并按照最佳原则排列了方阵，但是仅仅一个印度骑兵团的一次冲杀，就把整个波斯军队，无论警卫部队还是基干部队，完全扫出了战场。要想知道这些印度正规骑兵自己作战的本领如何，只要看看诺兰上尉写的一本关于骑兵的书③就够了。英印军官认为他们无用已极，远不如英印非正规骑兵。诺兰上尉找不出一个能说明他们表现良好的战例。可是600名这样的骑兵竟能打跑

---

① 即1840—1842年的第一次鸦片战争。
② 1828—1829年俄土战争是尼古拉一世借口支持信奉基督教的希腊人反对土耳其压迫的民族运动而挑起的。1828年4—10月是战争的第一阶段，1829年5—8月是战争的第二阶段。土耳其军队起初对集中在多瑙河地区（锡利斯特里亚、舒姆拉、瓦尔纳等要塞附近）的俄国军队进行了有力的抗击。1828年10月11日，瓦尔纳被俄军攻占。1829年5月30日，土军在库列夫恰（保加利亚）会战中被击溃。1829年夏，俄国军队向君士坦丁堡进军，并于6月11日击败了土耳其军队。1829年9月14日，土耳其接受了俄国提出的全部条件，签订了阿德里安堡条约。——译者注
③ 刘·爱·诺兰《骑兵的历史与战术》。

1万名波斯军队！波斯正规军如此心寒胆裂，以致从那以后，除炮兵外，他们在任何地方都没有进行过一次抵抗。在穆罕默腊，他们远远地避开危险，让炮兵单独防守炮台，炮台一被打哑，他们就立即撤退；当英军为了进行侦察，派300名步兵和50名非正规骑兵登陆时，波斯全军即行退却，把辎重、军需品和枪炮都留给了侵略者——你不能把这些英国人叫做胜利者。

但是不应根据这一切来指责波斯人是懦夫的民族，也不应由此认为不能教东方人学欧洲式战术。1806—1812年俄土战争①和1828—1829年俄土战争提供了许多这方面的事例。抵抗俄军最有力的都是非正规部队，这些非正规部队的兵员既有从设防城市征召来的，也有从山区省份征召来的。正规军只要一上战场，就立刻被俄军击溃，并且常常刚一听到枪炮声就逃跑；而一个由阿尔瑙特人②编成的非正规连，竟在瓦尔纳的一个深谷中成功地抵抗俄军的围攻达几星期之久。但是在最近的那场战争中，从奥尔泰尼察和切塔泰到卡尔斯和因古里河，土耳其的正规军每次交战都击败了俄军。③

事实是：把新的军队按欧洲方式来加以编组、装备和操练，还远不能算是完成了把欧洲的军事组织引用于野蛮民族的工作。这只是第一步。采用某种欧洲式的军事条令，也是不够的；欧洲式的军事条令不能保证培养出欧洲式的纪律，就如同一套欧洲式的操典本身不能产生欧洲式的战术和战略一样。主要的问题，同时也是主要的困难就在于：需要造就一批按照欧洲的现代方式培养出来的、在军事上完全摆脱了旧的民族偏见和习惯的、能使新部队振作精神的军官和士官。这

---

① 1806—1812年俄土战争是拿破仑第一施展外交阴谋致使俄国和土耳其之间矛盾加剧而引起的。除1807—1809年战事中断外，几年间交战双方各有胜败。1811年，战局发生了对俄国有利的变化，1812年5月28日，俄土两国签订了布加勒斯特条约。——译者注

② 土耳其人对阿尔巴尼亚人的称呼。

③ 指克里木战争中的几次会战。1853年11月4日，土耳其军队渡过多瑙河，占领了俄军在多瑙河左岸的奥尔泰尼察阵地。1854年1月6日，在切塔泰村进行了一场血战，俄军以重大伤亡为代价才把土耳其军队赶至卡拉法特。1855年9月29日，俄军对被围困的土耳其要塞卡尔斯进行突袭，因兵力准备不足，且对方事先已有准备，突袭失败。1855年11月6日，俄军在因古里河一战中，被占优势的土耳其军队赶出了明格列利亚。——译者注

需要很长的时间,而且一定还会遇到东方人的愚昧、急躁、偏见以及东方宫廷所固有的宠辱无常等因素的最顽强的抗拒。只要士兵在检阅时可以列队行进,在转换方向、展开队形和排成纵队时不致乱成一团,那么苏丹或沙赫就会很容易认为自己的军队已经无所不能了。至于军事学校,由于它们收效很慢,所以在东方政府不稳定的情况下,很难期望收到任何效果。甚至在土耳其,受过训练的军官也很少,土耳其军队如果不是有大量的叛教者①和欧洲军官,它在最近那次战争中就根本打不了仗。

到处都成为例外的唯一兵种是炮兵。东方人在这方面太无知无能了,他们只好把炮兵的管理完全交给欧洲教官。结果,在波斯也像在土耳其一样,炮兵比步兵和骑兵强得多。

英印军队是所有按照欧洲方式组织起来的东方军队中最老的一支,也是唯一不隶属于东方政府而隶属于纯粹欧洲式政府,并且差不多完全由欧洲军官指挥的军队。很自然,在上述那种情况下,这样一支军队,又有大量英国后备部队和强大海军做后盾,是不难把波斯的正规军击溃的。挫折越严重,对于波斯人越有好处。正如土耳其人已经懂得的那样,波斯人现在也会懂得:欧洲式的服装和阅兵操练本身还不是一种护符;再过20年以后,波斯人可能就会像个样子了,就像土耳其人在最近的各次胜利中所表现的那样。

据说,攻克布什尔和穆罕默腊的军队将立即调往中国。在中国,他们将遇到不同的敌人。抗击他们的将不是依照欧洲方式部署的部队,而是大群亚洲人摆成的不规则的战阵。毫无疑问,他们将不难对付这种队伍。可是,如果中国人发起全民战争来抵抗他们,如果野蛮人毫无顾虑地运用他们善于运用的唯一武器,英国人又怎么办呢?

现在,中国人的情绪与1840—1842年战争②时的情绪已显然不同。那时人民保持平静,让皇帝的军队去同侵略者作战,失败之后,则抱着

---

① 指原信基督教后改信伊斯兰教的人。
② 第一次鸦片战争。

东方宿命论的态度屈从于敌人的暴力。但是现在，至少在迄今斗争所及的南方各省，民众积极地而且是狂热地参加反对外国人的斗争。他们经过极其冷静的预谋，在供应香港欧洲人居住区的面包里大量地投放了毒药。（有几只面包送交李比希化验。他发现面包的各个部分都含有大量的砒霜，这表明在和面时就已掺入砒霜。但是药量过大，结果一定是变成了呕吐剂，因而抵消了毒效。）他们暗带武器搭乘商船，而在中途杀死船员和欧洲乘客，夺取船只。他们绑架和杀死所能遇到的每一个外国人。连移民到外国去的苦力都好像事先约定好了，在每一艘移民船上起来暴动，夺取船只，他们宁愿与船同沉海底或者在船上烧死，也不投降。甚至国外的华侨——他们向来是最听命和最驯顺的臣民——也进行密谋，突然在夜间起事，如在沙捞越就发生过这种情形；又如在新加坡，当局只是靠武力和戒备才压制住他们。是英国政府的海盗政策造成了这一所有中国人普遍奋起反抗所有外国人的局面，并使之表现为一场灭绝战。

军队对于采取这种作战方法的民族有什么办法呢？军队应当在什么地方进入敌国，深入到什么地方和怎样在那里坚守下去呢？这些把炽热的炮弹射向毫无防御的城市、杀人又强奸妇女的文明贩子们[①]，尽可以把中国人的这种抵抗方法叫做卑劣的、野蛮的、凶残的方法；但是只要这种方法有效，那么对中国人来说这又有什么关系呢？既然英国人把他们当做野蛮人对待，那么英国人就不能反对他们充分利用他们的野蛮所具有的长处。如果他们的绑架、偷袭和夜间杀人就是我们所说的卑劣行为，那么这些文明贩子们就不应当忘记：他们自己也承认过，中国人采取他们通常的作战方法，是不能抵御欧洲式的破坏手段的。

简言之，我们不要像道貌岸然的英国报刊那样从道德方面指责中国

[①] 英国侵略者在1856年利用亚罗号划艇事件作为发动第二次鸦片战争的口实，从1856年10月27日起，开炮轰击广州城。29日，英军攻破外城，一度冲入城内，纵火将靖海门、五仙门附近民房烧毁殆尽，后因兵力不足，只得退出，但是炮轰城市、掠杀居民的暴行依然继续。——译者注

人的可怕暴行，最好承认这是"保卫社稷和家园"的战争①，这是一场维护中华民族生存的人民战争。虽然你可以说，这场战争充满这个民族的目空一切的偏见、愚蠢的行动、饱学的愚昧和迂腐的野蛮，但它终究是人民战争。而对于起来反抗的民族在人民战争中所采取的手段，不应当根据公认的正规作战规则或者任何别的抽象标准来衡量，而应当根据这个反抗的民族所刚刚达到的文明程度来衡量。

这一次，英国人陷入了窘境。直到现在，中国的民族狂热似乎还只限于南方未参加大起义②的几个省份。战争是否将以这几个省为限呢？这样，它就不会得到任何结果，因为中国的一切要害地方都不会受到威胁。而如果这种狂热延及内地的人民，那么这场战争对于英国人将是非常危险的。广州城可以被整个毁掉，沿海能攻占的一切据点都可以被攻占，可是英国人所能调集的全部兵力都不足以攻取并守住广东和广西两省。在这种情况下，他们还能再干些什么呢？广州以北到上海、南京一带的地区都掌握在中国起义者手里，触犯他们，那将是下策；而南京以北唯一可能在袭击后收到决定性效果的地点是北京。这样就得在海岸上建立有防御工事和守备部队的作战基地，进军途中要克服一个一个的障碍，要留下分遣队以保证同海岸的交通，而且要以大军压境之势抵达这座与伦敦一样大、离登陆地点100英里远的城池之下。可是所需的军队在哪里呢？另一方面，对京城的示威行动如果成功，就会从根本上动摇中华帝国本身的存在，就会加速清王朝的倾覆，就会给俄国而不是给英国铺平前进的道路。

新的英中战争形势极为复杂，使人根本无法预料它将如何发展。在几个月内兵力不足以及在更长时间内缺乏决心，将使英军不会有什么行动，只有在某个不重要的地方或许出现例外，在目前情况下广州也可以算是这样的地方。

有一点是肯定无疑的，那就是旧中国的死亡时刻正在迅速临近。国

---

① 西塞罗《论神之本性》第3章第40页。
② 指太平天国革命。

内战争已经把帝国的南方与北方分开,看来起义者之王①在南京不会受到帝国军队的危害(当然不能说不会受到他自己手下人阴谋之害②),正如天朝皇帝③在北京不会受到起义者的危害一样。广州迄今是在独自进行着一种反对英国人、也是根本反对一切外国人的战争;正当英法两国的海陆军向香港集结之际,西伯利亚边界线上的哥萨克缓慢地但是不停地把他们的驻屯地由达斡尔山向黑龙江沿岸推移,俄国海军陆战队则构筑工事把满洲的良好港湾包围起来。中国的南方人在反对外国人的斗争中所表现的那种狂热本身,似乎表明他们已觉悟到旧中国遇到极大的危险;过不了多少年,我们就会亲眼看到世界上最古老的帝国的垂死挣扎,看到整个亚洲新纪元的曙光。

弗·恩格斯写于1857年5月2日前后	原文是英文
载于1857年6月5日《纽约每日论坛报》第5032号	中文根据《马克思恩格斯全集》英文版第15卷翻译

---

① 洪秀全。
② 指1856年秋太平天国领导人之间的内讧。这次内讧是起义军领袖之间个人利益和团体利益压倒阶级利益和民族利益的结果。内讧中有三个起义军领袖以及成千上万的起义军士兵被杀害。这对太平天国起义的进一步发展造成了极大的危害。——译者注
③ 咸丰帝。

马克思恩格斯论印度村社成文文献全文选编

一 马克思:《不列颠在印度的统治》

卡·马克思
《不列颠在印度的统治》①

1853年6月10日星期五于伦敦

来自维也纳的电讯报道,那里都认为土耳其问题、撒丁问题和瑞士问题肯定会得到和平解决。

昨晚下院继续辩论印度问题,辩论情况同往日一样平淡无味。布莱克特先生责备查理·伍德爵士和詹·霍格爵士,说他们的发言带有假装乐观的味道。内阁和董事会②的一批辩护士对这个责难极力加以反驳,而无所不在的休谟先生则在结论中要大臣们把他们的法案收回。辩论暂停。

印度斯坦是亚洲规模的意大利。喜马拉雅山相当于阿尔卑斯山,孟加拉平原相当于伦巴第平原,德干高原相当于亚平宁山脉,锡兰岛相当于西西里岛。它们在土地出产方面是同样地富庶繁多,在政治结

---

① 本文选自《马克思恩格斯文集》第2卷,北京:人民出版社2009年版,第677—684页。
② 指东印度公司董事会。

构方面是同样地四分五裂。意大利常常被征服者的刀剑压缩为各种大大小小的国家，印度斯坦的情况也是这样，在它不处于伊斯兰教徒、莫卧儿人①或不列颠人的压迫之下时，它就分解成像它的城镇甚至村庄那样多的各自独立和互相敌对的邦。但是从社会的观点来看，印度斯坦却不是东方的意大利，而是东方的爱尔兰。意大利和爱尔兰——一个淫乐世界和一个悲苦世界——的这种奇怪的结合，早在印度斯坦宗教的古老传统里已经显示出来了。这个宗教既是纵欲享乐的宗教，又是自我折磨的禁欲主义的宗教；既是崇拜林伽②的宗教，又是崇拜札格纳特③的宗教；既是僧侣的宗教，又是舞女的宗教。

我不同意那些相信印度斯坦有过黄金时代的人的意见，不过为了证实我的看法也不必搬出库利汗统治时期，像查理·伍德爵士那样④。但是，作为例子大家可以举出奥朗则布时期；或者莫卧儿人出现在北方而葡萄牙人出现在南方的时代；或者伊斯兰教徒入侵和南印度七国争雄⑤的年代；或者，如果大家愿意，还可以追溯到更远的古代去，举出

---

① 莫卧儿人是16世纪从中亚细亚东部入侵印度的突厥征服者，1526年在印度北部建立伊斯兰教国家大莫卧儿帝国。"莫卧儿"（Mogul）一词为"蒙古"（Mongol）的转音，该帝国的创建者（巴卑尔，1483—1530）自称是蒙古人，相传是成吉思汗时代蒙古人的直系后裔，这就是"莫卧儿"一词的由来。

大莫卧儿帝国在17世纪中叶征服了印度大部分地区以及阿富汗部分地区。由于农民起义和印度各民族对征服者的反抗加剧，加之征服者经常发生内讧，封建割据趋势日益加剧，到了18世纪上半叶莫卧儿帝国便分裂成许多小邦，这些小邦逐渐被英国殖民主义者侵占。1803年英国人占领德里以后，大莫卧儿王朝的后裔靠东印度公司的赡养费维持生计，成了该公司的傀儡。1858年英国殖民者宣布印度为不列颠王国的领地之后，莫卧儿帝国遂亡。——译者注

② 林伽是印度教的主神之一湿婆神的象征。崇拜林伽的宗教盛行于印度南部。这一印度教派不承认种姓，反对斋戒、祭祀和朝圣。——译者注

③ 札格纳特是印度教的主神之一毗湿奴的化身。崇拜札格纳特的教派的特点是宗教仪式十分豪华，充满极端的宗教狂热，这种狂热表现为教徒的自我折磨和自我残害。在举行大祭的日子里，某些教徒往往投身于载着毗湿奴神像的车轮下将自己轧死。——译者注

④ 见马克思《俄国的欺骗。——格莱斯顿的失败。——查理·伍德爵士的东印度改革》（《马克思恩格斯全集》中文第2版第12卷第134页）。

⑤ 七国争雄亦称七国时代，是英国史编纂学中用以表示英国中世纪初期七国并立时代的术语，在6—8世纪，英国分为七个盎格鲁撒克逊王国，这些王国极不稳定，分合无常。马克思借用这一术语来描绘德干（印度的中部和南部）在穆斯林入侵以前的封建割据状态。——译者注

婆罗门①本身的神话纪年，它把印度灾难的开端推到了甚至比基督教的世界创始时期更久远的年代。

但是，不列颠人给印度斯坦带来的灾难，与印度斯坦过去所遭受的一切灾难比较起来，毫无疑问在本质上属于另一种，在程度上要深重得多。我在这里所指的还不是不列颠东印度公司在亚洲式专制的基础上建立起来的欧洲式专制，这两种专制结合起来要比萨尔赛达庙②里任何狰狞的神像都更为可怕。这并不是不列颠殖民统治独有的特征，它只不过是对荷兰殖民统治的模仿，而且模仿得惟妙惟肖，所以为了说明不列颠东印度公司的所作所为，只要把**英国的**爪哇总督斯坦福·拉弗尔斯爵士谈到旧日的荷兰东印度公司③时说过的一段话一字不改地引过来就够了：

"荷兰东印度公司一心只想赚钱，它对它的臣民还不如过去的西印度种植场主对那些在他们的种植场干活的奴隶那样关心，因为这些种植场主买人的时候是付了钱的，而荷兰东印度公司却没有花过钱，它开动全部现有的专制机器压榨它的臣民，迫使他们献出最后一点东西，付出最后一点劳力，从而加重了恣意妄为的半野蛮政府所造成的祸害，因为它把政客的全部实际技巧和商人的

---

① 婆罗门是梵文 Brāhmana 的音译，意译为"净行"或"承习"，是印度古代的僧侣贵族、印度的第一种姓，世代以祭祀、诵经（吠陀）、传教为业。

婆罗门教是印度古代宗教之一，约于公元前 7 世纪形成，因崇拜梵天，并由婆罗门种姓担任祭司而得名。以吠陀为最古的经典，信奉多神，其中主神为婆罗贺摩（梵天，即创造之神）、毗湿奴（遍入天，即保护之神）和湿婆（大自在天，即毁灭之神），并认为三者代表宇宙的"创造"、"保全"和"毁灭"三个方面。主张善恶有因果、人生有轮回之说。——译者注

② 萨尔赛达庙是位于孟买北部的萨尔赛达岛上的庙宇，以拥有 109 座佛教石窟而闻名。——译者注

③ 荷兰东印度公司是存在于 1602—1798 年的荷兰贸易公司。它是荷兰在印度尼西亚推行殖民主义掠夺政策的工具。公司不仅控制贸易垄断权，而且具有政府职权。它用强制手段巩固和保存当地的奴隶占有制关系和封建关系，在为荷兰效劳的土著政权的封建官僚机构的帮助下，掠夺当地被征服的居民。公司从印度尼西亚运出农产品，通过销售这些产品获取巨额收入；后来，还强制性地引进新的农作物（特别是咖啡），其收获全部归公司占有。荷兰人的残酷剥削和压迫引起印度尼西亚人民举行一系列大规模的起义，随着荷兰共和国的全面衰落，该公司于 1798 年宣告倒闭。——译者注

全部独占一切的利己心肠全都结合在一起。"①

内战、外侮、革命、征服、饥荒——尽管所有这一切接连不断地对印度斯坦造成的影响显得异常复杂、剧烈和具有破坏性，它们却只不过触动它的表面。英国则摧毁了印度社会的整个结构，而且至今还没有任何重新改建的迹象。印度人失掉了他们的旧世界而没有获得一个新世界，这就使他们现在所遭受的灾难具有一种特殊的悲惨色彩，使不列颠统治下的印度斯坦同它的一切古老传统，同它过去的全部历史断绝了联系。

在亚洲，从远古的时候起一般说来就只有三个政府部门：财政部门，或者说，对内进行掠夺的部门；战争部门，或者说，对外进行掠夺的部门；最后是公共工程部门。气候和土地条件，特别是从撒哈拉经过阿拉伯、波斯、印度和鞑靼区直至最高的亚洲高原的一片广大的沙漠地带，使利用水渠和水利工程的人工灌溉设施成了东方农业的基础。无论在埃及和印度，或是在美索不达米亚、波斯以及其他地区，都利用河水的泛滥来肥田，利用河流的涨水来充注灌溉水渠。节省用水和共同用水是基本的要求，这种要求，在西方，例如在佛兰德和意大利，曾促使私人企业结成自愿的联合；但是在东方，由于文明程度太低，幅员太大，不能产生自愿的联合，因而需要中央集权的政府进行干预。所以亚洲的一切政府都不能不执行一种经济职能，即举办公共工程的职能。这种用人工方法提高土壤肥沃程度的设施归中央政府管理，中央政府如果忽略灌溉或排水，这种设施立刻就会废置，这就可以说明一件否则无法解释的事实，即大片先前耕种得很好的地区现在都荒芜不毛，例如巴尔米拉、佩特拉、也门废墟以及埃及、波斯和印度斯坦的广大地区就是这样。同时这也可以说明为什么一次毁灭性的战争就能够使一个国家在几百年内人烟萧条，并且使它失去自己的全部文明。

现在，不列颠人在东印度从他们的前人那里接收了财政部门和战争部门，但是却完全忽略了公共工程部门。因此，不能按照不列颠的自由

---

① 托·斯·拉弗尔斯《爪哇史》1817年伦敦版第1卷第151页。

竞争原则——自由放任①原则——行事的农业便衰败下来。但是我们在一些亚洲帝国经常可以看到，农业在一个政府统治下衰败下去，而在另一个政府统治下又复兴起来。在那里收成取决于政府的好坏，正像在欧洲随时令的好坏而变化一样。因此，假如没有同时发生一种重要得多的、在整个亚洲的历史上都算是一种新事物的情况，那么无论对农业的抑制和忽视多么严重，都不能认为这是不列颠入侵者给予印度社会的致命打击。从遥远的古代直到19世纪最初十年，无论印度过去在政治上变化多么大，它的社会状况却始终没有改变。曾经造就无数训练有素的纺工和织工的手织机和手纺车，是印度社会结构的枢纽。欧洲从远古的时候起就得到印度制作的绝妙的纺织品，同时运送它的贵金属去进行交换，这样就给当地的金匠提供了材料，而金匠是印度社会必不可少的成员，因为印度人极其爱好装饰品，甚至社会最下层中的那些几乎是衣不蔽体的人们通常都戴着一副金耳环，脖子上套着某种金饰品。手指和脚趾上戴环戒也很普遍。妇女和孩子常常戴着沉甸甸的金银手镯和脚镯，而金银的小神像在很多家庭中都可以看到。不列颠入侵者打碎了印度的手织机，毁掉了它的手纺车。英国起先是把印度的棉织品挤出了欧洲市场，然后是向印度斯坦输入棉纱，最后就使英国棉织品泛滥于这个棉织品的故乡。从1818年到1836年，大不列颠向印度输出的棉纱增长的比例是1∶5200。在1824年，输入印度的不列颠细棉布不过100万码，而到1837年就超过了6400万码。但是在同一时期，达卡的人口却从15万人减少到2万人。然而，曾以纺织品闻名于世的印度城市的这种衰败决不是不列颠统治的最坏的结果。不列颠的蒸汽机和科学在印度斯坦全境彻底摧毁了农业和制造业的结合。

在印度有这样两种情况：一方面，印度人也像所有东方人一样，把他们的农业和商业所凭借的主要条件即大规模公共工程交给中央政府去管，另一方面，他们又散处于全国各地，通过农业和制造业的家庭结合

---

① "自由放任"（laissez faire, laissez aller）是英国资产阶级自由贸易派经济学家的信条，他们主张贸易自由，反对国家干涉经济范围内的任何事务。——译者注

而聚居在各个很小的中心地点。由于这两种情况，从远古的时候起，在印度便产生了一种特殊的社会制度，即所谓**村社制度**，这种制度使每一个这样的小结合体都成为独立的组织，过着自己独特的生活。从过去英国下院关于印度事务的一份官方报告的下面一段描写中，可以看出这个制度的特殊性质：

"从地理上看，一个村社就是一片占有几百到几千英亩耕地和荒地的地方；从政治上看，它很像一个地方自治体或市镇自治区。它固有的管理机构包括以下各种官员和职员：**帕特尔**，即居民首脑，一般总管村社事务，调解居民纠纷，行使警察权力，执行村社里的收税职务——这个职务由他担任最合适，因为他有个人影响，并且对居民的状况和营生十分熟悉。**卡尔纳姆**负责督察耕种情况，登记一切与耕种有关的事情。还有**塔利厄尔**和**托蒂**，前者的职务是搜集关于犯罪和过失的情况，护送从一个村社到另一个村社去的行人；后者的职务范围似乎更直接地限于本村社，主要是保护庄稼和帮助计算收成。**边界守卫员**负责保护村社边界，在发生边界争议时提供证据。蓄水池和水道管理员主管分配农业用水。婆罗门主持村社的祭祀。教师教村社的儿童在沙土上读写，另外还有管历法的婆罗门或占星师等等。村社的管理机构通常都是由这些官员和职员组成；可是在国内某些地方，这个机构的人数较少，上述的某些职务有的由一人兼任；反之，也有些地方超过上述人数。从远古的时候起，这个国家的居民就在这种简单的自治制的管理形式下生活。村社的边界很少变动。虽然村社本身有时候受到战争、饥荒或疫病的严重损害，甚至变得一片荒凉，可是同一个村名、同一条村界、同一种利益、甚至同一个家族却一个世纪又一个世纪地保持下来。居民对各个王国的崩溃和分裂毫不关心；只要他们的村社完整无损，他们并不在乎村社转归哪一个政权管辖，或者改由哪一个君主统治，反正他们内部的经济生活始终没有改变。帕特尔仍然是居民的首脑，仍然充当着全村社的小法官或地方法官，全村社的收税官或收租官。"①

这些细小刻板的社会机体大部分已被破坏，并且正在归于消失，这与其说是由于不列颠收税官和不列颠士兵的粗暴干涉，还不如说是由于

---

① 托·斯·拉弗尔斯《爪哇史》1817年伦敦版第1卷第285页。

英国蒸汽机和英国自由贸易的作用。这些家庭式公社本来是建立在家庭工业上面的，靠着手织业、手纺业和手耕农业的特殊结合而自给自足。英国的干涉则把纺工放在兰开夏郡，把织工放在孟加拉，或是把印度纺工和印度织工一齐消灭，这就破坏了这种小小的半野蛮半文明的公社，因为这摧毁了它们的经济基础；结果，就在亚洲造成了一场前所未闻的最大的、老实说也是唯一的一次**社会**革命。

从人的感情上来说，亲眼看到这无数辛勤经营的宗法制的祥和无害的社会组织一个个土崩瓦解，被投入苦海，亲眼看到它们的每个成员既丧失自己的古老形式的文明又丧失祖传的谋生手段，是会感到难过的；但是我们不应该忘记，这些田园风味的农村公社不管看起来怎样祥和无害，却始终是东方专制制度的牢固基础，它们使人的头脑局限在极小的范围内，成为迷信的驯服工具，成为传统规则的奴隶，表现不出任何伟大的作为和历史首创精神。我们不应该忘记那些不开化的人的利己主义，他们把全部注意力集中在一块小得可怜的土地上，静静地看着一个个帝国的崩溃、各种难以形容的残暴行为和大城市居民的被屠杀，就像观看自然现象那样无动于衷；至于他们自己，只要哪个侵略者肯于垂顾他们一下，他们就成为这个侵略者的驯顺的猎获物。我们不应该忘记，这种有损尊严的、停滞不前的、单调苟安的生活，这种消极被动的生存，在另一方面反而产生了野性的、盲目的、放纵的破坏力量，甚至使杀生害命在印度斯坦成为一种宗教仪式。我们不应该忘记，这些小小的公社带着种姓①划分和奴隶制度的污痕；它们使人屈服于外界环境，而不是把人提高为环境的主宰；它们把自动发展的社会状态变成了一成不变的自然命运，因而造成了对自然的野蛮的崇拜，从身为自然主宰的人竟然向猴子哈努曼和母牛撒巴拉虔诚地叩拜这个事实，就可以看出这种崇拜是多么糟蹋人了。

---

① 种姓是职业世袭、内部通婚和不准外人参加的社会等级集团。种姓的出现和阶级社会形成时期的分工有关。种姓制度曾以不同形式存在于古代和中世纪各国，但在印度社会中表现得最为典型。古印度的《摩奴法典》规定有四个种姓：婆罗门、刹帝利、吠舍及首陀罗。——译者注

的确，英国在印度斯坦造成社会革命完全是受极卑鄙的利益所驱使，而且谋取这些利益的方式也很愚蠢。但是问题不在这里。问题在于，如果亚洲的社会状态没有一个根本的革命，人类能不能实现自己的使命？如果不能，那么，英国不管犯下多少罪行，它造成这个革命毕竟是充当了历史的不自觉的工具。

总之，无论一个古老世界崩溃的情景对我们个人的感情来说是怎样难过，但是从历史观点来看，我们有权同歌德一起高唱：

"我们何必因这痛苦而伤心，
既然它带给我们更多欢乐？
难道不是有千千万万生灵
曾经被帖木儿的统治吞没？"①

卡尔·马克思

卡·马克思写于1853年6月7日—10日之间	原文是英文
载于1853年6月25日《纽约每日论坛报》第3804号	中文根据《马克思恩格斯全集》历史考证版第1部分第12卷翻译

二　马克思：《不列颠在印度统治的未来结果》

卡·马克思
《不列颠在印度统治的未来结果》②

1853年7月22日星期五于伦敦

在这篇通讯里，我打算归纳一下我对印度问题的意见。

英国在印度的统治是怎样建立起来的呢？大莫卧儿的无上权力被它

---

① 歌德《致祖莱卡》。
② 本文选自《马克思恩格斯文集》第2卷，北京：人民出版社2009年版，第685—691页。

的总督们摧毁，总督们的权力被马拉塔人①摧毁，马拉塔人的权力被阿富汗人摧毁；而在大家这样混战的时候，不列颠人闯了进来，把他们全都征服了。这是一个不仅存在着伊斯兰教徒和印度教徒的对立，而且存在着部落与部落、种姓与种姓对立的国家，这是一个建立在所有成员之间普遍的互相排斥和与生俱来的排他思想所造成的均势上面的社会。这样一个国家，这样一个社会，难道不是注定要做征服者的战利品吗？就算我们对印度斯坦过去的历史一点都不知道，那么，甚至现在英国还在用印度出钱供养的印度人军队来奴役印度，这难道不是一个重大的、不容争辩的事实吗？所以，印度本来就逃不掉被征服的命运，而它过去的全部历史，如果还算得上是什么历史的话，就是一次又一次被征服的历史。印度社会根本没有历史，至少是没有为人所知的历史。我们通常所说的它的历史，不过是一个接着一个的入侵者的历史，他们就在这个一无抵抗、二无变化的社会的消极基础上建立了他们的帝国。因此，问题并不在于英国人是否有权征服印度，而在于我们是否宁愿让印度被土耳其人、波斯人或俄国人征服而不愿让它被不列颠人征服。

英国在印度要完成双重的使命：一个是破坏的使命，即消灭旧的亚洲式的社会；另一个是重建的使命，即在亚洲为西方式的社会奠定物质基础。

相继侵入印度的阿拉伯人、土耳其人、鞑靼人和莫卧儿人，不久就**被印度化**了——野蛮的征服者，按照一条永恒的历史规律，本身被他们所征服的臣民的较高文明所征服。不列颠人是第一批文明程度高于印度因而不受印度文明影响的征服者。他们破坏了本地的公社，摧毁了本地

---

① 马拉塔人是印度境内居住在德干西北部地区的一个部族。从17世纪中叶起，这个部族开始进行反对莫卧儿封建主的武装斗争，沉重地打击了大莫卧儿帝国并加速了它的崩溃。在这一斗争进程中建立了一个马拉塔人的独立邦，这个邦的封建上层人物不久就走上了发动侵略战争的道路。17世纪末，马拉塔邦被封建内讧所削弱，但是到了18世纪初，又形成了一个以最高统治者派施华为首的诸马拉塔王国的强大联盟。马拉塔封建主为了称霸印度而与阿富汗人进行斗争，1761年遭到惨重的失败。在1803—1805年英国—马拉塔战争中诸马拉塔王国被东印度公司征服。——译者注

的工业，夷平了本地社会中伟大和崇高的一切，从而毁灭了印度的文明。他们在印度进行统治的历史，除破坏以外很难说还有别的什么内容。他们的重建工作在这大堆大堆的废墟里使人很难看得出来。尽管如此，这种工作还是开始了。

使印度达到比从前在大莫卧儿人统治下更加牢固和更加扩大的政治统一，是重建印度的首要条件。不列颠人用刀剑实现的这种统一，现在将通过电报而巩固起来，永存下去。由不列颠的教官组织和训练出来的印度人军队，是印度自己解放自己和不再一遇到外国入侵者就成为战利品的必要条件。第一次被引进亚洲社会并且主要由印度人和欧洲人的共同子孙所领导的自由报刊，是改建这个社会的一个新的和强有力的因素。柴明达尔制度①和莱特瓦尔制度②本身虽然十分可恶，但这两种不同形式的土地私有制却是亚洲社会迫切需要的。从那些在英国人监督下在加尔各答勉强受到一些很不充分的教育的印度当地人中间，正在崛起一个具有管理国家的必要知识并且熟悉欧洲科学的新的阶级。蒸汽机使印度能够同欧洲经常地、迅速地交往，把印度的主要港口同整个东南海洋上的港口联系起来，使印度摆脱了孤立状态，而孤立状态是它过去处于停滞状态的主要原因。在不远的将来，铁路加上轮船，将使英国和印度之间的距离以时间计算缩短为八天，而这个一度是神话中的国度就将

---

① 柴明达尔在大莫卧儿帝国时代指主要来自被征服的印度教徒中的封建领主。他们的世袭土地持有权被保留了下来，条件是从自己向被压迫农民征收的租税中抽出一定份额交给政府。"柴明达尔"这个名词还被用来指孟加拉的土地税大包税主。1793年英国政府用"永久柴明达尔"法把柴明达尔（包税主）变成了私有土地的地主，以他们作为英国殖民当局的阶级支柱。随着英国人对印度的步步征服，柴明达尔制度在形式上略经改变后也在印度某些地区实行起来。——译者注

② 莱特即印度农民，在18世纪末19世纪初英国殖民者实行新的土地税收法以前，在英国殖民者没有破坏印度的村社以前，他们是享有充分权利的村社农民。在从1793年起实行所谓柴明达尔制度的地区（最初在孟加拉、比哈尔、奥里萨实行，后来稍微改变了形式，在联合省和中央省以及马德拉斯省部分地区实行）莱特成了柴明达尔（地主）的佃农。在19世纪初孟买和马德拉斯两管区实行"莱特瓦尔"土地税收制后，莱特成为国有土地的持有者，并按印度英政府随意规定的数额缴纳地租税。根据"莱特瓦尔"制度，莱特同时被宣布为他们所租佃的土地的所有者。由于实行这种在法律上自相矛盾的土地税收制，为农民规定了高得无力缴纳的地租，致使农民欠税日增，其土地逐渐转到包买商和高利贷者手里。——译者注

同西方世界实际地联结在一起。

大不列颠的各个统治阶级过去只是偶尔地、暂时地和例外地对印度的发展问题表示兴趣。贵族只是想征服它,金融寡头只是想掠夺它,工业巨头只是想通过廉价销售商品来压垮它。但是现在情势改变了。工业巨头们发现,使印度变成一个生产国对他们大有好处,而为了达到这个目的,首先就要供给印度水利设备和国内交通工具。现在他们正打算用铁路网覆盖整个印度。他们会这样做。其后果将是无法估量的。

大家知道,由于印度极端缺乏运输和交换其各种产品的工具,它的生产力陷于瘫痪状态。尽管自然资源丰富,但由于缺乏交换工具而使社会非常穷困,这种情况在印度比世界任何一个地方都要严重。1848年在英国下院的一个委员会的会议上曾经证明:

"在坎德什,每夸特粮食售价是6—8先令,而在布纳却高达64—70先令,那里的居民饿死在街头,粮食却无法从坎德什运来,因为道路泥泞不堪,无法通行。"①

铁路的敷设可以很容易地用来为农业服务,例如在建筑路堤需要取土的地方修水库,给铁路沿线地区供水。这样一来,作为东方农业的必要条件的水利事业就会大大发展,常常因为缺水而造成的地区性饥荒就可以避免。从这样的观点来看,铁路有多方面的重要性是很明显的,因为甚至在高止山脉附近地区,经过灌溉的土地也比面积相同而未经灌溉的土地多纳2倍的税,多用9—11倍的人,多得11—14倍的利润。

铁路可以缩减军事机构的数量和开支。圣威廉堡②司令沃伦上校曾

---

① 约·狄金逊《官僚制度下的印度管理》第81—82页。
② 圣威廉堡(威廉堡)是英国人于1696年在加尔各答修建的一座城堡,以当时英国国王奥伦治的威廉三世的名字命名。英国人在1757年征服孟加拉以后,把政府机关迁入这座城堡,城堡的名称遂被用来指"孟加拉管区政府",后来指"印度英国政府"。——译者注

在下院的专门委员会中作过如下的说明:

"如果不是像现在这样,要用几天甚至几个星期才能从这个国家的边远地区收到情报,而是用几小时就能收到,如果能在更短的时间内把命令连同军队和给养一起送到目的地,其意义将是不可估量的。军队可以驻扎在彼此距离比现在更远和更卫生的地方,这样就可以免得使许多人因疾病而丧生。仓库里的给养也用不着储存得像现在这样多,因而就能避免由于腐烂和天气不好而造成的损失。军队的人数也将因效率提高而相应地减少。"①

我们知道,农村公社的自治制组织和经济基础已经被破坏了,但是,农村公社的最坏的一个特点,即社会分解为许多固定不变、互不联系的原子的现象,却残留下来。村庄的孤立状态在印度造成了道路的缺少,而道路的缺少又使村庄的孤立状态长久存在下去。在这种情况下,公社就一直处在既有的很低的生活水平上,同其他村庄几乎没有来往,没有推动社会进步所必需的愿望和行动。现在,不列颠人把村庄的这种自给自足的**惰性**打破了,铁路将造成互相交往和来往的新的需要。此外,

"铁路系统的效果之一,就是它将把其他地方的各种发明和实际设备的知识以及如何掌握它们的手段带给它所经过的每一个村庄,这样就将使印度世代相传的、领取工薪的农村手工工匠既能够充分显示他们的才能,又能够弥补他们的缺陷。"(查普曼《印度的棉花和贸易》)

我知道,英国的工业巨头们之所以愿意在印度修筑铁路,完全是为了要降低他们的工厂所需要的棉花和其他原料的价格。但是,你一旦把机器应用于一个有铁有煤的国家的交通运输,你就无法阻止这个国家自己去制造这些机器了。如果你想要在一个幅员广大的国家里维持一个铁路网,那你就不能不把铁路交通日常急需的各种必要的生产

---

① 《印度的铁路及其可能产生的后果。附地图和附录》1848 年伦敦第 3 版第 20—22 页。

过程都建立起来,而这样一来,也必然要在那些与铁路没有直接关系的工业部门应用机器。所以,铁路系统在印度将真正成为现代工业的先驱。何况,正如英国当局自己所承认的,印度人特别有本领适应完全新的劳动并取得管理机器所必需的知识。在加尔各答造币厂操纵蒸汽机多年的本地技师们表现出来的本领和技巧,在布德万①煤区看管各种蒸汽机的本地人的情况以及其他许多实例,都充分证明了这个事实。甚至受东印度公司的偏见影响很深的坎伯尔先生本人也不得不承认:

> "广大的印度人民群众具有巨大的**工业活力**,很善于积累资本,有清晰的数学头脑,有长于计算和从事精密科学的非凡才能。"他还说,"他们的智慧是卓越的。"②

由铁路系统产生的现代工业,必然会瓦解印度种姓制度所凭借的传统的分工,而种姓制度则是印度进步和强盛的基本障碍。

英国资产阶级将被迫在印度实行的一切,既不会使人民群众得到解放,也不会根本改善他们的社会状况,因为这两者不仅仅决定于生产力的发展,而且还决定于生产力是否归人民所有。但是,有一点他们是一定能够做到的,这就是为这两者创造物质前提。难道资产阶级做过更多的事情吗?难道它不使个人和整个民族遭受流血与污秽、蒙受苦难与屈辱就实现过什么进步吗?

在大不列颠本国现在的统治阶级还没有被工业无产阶级取代以前,或者在印度人自己还没有强大到能够完全摆脱英国的枷锁以前,印度人是不会收获到不列颠资产阶级在他们中间播下的新的社会因素所结的果实的。但是,无论如何我们都可以满怀信心地期待,在比较遥远的未来,这个巨大而诱人的国家将得到重建。这个国家的人举止文雅,用萨尔蒂科夫公爵的话来说,甚至最下层阶级里的人都"比意大利人更精细

---

① 《纽约每日论坛报》误为"赫尔德瓦尔"。
② 乔·坎伯尔《现代印度。民政管理制度概述》1852年伦敦版第59—60页。

更灵巧"①；他们的沉静的高贵品格甚至足以抵消他们所表现的驯服态度；他们虽然天生一副委靡不振的样子，但他们的勇敢却使英国军官大为吃惊；他们的国家是我们的语言、我们的宗教的发源地，从他们的贾特②身上我们可以看到古代日耳曼人的原型，从他们的婆罗门身上我们可以看到古代希腊人的原型。

在结束印度这个题目时，我不能不表示一些结论性的意见。

当我们把目光从资产阶级文明的故乡转向殖民地的时候，资产阶级文明的极端伪善和它的野蛮本性就赤裸裸地呈现在我们面前，它在故乡还装出一副体面的样子，而在殖民地它就丝毫不加掩饰了。资产阶级是财产的捍卫者，但是难道曾经有哪个革命党发动过孟加拉、马德拉斯和孟买那样的土地革命吗？当资产阶级在印度单靠贪污不能填满他们那无底的欲壑的时候，难道他们不是都像大强盗克莱夫勋爵本人所说的那样，采取了凶恶的勒索手段吗？当他们在欧洲大谈国债神圣不可侵犯的时候，难道他们不是同时就在印度没收了那些把私人积蓄投给东印度公司作股本的拉甲③所应得的红利吗？当他们以保护"我们的神圣宗教"为口实反对法国革命的时候，难道他们不是同时就在印度禁止传播基督教吗？而且为了从络绎不绝的朝拜奥里萨和孟加拉的神庙的香客身上榨取钱财，难道他们不是把札格纳特庙里的杀生害命和卖淫变成了一种职业吗？④ 这就是维护"财产、秩序、家庭和宗教"的人的真面目！

对于印度这样一个和欧洲一样大的、幅员 15000 万英亩的国家，英国工业的破坏作用是显而易见的，而且是令人吃惊的。但是，我们

---

① 阿·德·萨尔蒂科夫《印度信札》1848 年巴黎版第 61 页。

② 贾特是印度北部的一个种姓集团，其基本群众是耕作农，其中也有军事封建等级的代表。在 17 世纪，农民贾特曾多次举行起义，反对外来的莫卧儿封建主的统治。——译者注

③ 拉甲（raja）是古代印度贵族的称号，指一族的酋长或一地的首领。最初由人民推选，后演变成世袭职位。近代英国殖民政府称印度土著王公为拉甲。——译者注

④ 奥里萨（东印度）的札格纳特庙是崇拜印度教主神之一毗湿奴-札格纳特的中心。庙里的僧侣受东印度公司的庇护，从群众朝拜以及豪华祭祀中取得巨额收入。在群众朝拜时，他们乘机怂恿住在庙里的妇女卖淫，而在举行祭祀时，则有一些狂热信徒进行自我折磨和自我残害。——译者注

不应当忘记：这种作用只是整个现存的生产制度所产生的有机的结果。这个生产建立在资本的绝对统治上面。资本的集中是资本作为独立力量而存在所十分必需的。这种集中对于世界市场的破坏性影响，不过是在广大范围内显示目前正在每个文明城市起着作用的政治经济学本身的内在规律罢了。资产阶级历史时期负有为新世界创造物质基础的使命：一方面要造成以全人类互相依赖为基础的普遍交往，以及进行这种交往的工具；另一方面要发展人的生产力，把物质生产变成对自然力的科学支配。资产阶级的工业和商业正为新世界创造这些物质条件，正像地质变革创造了地球表层一样。只有在伟大的社会革命支配了资产阶级时代的成果，支配了世界市场和现代生产力，并且使这一切都服从于最先进的民族的共同监督的时候，人类的进步才会不再像可怕的异教神怪那样，只有用被杀害者的头颅做酒杯才能喝下甜美的酒浆。

卡尔·马克思

卡·马克思写于1853年7月22日　　　　原文是英文

载于1853年8月8日《纽约每日论坛》第3840号　　中文根据《马克思恩格斯全集》历史考证版第1部分第12卷翻译

第五部分　附　录

为了让读者和研究者能更为清晰地把握和研究马克思恩格斯"论东方村社",我们摘选了一些国外学者研究马克思恩格斯"论东方村社"的权威文章,同时制作了马克思恩格斯关于俄国村社、中国和印度村社主要文本国内外出版发行情况的表格。

附录 I　研究文献精选

为了更好地理解国外马克思恩格斯"论东方村社"的研究现状，我们收录了几篇与马克思恩格斯有过密切交往的同时代人、苏联学者、西方学者和共产党人研究马克思恩格斯"论东方村社"代表性文章。这些文章均已由国内其他学者翻译，我们这里收录的都是其他学者的译文。在此，我们向相关译者表示感谢。同时，由于一些文章翻译发表的时间较长，其中涉及马克思恩格斯的引文大多是参考《马克思恩格斯全集》中文第一版翻译的。在编辑的过程中，我们已经将相关引文按照《马克思恩格斯文集》、《马克思恩格斯全集》中文第二版、《马克思恩格斯全集》中文第一版的顺序作了相应的转换。

一　〔俄〕马克西姆·马克西莫维奇·柯瓦列夫斯基：《回忆卡尔·马克思》（节选）[①]

我和《资本论》作者的认识正好是在他与巴枯宁主义者和杜林论

[①] 马克西姆·马克西莫维奇·柯瓦列夫斯基（1851—1916），俄国著名的社会学家、人类学家，其代表作是《公社土地占有制，其集体的原因、进程和结果》（1879）一书。该书一经出版，他就立即寄赠给马克思，并在扉页上题词："赠给卡尔·马克思以表示友谊和尊敬！"马克思对这本书给予了高度了评价，并详细地摘录了该书的主要观点（见《柯瓦列夫斯基〈公社土地占有制，其解体的原因、进程和结果〉一书摘录》，《马克思恩格斯全集》第45卷，人民出版社1985年版）。1875—1876年间，柯瓦列夫斯基有幸先后结识了马克思和恩格斯。此后，柯瓦列夫斯基与马克思保持了长期的密切交往，受到马克思的深刻影响。在《回忆马克思》一文中，柯瓦列夫斯基回忆了他与马克思长期交往的一些重要片断，尤其是马克思对他的学术研究的指导和影响，以及马克思对俄国问题的关注和研究。该文作为与马克思恩格斯有密切交往的俄国著名社会学家和民族学家的回忆录，资料翔实、权威，对于我们深入理解马克思恩格斯"论东方村社"具有不可或缺的价值。选自中共中央编译局编：《回忆马克思》，北京：人民出版社2005年版，第276—290页。——编者注

战方酣的时候。在第一次会面时,马克思送给我两本小册子,我又转给了季别尔教授。这两本小册子都被季别尔教授用上了,一部分用在《司法通报》的许多文章以及后来我在莫斯科出版的《批判评论》中,另一部分用在《祖国纪事》中。

我和马克思的认识应当归功于挽救他女婿龙格(巴黎公社委员)性命的一个人。这位介绍人曾和另一个作者合写过一本题为《三月十八日革命》的日志,描述了起义的整个过程。

我们最初主要是谈巴枯宁,马克思亲自介绍他加入伦敦的国际流亡者团体,他也曾打算把《资本论》第一卷译成俄文。大家知道,这个任务后来是在格尔曼·洛帕廷的帮助下由尼古拉-逊①完成的。

当时马克思在写《资本论》第二卷,他打算用极大的篇幅来写两个比较新的国家(美国和俄国)中的资本积累的方式,因此他从纽约和莫斯科收到不少书。他称得上是一位通晓多种语言的专家,他不但能流畅地说德语、英语、法语,而且能看俄文、意大利文、西班牙文和罗马尼亚文。他大量地阅读,并常常向我借书,其中有关于西班牙土地所有制历史的两卷集论文以及我第一次到美国旅行时所带回的摩尔根的名著《古代社会》。这部名著给恩格斯那本引起热烈争论的小册子《家庭的起源》提供了材料。

不能说马克思当时在英国文化界已经很著名。他的《资本论》还没有译成英文,这本书也只是在德国和俄国这两个国家获得成功。《资本论》第一卷的出现,促使当时彼得堡大学教授伊拉里昂·伊格纳切维奇·考夫曼②在《欧洲通报》上写了一篇学术价值很高的评论,总的说来表示同意其中的观点。后来俄国经济学家季别尔即《大卫·李嘉图和卡尔·马克思》一文的作者,也写了许多关于马克思的《资本论》的文章。但是在俄国有关《资本论》的所有的论文中,马克思最赏识的还是考夫曼写的那篇。

---

① 即尼古拉·弗兰策维奇·丹尼尔逊。——编者注
② 又译为伊拉里昂·伊格纳季耶维奇·考夫曼。——编者注

他对俄国的经济著作和历史著作很感兴趣。在他的著作中也引证亚·伊·楚普罗夫的《铁路业务》。在他给我的信件中,有一封信淡到了卡列也夫的《18世纪法国农民问题》。马克思逝世后,恩格斯给我看了关于我的《公社土地占有制》一书的详细摘录。

马克思长期在英国博物馆的图书馆里研读,这在某种程度上损害了他的健康。他习惯于阅读类似英国蓝皮书的官方报告,所以他也愿意收到从俄国寄来有关铁路业务和信贷业务等方面的官方出版物。尼古拉—逊和我尽量给他寄去,而他的妻子却非常关心全部《资本论》尽快完成,因此她开玩笑地吓唬我说,如果我寄去的东西影响她丈夫完成工作的话,她就不再请我吃羊肉饼(chop)了。马克思把《资本论》第二、第三卷修改了好几次。他打算用"经济学批判史"[①]来结束这部著作,但这一心愿没有实现。

马克思每天都在工作。他为《纽约每日论坛报》写通讯的时间并不多,其余的时间他在家里修改和校阅已经写好的著作。

有一次我发现他在看《罗马尼亚人报》,这才相信他已经完全掌握了很少人能掌握的罗马尼亚文。

如果我们提出有关波兰独立这样的问题,那毫不奇怪会受到马克思的有力支持。他完全不考虑那种流行的说法,说什么波兰问题是一个贵族、小贵族和外来的平民之间的社会不和问题。1848年的革命者把俄国只看做是所有反动势力的堡垒,所有民主派和自由派暴动的扼杀者,马克思对俄国的看法也与这种见解没有本质的差别,尽管俄国的青年对他的著作表现出热情,尽管在他生前,除了在德国,在任何地方也没有像在我们这里获得这样大的成就。马克思自己也乐于承认,他对于在我的同胞中获得的好评,多少感到有些惊奇。在马克思给库格曼的信中有一段话很有意思,贝林曾引用过。

在我参加梅特兰公园月牙街41号的马克思家庭星期日聚会或在恩格斯家里遇见马克思的那些年月里,《资本论》的作者完全专心致力于

---

① 指《剩余价值理论》。

科学工作，他认为这项工作的任务很广泛。他常常花几个星期或几个月去读那些关于经济史、特别是关于土地占有制历史的著作，尽管这些著作同他的研究主题只有间接的关系。同时他又研究数学、微分和积分，以便自觉地对付当时政治经济学中刚出现的数学派。现在这个学派的领袖是埃奇沃斯，在马克思的时代是杰文斯。

《资本论》的作者在经济著作、特别是英国的经济著作方面是非常博学的，但这决不能与德国教授们尤其是他的 bête noire［最讨厌的人］罗雪尔所"夸耀"的那种 Belesenheit［博学］相提并论。马克思常常在自己的著作中写着类似这样的话："罗雪尔先生亟于用自己的威信支持所引述的陈词滥调。"马克思知道如何从老前辈那里寻找可以继续发展的活的原理。假如说目前经济学家们对于查理二世·斯图亚特的同时代人威廉·配第的《政治算术》以及其他著作感到有兴趣，假如说我们不仅得到了他著作的新的汇集，同时还有他的一些传记，而且有文明世界所有各种文字的版本，那么这多半都应归功于马克思。

《资本论》的作者熟悉经济学说史，因此能够立即断定那些用自己的著作来引人注目的作家究竟有多少独创性。

我去莫斯科大学当教授后，两年来几乎每个星期和《资本论》作者的交谈便结束了。起初我们还间或通信，夏天我到伦敦去的时候，又恢复了我的拜访，时间通常是在星期日，每一次会面都再一次推动我去研究西欧的经济史和社会发展史。假如没有和马克思认识，我很可能既不会去研究土地占有制的历史，也不会去研究欧洲的经济发展，很可能把大部分注意力集中于政治制度的发展，因为这类问题本来就是我所讲授的课目。

马克思熟悉我的著作，并且毫不客气地提出自己的意见。我停止出版我的第一部关于法国行政司法、特别是关于法国的赋税立法的巨著，部分原因是马克思对我的著作评价不高。他更主张我揭露农业公社的过去，或者根据比较人种学和比较法学史来阐明远古以来的家族制度的发展。

在我的印象里，马克思并不那么严厉。在他的身上，煽动者、社会哲学家、坚信已经找到理解过去和现在的钥匙的哲人，交融在一起了。在我那个时代，对马克思来说，关于劳动的剩余价值，一种落在资本主义企业主手中的价值的学说，就是这把钥匙，从《资本论》第二卷、第三卷这两卷书中可以看出，马克思把他的剩余价值理论与由供求决定的市场价格理论融合起来了，在这两卷书出版以后，他的拥护者们就开始更加强调他的历史唯物主义以及这样一个事实：他根据生产技术中发生的、从而在社会的经济形态和政治上层建筑中带来变革的那些变化，来说明过去和现在所发生的一切事件。从与马克思的交谈中，人们不难确信，黑格尔的哲学奠定了他的经济学和历史学说的基础。

马克思曾强调地对我说过，只有按辩证的方法才能合乎逻辑地思维，即使按实证论的方法也不能合乎逻辑地思维。在我看来，马克思常常采取的并且用以证明他的自信的那种口吻，是由于他确信：他从黑格尔哲学中，从它的激进信徒（包括有名的费尔巴哈）对它的解释中所得到的思维方法是无可反驳的。

在同《资本论》作者相当亲密的两年交往中，我记不得有任何近似前辈对后辈的那种轻视，在同齐切林①以及列夫·托尔斯泰邂逅时我就受到过轻视。马克思在较大的程度上是欧洲人，虽然他很可能不太重视他的"学术上的朋友"（scientific friends），而更看重无产阶级阶级斗争中的同志，但是在他的行动中并没有流露出这种私人的偏袒。25年来我一直十分感激地怀念他，就像怀念一位亲爱的导师一样。同他的来往在某种程度上确定了我科学工作的方向。由此又产生了另一个印象：我从他身上很幸运地看到了一位人类的精神上的领袖，这样的领袖应该称作伟人，因为他们是反映当时社会上各种进步倾向的最伟大的人物。

---

① 又译为契切林。——编者注

二 〔苏〕伊·安德烈耶夫：《公社二重性和解决农民问题的途径》①

马克思与查苏利奇：关于资本主义危机时期公社农民命运的思考

1881年2月18日，马克思在伦敦收到俄国著名女革命家查苏利奇发自日内瓦的一封信。信中提出了关于马克思制定的资产阶级社会发展理论是否适用于俄国特殊环境的问题，在俄国与西欧不同，那里农民公社——它是当时国家农业人口集中的最有群众性的社会经济形式——被保留下来了。

查苏利奇在信中所提的问题对马克思来说并不突然。多年来他一直关注俄国公开出版的阐述农民土地问题的著作。当时马克思已经知道由于俄文版《资本论》的出版而出现的一些争论文章。他给《祖国纪事》杂志编辑部的信（1877年）就证明了这一点，在那封信中，马克思坚决反对米海洛夫斯基企图把他"关于西欧资本主义起源的历史概述彻底变成一般发展道路的历史哲学理论，一切民族，不管它们所处的历史环境如何，都注定要走这条道路，——以便最后都达到在保证社会劳动生产力极高度发展的同时又保证每个生产者个人最全面的发展的这样一种经济形态"②。

---

① 伊·安德烈耶夫，苏联著名的马克思主义学者、苏共中央社会科学院教授，于20世纪70、80年代对马克思恩格斯"论东方村社"进行了深入的研究，其代表性文章和著作是《公社结构与非资本主义的发展道路》（符拉季米尔1973年版）、《马克思的最后手稿：历史和现实》（载《哲学问题》杂志1983年8月号，该文为纪念马克思逝世一百周年所作）和《关于马克思主义史的手稿篇章》（莫斯科1985年版）等。安德烈耶夫的观点在苏联学术界产生了重要的影响，是研究马克思恩格斯"论东方村社"具有代表性的一派观点。《公社二重性和解决农民问题的途径》系《关于马克思主义史的手稿篇章》一书第4章第1节，对于研究马克思恩格斯"论东方村社"具有重要的参考价值。选自《马克思主义来源研究论丛》第15辑（《马克思人类学笔记研究译文集》），黄凤炎译，北京：商务印书馆1993年版，第263—276页。——编者注

② 《马克思恩格斯文集》第3卷，北京：人民出版社2009年版，第466页。

马克思用了三周时间给查苏利奇写回信，那是直接在他完成对摩尔根《古代社会》一书的最为详细的摘要之后，而在此之前，他完成了柯瓦列夫斯基《公社土地占有制》一书的摘要。三个最初的复信草稿于1924年在我国第一次公开发表。主要谈论《资本论》，只有最后一段谈论俄国公社的第四稿，实际与寄给收件人的信的原件相同。对查苏利奇信中所提问题的复信草稿，就问题的范围和对其研究的深度而言，是马克思的一部独立的理论著作。它由以为基础的，是制定分析公社及其在世界历史中的地位的方法论原则，以及从这个角度概括马克思前些年搜集的有关俄国史的大量资料。一些学者对于马克思为什么给查苏利奇写了四个复信草稿（其中每一个都比前一个更言简意赅），而寄给她的却是一封不长的信，并且信中还对不能给予一个"适合于发表的简短的答复"表示遗憾等问题，作了不同的回答。

例如，И. Н. 库尔巴托娃指出："卡·马克思尽管有病，但复信够快的了。他赋予自己给查苏利奇的信以重大意义，并因而（着重号是我们加的——作者）在将信寄出之前拟了四个草稿，它们是对俄国农民公社命运的概述。"① 苏联著名历史学家 С. С. 沃尔克把马克思对查苏利奇所提的问题作如此精心的理论和编辑加工，同他答应给"人民意志"领导寄一篇关于俄国土地问题和俄国农村公社的文章这一承诺联系起来。沃尔克推测道，"撰写这篇文章的痕迹大概可以在马克思以同样建议对查苏利奇1881年2月所写来信的复信草稿中找到。"②

其他一些研究者都把重点放在阐明马克思在作了如此精心的准备之后为什么给查苏利奇寄了这样一封谨慎的复信的原因。Р. П. 科纽沙亚认为，对查苏利奇所提的问题采取简练和审慎态度，显然是由于"马克思认为当时不宜于公开细述关于俄国社会经济发展的性质、关于俄国公

---

① И. Н. 库尔巴托娃：《查苏利奇及其在俄国马克思主义传播中的作用》，《查苏利奇著作选集》，莫斯科1983年版，第6页。

② С. С. 沃尔克：《人民意志》，莫斯科—列宁格勒1966年版，第444页。

社等等问题的看法。他决定给查苏利奇写一短信，把已经准备的手稿资料留待他日使用"①。И. К. 潘金也发表了近似的观点。认为"马克思本人实际上不愿公开自己思考（对于'俄国情节'的思考——作者）的结果，认为它们还是些不完善的、粗略的思想草稿（因逝世中断了他的进一步研究）"②。

马克思对查苏利奇的信如此关注的原因是什么？不言而喻，是由于信中提出了关于俄国革命命运的"热门"问题。但这大概还不是唯一的原因。应该想到，以下情况也具有重要意义，即信的作者是一位年轻的妇女，一位曾倔强而奋不顾身地向沙皇帝国的庞大军事警察机关提出挑战的妇女，在那些年代，她的名字成了信仰俄国未来革命的象征。

下面略为谈谈马克思这位女通信人的情况。维拉·伊万诺夫娜·查苏利奇早年丧父，从17岁起即自谋生计，不到20岁，便在没有提起公诉的情况下，被单独监禁在彼得罗巴甫洛夫斯克要塞和立陶宛城堡两年，她出身贵族，是沙皇军队中一名大尉和女小业主的女儿。在她提笔给马克思本人写信之前，即已在俄国和整个西欧的进步阶层广为知名。1878年1月24日，正是她出席了彼得堡市市长 ф. 特列波夫侍从将官的招待会，用左轮手枪向他打了一枪，以此表示对笼罩俄国的不法行为、独断专行、嘲弄人类尊严等等现象的抗议。查苏利奇决心以自己的生命为代价使整个俄国和欧洲引起对沙皇制度的政治反对者的状况的注意。她射向特列波夫的一枪，同时也射向了专制制度，射向了一些人愚蠢的自负和另一些人怯弱的恭顺。

为了避免不必要的政治麻烦，查苏利奇一案被定为刑事案审查。案件交由彼得堡区法庭审判（有陪审团），在那里，此案于1878年3月31日在俄国著名法学家 А. Ф. 科恩的主持下开庭审理，否决了帕连部长（和亚历山大二世本人的暗示）无论如何也要给查苏利奇判罪

---

① Р. П. 科纽沙亚：《卡尔·马克思和革命俄国》，莫斯科1975年版，第73页。
② И. К. 潘金：《马克思创作中的"俄国情节"：历史和当代现实》，载《哲学问题》1983年第5期，第96页。

的要求。

正是在这里，一件难以置信、见所未见和闻所未闻的事情在恐惧和恐怖笼罩沙皇俄国的气氛中发生了：有陪审团的彼得堡区法庭的审判（由于辩护人 П. А. 亚历山德罗夫出色的勇敢陈述和法庭主持人 А. Ф. 科恩的惟妙惟肖的归纳总结）宣告查苏利奇无罪。在同一天内，她由沙皇专制制度实行专横的又一个牺牲品变成了公开与这种制度进行果敢的、奋不顾身的斗争的象征。数百名兴高采烈的人群（大学生和修建利泰桥的工人）朝冬宫方向前进，等待着经过诉讼之后被释放出来的查苏利奇。届时枪声四起，警察挡住了示威群众的去路。

要冒险留在那马车夫都熟知地址的住所，查苏利奇实在太了解沙皇司法机关和警察局的惯常做法了，实际也不出所料，宪兵们很快便带着逮捕她的密令突然出现在那个地方。有陪审团的法庭的判决被枢密院宣布无效，案件转交给诺夫戈罗德区法院重新审理。

但是，查苏利奇既已到了瑞士，沙皇政府决定不提引渡她的要求，以免引起欧洲舆论的反响。在国外，她着手进行认真系统的理论研究，开始学习马克思和恩格斯的著作。在这些著作里，查苏利奇力图找到一度使她苦恼的关于俄国发展道路问题和关于制定俄国革命者为争取实现本国社会主义未来的斗争战略问题的答案。她最后积极地参与了创立俄国第一个马克思主义组织——普列汉诺夫领导的"劳动解放社"的工作。在1881年初，她带着自己关于马克思主义是否适用于俄国的疑问访问了马克思本人……

在对待农村公社的发展前途（这里指俄国的农村公社）方面马克思与查苏利奇有什么不同呢？我们不妨看一看她的书信和当时一些民粹派理论家就上述问题发表的看法吧。

查苏利奇在信中说，农村公社第一种可能的发展道路，——"能在社会主义方面发展起来"。具有代表性的是，查苏利奇把公社在社会主义方面的发展仅限于经济领域，仅限于"根据集体原则逐步地组织自己的生产和产品分配"的任务。

至于公社外部的活动，则"社会革命党人有责任把自己的全部力量献给公社的解放（从谁那里解放？——作者）及其发展"。不难看出，问题这样提法有一系列理论错误。第一，公社被查苏利奇看做是一种独立自在的东西，一种由内在固有因素决定它朝"社会主义方向"发展的现象。"国库的过分要求、偿付给地主们的支出和当局的专横"阻碍着这种发展，对公社内在本质来说这些都是"外在"因素。因此从原则上说，这些外在因素都可以在不干预它的机构的情况下加以消除。第二，缺乏对公社本身和社会——公社是它的一部分——的形态和阶级的分析。第三，"社会革命党人"的任务被不恰当地缩小到"把自己的全部力量献给公社的解放及其发展"的义务上。

自发演变的另一个极端——公社的灭亡，俄国农民的土地转入资产阶级手中，资本主义在国内发展，因而城市工人"将不断被大量农民淹没，这些农民由于公社瓦解而涌进大城市的街头谋生"。在这种情况下，按照查苏利奇的意见，社会主义者"只有从事多少有根据的计算，以确定经过几十年俄国农民的土地才会转移到资产阶级手中，经过几百年，资本主义也许会在俄国达到像在西欧那样的发展水平"，以及在城市工人中进行宣传工作，工人队伍将为原先的农民所补充。

一些自称是马克思学生的民粹派思想家，引证《资本论》的某些词句，在其著作中描述的就是这样一个关于俄国农民历史演变的方案。在分析这种对问题的方法时，引人注目的是，把最初资本主义形成的典型模式（如在英国等等）不恰当地推广到一个前资本主义社会关系占优势的国家，然而，第一，这个国家不是殖民地，第二，这个国家熟悉资产阶级的那些新设施，如铁路、银行、信贷、大机器生产基地等。如果说在第一种场合，农民的"自然的"、自发的"社会主义因素"被夸大了，那么在第二种场合则完全勾销了农民的革命潜力，只有在农民被"扒去"他的"社会表皮"，代之以沾满油污的工人上装之后，才可谈论原先农民的革命性，而且，被"赶出"或离开公社的农民并非都成为工厂工人：其中有许多人补充到贫民流氓——反动和反革命势力的非政治后备队——中去了。此外，社会阶级分化过程，一些人资产阶级化和另一些人赤贫化以及无产阶级化，绝不仅仅限于城市。在俄国农村，这一过程在查苏利奇向马克思描述某些情况的那些年里就开始了。最后，在这段时间里的革命活动被归结为一种民粹主义"仅仅在城市工人中间"进行的社会主义思想宣传，这种观点（甚至在思想论敌的观点争论激烈时的说法中）也是不恰当的。①

查苏利奇在给马克思的信中所表述的关于俄国公社发展的两种前途问题是当时俄国社会思想的一个关键问题。同时已区分出提出问题的细微差别和解决问题的可能途径。"一种途径从实践角度得到赞同，它非常简单易行：把税率提高，把公社解散，这大概也就够了——工业便会像英国那样，如雨后春笋般发展起来。但是它折磨工人，剥夺工人，——例如米海洛夫斯基还在查苏利奇向马克思求教前几个月，就在《祖国纪事》杂志（1880年第9期）上这样写道。——还有另一种困难得多的途径，不过问题难以解决并不意味着不正确。另一种途径在于发展现有那些劳动和所有制关系，但采用极粗暴、极原始的形式。显然，没有广泛的国家参与这个目标是不可能达到的，而这种参与的第一个举动应是公社从立法上巩固土地。"② 引人注目的是，在这两种情况下，着重点都落到"自上而下"的干预上，即对公社的考察方法具有唯意志论的、主观唯心主义的（在方法论方面）和自由资产阶级的、改良主义的（在政治方面）性质。这样提出问题，无论是革命，阶级斗争，还是无产阶级，都不是解决公社问题的前提。

在民粹派思想家的另一些观念图式中，公社处于"稳定的平衡状态"，"可以说，处于两条道路的十字路口：一条通向共产主义王国，另一条通向个人主义王国，生活将它推向哪里，它就走向哪里。如果生活既不将它推向这边，也不将它推向那边，那它也就这样永远停留在十字路口上。公社本身没有任何可以推动它前进或后退的东西"。例如 П. П. 特卡乔夫就认为，撇开上述两个"王国"中哪个属公社的将来，

---

① 参见《马克思恩格斯和革命俄国》，莫斯科1967年版，第435页。
② В. А. 马利宁：《革命民粹派哲学》，莫斯科1972年版，第248页。

哪个属公社的过去这个问题不谈,把后者引导到通往共产主义公社(原文系 коммуна——译者)道路的方式,是进行人民革命(没有明确它的阶级属性)。这个革命的使命,便是堵住没有任何建设性目标的资产阶级发展道路。特卡乔夫由此得出结论说:"如果它(指公社——作者)将朝目前正发展的方向,即资产阶级进步方向发展,那么我国的公社无疑(因而也是我国人民的理想)将遭受西欧公社的命运,它将像英国、德国、意大利、西班牙和法国的公社那样灭亡。但是,如果革命适时地为迅速推进的资产阶级进步浪潮设置障碍,如果它刹住这股潮流,赋予它以另外的、完全相反的方向,那么,在良好的局势下,我国现有的公社无疑将逐渐变为共产主义公社。"①

具有典型特征的是,特卡乔夫像其他民粹派思想家一样,甚至没有力图弄清他所期待的"人民"革命的社会阶级性及其动力。他没有把革命的原因同私有制问题联系起来,认为后者是外部影响(征服)的结果,而不是国家内部演进过程的结果。整个说来,特卡乔夫像其他许多民粹主义者那样,把他们所期待的革命和他们所颂扬的公社看做是特殊的俄国现象,不仅脱离开整个世界的、而且脱离开欧洲大陆的社会经济和政治形势背景。

相反地,马克思认为公社是世界普遍的、一定的历史进化阶段所固有的一种制度(这一点可以从给查苏利奇的复信草稿中看到),而把俄国反对君主专制的农民革命在资本主义危机已经开始的条件下取得的成就,同西欧无产阶级革命对它的支持联系起来。与那些把马克思主义看做主要是经济学说并把它的个别结论、口号、词句同自己的理论折中主义地结合起来的民粹派思想家不同,②马克思指明了农村公社与它由以在每一具体时期实现其进化的那个历史环境的内部矛盾的辩证联系。至于在公社社会结构基础上能揭示实现根本的社会经济变革的可能的革命,马克思实际上在80年代初就在国际范围内——从工人阶级(西

---

① 参见 В. А. 马利宁:《革命民粹派哲学》,莫斯科1972年版,第249—250页。
② 参见 С. С. 沃尔克:《卡尔·马克思和俄国社会活动家》,列宁格勒1969年版,第140、156、183、188页。

欧）与农民（俄国）联盟的角度研究过它。

况且，资本主义危机及其所引起的西欧工业国家中无产阶级革命运动的高涨，把关于农民的政治立场问题也提上了议事日程。农民在未来的社会主义革命中可以成为工人阶级的同盟军或盲目的反革命势力的工具。在改革后的俄国保留公社（与地主的土地占有并存），农民反对封建地主专制制度的自发抗议与革命民主主义者和民粹派作为一种社会建构原则复兴农民"世界"那种不切实际的希望结合在一起，所有这些现象都引起了马克思主义创始人的集中注意。

民粹派认为农村公社是社会主义的"萌芽"，他们把俄国的历史道路绝对化了，同时责备马克思，似乎马克思把西欧社会发展的模式绝对化了。马克思则坚决批驳这两个极端，认为它们是形而上学的，政治上错误的。潘金注意到，马克思甚至"在实际上还没有'具体地'和同义反复地答复查苏利奇的时候，就竭力反对如下做法，首先是反对对西欧历史道路的那种解释，相应地，也反对用宿命论和庸俗决定论的精神解释马克思主义的历史理论。对他来说，主要的是要证明社会发展的多线性"①。

查苏利奇在她的信中向马克思问道，他在《资本论》中制定的关于资产阶级社会发展的理论能否应用于俄国的特殊环境，在那里，大批居民借以进行生命活动的传统基层组织仍然还是占有土地的农民公社。马克思在给查苏利奇的复信草稿中，既从外在方面、也从内在方面对她所涉及的问题进行了研究。

从外在方面看，俄国公社的前途看来如下：或者资本主义摧毁公社，或者无产阶级革命来得及帮助它的集体化制度（残留的），这个革命把公社从外部剥削中解放出来，并对它内部的健康力量予以帮助，把现代科学和技术成就与社会主义集体经济管理的优越性结合起来。

从内在方面看，公社朝完全相反的方向发展的可能性受它的合乎规

---

① И. К. 潘金：《马克思创作中的"俄国情节"》，第95页。

律的内在矛盾（集体和个人所有结合在一起，民主和专制趋势结合在一起等等）的制约，这个矛盾在人类向新阶段——社会主义和共产主义——过渡的前提业已历史地成熟的时代，与公社处在人类经济和社会发展的两个客观地相互更替阶段的交接点上密切相关。

马克思指出，他从研究前资本主义社会制度历史命运方面在《资本论》中所作的主要事情，是阐明了在资本主义社会经济形态的形成过程中剥夺小土地所有者、小生产者的客观规律性，即用强制手段把众多小规模的（分散的）、以个人劳动为基础的私有制变成少数大规模的、集中的、以剥削雇佣劳动为基础的资本主义私有制。但是，如果在西欧，一种私有制形式为另一种私有制形式所代替，那么在俄国，由于它以往历史的特殊性，"土地从来没有成为俄国农民的**私有财产**。"同时，马克思强调指出："俄国不是脱离现代世界孤立生存的；同时，它也不像东印度那样，是外国征服者的猎获物。"①

当马克思记起由柯瓦列夫斯基一书中获得的关于英国人破坏印度公社的众多事实时，也不排除他做最后的保留。因为用马克思的话说，用来反对公社的唯一的、最郑重的论据，是后者与自发的历史发展不相容。在西欧，公社随着社会的进步而消失了。在殖民地，殖民地所属国的军事行政当局有目的地（参看：马克思的《公社土地占有制》一书摘要）消灭了它。马克思特别警告有必要估计到这种情况："我们在阅读资产者所写的原始公社历史时必须有所警惕。他们是甚至不惜伪造的。例如，亨利·梅恩爵士本来是英国政府用暴力破坏印度公社行动的热心帮手，但他却伪善地要我们相信：政府维护这些公社的一切崇高的努力，碰到经济规律的自发力量都失败了！"② 这段引文出自第一个草稿。在第三个草稿中马克思确认，社会总体在自己的发展中自发地"跨越"公社只限于西欧各国。马克思写道："我之所以注意这一推论，仅仅因为它是以欧洲的经验为根据的。至于比如说东印度，那么，大概除

---

① 《马克思恩格斯文集》第3卷，北京：人民出版社2009年版，第571页。
② 同上书，第581页。

了亨·梅恩爵士及其同流人物之外，谁都知道，那里的土地公有制是由于英国的野蛮行为才被消灭的，这种行为不是使当地人民前进，而是使他们后退。"①

但是，在回到俄国公社问题时，马克思却认为，必须估计到两种质的新因素，这些因素在查苏利奇的信中没有提到，然而它们却揭示了上述关于"俄国不是脱离现代世界孤立生存的"那句话的涵义。

第一，这是这样一种因素，它使俄国有可能掌握资本主义创造的生产力（机器、轮船、铁路）而无需"经过一段很长的机器生产发展的孕育期"，也使它有可能在最短的历史期间引入像交换机构（银行、信贷公司等等）这种"在西方需要整整几个世纪才建立起来"的资产阶级的生产关系成分。

第二，资本主义危机，更准确地说是那样一种情况，即俄国公社不仅"和资本主义生产是同时存在的东西，而且经历了这种社会制度尚未受触动的时期而幸存下来；相反，在俄国公社面前，不论是在西欧，还是在美国，这种社会制度现在都处于同科学、同人民群众以至同它自己所产生的生产力本身相对抗的境地。总之，在俄国公社面前，资本主义制度正经历着危机，这种危机只能随着资本主义的消灭，随着现代社会回复到'古代'类型的公有制而告终，这种形式的所有制，或者像一位美国著作家②（这位著作家是不可能有革命倾向的嫌疑的，他的研究工作曾得到华盛顿政府的支持）所说的，现代社会所趋向的'新制度'，将是'古代类型社会在一种高级的形式下（in a superior form）的复活（a revival）'"③。在这方面，宜于指出方法论上的一个重要细节：马克思在思考公社的命运时，援引了摩尔根《古代社会》一书中有关氏族的语句。马克思在给查苏利奇的复信草稿中得出的关于氏族公社（氏族——公社）是社会历史的起点的结论，决定了采取这样的方法（复制）不仅是可能的，而且具有启迪性的良好

---

① 《马克思恩格斯文集》第3卷，北京：人民出版社2009年版，第584页。
② 指摩尔根。——（原文）作者
③ 《马克思恩格斯文集》第3卷，北京：人民出版社2009年版，第572页。

作用。

在给查苏利奇复信的最后一稿中，马克思明确划分了《资本论》的问题范围（西欧资本主义起源的传统道路和封建主义土地私有制代之以资本主义土地私有制）和俄国革命者的争论对象。他写道："在《资本论》中所作的分析，既没有提供肯定俄国农村公社有生命力的论据，也没有提供否定农村公社有生命力的论据，但是，我根据自己找到的原始材料对此进行的专门研究使我深信：这种农村公社是俄国社会新生的支点；可是要使它能发挥这种作用，首先必须排除从各方面向它袭来的破坏性影响，然后保证它具备自然发展的正常条件。"①

因此《资本论》中根据西欧资料所作出的理论概括，在当时只是潜在地适用于俄国现实。马克思认为，如果俄国沿着它实际上已经走上的资本主义道路继续发展，那么，农村公社将会更快地解体。而一俟小农土地私有制在存在公社集体所有制的地方完全扎下根来，它对直接生产者的剥夺和资本主义私有制的发展便立即加剧起来。

在马克思看来，俄国农村的社会经济结构的特点确实开辟了不经过资本主义向社会主义发展的前景，可是出现这种前景并不是由于某种理想的"公社精神"，而且一般地也不是建筑在这种公社的基础上的，而仅仅是由于革命，这种革命可以给公社开辟一种"不通过资本主义制度的卡夫丁峡谷，而占有资本主义制度所创造的一切积极的成果"的可能性。② 只有革命才能为俄国公社创造独特的历史环境，俄国公社由于客观历史规律的作用，在资本主义的冲击下遭到了强烈的破坏。马克思还在给查苏利奇复信的第一个草稿中就已明确地表述了一个主要前提，在这个前提下，民粹派本来在另一种形势下是空想的那种期望，获得了历史证明："要挽救俄国公社，必须进行俄国革命。"

在给查苏利奇的复信草稿中，马克思没有直接对原则上能够为公社

---

① 《马克思恩格斯文集》第 3 卷，北京：人民出版社 2009 年版，第 590 页。
② 同上书，第 587 页。

揭示"新生活"前景的俄国革命类型作出规定。看来马克思指的是俄国的民主革命,这个革命也许能给西方的无产阶级革命以推动,而西方的无产阶级革命则能在理论上成为在进步的社会经济改造过程中利用俄国公社的集体化传统的条件。不管怎样,马克思和恩格斯1882年1月在《共产党宣言》俄文第二版序言中写道:"假如俄国革命将成为西方无产阶级革命的信号而双方互相补充的话,那么现今的俄国土地公有制便能成为共产主义发展的起点。"①

马克思和恩格斯认为,在俄国业已形成的革命形势下,沙皇专制制度必定迅速发生崩溃。С. С. 沃尔克写道:"但是,他们有时对农民走向革命的准备程度、民粹主义的现实可能性,因而也包括对革命迫近的可能性估计过高。"他认为,"在这种过高的估价中,当时英国一些激进的报刊和民意派本身也是有责任的,他们都曾相信,沙皇制度的崩溃将在近几个月乃至近几天内发生,其中也包括他们(Л. Н. 加特曼、Н. А. 莫罗佐夫,以及 П. Л. 拉甫罗夫和 Г. А. 洛帕廷)之中那些直接向马克思通报关于政府动荡与不稳、关于在俄国建立革命组织的可能性的人。"②

在内容(和时间顺序)方面看,马克思给查苏利奇的复信草稿与他对柯瓦列夫斯基和摩尔根著作(指《公社土地占有制》和《古代社会》两部著作——译者)的思考相联系,对于这两部著作,他曾用一年半时间作了摘要,一直做到他对俄国女革命家向他求教提出的方法论问题、认识论问题和政治问题开始加以研究的时候。

具有典型特征的是,柯瓦列夫斯基与摩尔根的观念模式除了有一系列共同的环节(自然唯物主义、对历史过程理解中的辩证法要素、作为原始社会结构发展的一般的、普遍适用的规律性的归纳手段的历史比较研究方法等等)外,存在本质的差别,在一定意义上甚至是相互对立的。在柯瓦列夫斯基那里,被当做前资本主义社会社会结构的社会经济

---

① 《马克思恩格斯文集》第2卷,北京:人民出版社2009年版,第8页。
② С. С. 沃尔克:《卡尔·马克思和俄国社会活动家》,第191—192页。

发展的基本"成分"、原始"细胞"的,首先是作为农村基层组织、作为农业民族(和部分游牧民族)集体主义制度的公社,因而,公社解体的历史首先作为生产资料和消费资料私有制生成的过程出现。相反,在摩尔根那里,氏族起着最初的社会基层组织的作用,在这种组织中内在地包含着随后相继的历史阶段的前途和矛盾,而国家权力的形成问题成为首要的研究课题。

各种原始社会制度能否存在下去的问题,以及它们同人类的前进发展是否"并存"的问题,在柯瓦列夫斯基和摩尔根的著作中也有根本不同的提法。柯瓦列夫斯基预言在殖民主义统治下它们必然灭亡,强调外在和外国因素通过实行私有制和人剥削人的方式对传统社会的基础——公社的破坏作用。相反,摩尔根则相信,作为对资本主义地狱的人道选择,古代民族的"自由、平等和博爱的复兴"是可能的。柯瓦列夫斯基与摩尔根在关于遗留的原始社会结构可能发生历史演变的性质和结构方面的两难课题:是"公社还是氏族"、是"外在因素还是内在因素"、是"否定还是继承",马克思在给查苏利奇的复信草稿中通过对两种观念模式的现实社会经济内容进行创造性的、辩证唯物主义的"扬弃"而卓越地解决了。

三 〔英〕特雷尔·卡弗:《马克思与非欧发展》[①]

马克思是论述资本主义社会的卓越理论家。这一点乍看起来似乎无可争议。然而,事实上对它还需作进一步的考察,因为只有这样,

---

① 特雷尔·卡弗(1946—),西方著名马克思学学者,其代表性的著作主要有:《马克思的社会理论》(1982)、《马克思与恩格斯:学术思想关系》(1983)和《政治性写作:后现代视野中的马克思形象》(1998)等。作为西方马克思学的代表性人物,卡弗对马克思恩格斯学术思想关系和马克思恩格斯"论东方村社"展开了深入研究,在西方学术界引起了很大反响,也对我国学术界也产生了一定的影响。《马克思与非欧发展》一文译自 D. 巴纳里奇主编的《马克思主义理论与第三世界》(塞奇出版公司 1985 年新德里和伦敦版),在西方学界马克思恩格斯"论东方村社"研究中具有一定的代表性。选自《马克思主义来源研究论丛》第 15 辑(《马克思人类学笔记研究译文集》),江丹林译,北京:商务印书馆 1993 年版,第 298—306 页。——编者注

我们才能全面而准确地理解马克思关于非资本主义社会（包括他那个时代的所有非欧洲社会）的著作。马克思的资本主义社会理论本身是由严密的商品理论构成的，从这个"特殊"中按合理的程序推导出构成资本主义法则的"一般"。① 这就是人们所熟悉的关于价值、剩余价值、剥削率、成本价格、生产价格、利润率下降趋势等等的法则、定理。但是，马克思对于非资本主义社会的看法是否也具有相同的性质呢？

我这里的目的既不是复述马克思关于资本主义社会的著作，也不是评价这些著作的准确性或强弱之处，② 而是主张作一个对比，即把必然地和自觉地以欧洲、尤其是英国经验为基础的马克思高度发展的资本主义理论与他关于一般社会的论述以及他关于过去、现在和将来的非资本主义的论述作一对比。

在本文中，未来社会是可以很快被打发的：马克思关于共产主义社会的设想仅仅是一个提示。马克思从不主张详细地预言未来，预言未来绝不是他著作的特性，在他对乌托邦的批判中已充分表现了马克思对理论脱离当前无产阶级实践的反感。

马克思在他论述资本主义社会著作的某些地方，特别是在《资本论》中认为："劳动过程……不以人类生活的任何形式为转移"，这是"人类生活的永恒的自然条件，因此，倒不如说，它为人类生活的一切社会形式所共有"。③ 劳动过程，正如这里所正确说明的那样，是贯穿于各种社会形态之中的。对于这个一般性的论点，马克思还进一步指出，有一种劳动是"人类所特有"的。有两三处这样的表示：在"最蹩脚的建筑师"与"最灵巧的蜜蜂"之间存在差异；马克思同意本杰

---

① 《马克思恩格斯文集》第2卷，北京：人民出版社2009年版，第588页。
② 关于这一点，我已在我的《马克思的社会理论》，牛津1982年版，第80—104页有所评论。也可参见 S. 阿维恩（S. Avinen）：《卡尔·马克思论殖民主义与现代化》，纽约花园城1969年版；玛丽安·莎弗：《马克思主义和亚细亚生产方式问题》，黑格1977年版；布赖恩·特纳：《马克思与东方学说的结束》，伦敦1978年版。
③ 马克思：《资本论》（本·福克斯翻译，哈蒙兹沃恩1976年版）第1卷，第283、290页；中文版《马克思恩格斯文集》第5卷，北京：人民出版社2009年版，第215页。

明·弗兰克林人是"制造工具的动物"的观点;他认为"在动物的水平上只有本能形式的劳动"。他由此得出结论:人类劳动过程是标志着人的生活与动物生活之间的分界线。马克思说:"他不仅使自然物发生形式变化,同时他还在自然物中实现自己的目的。"①

这是一个"自觉的"目的,人的意志在整个劳动过程中"严格地遵循"这个"自觉的"目的。人与动物的区别,或者如《德意志意识形态》中所讲的,当劳动过程在生产中展开的时候,人的有目的的意志就参与了进来,因而人使自身与动物**区分**开来——这就是"人'自身'与自然之间的物质变换"。马克思断言:"劳动过程……是制造使用价值的有目的的活动","是为了人类的需要而对自然物的占有。"②

从逻辑上看,马克思没有必要发挥他的劳动过程理论,他只需要讲一讲他的关于劳动过程的一般观点,并详细地阐明资本主义社会的规律即他的主要研究对象,这个研究对象是早在1842年他作为《莱茵报》主编时确定的,对此正如马克思在1859年自传稿提到的,他的"所谓的物质利益"研究和此后关于当时状况的文章提供了他致力于"经济问题"研究的最初动因。③

从政治上看,把马克思的共产主义信仰归结为废除私有财产(根据恩格斯早在1842年的说法④)这样来暗示共产主义社会大概是明智的。从理论上看,马克思关于资本主义仅仅是一种历史性的过渡而不是一种组织全部人类生活的不可避免的模式的观点,是能够被关于人类社会过去和现在都存在着非资本主义方式的研究成果所支持的。在《资本论》的讨论中,我们明显地发现这样的论据:"不同的经济时代"可以同马克思所考察的资本主义商品生产相区别,他用英国"作

---

① 《马克思恩格斯文集》第5卷,北京:人民出版社2009年版,第208页。
② 马克思:《资本论》第283—292页;中文版《马克思恩格斯文集》第5卷,北京:人民出版社2009年版,第215页;马克思和恩格斯:《德意志意识形态》,载中文版《马克思恩格斯文集》第1卷,北京:人民出版社2009年版,第519页。
③ 《马克思恩格斯文集》第2卷,北京:人民出版社2009年版,第588页。
④ 《马克思恩格斯全集》第3卷,北京:人民出版社2002年版,第474—494页。

为主要例证"来考察这种生产并向德国和其他读者作了讲述。

过去和现在都有其他生产方式存在,这一事实实质上并不证明资本主义是过渡形式。声言资本主义灭亡和无产阶级革命能建立共产主义社会仅仅变得好像有理一点。如果向公众宣称这一点,就会使这个事变进程变得更有可能;而这也就证明马克思社会理论具有反映或相互作用的特性。理论知识就其本身而言对于改变现实在本质上是不充分的,诚如马克思在他的说明中指出的:《资本论》对于价值秘密的剖析"决没有消除劳动的社会性质的外观","正像空气形态在科学把空气分解为各种元素之后,仍然作为一种物理的物态继续存在一样"①。然而,马克思欲努力使《资本论》和他的其他著作发表出来;同时,他又亲自从这种政治经济学的批判中为工人阶级读者写出了《雇佣劳动和资本》、《价值(或者工资)、价格和利润》这两本通俗著作。这样看起来,下述《共产党宣言》中关于无产阶级革命胜利的条件句就讲得通了:

"如果说无产阶级在反对资产阶级的斗争中一定要联合为阶级,通过革命使自己成为统治阶级,并以统治阶级的资格用暴力消灭旧的生产关系,那么它在消灭这种生产关系的同时,也就消灭了阶级对立的存在条件,消灭了阶级本身的存在条件,从而消灭了它自己这个阶级的统治。"②

因此,马克思关于生产方式的研究,而不是关于资本主义的研究,在他的整个工作计划中就起到了政治上理性上的支持作用——具体地揭示了资本主义社会仅仅是一个特殊的、为在社会中组织生产的过渡形式,正是采取这种方式,才形成一个越来越多的人为别人利益而工作的局面。

"使各种经济的社会形态例如奴隶社会和雇佣劳动的社会区别开来

---

① 《马克思恩格斯文集》第5卷,北京:人民出版社2009年版,第92页。
② 《马克思恩格斯文集》第2卷,北京:人民出版社2009年版,第53页。

的,只是从直接生产者身上,劳动者身上,榨取这种剩余劳动的形式。"①

在对别的生产方式定性时,马克思选择了"时代"理论,认为:"各种经济时代的区别,不在于生产什么,而在于怎样生产,用什么劳动资料生产。"马克思继续说道:"劳动资料……是劳动借以进行的社会关系的指示器",用《资本论》中的这段话,复述了大家所熟知的一个概括,即存在着"与物质生产力的一定发展阶段相适合的生产关系"。马克思在《资本论》中再次提出这个论题:劳动资料还提供人类劳动已经达到的发展程度的标准,明确表示了这样的观点:不同形式的技术(即劳动工具、物质生产力)大体上能够根据发展阶段被分类。机械劳动资料,而不是容器(管、桶、篮,罐等等)是"更能显示一个社会生产时代的具有决定意义的特征",即显示发展阶段。在脚注中,他还指出:"在从工艺上比较各个不同的生产时代时,真正的奢侈品在一切商品中意义最小。"从方法论上看,马克思注意史前史的自然科学著作,而不是所谓的历史研究,他明确指出:"动物遗骸的结构对于认识已经绝种的动物的机体有重要的意义,劳动资料的遗骸对于判断已经消亡的经济的社会形态也有同样重要的意义。"②

没有理由假定在作这种类比的时候马克思夸大了他自己社会研究的永恒真理的观点或自然科学家们种类划分的永恒真理的观点。他在用自己所熟知的自然科学的历史及其发展作类比时,丝毫不排斥那种与科学论辩方法的类比即不确定、修改、完善、改变的方法,不管自以为是怎样优越,怎样胜过那种把"历史"仅仅当做零碎片段而进行的不严格不清楚的摸索。由于马克思提出技术能根据其历史发展进行划分并有一定的(尽管不必是单一的)人们工作于其中的社会关系与之相对应的

---

① 马克思:《资本论》第1卷,第325页;中文版《马克思恩格斯文集》第5卷,北京:人民出版社2009年版,第251页。
② 参见《马克思恩格斯文集》第5卷,北京:人民出版社2009年版,第210页。

观点,他就建立了一个进行探索的大框架。这是一个探索方案,① 在这个探索方案内,可以开始进行具体研究。

上面所引《资本论》那段话的重点是在以往,但是我们从马克思强烈的求知欲和政治的精明中知道马克思认为最为重要的是当代的各种经济制度而不是资本主义制度。马克思对东欧、俄国、印度、全球性殖民主义现象、资本主义渗透,甚至作为新市场开发问题的资本发展情况的评论,都是以不同经济制度之间的相互作用(起自贸易、通过战争)为依据的。尽管探索方案(与社会关系相应的技术发展状况)可以被自由质询,但它并不是一种经受不住自由质询的方案(当然,如果有一个相反的探索方案,也可能向马克思的一般性论据挑战)。马克思的探索方案建立了一个可以借以研究世界政治的结构,马克思自己在欧洲这样做了(例如《路易·波拿巴的雾月十八日》),在别的地方也这样做了(例如关于俄国经济发展的通信和笔记,以及有关印度的文章)。探索方案本身不是超历史的,就像马克思在驳斥那种不对特殊情况进行必要的研究就找到某种"万能钥匙"而解开社会现象的线索的观点时所作的轻蔑评论一样。② 但研究者在考察特殊情况时,务必有一个需要研究的是什么、为什么那些现象是重要现象的观点。马克思的探索方案中(无论是在本书一直在考察的 1859 年还是 1867 年的方案中),最突出的普遍概念是社会关系而不是阶级——马克思似乎最乐意把阶级的概念与资本主义社会相联系,而不是把这个概念一般地(也许是有时代错误地)应用于所有的经济制度。这个情况引导了我,使我列出探索方案本身的一些尚未解决的困难。假如马克思将这些地方制定得更清楚一些,那么探索方案本身会被理解得更好,更有效地被使用。现实情况是,许多学术力量直接投放在阐明大框架上,而不是去具体研究"指导原则"

---

① 所谓"探索方案",是关于某一研究领域中的各种本质和过程以及在该领域中研究问题和建构理论的正确方法的一整套假定。探索方案既不是说明性的,也不是预言性的,也不是可以直接检验的。参看拉里·劳登:《进步及其问题》,伦敦 1977 年版,第 48—49、71、81—82、96、97、120 页。

② 《马克思恩格斯文集》第 3 卷,北京:人民出版社 2009 年版,第 466—467 页。

和特殊情况之间的结合（或松或紧的结合），不去研究不同于资本主义的各种生产方式，一种生产方式向另一种方式的过渡，尤为重要的是资本主义对同时代的非资本主义社会的渗透，而这种结合是马克思和我们许多人都深感兴趣的。我所想到的困难有如下述，尽管无疑还有其他一些困难。

虽然马克思在谈到史前史被粗略地划分为石器时代、铜器时代、铁器时代这一点[①]时持赞同态度，但并没有对技术的发展特性作系统的阐述。他的"亚细亚的、古代的、封建的"分类所产生的困难我们都已熟知，这里无需全面复述。他的报刊文章虽然对这些概念作了一点说明，但实际上这些说明并没有充分的说服力，即使对于马克思自己恐怕也是如此。再有，使人弄不清楚的是，究竟是技术的什么方面使得这些区分得以成立；社会关系在造成一个时代或一种社会形态区别于另一种时代或社会形态（即使它们可能拥有同等的工具）方面的作用也是不清楚的。同样，社会关系的什么方面被特定的技术所选中，因而使一些社会关系成为可能并排除掉其他社会关系，这种问题也从未在适当的抽象水平上讨论过。当说到"法律的、政治的上层建筑"在"社会的经济基础"上建立起来的时候，这种概括决不排斥法律关系在保证或者甚至规定某些生产方式中的经济基础本身的作用。[②]

我觉得，马克思1859年的概括（可能是匆忙作出的概括）十分清楚地反映了他对资本主义的全神贯注态度，资本主义的技术发展与别的时代或者非欧生产方式相比，处在一个较高的阶段上，资本主义的法律和政治制度明显地不得不去适应经济活动，而不是（一般说来）与此相反。无疑地，马克思的非欧生产方式的研究所展示的，乃是一个高度灵活的能与他所能获得的证据材料相结合的方法，而不是一个强制别的社会在它们的一般结构上看起来十分相似于资本主义的

---

① 参见《马克思恩格斯文集》第5卷，北京：人民出版社2009年版，第210页。
② 参见《马克思恩格斯文集》第2卷，北京：人民出版社2009年版，第591页。

倾向。无疑地，马克思的概括也能适应我们的研究进程中所提出的修正。为什么不是这样呢？很可能，他自己就是这样来看待他所做的工作和评价他所占有的材料的，那就是：他关于非欧社会的所有见解都是尝试性的，因此，他实际上不可能把他的探索方案用更明确的话作一个重新表述，提出一个规定得更明确、更少依赖于资本主义社会的整体模式。

在我看来，马克思的许多关于非欧社会的研究都是以非常突出审慎的怀疑态度进行的，然而同时他也一再努力把其中每一个社会所固有的（或非固有的）各种可能性加以归纳和概括，以便从理论上进一步把握社会的劳动过程的多样性；他也把具有发展性质的关系（如果存在的话）和他所最感兴趣的与资本主义关系联系起来。因此，在马克思关于非欧社会一般的或具体的阐述中，不存在整体的系统性。我们看到，马克思试图（当然，对此可以有不同的评价）把他所掌握的各种材料，通过他所作出的一次又一次的概括和他的别的理论著作联结起来。由于这些概括是在他自我反思的不同关节点上完成的、是在他进行各种概括时带着各种不同的问题完成的，所以马克思的非欧发展的"理论"也就没有他的关于资本主义社会的明确理论所占有的那种地位。

我认为，马克思在1859年序言中和其他地方所提出的探索方案无论被怎样阐述甚至被修正，在探索方案和社会行为规律之间仍然存在着基本的反差，探索方案使研究成为可能，富有潜力，在政治上甚至富有成果，而社会行为的规律则反映过去的或必然的社会行为中的各种规律性，这种规律能否被表述出来，如果能被表述出来的话，它是否具有某种预言的价值，这些对我来说都是可以而且应该与马克思的探索方案分开的问题，马克思把他的探索方案看做是"指导他研究"欧洲和非欧发展的方针，但这个探索方案本身仍然是不完善的。

四 〔美〕诺曼·莱文:《亚细亚复辟的神话》①

马克思论亚细亚的著作,在他生前出版的文集中所占份量并不大,其中有为查尔斯·达纳的《每日论坛》所写的几篇文章;散见于他的《政治经济学批判》、《资本论》、《剩余价值理论》中的有关文字,以及在《政治经济学批判大纲》中(比前面提到的更为准确更有分析力)的一些论述。显而易见,他最主要的兴趣乃是对西欧资本主义社会的描述。但是,他关于亚细亚所研究的东西,对他的关于资本主义、共产主义和辩证的自然主义的②认识有着重大的影响。虽然他没有广泛深入地专门论述亚细亚,但"东方"仍隐含于他以西方为中心的学术研究中,并对这一研究有着深刻的影响。不理解马克思对亚细亚历史的态度,就不可能把握共产主义和辩证法的中心含义。由于不正确地评价马克思论亚细亚的著作,使许多学者有关马克思的评价和对共产主义社会的设想有所曲解。卡尔·魏特夫(Karl Wittfogel)就是这方面的一个例子;由于他误解了马克思关于亚细亚的思想,使得他对共产主义的性质和二十世纪共产主义革命的进程作出没有根据的判断。

---

① 诺曼·莱文(〔1931—〕又译为诺曼·列文),西方马克思学著名学者,马克思恩格斯对立论的代表性人物,其代表性著作有《悲剧性的欺骗:马克思反对恩格斯》(1975)和《不同的路径:马克思主义与恩格斯主义中的黑格尔》(2006)等,在西方学术界产生了重要影响。同时,莱文提出的"马克思恩格斯对立论"的观点在中国马克思主义学术界产生了极大的影响。这是我们无法接受且必须加以回应的。《亚细亚复辟的神话》是莱文反驳卡尔·魏特夫的《东方专制主义》(中译本于1989年由中国社会科学出版社出版)的代表性文章。在文中,莱文对马克思有关亚细亚生产方式理论的理解,以及对魏特夫观点的批驳有一定的合理性,可供我们在研究马克思恩格斯"论东方村社"的过程中参考和借鉴。选自《马克思主义来源研究论丛》第16辑,张羽生译,北京:商务印书馆1994年版,第529—547页。——编者注

② 我使用"辩证自然主义"(dialectical naturalism)的术语,因为它强调人类实践在社会发展中的作用。"辩证自然主义"的术语带有客观的社会力量、社会集团、经济趋向的含义。我想恢复人们对类的劳动能力即主观活力的注意。对我的术语的更充分的描述,见我的著作《悲剧性的欺骗:马克思反对恩格斯》,圣·巴尔巴拉,克利俄出版社1975年版。

魏特夫的《东方专制主义》①，在对共产主义社会的研究方面，至今造成了深远而持久的影响。此书出版于冷战思想依然盛行的1957年，它提出了一种观点，即认为革命的俄国和中国从东方专制主义出发，通过短暂的革命时期，回到了东方专制主义的现代复制品时代。实际上，魏特夫认为二十世纪中国和俄国的历史是从管理上的专制官僚政治发展到结构上的革命，而这种革命所带来的是一种回复，是另一种管理上的专制官僚政治的复辟。为了建立这个命题，魏特夫批评了马克思对东方专制主义问题的论述。在他的这部综合性研究著作的第九章里，他指责马克思"对科学上的"亵渎和"在亚洲社会分析上的倒退"之罪。魏特夫对马克思的抨击集中表述在下面两句话中：

显然，东方专制主义的概念包含一些困扰他寻求真理的因素。作为试图建立全面管理和独裁国家并准备利用"专制手段"达到其社会主义目的的团体的一名成员，马克思不得不承认东方专制主义和他计划建立的国家之间存在着某些令人忧虑的相似之点。（P. 387）②

在这篇文章里，我试图揭示马克思对东方社会的兴趣，以及他关于非西方世界的认识的性质和水平。与欧洲相对照，马克思使用"亚细亚"来阐明概念上的问题，以便精确地规定诸如财产、社会结构、社会分解、历史进化等范畴。追溯他所采取的步骤，了解他对亚细亚所看到的东西，我们就能对他关于共产主义和辩证自然主义的定义得到较深、较为本质的认识。这样一种探究将表明魏特夫对马克思的评价是错误的。

魏特夫认为，在马克思的一生中，东方专制主义的概念被理解为包括政治专制制度和二十世纪意义上的杰出人物统治论的官僚集权制。如果是这样，马克思在他有关亚细亚的著作中，就会强调盛行一时的亚细亚的管理上的官僚制度的作用。由于马克思没有这样做，魏特夫便设想他有意识地"隐藏"了东方的这个特征——这就是说，他

---

① New Haven, Yale Univ. Press, 1964.
② 参见〔美〕卡尔·魏特夫：《东方专制主义》，北京：中国社会科学出版社1989年版，第407页。

说了谎,因为他不想让人们害怕共产主义社会也有官僚专制主义的可能性。魏特夫认为,马克思有可能预见了在俄国和中国发生的事情;因为俄国和中国在革命的年代仍然是亚细亚社会,而马克思主义本身又是倾向于官僚政治,所以在这两个国家革命后所发生的事,就是一种"亚细亚的复辟",一种以辩证唯物主义为外表的管理上的专制主义。

马克思关于亚细亚的最早论述(1842年),是"评普鲁士最近的书报检查令"。马克思嘲笑普鲁士政府没有取消智力的各种激情,却要否认出版的自由,他讥诮地要求书报检查官们"给我们一种完善的报刊吧,这只要你们下一道命令就行了;几个世纪以来中国一直在提供这种报刊的范本"①。1843年,马克思批判黑格尔的基本上是权力主义的国家和官僚制度概念,他写道,在黑格尔那里,"像亚洲的专制制度那样,政治国家只是单个人一己之任意,换句话说,政治国家像物质国家一样,是奴隶。"② 一年以后,马克思在谈到亚细亚时作了一点补充:异化劳动并不是存在于文明的最年轻的时期,他评论说:"确实,起初主要的生产活动,如埃及、印度、墨西哥建造神庙的活动等等,不仅是为供奉神而进行的,而且产品本身也是属于神的。"③

在马克思思想发展的早期,他心中有一个关于专制暴君统治的亚细亚的图像,在这里,国家是由君主的意志支配的,存在着异化劳动,世俗力量与宗教力量之间相互联系,劳动被世俗和宗教的权威所剥夺。这些思想无疑是从关于亚细亚的主要的欧洲解释者(希罗多德、孟德斯鸠和黑格尔)④ 那里引申来的。我们从马克思的笔记(《摘要》)⑤ 中知

---

① 《马克思恩格斯全集》第1卷,北京:人民出版社1995年版,第129页。
② 《马克思恩格斯全集》第3卷,北京:人民出版社2002年版,第43页。
③ 《马克思恩格斯文集》第1卷,北京:人民出版社2009年版,第164页。
④ 见希罗多德的《波斯战争》,孟德斯鸠的《法的精神》和黑格尔的《历史哲学》。
⑤ 感谢美国哲学学会的恳切支持,我于1972年夏能在阿姆斯特丹度过,这里的社会历史国际学院(原译文如此,即国际社会史研究所——编者注)拥有马克思的全部《摘要》(*Exzerpte*),我可以抄录马克思所读著作的全部文献目录——标题、作者和出版日期。

道，他读过孟德斯鸠的 1843 年的《论法的精神》。① 他对黑格尔、特别是对《历史哲学》和《哲学史》的认识，很可能从他在柏林大学生活时期就开始了。按照这种传统的观点，欧洲是启蒙和民主的地区，而亚细亚则陷入了专制主义和迷信的统治。马克思对西方自由与东方奴隶制的比较表明了这种看法："或者像希腊那样，respublica 是市民的现实私人事务，是他们的活动的现实内容，而私人则是奴隶，在这里，政治国家作为政治国家是市民的生活和意志的真正的唯一的内容；或者像亚洲的专制制度那样，政治国家只是单个人一己之任意，换句话说，政治国家像物质国家一样，是奴隶。"② 此外，马克思与黑格尔一样，知道教会从属于国家或世俗统治者政府的亚细亚传统。

到 1846—1848 年时期，亚洲实际上在马克思的著作中消失了。这时他明确地表达了辩证自然主义学说的最初形式，亚洲不是他的思想的重要成分。在《德意志意识形态》中，他描述了财产所有制的三种基本形式：部落所有制、古希腊—罗马所有制和封建所有制。部落所有制不是指亚洲的，而是"基本的游牧方式"。这个时期他头脑中的欧洲中心论的观点，从他集中讨论财产所有制的古典的和封建的形式上得到清楚的证明。实际上，在标题为"意识形态的现实基础"这一部分里，他所涉及的历史，只是西方封建主义的瓦解和西方资本主义的开始。他的欧洲中心论又反映在《共产党宣言》（1848 年）中，那里完全没有涉及亚洲，而在许多方面只不过是上面提到的那一章最初阐明的主题的某种复述。因此，他的历史辩证法学说的最初陈述的形成，没有经过对亚洲及其经济基础的研究。

马克思于 1850 年到达伦敦，他对亚洲的认识实际上是从他在大英博物馆的研究开始的。我们从他的《摘要》（只是指魏特夫没有提及的那些书）中知道，1851 年，他读了理查德·约翰（Richard Jone）的《论财富分配的论文》（*Essay on the Distribution of Wealth*），1853 年，他

---

① *Exzerpte*, Vol. B. 16, pp. 51—56.
② 《马克思恩格斯全集》第 3 卷，北京：人民出版社 2002 年版，第 43 页。

读了（按摘要中出现的顺序）：约翰·迪金森①（John Dickinson）的《印度政府》（The Government of India）；托马斯·斯坦福德·莱佛士②（Thomas Stamford Raffles）的《爪哇的历史》（The History of Java）；马克·威尔克斯（Mark Wilks）的《南印度历史概略》（Historical Sketches of the South of India）；约翰·福布斯·罗伊尔（John Forbes Royle）的《论印度生产资源的论文》（Essay on the Productive Resources of India），副标题"印度状况长期持续不变的原因探究"（An lnquiry into the Causes of the Long Continued Stationary Condition of lndia）；乔治·坎贝尔③（George Campbell）的《印度政府的体制》（A Scheme for the Government of India）；约翰·查普曼（John Chapman）的《印度的棉花和贸易》（The Cotton and Commerce of India）；罗伯特·巴顿（Robert Patton）的《亚细亚君主政体的原则》（The Principles of Asiatic Monarchies）。可见马克思在再次回到亚洲问题（至少在它的俄国形式下）之前，中间是二十三年的间隔；1876年，他读了奥古斯特·哈克豪森④（August Haxthausen）的《俄国农村状况》（Die Landlichc Velfassung Russlands），从他的《摘要》来判断，在1880年以前，他没有读过有关亚洲的任何其他书籍，此后才读了刘易斯·亨利·摩尔根⑤（Lewis Henry Morgan）的《古代社会》（Ancient Society）；J. W. B. 莫尼（Money）的《爪哇》（Java）或《如何管理殖民地》（How to Manage a Colony）；J. 菲尔（Phear）的《印度和锡兰的雅利安人村社》（The Aryan Village in India and Ceylon）；亨利·萨姆纳·梅因⑥（Henry Sumner Maine）的《古代法制史讲演录》（Lectures on the Early History of Institution）。1882年，马克思读了有关亚洲的最后一本节：约翰·拉伯克（John Lubbock）的《文明的起源和人的原始状况》（The Origin of Civilization and the Primitive

---

① 又译为约翰·狄金逊。——编者注
② 即斯坦福·拉弗尔斯。——编者注
③ 即乔·坎伯尔。——编者注
④ 即奥古斯特·哈克斯特豪森。——编者注
⑤ 即路易斯·亨利·摩尔根。——编者注
⑥ 即梅恩。——编者注

of Condition of Man)。

从以上马克思的文献资料目录可以清楚地看到，当他写到亚洲时，他实际上指的是印度。1851 年，他读过 W. H. 普雷斯科特（Prescott）的《墨西哥征服史和秘鲁征服史》（*History of the Conquest Mexico and History of the Conquest of Peru*）；但在他的《摘要》中却没有专门涉及埃及、中国或波斯的资料。他在詹姆斯·米尔（James Mill）的《英属印度的历史》（*The History of British India*）、约翰·斯图尔特·米尔（John Stuart Mill）的《政治经济原理》（*Prnciples of Political Economy*）和普雷斯科特的著作中读到关于专制主义和官僚政治的内容，但这些不是他所关注的主要方面。1850 年初，马克思在大英博物馆查阅的材料①，最重要的有关于公社共和传统的历史。所有这些材料都注意到了东方专制主义，但并不是都注意到东方的官僚政治。它们都主要涉及十九世纪上半叶在印度问题上对于英国人具有首要意义的一些争论，涉及英国人对印度的基本经济力量（集体村庄）和土地占有惯例的影响。马克思面临的争论不是有关专制主义的争论，而是有关亚细亚公共村庄的命运和历史的问题。在十九世纪，农村共和（village republic）或农村公社（village community）的术语并不带来对于平等或个人民主的任何非难，毋宁说它是"社员制"（membership）或"家族制"（kinship）的同义语，并包括公社内部出现少量阶级分化的思想。

在马克思于 1850—1853 年时期阅读的所有原始资料中，专制主义是作为东方社会的主要特征提及的。《亚洲君主制度原则》②（*The Principles of Asiatic Monarchies*）是以孟德斯鸠的文笔撰写的关于印度的研究；巴顿集中关注的是，为什么自由的观念在西方而不是在亚洲得到了发展。他认识到，在"历史的回顾所及的国家的巨大扩张中，永恒的君

---

① 我非常感谢罗素哲人基金会（Russell Sage Foundation）的慷慨支援，使我能在大英博物馆度过 1974 年夏天，我有幸发现上面列举的著作那里全部还在——实际上就是马克思自己查阅的全部有关亚洲的资料。

② 又译为《亚细亚君主政体的原则》。——编者注

权一直以没有衰减的力量和显赫而存在,未出现过任何程度的限制,变动或收敛"。按照他的观点,自由之所以在西方发展,是因为夺取君主权的土地贵族的兴起。东方由于没有这种土地贵族的发展,君主的意志就是绝对不受限制的。他没有在任何地方提到官僚政治的存在。威尔克斯重申了巴顿关于亚洲的辉格党式的解释:"对长子继承权的大量中伤,或许比其他任何原因都更有助于欧洲君主制度中的文明的发展。"在威尔克斯看来,在西方,经过一段长期的斗争之后,教会与国家已经痛苦地分离,而在东方,君主制度的专制主义却仍然由神授的法令支撑着。默里也注意到"印度教表现为经常被专制政府所支配"。然而,在约翰·迪金森的《印度,它的官僚制度下的政府》(*India, Its Government under a Bureaucracy*)中,他所提出的官僚政治却不是一种土生土长的、一成不变的印度式的官僚政治,而是引进的破坏印度的大英帝国的官僚政治。

英国人对于印度所考虑的主要问题,与土地资产的私有或集体所有的争端有关。威尔克斯、巴顿、约翰和拉弗尔斯都主张印度是土地私有的观点。后三人都认识到,在控制和所有权的绝对意义上,土地是东方统治者意志的主题。实际上,巴顿引入了占有权与所有权之间的差别,君主享有土地的最终所有权,而个体农民、个体的印度农民,则是它的生产的占有者,"按宪法授予"土地的耕作权。但是,约翰和拉弗尔斯都没有得出这种差别,在承认君主的最终权威时,他们二人都相信实际的耕作、使用工具的权力和支付税金都是在个人的基础上实施的。威尔克斯提供了一种不同的解释。他承认了东方专制主义的存在,但认为在那种专制主义的内部,"每一个印度村庄(并且事实上经常表现为)有一个单独的公社或共和政体"。在共和政体、自治公社的内部,土地归印度的个体农民所有。

与此对立的论点是由默里、坎贝尔和迪金森提出的。这些人强调土地所有的公共方面,他们否认绝对的个人所有权的存在。坎贝尔写道:"整个土地是全体成员的公共财产,他们有一定的公共职责来回报这种共同的权利。"迪金森描述了村庄作为一个整体决定土壤的使用和分配的权利。默里也注意到村庄在它的成员中分配土壤的权力。

但他（像威尔克斯那样），在承认专制主义的一般状况的同时，指出"在这种腐败的专制主义中间，仍然找到一种存在于村庄中的纯共和制度的痕迹，全印度的村庄有一种完全不同于整个国家所遵守的一般规则的内部制度"。

默里、坎贝尔和迪金森看到了作为印度社会革命的象征和标志的柴明达尔（Zamindar）① 变化了的作用。按照古代印度的实践，柴明达尔只是为君主收集村庄的税金。在英国的统治下，从康沃利斯（Cornwallis）开始，柴明达尔被看做实际的所有者，而村庄和个体农民不过是佃户。个体农民和村社的一切风俗和继承权利都被扔到了一边；对于土地的权利变成了只是按规定支付税金的能力。实质上，英帝国主义把资本主义引进了印度农村。柴明达尔的作用完全变了，他被看做像是一个英国的"农村绅士，或欧洲的封建贵族"。这种英国资本主义的农业实践加之于印度的负担，以及随之对印度公社制社会结构的破坏，是在震撼十九世纪印度的社会革命的基础上发生的。这些就是马克思最为关注的事件和社会经济史。

在印度，不仅发生了一场阶级革命，柴明达尔上升为资本家，居于村民之上；而且也是在进行一场政治革命。旧的统治阶级，土生土长的王公贵族，被系统地剥夺了权力。越来越多的民族国家被并入英属印度。迪金森说明，有二百五十个印度王孙失去了他们的封邑，"在势不可挡的军队面前，没有他们可以提出控诉的法庭，作为一个阶级，他们被置于法律的范围之外，因而现在经常遭受没收的威胁"。另外，康沃利斯给予了古代乡村合法法庭和乡村警察制度一种致命的打击。事实上，他把它们取消了，使印度传统的司法实践留下了一个巨大的真空。这种模仿英国司法制度而造成的更替，使印度群众感到陌生，并且发生误解。由于所有这些原因，印度便处于混乱之中，这使印度的农村居民陷于穷困，印度的社会政治结构被肢解了。

---

① 柴明达尔，印度的土地（柴明）持有者或占有者（达尔）。——译者注

1850—1853年时期马克思所掌握的资料,不仅使他认识到发生在印度的重大的社会剧变,而且使他了解了印度的共和传统。默里指出,公社式的农村是印度有能力承受不断接踵涌入的征服者的主要原因,他评论说:"这些与强有力的专制主义共处的无数共和村社,无疑是造成印度所享有的特征的主要原因。"相似的观点还见于威尔克斯的著作,他称村庄为"共和政体",把它们描述为展现了"文明早期阶段的理论家们所想象的事物状态的一番生动图景,那时人们为了相互调节各人需求的目的而集合于公社之中"。显然,他具有原始共产主义的观念。

而且,这些资料也使马克思认识了公共土地所有权的传统。坎贝尔的著作强调村庄把土地分配给村民的权威和集体力量。他热情地写道:"民主部落被提及具有许多较强的权力,由它们对国家的整个土地在不同的公社中进行划分。"拉弗尔斯也证实了印度农业实践的公共性质,把爪哇的私有制与印度的集体所有制相对照,他写道:"共同劳动的习惯在大陆印度同一村庄的居民中是通常的事情。"

然而,马克思并不赞成无条件地保持农村的共和政体;他对待帝国主义(外国经济和政治的统治)的态度有一种矛盾心理,就像他对待资本主义的态度有矛盾心理一样。他对工业体系(生产技术)与其财产关系基础(比如,资本主义)作出了区分。因此,他赞成印度引进生产技术(铁路和工厂),却强烈反对印度的资本主义化。在马克思的两篇关于印度的最重要而具解说性的论文(魏特夫在《东方专制主义》第374页上引证)中,他承认历史的运动要求在印度建立工业体系、破坏分散的农村公社。但是,使他深感具有悲剧性质和十分不幸的是,建立工业体系的这样一种任务,必须由英国资本主义的帝国主义力量来实现。如果西方发生一场社会主义革命,西方资本主义受到破坏,因而印度变成社会主义的——那么印度就能享有现代生产技术和政治独立的双重利益。不过,马克思集中关注的焦点是,西方技术对印度乡村的冲击,这些外来力量的不可抗拒的影响,和在这些力量面前公社陷于瓦解从而震动印度的乡村形式的变化。

当马克思开始把他 1850 至 1853 年的探究结果形诸文字时,马克思集中关注的不是亚洲的专制主义或亚洲的官僚政治。他自己沉思的焦点是农业的集体性问题。他知道东方的专制主义,并且承认专制主义与官僚政治的相互联系,但他有意识地不去强调官僚政治在亚洲的作用,因为他集中关注的是印度的乡村。他无意于写作亚洲的制度史,而全神贯注于社会经济方面:所有制各种形式(公社的、封建的、资本主义的)的研究。因此,当他研究亚洲时,他注重社会经济的财产关系,他在他的著作中强调的是亚洲社会的这些特征。与魏特夫的论点相反,马克思并没有"隐藏"亚洲的管理方面。

按照魏特夫的观点,东方专制主义这一观念(对于马克思和他的同时代人来说),包括政治独裁的概念和杰出人物的官僚集权制。从十九世纪的观点看来,魏特夫的见解是错误的。看看马克思所读关于亚洲的著作,看看他所能接触到的资料(也是魏特夫自己引用过的材料),我们发现,官僚政治的概念是不能孤立地单独分析的。詹姆斯·米尔,在他的《英属印度的历史》中,甚至没有提到官僚制度的术语,显然他了解亚洲的专制的方面,认识到婆罗门(Brahman)的特权和行政权力,但他没有在任何地方把东方的官僚政治作为它自身带有法律和制度结构的一种独特现象来分析。约翰·司徒尔特·米尔[①],在他的《政治经济原理》中,遵循与他父亲相同的思想路线。在他的两篇论文中,普雷斯科特看到了亚细亚专制主义和墨西哥、秘鲁的专制主义之间的相似点;但是,跟米尔一样,他没有使用官僚政治的术语,在他的篇目中,没有把官僚政治作为社会制度孤立起来进行自身的研究。同样,在《政治经济引导讲演》(Introductory Lecture On Political Economy)中,在约翰的思想里,官僚政治的问题完全不起作用。然而这些人都意识到官僚政治。本文后面部分将要分析马克思以什么方式批判黑格尔的官僚政治的概念。但是,意识到官僚政治的存在,和把官僚政治的概念作为一种社会学分析的工具来使用,是

---

① 即约翰·斯图尔特·米尔。——编者注

有区别的。

马克斯·韦伯（Max Weber）对官僚政治作了极好的研究，但是，他是把官僚政治这一术语作为一种启发性的和理智的手段来使用的。在他看来，官僚政治是一种概念性的机制，这种机制需要固定的、官方司法领域的观念，并要有限制在这些领域的行政官员们，他们有权（在统治集团从属关系的范围内）履行这些领域的义务，所有这些义务又是为了增进现代社会的合理化而规定的。有趣的是，他把官僚政治的存在归因于中国社会，而不是印度社会。显然，二十世纪韦伯的官僚政治概念，与十九世纪早期米尔—普雷斯科特的见解相比，是一个远为精致而严格的概念。韦伯使用官僚政治这一术语，是把它作为社会学分析的工具和对一般历史运动的表述；米尔和普雷斯科特所说的官僚政治，则只是把它看做政府的一个行政阶层。因此，当魏特夫断言，在马克思的时代，东方专制主义就被了解为包括政治独裁和杰出人物官僚集权两个方面，他认为，设想二十世纪的概念在马克思、普雷斯科特和米尔的头脑中发挥过作用，这是一种罪过。

在 1850 年后马克思成熟时期的著作中，《政治经济学批判大纲》(*Grundrisse*，写于 1857 年)和《资本论》(*Das Kapital*，第一卷出版于 1867 年)，他主要强调的又是公社—共和的传统。他注意到亚洲的专制传统，然而，在这两部著作里没有什么地方涉及过官僚政治，尽管他早在 1843 年就知道它。在这些著作中，马克思关于亚洲基本上关注的是社会经济的历史比较。他的兴趣在人类学方面，他试图对印度、希腊，罗马和德意志世界的土地—财产所有制形式，在希腊—罗马时代，政治上效忠于城邦，乃是拥有土地耕种权的前提条件。在波利斯（Polis）①，市民资格是土地耕种权的必要条件。相反，在德国人中，公社是由居住在一个地理区域内的个别家庭组成的。德国人把他们的土地看做私有财产，他们的农场分散在广阔的地理区域内，公社只是在部落集会时才存在。但是，在印度，土地的权利是

---

① Polish，古希腊城邦名。——译者注

从乡村得到的；农业公社的成员资格是土地耕种权的必要前提。

《政治经济学批判大纲》和《资本论》提供了关于印度公社的类似的描述。尽管马克思承认君主是土地的最终统治者，但这与农村公社实质上是"世袭占有者""一点也不矛盾"。他认为乡村的集体性质的证据是不可逃避的："在亚细亚的（至少是占优势的）形式中，不存在个人所有，只有个人占有；公社是真正的实际所有者；所以，财产只是作为**公共的**土地**财产**而存在。"在他看来，同样清楚的是，在乡村中，个人被吸收在集体中："亚细亚形式必然保持得最顽强也最长久。这取决于亚细亚形式的前提：单个人对公社来说不是独立的，生产的范围限于自给自足，农业和手工业结合在一起，等等。"[①] 再者，在某些乡村中，不仅土地是集体的，而且劳动也是共同进行的："在那些最简单的形式中，土地共同耕作，产品在成员中分配。"在另外一些场合下，农村公社被看做土地的实际"所有者"，而"个人和他的家庭""在许多分配给他们"的土地上劳动仍然是可能的。

《政治经济学批判大纲》包含大部分马克思关于印度的著述，在这些篇章里，他综合了从1850年至1853年所读关于印度的著作中的许多思想。特别是他最得益于巴顿的《亚洲君主制度原则》和默里的《英属印度历史的描述的报道》。是巴顿第一个引导马克思区别"占有权"和"财产权"。马克思借用了巴顿的这一思想，从而把东方专制君主了解为全部土地的财产所有者，而乡村则事实上是土地的"世袭占有者"。默里的著作强调了土地所有制的公共性质，他也是最早使马克思注意到印度乡村共和制传统的人之一。与默里的观点相像，马克思也持有印度乡村为公共与共和的见解，但并不是说一定有个人的或大众的自由权利。因此，马克思在《政治经济学批判大纲》中勾画的关于印度社会的情景，乃是巴顿和默里的观点的一种结合。

显然，马克思的一生始终反对帝国主义（反对外国的经济和政治的

[①] 《马克思恩格斯文集》第8卷，北京：人民出版社2009年版，第132、136页。

统治)。虽然《政治经济学批判大纲》中有某些变动,但马克思还是坚持认为乡村共产主义是亚洲财产关系的原始形式,基本上是英国帝国主义把私有财产制强加于亚洲,因而导致了一场社会革命。马克思不仅反对帝国主义,在1850年后,他还坚持反对希罗多德—孟德斯鸠—黑格尔关于亚洲和西方的观点。

马克思关于亚洲的思想和态度的连续性,在1880年代(在超过四分之一世纪的中断之后),由他再次认真阅读关于亚洲社会的历史和人种学的著作而得到进一步的证明,这种阅读是他早期研究的继续和分离。这个时期,他的阅读更深入于人类学方面。他仍然关心财产所有制的多种形式,关心农村公社,但他的注意力引向了家庭结构、部族关系,以及这些关系如何作用于财产所有制,这种兴趣没有出现于1850—1853年时期。在1880年代他所查阅的,没有什么著作以任何形式专门论述或甚至提到官僚政治的概念。

菲尔(Phear)和梅因(Maine)的著作把他再次引向接触到历史的多线性思想和东、西方发展的不同道路的概念。菲尔和梅因二人都一致认为私有财产的西方观念在东方是不存在的,东、西方文明之间的差别就是从这种不同的方面派生出来的。马克思早期在巴顿和威尔克斯的著作中接触过这种论题。按照菲尔和梅因的观点,私有财产在欧洲文明中导致政治独立(至少是对贵族统治而言),而这种政治独立正好破坏了王室和神权政治的专制主义。

按照菲尔和梅因的见解,乡村共产主义是形成东方社会的支柱之一。在菲尔论印度的著作中,他写道:"刚才提到的利益交换或商品分配,不是通过任何竞争过程进行的,而是由习惯来调整,一旦发生问题,就或者由乡村首领单独决定,或者由乡村集会决定。"梅因也相信乡村共产主义的存在,不过,他不只是在印度发现它的踪迹:"看来转变规模的重大步骤,是由印度人的联合家庭,由南部斯拉沃尔亚人(Southern Slavonians)的家庭—公社,以及由真正的农村—公社来标志的,它首先在俄国然后在印度发现。"莫尼(Money)的著作也证实了乡村共产主义在爪哇的存在。随后,马克思便觉察到了,乡村共产主义并不是一种特殊的印度现象，它是一般原始社会的一个方面，所以它的出现和扩展是全球性的。1876 年，他读了哈克斯豪森①论俄国的著作。哈克斯豪森是一个普鲁士的保守主义者，他害怕无产阶级的激进主义在西方城市中心的扩展，而在反动的俄国看到了欧洲文明的救星；他把公社米尔（mir）②看做同时造成政治保守主义和社会协调的一种社会结构。但为了批驳哈克斯豪森的政治宣传，马克思了解到了乡村共产主义在俄国的存在。

马克思开始阅读人类学时，正当它开始作为一门现代学科出现之际。在那个时期，核心的问题是关于家庭结构、婚姻和性的规范。呈现在这些早期人类学家面前的是氏族或部落（clan, or gens）；原始社会的内聚力是亲属关系。在氏族内部，财产是公共的，随后，它在乡村内部成为公共的。这些人类学的先驱者并不关心官僚政治；实际上，在人类历史的这个时期，人们并不知道官僚政治。因此，在马克思生活的晚期，他仍然关注不同社会如何组织维持人们生存的生产活动的问题。

马克思在 1880 年代时期对亚洲兴趣的确切焦点，可以从阅读他的笔记（《摘要》）来充分地把握，他的笔记涉及的是上面提到的著作。他从摩尔根的《古代社会》所抄写的《摘要》，显露了他主要感兴趣的是氏族作为一种生产组织；引起他注意的论题是主张氏族是社会组织的最早模式，早于恒河流域的公社制的乡村。他对表明氏族以什么形态形成希腊和罗马政治发展基础的有关资料，作了大量的笔记。他反复地注意到氏族社会是母权制的，财产是按氏族血缘关系归集体所有；他也注意到氏族基础上的政治社会的共享结构。

在马克思的《摘要》中，表明了他对梅因的《古代法制史讲演录》的类似的关注。引起马克思注意的资料表明，他同意摩尔根的看法：氏族社会早于农村公社社会。梅因没有报道某些早期爱尔兰的记载，而马

---

① 即哈克斯特豪森。——编者注
② 米尔，沙俄时代农村中的一种村社组织。——译者注

克思则始终注意到证明爱尔兰早期氏族组织的材料。他也草草记下了梅因关于私有财产是西方与东方不同历史进化的决定性原因的论断。① 拉伯克（Lubbock）的《文明的起源和人的原始状况》，从婚姻起源的描述开始，马克思对这有兴趣，但基本上着眼于婚姻的不同形式如何作为核心力量服务于部族。拉伯克的著作的最后几章涉及原始宗教，这个论题，马克思在《摘要》中没有像对许多社会学材料那样给予详尽的注意。

莫尼和菲尔的著作对英国帝国主义在爪哇和印度的作用为马克思提供了有价值的资料。莫尔断言，通过引进私有财产，英国破坏着爪哇的基本的社会经济单位：乡村共产主义。马克思对莫尼著作所作的大量笔记证明了乡村管理的衰败，和帝国主义的其他破坏作用。菲尔讲述了同样的历史，他接受了财产是东方和西方不同发展道路的决定性原因的观点。马克思从他那里抄录了这样的论述：在东方，在"乡村制度下，人民实际上是由他们自己来统治"，而在西方，私有财产产生了"对土壤

---

① *Exzerpte* Vol. B. 162，pp. 162 – 99. 马克思关于亚洲人类学的研究，对他的辩证自然主义的认识有重要影响，只是在1850年后，他的辩证自然主义的第二种形式才清楚地概括出来。印度、希腊、罗马和德国的例证向他表明，社会在内在结构上是多变的。每个社会都在内部产生它的生存手段，并在结构中历史地分解成各自的、独特的形式。在马克思看来，每个社会是一种特别短暂的、经济的范畴，终究要通过内、外力量的交替而发生作用。

经济的构成、社会，是不同结构的唯一整体。每个社会包含形式与内容之间的辩证矛盾，因此，每个社会显示出一种不同的历史的韵律。没有什么统治一切社会发展的一般的宏观规律，而从形式与内容的辩证矛盾中得出的是，在每种社会经济结构内部有着特殊的微观的规律，只对一定的经济范畴适用和起作用。历史因而是一个多线的过程。

马克思发现多线性概念清楚地表述在威尔克斯和巴顿的著作中。他们二人断言，私有财产的是否出现，是东、西方历史发展出现歧异的充分原因。梅因表述了同样的论点，但马克思于1880年读到梅因的著作已经太迟，不能对他的历史思想发生任何影响。他在1853年读到巴顿和威尔克斯的著作，影响了他对辩证自然主义的理解。他不相信有一种社会发展的决定论的宏观的规律。随后，他的辩证自然主义的第二次系统表述，是以不同的经济构成终因其内在结构的变化而进展的观念为基础的。

值得称赞的是，魏特夫懂得马克思是一个多线论者；尽管他误解了马克思关于亚洲的观点和关于共产主义的性质，他还是很好地把握了马克思关于历史进化的观点。另一方面，施洛莫·阿维内里，很好地把握了共产主义的性质，清楚地理解马克思对早期人道主义的坚持，但他没有把握马克思的历史观点，把他描述为一个经济决定论者。见他的《卡尔·马克思的社会和政治思想》（*The Social and Political Thought of Karl Marx*, Cambridge：Univ. Press，1968.）

的支配",因而使居民"处于农奴状态"。马克思的1880年代的《摘要》揭示出人首先对部族和王权制度感兴趣,表明人也关注财产所有制的不同形式,特别是与氏族的关系。

马克思的1880年代的《摘要》谈到专制主义,连提都没有提到官僚政治。① 正如我在本文的较前部分指出,马克思了解官僚政治的概念,他从1843年,从他早期人道主义和哲学人类学的时期就写到它。他把管理的社会与失去人性联系起来。具体地说,他把集中的管理作为异化的一种形式来认识,与市民社会相分离,脱离人民的大多数,它是作为疏远的证据而存在的。官僚政治不是国家,它不是实质上的政府,但它投射了一种成为国家的假象。事实上,统治集团的行政管理机关是对国家的一种邪恶,是"国家的耶稣会会士和神学家","人与他的政府、人与那些规范他的生活的少数官吏之间异化的共同证据。"

官僚政治内部的主导精神是一种服从和被动性。经过训练,官僚政治具有对权力的一种持久的信念,在居民中寻求扩展对于权力的接受和默许。在官僚政治中政府失去了它固有的意义。不是由法律体现人民的需要,管理的方法是孤立的、零散的,把什么都置之壁龛,高高在上,因而所通过的东西极少符合人民的类的需要,更多的是适应官僚政治的行政管理的需要。

行政管理纯粹是社会公务员实行自己个人野心的事业。他们习惯于等级制度,习惯于狭窄的专门化,不能看到普遍利益与他们自己的自身利益相分离;他们把目光、精力集中于"追逐更高的地位和为自己谋取

---

① 马克思在1880年代时期的学术成就,在给维拉·查苏利奇(Vera Zazulich)的信件中清楚地显示出来。查苏利奇是俄国的一位民粹主义者,曾向马克思写信征询关于俄国村社组织米尔(mir)的命运的意见。当马克思回答说,如果沙皇统治被推翻,米尔可以作为俄国社会主义的基础起作用,这只是从他对人类学的研究获得的知识而作出的判断。主要关注所有制的形式,马克思告知查苏利奇,既然部落集体主义和乡村集体主义形成了过去社会组织的基础,就没有理由怀疑,有了适当的政治结构,乡村集体主义就能成为俄国社会化社会的基础。马克思没有把米尔作为人性的正常状况而为其保存作论辩,而俄国农民的集体主义可以作为一个中心为整个俄国社会的集体化而起作用。在任何情况下,绝对没有什么理由要无条件地破坏米尔。

一份职业"。于是普遍利益在他们对自己的私自利益的追求中丧失了；作为行政或成文的法令通过的东西与市民社会的需要无关，而只与行政等级制度内部的升迁有关。"官僚政治是僧侣的团体。"

奇怪的是，魏特夫不了解马克思自己对官僚政治的评论，他断言马克思没有写有关集中管理的问题，因为马克思不想提高对共产主义社会的官僚专制主义的理解。但是，正如我们刚才看到的，马克思是公开批评官僚政治的。他反对它，因为它是异化和疏远的一种症候。而且魏特夫相信，预言革命后俄国和中国的历史进程是可能的。他得出结论说，由于马克思主义是官僚主义的，那么就可能预见到这些国家再次强行专制的官僚主义。他给我们提出了一种亚细亚复辟、传统的东方专制主义回复的观念。但是，马克思没有预见过俄国或中国在管理上的专制主义的再创造。这有两点理由：第一，他从来没有使共产主义与官僚政治相关联；第二，他从来没有把亚细亚解释为一种单独的官僚主义专制的文明。那种认为马克思应该预见过亚细亚专制主义复辟的设想，只会是一种神话。这是神话和幻想，它期望一个人去推测他的意识中没有经验基础的东西。

然而马克思对亚洲的研究，澄清了他自己关于共产主义性质的思想。从黑格尔那里借用中介（mediation）的概念，马克思形成了这样的思想，在社会经济的术语中，中介涉及某种分离，阻止个人与他的劳动条件直接相通的东西。他发现古代希腊、罗马和印度提供了这种中介的例证。在希腊和罗马，政治实体中介着个人与生产条件；在印度，乡村中介着个人与土地。在资本主义制度下，生产资料的私有制是中介的最基本的形式。

马克思充分地意识到，在现代技术的时代，人直接进入生产资料是不可能的事。实际上，按照他的看法，历史上人直接进入生产资料的唯一时期是处在游牧部落状态，那时整个自然界直接地公开地展现在他面前。共产主义，一种技术先进的社会，并不意味着直接进入。但马克思从亚洲认识到中介可以缩减到最小量。他从印度的公共团体的传统认识到，减少中介是可能的，集体控制中介的工具是可能的。显然，这两个原则并不构成马克思关于共产主义的总的图景。但他的定义的基本方面,是试图限制人与他的劳动条件之间的中介的程度,和对这些中介制度的共同控制。

五 〔日〕不破哲三:《马克思的发展理论和亚细亚生产方式》(节选)①

Ⅰ. 问题的提出

卡·马克思和弗·恩格斯在创立,然后在发展科学社会主义理论时,他们制定的概念和范畴中,大概没有其他一个范畴像"亚细亚生产方式"那样,围绕着它进行了如此持久和广泛的争论。

这是事出有因的。大家知道,马克思第一次提到"亚细亚生产方式"是在1859年的《〈政治经济学批判〉序言》一文中。在其中马克思概述了政治经济学领域中阐明社会形态更迭规律时用于指导他的研究工作的"总的结果"(历史唯物主义)的基本点。他总结到那时为止人类经过的整个历史道路时写道:"大体说来,亚细亚的、古希腊罗马的、封建的和现代资产阶级的生产方式可以看做是经济的社会形态演进的几个时代。资产阶级的生产关系是社会生产过程的最后一个对抗形式,这里所说的对抗,不是指个人的对抗,而是指从个人的社会生活条件中生长出来的对抗;但是,在资产阶级社会的胎胞里发展的生产力,同时又创造着解决这种对抗的物质条件。因此,人类社会的史前时期就以这种

---

① 不破哲三(1930—),1949年加入日本共产党,日本共产党著名的政治活动家和理论家,曾长期担任日本共产党中央书记处总书记,并在世界各国共产党中享有一定的地位和声望。不破哲三具有深厚的马克思主义理论修养,其代表著作有:《马克思主义和现代修正主义》、《马克思主义与当代意识形态》、《科学社会主义和执政问题》和《科学社会主义研究》等。《马克思的发展理论和亚细亚生产方式》(苏联《亚非人民》1988年第1期)是不破哲三研究马克思恩格斯"论东方村社"的代表性文章,一定程度上也代表了共产党人和东方学者对马克思恩格斯"论东方村社"的研究状况。选自《马克思主义来源研究论丛》第15辑(《马克思人类学笔记研究译文集》),潘叔明译,北京:商务印书馆1993年版,第307—335页。——编者注

社会形态而告终。"①

马克思在这里把亚细亚生产方式看成对人类社会具有普遍意义的"社会经济形态演进的几个时代"之一，而且把它同古代的生产方式（奴隶制）、封建的生产方式（农奴制）、现代资产阶级生产方式（资本主义）放在同一个序列中。对此下面我还要详谈，但是现在应该先驳斥一种关于"亚细亚生产方式"的观点。这就是仅仅认为"亚细亚生产方式"是关于东方社会的特定范畴。

在《序言》中，马克思没有提出关于"亚细亚生产方式"的内容的定义。况且，再次以这种形式表述这个基本范畴的情况，在马克思的著作和手稿中只碰见过一次——在《资本论》（1867年）第一篇（"古亚细亚生产方式"）中②，以后不论马克思还是恩格斯都没有再讲过"亚细亚生产方式"，虽然他们不止一次讲过自己关于人类发展阶段和社会形态更迭的理解。正是这种情况，说明了为什么在应该如何理解"亚细亚生产方式"的问题上存在如此根本不同的观点和解释。对于科学社会主义的哲学来说无法同意说《〈政治经济学批判〉序言》中这个被公认为历史唯物主义最光辉公式的相应表述现在已经失去了意义。

为了理解"亚细亚生产方式"这个提法，显然必须认识清楚：首先是马克思在1859年采用这个说法时包含在这个范畴中的准确的思想，第二，以后——至少在1867年之后——马克思不再使用这个范畴的原因。如果考虑到一个重要情况，即在马克思著作中这个术语只在有限的一段时间中可以找到，上述情况就很明显了。有个别著作家根据马克思不再使用"亚细亚生产方式"这一术语的事实，断言他是放弃了这个一般概念，换句话说就是，他改变了自己对人类发展阶段的看法，——这显然是站不住脚的。因为马克思的历史构想从来没有出现过像取消阶段发展图式中的一个环节这样根本性的改变，这一点下文还要谈到。况

---

① 《马克思恩格斯文集》第2卷，北京：人民出版社2009年版，第592页。
② 参见《马克思恩格斯文集》第5卷，北京：人民出版社2009年版，第97页。

且，马克思从来不会放弃一个他公开论述过的观点而不说明其原因，即不会悄悄地放弃。

我想，正因为马克思是在他研究活动的一定时期使用了"亚细亚生产方式"的术语，就使我们有了一把了解这个科学范畴的真正意思的钥匙。关于"人类社会前史"的基本特点的设想为以上的解释提供了依据。这就是说，我们的出发点应该是，马克思在对社会发展问题进行新的理论探索的基础上第一次提出了这个概念。而他不再使用这个术语，重要原因就是对历史的认识有了发展和改变。我们探索马克思对人类社会研究的历史，就应该弄清概念的内容。

本文的"主线"就是上述的方法。

Ⅱ．原始公社社会的发现

……

2. 马克思理论观点的发展和毛勒

第二个问题，哈克斯特豪森的发现和毛勒的证明是在什么时候和如何为马克思和恩格斯所接受，并纳入了他们的社会发展理论。这是了解马克思从《雇佣劳动和资本》到《〈政治经济学批判〉序言》在人类历史看法方面进展情况的关键因素之一。

哈克斯特豪森关于俄国土地公社所有制的著作于1866年发表于莱比锡，因此，在马克思写作《〈政治经济学批判〉序言》时还来不及问世。作者是普鲁士的顾问，亲俄分子。马克思在《福格特先生》（1860年）一书的政治论战的部分中，顺便提到过他：哈克斯特豪森这个"非常同情信奉东正教的沙皇以及俄国一切事物"的人。① 有的日本学者认为，马克思得到并开始阅读哈克斯特豪森的书，是直到1875年4月间，那时他开始认真研究俄国。

毛勒的著作情况如何呢？他对古代日耳曼人土地制度进行了调查研究，后来这些材料汇编为12卷（1854年—1871年），但是离开德国、

---

① 参见《马克思恩格斯全集》第14卷，北京：人民出版社1964年版，第542页。

流寓伦敦的马克思当时并没有看到；马克思是在晚得多，即在六十年代后半期，才得知这些材料。

1868年3月14日马克思写信给恩格斯说："在博物馆里，我除钻研其他著作外，还钻研了老毛勒（前巴伐利亚枢密官，曾当过希腊摄政，并且是远在乌尔卡尔特之前最早揭露俄国的人之一）关于**德国的马尔克、乡村等等制度**的近著。他详尽地论证了土地私有制只是后来才产生的，等等。……我说过，欧洲各地的亚细亚的或印度的所有制形式都是原始形式，这个观点在这里（虽然毛勒对此毫无所知）再次得到了证实。"①

马克思和恩格斯的下一次通信也提到了毛勒②，但这里重要的是，马克思认为毛勒的研究并不是对人类历史上存在过原始公社时代的第一个发现，而只是把这看成是自己提出的观点"新的证明"。

这表明，马克思在了解毛勒和哈克斯特豪森的一系列具体研究情况之前，就达到了理解早于古代社会的原始公社社会的程度。这个观点是什么地方论述的呢？

马克思在《政治经济学批判》第一章《商品》中，为了说明商品生产的特殊性，把商品生产同以前的"农村家长制生产"或"中世纪的徭役制或代役制"作了比较，他接着说："最后，我们看一下一切文明民族的历史初期自然发生的共同劳动。这里，劳动的社会性显然不是通过个人劳动采取一般性这种抽象形式，或者个人产品采取一个一般等价物的形式。成为生产前提的公社，使个人劳动不能成为私人劳动，使个人产品不能成为私人产品，相反，它使个人劳动直接表现为社会机体的一个肢体的机能。"③

接着，他在为正文作的注释中概述了他对人类社会的各种原始状态

---

① 《马克思恩格斯文集》第10卷，北京：人民出版社2009年版，第281—282页。
② 参见《恩格斯致马克思》（1868年3月19日），《马克思恩格斯全集》第32卷，北京：人民出版社1974年版，第48页；《马克思致恩格斯》（1868年3月25日），《马克思恩格斯文集》第10卷，北京：人民出版社2009年版，第283—284页。
③ 《马克思恩格斯全集》第31卷，北京：人民出版社1998年版，第425—426页。

进行的研究。这就是在给恩格斯的信中提到的,被毛勒再次证实了的观点。

"近来流传着一种可笑的偏见,认为**原始的**公有制的形式是斯拉夫人特有的形式,甚至只是俄罗斯的形式。这种原始形式我们在罗马人、日耳曼人、克尔特人那里都可以见到,直到现在我们还能在印度人那里遇到这种形式的一整套图样,虽然其中一部分只留下残迹了。仔细研究一下亚细亚的、尤其是印度的公有制形式,就会证明,从原始的公有制的不同形式中,怎样产生出它的解体的各种形式。"①

从上面的引文可以看出,马克思早在了解到毛勒的研究成果以前,就得出了关于人类社会前史的如下结论。

1. "一切文明民族"在历史初期都经过一个"原始形式的公社劳动"的阶段。这种公社劳动以原始公社为前提,因为"个人劳动直接表现为社会机体的一个肢体的机能"。

2. 原始公社所有制形式适合原始社会,这种形式现在虽然一部分只留下了残迹,但是在印度人那里还可以看见。现在存于亚洲、特别是存在于印度的公社,是"一切文明民族"在历史初期都有过的社会形式的一种"典型"。

3. 即使在欧洲,历史也是从亚细亚的,特别是印度的公社形式(以及与此相应的社会制度)开始的。更详细的研究显然表明,罗马或者日耳曼私有制的不同典型,都脱胎于亚细亚的(印度的)公社形式,是它的解体的各种形式。

原始公社制度是人类"历史初期"所共有的,这个结论表明,马克思和恩格斯修改了他们在十九世纪四十年代形成的对历史的看法,那时他们正写作《德意志意识形态》、《共产党宣言》和《雇佣劳动与资本》。这是一个划时代的发现,因为从此以后人类社会的发展史确实必须根本改写了。

---

① 《马克思恩格斯全集》第31卷,北京:人民出版社1998年版,第426页注释①。

根据马克思已发表的全部著作来看，马克思第一次讲出这个观点是在《政治经济学批判》这一著作中。马克思在《序言》中总结人类全部历史经过的道路时，自然会以扼要的形式列入自己在该书的基本部分所论述的关于"一切文明民族"历史开始阶段的新发现。关于这个著名原理发展问题的历史，情况就是：从1849年《雇佣劳动与资本》一书中的"古代社会——封建社会——资产阶级社会"这个公式，到"亚细亚的、古代的、封建的和现代资产阶级的生产方式"。在1859年《〈政治经济学批判〉序言》中加上了一个新的、"亚细亚的"历史阶段。

由此只能得出一个结论：马克思把"亚细亚生产方式"这几个字仅仅用来定义人类社会的最初发展阶段——原始共产主义社会。

在详细论证这个结论之前，我们应该指出，这个结论可以使某些同亚细亚生产方式问题有关的疑问得到解答。第一，为什么马克思在提出像亚细亚生产方式这样一个新的范畴时，没有"立即"说明它的内容？不过，我们已经知道，马克思提出这个范畴时并不是没有加以说明，在我们谈的这一著作的基本部分（指《政治经济学批判》一书的正文——译者注）中他解释说，存在于亚洲的原始公社是人类社会共同的最初形式，"一切文明民族"通过这种形式开始了历史的初期。然后他将这个范畴引入了《序言》中排列的人类发展依次更迭的阶段的图式。

第二，为什么马克思把"亚细亚生产方式"这一术语用于"一切文明民族"历史中都存在的原始公社社会？这反映了当时的历史状况。当时虽然知道亚洲存在着构成原始共产主义社会基础的原始公社，但是要把它理解为"一切文明民族"历史的开端，则仅仅处于马克思理论结论的水平，尚需用以后的"详细研究"来论证。

Ⅲ. 从印度公社到世界历史的假设

在这一部分，我们的基本任务就是用历史编纂学的方法来表明，马克思自己在十九世纪五十年代的研究进程中是如何接近上述发现的。

1853 年对印度的研究和 1857—1858 年写的《经济学手稿》是马克思历史研究的重要阶段。

1. 在印度发现的亚细亚公社

1853 年，马克思特别关心亚洲国家的各种问题，研究关于这些国家历史和经济的著作和文件。其所以如此，主要是因为接连发生的一系列事件表明，亚洲国家的问题同欧洲的局势有很深刻的政治的和经济的相互关系：中国的"太平天国"革命、英国议会关于东印度公司问题的辩论等。在《马克思恩格斯全集》的《生平事业年表》（1853 年 4 月—5 月）中写道："马克思对亚洲殖民地国家和附属国家的历史和发展前途很有兴趣，他阅读了麦克-库洛赫、克列姆、贝尔尼埃、萨尔梯柯夫等人的作品以及其他一些有关印度和中国的历史和经济的著作，并作了摘录。由于英国议会要讨论印度的管理问题，马克思研究了议会的蓝皮书和东印度公司的历史。"① 这种研究的成果，反映在马克思当年参加撰稿的《纽约每日论坛报》的文章中，而要了解马克思读了些什么书以及如何进行研究，很值得读读他就这个问题同恩格斯的来往书信。

1853 年 6 月，马克思在给恩格斯的信中提起了东方各国古代史的问题，建议他读贝尔尼埃的《游记》（1830 年），② 认为这是关于东方城市形成的出色的札记，同时他还从贝尔尼埃的书中引出了不存在土地私有制的问题，认为这是了解东方天国的一把"真正的钥匙"。

"贝尔尼埃正确地看到，东方（他指的是土耳其、波斯、印度斯坦）一切现象的基础是**不存在土地私有制**。这甚至是了解东方天国的一把真正的钥匙。"③

恩格斯对于不存在土地私有制是"了解整个东方的一把钥匙"的看法表示同意。同时他认为，这"主要是由于气候和土壤的性质，特别是由于大沙漠地带，这个地带从撒哈拉起横贯阿拉伯、波斯、印度

---

① 《马克思恩格斯全集》第 9 卷，北京：人民出版社 1961 年版，第 700 页。
② 贝尔尼埃：《大莫卧尔、印度斯坦、克什米尔王国等国游记》。——译者注
③ 《马克思恩格斯文集》第 10 卷，北京：人民出版社 2009 年版，第 112 页。

和鞑靼直到亚洲高原的最高地区"。① 他提出，在这些地区农业的第一个条件是人工灌溉，而这是村社、省或中央政府的事。马克思采纳了恩格斯的意见并继续进行研究，在注明日期为6月14日的信里告诉恩格斯，在印度发现了亚细亚公社——东方一切特有现象的社会基础。

"亚洲这一地区的停滞性质（尽管有政治表面上的各种无效果的运动），完全可以用下面两种相互促进的情况来解释：（1）公共工程是中央政府的事情；（2）……整个国家（几个较大的城市不算在内）分为许多村社，它们有完全独立的组织，自成一个小天地。"②

正是全部土地归村社（公社）所有这一情况，成为东方不存在土地私有制的真正原因。接着，马克思引用1812年英国议会下院报告书中的一段话，描述了这种村社（公社）的状况。③

马克思在6月25日《纽约每日论坛报》上发表的《不列颠对印度的统治》一文中，运用恩格斯在上面那封信里的看法，继续研究他发现的印度公社。不久以后马克思在这家报纸上发表了一系列关于印度的文章。

可见，马克思在1853年研究东方各国的时候，第一次接触到印度公社，加强了自己关于亚细亚公社的意见。很清楚，马克思以后在谈到原始公社时，首先想到的是1853年英国议会报告中的资料。马克思的这种说法没有作什么特别的更改就写进了《资本论》（第1卷，第12章《分工和工场手工业》）。④

不过，跟踪研究马克思观点的发展，必须懂得，1853年对印度公社的看法同以后展开的理论论述相比，有某些特别的局限。

第一，马克思虽然发现了亚细亚公社，但当时他仍把这种公社当做由东方特殊的气候和地理条件决定的亚洲特有的现象。

---

① 《马克思恩格斯文集》第10卷，北京：人民出版社2009年版，第113页。
② 同上书，第117页。
③ 参见《马克思恩格斯文集》第10卷，北京：人民出版社2009年版，第117页。
④ 参见《马克思恩格斯文集》第5卷，北京：人民出版社2009年版，第413—415页。

第二，马克思基本上是从印度公社作为亚细亚专制主义和停滞的牢固基础这个观点来研究印度公社的社会作用的。他在《不列颠在印度的统治》一文中写道："我们不应该忘记，这些田园风味的农村公社不管看起来怎样祥和无害，却始终是东方专制制度的牢固基础，它们使人的头脑局限在极小的范围内，成为迷信的驯服工具，成为传统规则的奴隶，表现不出任何伟大的作为和历史首创精神……"

"的确，英国在印度斯坦造成社会革命完全是受极卑鄙的利益所驱使，而且谋取这些利益的方式也很愚蠢。但是问题不在这里。问题在于，如果亚洲的社会状态没有一个根本的革命，人类能不能实现自己的使命？如果不能，那么，英国不管犯下多少罪行，它造成这个革命毕竟是充当了历史的不自觉的工具。"①

很明显，这里谈的观点同马克思比较晚的时候的观点是很不同的，他后来把亚细亚公社看成是原始的无阶级的、共产主义社会的形式。

2. 分析《经济学手稿》

……在结束这一节时要指出一点，马克思在《草稿》中描写的历史过程，是根据当时具有的关于不同公社和所有制形式的知识所作的理论假设和归纳。当时马克思并没有掌握关于变形和过渡的实际过程的具体研究资料。稍后由毛勒、柯瓦列夫斯基和摩尔根进行了这种广泛的经验的研究。我们不得不对马克思的天才的洞察力一再惊叹和为之折服。他运用主要的工具即理论分析的力量，预见到了这些研究结果。从自己掌握的有限的资料中引出了重大的结论，即一切文明民族在历史之初都存在过亚细亚的原始公社的社会，正是从这种社会中后来产生出其他形式的公社。列宁当时在谈到马克思的历史唯物主义时写道，开始时这只是马克思的天才的假设，从《资本论》问世以后，这已经不再是假设，而由科学证明了的原理。②从这个意义上说，马

---

① 《马克思恩格斯文集》第 2 卷，北京：人民出版社 2009 年版，第 683 页.
② 参见《列宁全集》第 1 卷，北京：人民出版社 1984 年版，第 108—113 页.

克思关于原始共产主义社会的结论在 1859 年暂时还只是一个天才的假设。

Ⅳ.《资本论》和《反杜林论》

……

2. 毛勒以后——《反杜林论》

前面已经说过,马克思初次谈到毛勒的著作是在 1868 年。除了已经提到过的毛勒写于 1854 和 1856 年的两部著作以外,1862—1863 年毛勒的 4 卷本《德国的领主庄园、农户及农户制度史》,1865—1866 年两卷本的《德国乡村制度史》都已问世。可以设想,马克思研究了所有这些调查结果。在这些著作中,亚细亚的、共同的土地所有制被广泛的、实际的材料所证实,而马克思关于"亚细亚的或印度的所有制形式在欧洲到处都是原始的形式"的观点则得到了"新的证明"。马克思关于人类历史最早阶段的原始公社社会的天才预见得到了历史事实的证明。①

从马克思给恩格斯和其他朋友的信中可以看出,马克思继续在进行研究,而且越来越相信自己是正确的。试举一个最能说明问题的例子。马克思在 1870 年 2 月 17 日给库格曼的信中写道:

"正像我在我的著作中多次指出的那样,它起源于**印度**,因而在欧洲各文明民族发展的初期都可以看到。俄国公社所有制的特殊的**斯拉夫的**(不是蒙古的)形态(它也可以在**非俄罗斯的南方斯拉夫人**中看到),经过相应的改变,甚至与印度公社所有制的**古代德意志**的变种极为相像。"②

---

① 正是马克思和恩格斯才能从人类社会发展理论的视角出发,全面估价毛勒成就的真正意义。马克思在 1868 年 3 月 19 日写信给恩格斯说:"老毛勒的著作很好;但奇怪的是,有关这些问题的不少材料早就有了,而教授先生们使用得太少。"(《马克思恩格斯全集》第 32 卷,北京:人民出版社 1974 年版,第 48 页)可见,把毛勒弄清楚的史实用关于人类历史中原始公社社会的地位正确结合起来这一任务,只有马克思一个人有能力承担,因为他已经在自己的历史分析的结论中,达到了这个结论。

② 《马克思恩格斯文集》第 10 卷,北京:人民出版社 2009 年版,第 320 页。

马克思在 1873 年 3 月 22 日给丹尼尔逊的信中写道：

"如果您能告诉我**一些**关于契切林对俄国公社土地占有制的历史发展的看法以及他在这个问题上和别利亚耶夫的论战的**情况**，我将非常感谢。关于这种占有制形式在俄国（历史地）形成的途径问题，当然是次要的，它和关于这个制度的意义问题不能相提并论。但是，像柏林教授阿·瓦格纳等等一类的德国反动分子，都在利用契切林提供给他们的这个武器。同时，历史上一切类似的现象都说明与契切林的看法相反。这个制度在所有其他国家是自然地产生的，是各个自由民族发展的必然阶段，而在俄国，这个制度怎么会是纯粹作为国家的措施而实行，并作为农奴制的伴随现象而发生的呢？"①

可见，原始社会的面貌日益清楚，以及原始公社社会到处都是"各个自由民族发展的必然阶段"这点已为科学所证实，这两点成为极其重要的因素，使得以唯物史观为基础的社会发展理论提到了更高的、理论上完满的发展阶段。

我们认为，这里问题已经再清楚不过了。《〈政治经济学批判〉序言》中出现的"亚细亚生产方式"这个概念，从十九世纪七十年代开始从马克思和恩格斯著作中消失，并不是因为马克思体现在这个概念中的观点被迫作了更改，正好相反，是因为这种观点在人类历史的范围内得到了证实。更确切些说，这个概念并没有消失，而是用另一个更准确的、直接反应出这个范畴的社会内容本身的定义取代了。

V. 马克思最后的研究

马克思在自己生命的最后几年仍在努力研究原始公社社会。从各种情况看，他遗留下来有阅读其他作者书籍的大量资料。其中占中心位置的是一些详细的批注和笔记，这是他于 1879—1881 年间阅读马·柯瓦列夫斯基《公社土地占有制，其解体的原因，进程和结果》（第 1 册）（1879 年版）时作的笔记，书中研究了美洲印第安人以及印度和阿尔及

---

① 《马克思恩格斯全集》第 33 卷，北京：人民出版社 1973 年版，第 577 页。

利亚的公社土地所有制及其解体过程,以及阅读路·摩尔根《古代社会》(1877年版)时作的笔记,这本书根据新旧大陆的资料描绘了原始社会内部组织发展的情景。① 这些书中汇集的丰富资料拓宽了原始社会研究者的视野,以前他们主要局限于欧洲和亚洲,而现在,研究资料已经遍及北美和南美,甚至还有北非的地区。资料表明,原始公社社会在全球范围内标志着人类历史的起点。同时,这些资料也使我们得以更详细地研究原始公社社会内部结构,它发展和解体的阶段,以及它的变形和向阶级社会的过渡。

马克思的研究因为他在1883年逝世而中断了。大家知道,在他去世后的第二年,就是在1884年2月,恩格斯在马克思的遗稿中发现了摩尔根《古代社会》一书的笔记,并认为完成故人马克思未竟的愿望是他的责任,而且着手写《家庭、私有制和国家的起源》,并于同年五月完成。

此外,《给维·伊·查苏利奇的信》的三个草稿具有重要的意义,其中马克思亲自标示出了由他根据最新研究的结果制定的理论所应发展的基本方向。

1881年2月16日查苏利奇写信给马克思,请他讲讲对俄国农村公社命运的看法,特别要讲农村公社是否不可避免地会因为资本主义的发展而被破坏。在复这封信的过程中,马克思写了四个草稿。第四稿最简短,实际上同马克思给收信人的复信一样;而其他三个草稿中,马克思继续发挥自己关于原始公社社会和人类历史的观点。马克思作柯瓦列夫斯基著作的笔记,是在1879年10月到1880年10月期间,而从1880年底到1881年3月初,马克思在作摩尔根著作的笔记(据《马克思恩格斯全集》的注释),马克思给查苏利奇复信的日期则标的是1881年3月8日。从这样的时间顺序,可以有把握地假设,马克思在回信中阐述的观点,在一定程度上反映了他对上述两本书进行细致的考证研究的结果。

在寄给查苏利奇的信的末尾部分,扼要地用一句话对她提出的问题

---

① 参见《马克思恩格斯全集》第45卷,北京:人民出版社1985年版,第328—571页。

作了直接回答。马克思指出,《资本论》中在分析西欧资本主义生产的产生时提出的原理,不适用于俄国这样一个继续存在公社的地方,他写到公社在俄国社会新生中的作用时说:"……我根据自己找到的原始材料对此进行的专门研究使我深信:这种农村公社是俄国社会新生的支点;可是要使它能发挥这种作用,首先必须排除从各方面向它袭来的破坏性影响,然后保证它具备自然发展的正常条件。"①

可见,第一,马克思在三个信稿中更深入地探讨了人类历史中存在时间最久的原始公社社会历史本身,区分出它的一系列发展阶段,这些阶段的类型和存在时间的长短各不相同。信稿中同时还确定了俄国公社同历史上存在过的其他公社在发展阶段上的共同性,还试图既说明这种公社的生命力,也说明其内在的矛盾,而且还说明公社发挥作用和解体是合乎规律的。

"(1)原始公社的生命力比闪米特人社会、希腊社会、罗马社会以及其他社会……的生命力要强大得多;(2)它们衰落的原因,是那些阻碍它们越过一定发展阶段的经济条件,是和今日俄国公社的历史环境毫无相似之处的历史环境。"②

"古代社会形态……表现为一系列不同的、标志着依次更迭的时代的类型。俄国农村公社属于这一链条中最近的类型。"③

"并不是所有的原始公社都是按照同一形式建立起来的。相反,从整体上看,它们是一系列社会组织,这些组织的类型、生存的年代彼此都不相同,标志着依次进化的各个阶段。**俄国的公社**就是通常称作**农业公社**的一种类型。"④

第二,马克思在科学语言中引进了新的概念——"原生的形态"和"次生的形态",它们等同于原始公社社会(原始社会本身又是一系列依次更迭的发展台阶)和一些社会形态——奴隶制形态、封建形态和

---

① 《马克思恩格斯文集》第3卷,北京:人民出版社2009年版,第590页。
② 同上书,第581页。
③ 《马克思恩格斯全集》第25卷,北京:人民出版社2001年版,第472—473页。
④ 《马克思恩格斯文集》第3卷,北京:人民出版社2009年版,第584页。

资本主义形态；他粗线条地描绘了人类历史的画卷，描绘了从"原生的形态"向"次生的形态"的过渡，亦即从"以公有制为基础的社会"向"以私有制为基础的社会"的过渡。

"农业公社既然是原生的社会形态的最后阶段，所以它同时也是向次生形态过渡的阶段，即以公有制为基础的社会向以私有制为基础的社会的过渡。不言而喻，次生形态包括建立在奴隶制上和农奴制上的一系列社会。"①

最后，第三，马克思更明确地指出了原始公社社会的共产主义性质，并且表明了自己思想的一个新的转变，即把未来的社会主义、共产主义社会说成是向更高形式的公有制的复归：

"……资本主义制度正经历着危机，这种危机只能随着资本主义的消灭，随着现代社会回复到'古代'类型的公有制而告终，这种形式的所有制，或者像一位美国著作家（这位著作家是不可能有革命倾向的嫌疑，他的研究工作曾得到华盛顿政府的支持）所说的，现代社会所趋向的'新制度'，将是'古代类型社会在一种高级的形式下（in a superior form）的复活（a revival）'。"②

"欧洲和美洲的一些资本主义生产最发达的民族，正力求打碎它的枷锁，以合作生产来代替资本主义生产，以古代类型的所有制**最高形式**即共产主义所有制来代替资本主义所有制。"③

可见，根据马克思去世前得出的关于人类社会发展的概念，人类的历史是社会发展的漫长的过程，从非阶级社会（原生的形态）经过阶级社会（次生的形态）发展到人类的"真正的历史"，发展到在生产和文化高度发达的阶段上向公共所有制和非阶级社会（共产主义社会）的复归。这样的历史观认为，人类的基本生活方式，不论过去和将来都是非阶级的公社共同体（共产主义社会），而阶级社会从整个人类历史来看，只不过是沟通非阶级社会的古代形式和它的更高级形式的、非常短暂的一瞬。

---

① 《马克思恩格斯文集》第3卷，北京：人民出版社2009年版，第586页
② 同上书，第572页。
③ 《马克思恩格斯全集》第25卷，北京：人民出版社2001年版，第472页。

附录Ⅱ

马克思恩格斯"论东方村社"主要文本国内外出版发行情况

表1 马克思恩格斯俄国村社论主要文本国内外出版发行情况

作者	文章题目	写作时间	语言	国外首次发表情况	国内首次翻译发表情况	《马克思恩格斯全集》中文第1版	《马克思恩格斯全集》中文第2版	《马克思恩格斯文集》
恩格斯	论俄国的社会问题	1875年3月底—4月中	德文	载1875年4月16、18、21日《人民国家报》第43、44、45号	柯柏年、艾思奇、景林等译:《马恩通信选集》,延安:解放社1939年6月版	《马克思恩格斯全集》第18卷,北京:人民出版社1964年版,第610—623页		《马克思恩格斯文集》第3卷,北京:人民出版社2009年版,第389—402页
恩格斯	《论俄国的社会问题》一书导言	1875年5月下半月	德文	载《论俄国的社会问题》1875年莱比锡版	柯柏年、艾思奇、景林等译《马恩通信选集》(其中对这篇文章进行了摘译),延安:解放社1939年6月版	《马克思恩格斯全集》第18卷,北京:人民出版社1964年版,第641—644页	《马克思恩格斯全集》第25卷,北京:人民出版社2001年版,第34—37页	

395

（续表）

作者	文章题目	写作时间	语言	国外首次发表情况	国内首次翻译发表情况	《马克思恩格斯全集》中文第1版	《马克思恩格斯全集》中文第2版	《马克思恩格斯文集》
马克思	给《祖国纪事》杂志编辑部的信	1877年10月—11月	法文	第一次用俄文发表于1886年日内瓦《民意导报》（日内瓦）第5期	林超真译：《马克思恩格斯书信选》，上海：亚东出版社1949年9月版	《马克思恩格斯全集》第19卷，北京：人民出版社1963年版，第126—131页	《马克思恩格斯全集》第25卷，北京：人民出版社2001年版，第140—146页	《马克思恩格斯文集》第3卷，北京：人民出版社2009年版，第463—467页
马克思	《给维·伊·查苏利奇的复信》及其四个草稿	1881年2月18日—3月8日	法文	第一次用俄文发表于《马克思恩格斯文库》1924年版第1卷	张广达译，何许校：《答维·查苏利奇的信和草稿》（收录复信和一、二、三稿），载《史学译丛》1955年第3期	《马克思恩格斯全集》第19卷（收录信和一、二、三稿），北京：人民出版社1963年版，第268—269、430—452页	《马克思恩格斯全集》第25卷（收录一、二、三、四稿和复信），北京：人民出版社2001年版，第453—483页	《马克思恩格斯文集》第3卷（收录一、三稿和复信），北京：人民出版社2009年版，第570—590页
马克思	关于俄国一八六一年改革和改革后的发展的札记	1881—1882年	德文和英文	第一次用俄文发表于《马克思恩格斯文库》1952年版第12卷	《马克思恩格斯全集》第19卷，北京：人民出版社1963年版，第453—477页	《马克思恩格斯全集》第19卷，北京：人民出版社1963年版，第453—477页		

（续表）

作者	文章题目	写作时间	语言	国外首次发表情况	国内首次翻译发表情况	《马克思恩格斯全集》中文第1版	《马克思恩格斯全集》中文第2版	《马克思恩格斯文集》
马克思 恩格斯	《共产党宣言》俄文第二版序言	1882年1月21日	德文	第一次用俄文发表于1882年2月5日《民意》杂志第8—9期	博古译：《共产党宣言》，延安：延安解放社1943年8月版	《马克思恩格斯全集》第19卷，北京：人民出版社1963年版，第325—326页	《马克思恩格斯全集》第25卷，北京：人民出版社2001年版，第547—548页	《马克思恩格斯文集》第2卷，北京：人民出版社2009年版，第7—8页
恩格斯	俄国沙皇政府的对外政策	1889年12月23日—1890年2月底	德文	用俄文发表于1890年2月和8月《社会民主党人》杂志第1期和第2期；在此期间，曾用德文全文发表于《新时代》1890年第5期	《马克思恩格斯全集》第22卷，北京：人民出版社1965年版，第13—57页	《马克思恩格斯全集》第22卷，北京：人民出版社1965年版，第13—57页		《马克思恩格斯文集》第4卷，北京：人民出版社2009年版，第351—394页

（续表）

作者	文章题目	写作时间	语言	国外首次发表情况	国内首次翻译发表情况	《马克思恩格斯全集》中文第1版	《马克思恩格斯全集》中文第2版	《马克思恩格斯文集》
恩格斯	《〈人民国家报〉国际问题论文集（1871—1875）》序	1894年1月3日	德文	载《〈人民国家报〉国际问题论文集（1871—1875）》1894年柏林版	《马克思恩格斯全集》第22卷，北京：人民出版社1965年版，第488—491页	《马克思恩格斯全集》第22卷，北京：人民出版社1965年版，第488—491页		《马克思恩格斯文集》第4卷，北京：人民出版社2009年版，第447—450页
恩格斯	《论俄国的社会问题》跋	1894年1月上半月	德文	载《〈人民国家报〉国际问题论文集(1871—1875)》1894年柏林版	《马克思恩格斯全集》第22卷，北京：人民出版社1965年版，第494—510页	《马克思恩格斯全集》第22卷，北京：人民出版社1965年版，第494—510页		《马克思恩格斯文集》第4卷，北京：人民出版社2009年版，第451—467页
马克思恩格斯	马克思恩格斯与俄国政治活动家通信集	1846年—1895年	法文和德文等	该通信集即苏联1967年出版的《马克思恩格斯与俄国革命》的第二部分	《马克思恩格斯与俄国政治活动家通信集》，北京：人民出版社1987年版			

表2 马克思恩格斯论中国主要文本国内外出版发行情况

作者	文章题目	写作时间	语言	国外首次发表情况	国内首次翻译发表情况	《马克思恩格斯全集》中文第1版	《马克思恩格斯全集》中文第2版	《马克思恩格斯文集》
马克思	中国革命和欧洲革命	1853年5月31日前后	英文	作为社论载1853年6月14日《纽约每日论坛报》第3794号	李大钊译：《马克思的中国民族革命观》，载《政治生活》1926年5月第76期	《马克思恩格斯全集》第9卷，北京：人民出版社1961年版，第109—116页	《马克思恩格斯全集》第12卷，北京：人民出版社1998年版，第113—120页	《马克思恩格斯文集》第2卷，北京：人民出版社2009年版，第607—614页
马克思	俄国的对华贸易	1857年3月18日前后	英文	作为社论载1857年4月7日《纽约每日论坛报》第4981号	严中平译：《俄国与中国》（即《俄国的对华贸易》），载《新建设》1953年9月号	《马克思恩格斯全集》第12卷，北京：人民出版社1962年版，第166—168页	《马克思恩格斯全集》第16卷，北京：人民出版社2007年版，第80—83页	《马克思恩格斯文集》第2卷，北京：人民出版社2009年版，第615—617页
马克思	英人在华的残暴行动	1857年3月22日前后	英文	作为社论载1857年4月10日《纽约每日论坛报》第4984号	方乃宜译：《马克思恩格斯论中国》，武汉：中国出版社1938年3月版；延安：解放社1938年5月版	《马克思恩格斯全集》第12卷，北京：人民出版社1962年版，第175—178页	《马克思恩格斯全集》第16卷，北京：人民出版社2007年版，第90—93页	《马克思恩格斯文集》第2卷，北京：人民出版社2009年版，第618—621页

(续表)

作者	文章题目	写作时间	语言	国外首次发表情况	国内首次翻译发表情况	《马克思恩格斯全集》中文第1版	《马克思恩格斯全集》中文第2版	《马克思恩格斯文集》
恩格斯	波斯和中国	1857年5月20日前后	英文	载1857年6月5日《纽约每日论坛报》第5032号	译者不详，载中央苏区《斗争》1934年7月21日第68期	《马克思恩格斯全集》第12卷，北京：人民出版社1962年版，第228—234页	《马克思恩格斯全集》第16卷，北京：人民出版社2007年版，第142—148页	《马克思恩格斯文集》第2卷，北京：人民出版社2009年版，第622—628页
马克思	鸦片贸易史（一、二）	1858年8月31日—9月3日	英文	作为社论载1858年9月20日和25日《纽约每日论坛报》第5433号和5438号	方乃宜译：《马克思恩格斯论中国》，武汉：中国出版社1938年3月版，延安：解放社1938年5月版	《马克思恩格斯全集》第12卷，北京：人民出版社1962年版，第584—591页		《马克思恩格斯文集》第2卷，北京：人民出版社2009年版，第629—636页
马克思	英中条约	1858年9月10日	英文	作为社论载1858年10月5日《纽约每日论坛报》第5446号	方乃宜译：《马克思恩格斯论中国》，武汉：中国出版社1938年3月版，延安：解放社1938年5月版	《马克思恩格斯全集》第12卷，北京：人民出版社1962年版，第600—605页		《马克思恩格斯文集》第2卷，北京：人民出版社2009年版，第637—642页

(续表)

作者	文章题目	写作时间	语言	国外首次发表情况	国内首次翻译发表情况	《马克思恩格斯全集》中文第1版	《马克思恩格斯全集》中文第2版	《马克思恩格斯文集》
马克思	中国和英国的条约	1858年9月28日	英文	载1858年10月15日《纽约每日论坛报》第5445号	方乃宜译：《马克思恩格斯论中国》，武汉：中国出版社1938年3月版；延安：解放社1938年5月版	《马克思恩格斯全集》第12卷，北京：人民出版社1962年版，第621—626页		《马克思恩格斯文集》第2卷，北京：人民出版社2009年版，第643—648页
恩格斯	俄国在远东的成功	1858年10月25日前后	英文	作为社论载1858年11月18日《纽约每日论坛报》第5484号	方乃宜译：《马克思恩格斯论中国》，武汉：中国出版社1938年3月版；延安：解放社1938年5月版	《马克思恩格斯全集》第12卷，北京：人民出版社1962年版，第661—665页		《马克思恩格斯文集》第2卷，北京：人民出版社2009年版，第649—653页
马克思	新的对华战争（一、二、三、四）	1859年9月13、16、20和30日	英文	载1859年9月27日，10月1、10和18日《纽约每日论坛报》第5750、5754、5761和5768号	方乃宜译：《马克思恩格斯论中国》，武汉：中国出版社1938年3月版；延安：解放社1938年5月版	《马克思恩格斯全集》第13卷，北京：人民出版社1962年版，第568—585页		《马克思恩格斯文集》第2卷，北京：人民出版社2009年版，第654—671页

（续表）

作者	文章题目	写作时间	语言	国外首次发表情况	国内首次翻译发表情况	《马克思恩格斯全集》中文第1版	《马克思恩格斯全集》中文第2版	《马克思恩格斯文集》
马克思	对华贸易	1859年11月中	英文	载1859年12月3日《纽约每日论坛报》第5808号	方乃宜译:《马克思恩格斯论中国》,武汉:中国出版社1938年3月版;延安:解放社1938年5月版	《马克思恩格斯全集》第13卷,北京:人民出版社1962年版,第601—605页		《马克思恩格斯文集》第2卷,北京:人民出版社2009年版,第672—676页

表3 马克思恩格斯印度村社论主要文本国内外出版发行情况

作者	文章题目	写作时间	语言	国外首次发表情况	国内首次翻译发表情况	《马克思恩格斯全集》中文第1版	《马克思恩格斯全集》中文第2版	《马克思恩格斯文集》
马克思	不列颠在印度的统治	1853年6月7日—10日之间	英文	载1853年6月25日《纽约每日论坛报》第3804号	丁宗恩编译:《论弱小民族》,上海:北社1940年5月版	《马克思恩格斯全集》第9卷,人民出版社1961年版,第143—150页	《马克思恩格斯全集》第12卷,北京:人民出版社1998年版,第137—144页	《马克思恩格斯文集》第2卷,北京:人民出版社2009年版,第677—684页
马克思	不列颠统治印度的未来结果	1853年7月22日	英文	载1853年8月8日《纽约每日论坛报》第3840号	丁宗恩编译:《论弱小民族》,上海:北社1940年5月版	《马克思恩格斯全集》第9卷,人民出版社1961年版,第246—252页	《马克思恩格斯全集》第12卷,北京:人民出版社1998年版,第245—252页	《马克思恩格斯文集》第2卷,北京:人民出版社2009年版,第685—691页

附录Ⅲ 延伸阅读书目

(一) 马克思主义著作

1. 《马克思恩格斯列宁斯大林论沙皇俄国》，北京：人民出版社1977年版。

2. 《马克思恩格斯论中国》，北京：人民出版社1997年版。

3. 《马克思恩格斯与俄国政治活动家通信集》，北京：人民出版社1987年版。

4. 崔建民主编：《马克思恩格斯列宁斯大林论西亚北非》，北京：中国社会科学出版社2010年版。

5. 恩格斯："关于俄国问题的系列文章"（《论俄国的社会问题》及其导言和跋、《俄国沙皇政府的对外政策》）

6. 恩格斯：《布鲁诺·鲍威尔和原始基督教》

7. 恩格斯：《法德农民问题》

8. 恩格斯：《法兰克时代》

9. 恩格斯：《家庭、私有制和国家的起源》

10. 恩格斯：《论德意志人的古代历史》

11. 恩格斯：《论原始基督教的历史》

12. 恩格斯：《马尔克》

13. 马克思："关于俄国问题的通信和札记"（《关于俄国一八六一年改革和改革后的发展的札记》、《给〈祖国纪事〉杂志编辑部的信》、《给维·伊·查苏利奇的复信》及其四个草稿）

14. 马克思：《东方战争》

15. 马克思：《卡尔·马克思历史学笔记》，北京：中国人民大学出版社 2005 年版。

16. 马克思：《论东方问题》

17. 马克思：《人类学笔记》（《马克思古代社会史笔记》，北京：人民出版社 1996 年版）

18. 马克思：《印度史编年稿》，北京：人民出版社 1957 年版。

19. 马克思：《资本论》

20. 马克思：《资本主义生产以前的各种形式》

21. 马克思恩格斯：《〈共产党宣言〉俄文第二版序言》

22. 马克思恩格斯：《德意志意识形态》

23. 马克思恩格斯：《共产党宣言》

24. 郑秉文主编：《马克思恩格斯列宁斯大林论拉丁美洲》，北京：中国社会科学出版社 2012 年版。

（二）中文参考文献

1. 安启念：《东方国家的社会跳跃与文化滞后——俄罗斯文化与列宁主义问题》，北京：中国人民大学出版社 1994 年版。

2. 白钢编著：《中国封建社会长期延续问题论战的由来与发展》，北京：中国社会科学出版社 1984 年版。

3. 白晓红：《俄国斯拉夫主义》，北京：商务印书馆 2006 年版。

4. 北京图书馆马列著作研究室编：《马克思恩格斯著作中译文综录》，北京：书目文献出版社 1983 年版。

5. 陈海燕：《东方社会发展道路论——从马克思到邓小平》，天津：天津人民出版社 2000 年版。

6. 陈先达：《走向历史的深处——马克思历史观研究》，北京：中国人民大学出版社 2010 年版。

7. 陈先达等：《被肢解的马克思》，上海：上海人民出版社 1990 年版。

8. 董明：《马克思东方社会理论与中国现代化之路》，北京：中国言实出版社 2000 年版。

9. 丰子义：《现代化的理论基础——马克思现代社会发展理论研究》，北京：北京大学出版社 1995 年版。

10. 冯钢：《非西方社会发展理论与马克思》，杭州：浙江人民出版社 1992 年版。

11. 冯景源：《人类境遇与历史时空——马克思〈人类学笔记〉、〈历史学笔记〉研究》，北京：中国人民大学出版社 2004 年版。

12. 付世明：《20 世纪初期俄国村社》，桂林：广西师范大学出版社 2005 年版。

13. 高等学校研究生教材：《马克思社会思想史纲》，北京：社会科学文献出版社 1993 年版。

14. 高崧等编：《马克思主义来源研究论丛》第 11 辑（马克思人类学笔记研究论文集），北京：商务印书馆 1988 年版。

15. 侯外庐：《中国古代社会史论》，石家庄：河北教育出版社 2000 年版。

16. 胡企林等编：《马克思主义来源研究论丛》第 16 辑，北京：商务印书馆 1994 年版。

17. 胡企林等编：《马克思主义来源研究论丛》第 18 辑（纪念恩格斯逝世 100 周年论文集），北京：商务印书馆 1995 年版。

18. 黄凤炎：《马克思主义人类学》，武汉：湖北人民出版社 1993 年版。

19. 黄楠森、庄福龄、林利主编：《马克思主义哲学史》第 3 卷，北京：北京出版社 1991 年版。

20. 贾高建：《当代社会形态问题导论》，北京：中共中央党校出版社 1994 年版。

21. 江丹林：《东方复兴之路——非西方社会发展理论与建设有中国特色社会主义》，广州：广东教育出版社 1996 年版。

22. 江丹林：《马克思的晚年反思——东方社会发展道路与中国特

色社会主义实践》，北京：北京出版社1992年版。

23. 金炳镐主编：《马克思主义民族理论发展史》，北京：中央民族大学出版社2007年版。

24. 靳辉明、荣剑：《超越与趋同——马克思的东方社会理论及其当代思考》，北京：中国人民大学出版社1988年版。

25. 李百玲：《晚年马克思恩格斯交往观研究》，北京：中央编译出版社2009年版。

26. 刘启良：《马克思东方社会理论》，上海：学林出版社1994年版。

27. 鲁凡之：《中国文化发展形态与"亚细亚生产方式"》，香港：精英出版社1983年版。

28. 吕世荣：《马克思社会发展理论研究》，北京：中国社会科学出版社2001年版。

29. 马闪龙、刘建国：《俄国民粹主义及其跨世纪影响》，桂林：广西师范大学出版社2013年版。

30. 孟宪东：《晚年马克思"跨越"思想研究——兼论东方社会主义的历史发展》，北京：当代中国出版社2008年版。

31. 孙伯鍨、曹幼华等：《西方"马克思学"》，南京：江苏人民出版社1992年版。

32. 孙承叔：《打开东方社会秘密的钥匙：亚细亚生产方式与当代社会主义》，上海：东方出版中心2000年版。

33. 孙承叔：《真正的马克思——〈资本论〉三大手稿的当代意义》，北京：人民出版社2009年版。

34. 孙来斌：《"跨越论"与落后国家经济发展道路》，武汉：武汉大学出版社2006年版。

35. 王炳煜、王力：《马克思主义民族思想史》，北京：中央民族大学出版社1998年版。

36. 王东：《马克思学新奠基——马克思哲学新解读的方法论导言》，北京：北京大学出版社2006年版。

37. 王东、陈有进、贾向云：《马列著作在中国出版简史》，福州：福建人民出版社2009年版。

38. 王继荣：《"卡夫丁峡谷"理论与东方社会道路问题再研究——兼论当代社会主义的历史命运与中国特色社会主义》，北京：中国社会科学出版社2004年版。

39. 吴大琨：《吴大琨自选集》，北京：中国人民大学出版社2007年版。

40. 吴晓明、渠敬东、朱必祥：《马克思主义社会思想史》，上海：复旦大学出版社1996年版。

41. 吴泽：《东方社会经济形态史论》，上海：上海人民出版社1993年版。

42. 夏银平：《俄国民粹主义再认识》，广州：中山大学出版社2005年版。

43. 肖黎主编：《20世纪中国史学重大问题论争》，北京：北京师范大学出版社2007年版。

44. 谢霖：《东方社会之路——马克思关于东方社会非资本主义发展的理论》，北京：中国社会科学出版社1992年版。

45. 忻剑飞：《世界的中国观——近二千年来世界对中国的认识史纲》，上海：学林出版社1991年版。

46. 徐素华：《马克思恩格斯著作在中国的传播——MEGA^{2}视野下的文本、文献、语义学研究》，北京：中国社会科学出版社2013年版。

47. 叶险明：《马克思的世界历史理论与现时代》，北京：清华大学出版社1996年版。

48. 尹树广：《晚年马克思历史观的变革》，哈尔滨：黑龙江人民出版社2000年版。

49. 俞可平主编：《马列经典在中国六十年》，北京：中央编译出版社2010年版。

50. 俞良早：《马克思主义东方社会理论研究》，北京：中共中央党校出版社2006年版。

51. 俞良早：《马克思主义东方学》，北京：人民出版社 2011 年版。

52. 俞吾金：《重新理解马克思：对马克思哲学的基础理论和当代意义的反思》，北京：北京师范大学出版社 2005 年版。

53. 张奎良：《马克思的哲学历程》，上海：上海人民出版社 1993 年版。

54. 张雷声：《发展中国家经济发展论》，北京：高等教育出版社 2002 年版。

55. 张凌云：《马克思的社会形态理论与当代社会主义》，武汉：武汉出版社 1999 年版。

56. 张云飞：《跨越"峡谷"——马克思晚年思想与当代社会发展理论》，北京：人民出版社 2001 年版。

57. 赵家祥、丰子义：《马克思东方社会理论的历史考察和当代意义》，北京：高等教育出版 2002 年版。

58. 赵家祥：《马克思主义的社会形态理论简论》，北京：北京大学出版社 1985 年版。

59. 赵尚东：《跨越峡谷——马克思东方社会发展设想与中国特色社会主义》，西安：西北大学出版社 2000 年版。

60. 赵玉兰：《从 MEGA^1 到 MEGA^2 的历程——〈马克思恩格斯全集〉历史考证版的诞生与发展》，北京：中国社会科学出版社 2013 年版。

61. 中国人民大学马列主义发展史研究所编：《马克思恩格斯思想史》，上海：上海人民出版社 1982 年版。

62. 中央编译局马恩室编：《马克思恩格斯著作在中国的传播》，北京：人民出版社 1983 年版。

63. 朱坚劲：《东方社会往何处去——马克思的东方社会理论》，上海社会科学院出版社 1996 年版。

64. 庄福龄主编：《马克思主义史》第 1 卷，人民出版社 1996 年版。

（三）译文参考文献

1. 《马克思主义来源研究论丛》第 15 辑（马克思人类学笔记研究译文集），北京：商务印书馆 1993 年版。

2. 〔美〕C. L. 尤班克斯编：《马克思恩格斯著作目录和马克思主义参考书目》，北京：书目文献出版社 1987 年版。

3. 〔苏〕H. B. 特尔－阿科皮扬：《关于"原生形态"概念的历史（马克思著作中的原始社会概念）》，《马列主义研究资料》1987 年第 2 辑，北京：人民出版社 1987 年版。

4. 〔苏〕P. M. 努烈也夫：《恩格斯论原始公社制度分期的基础》，《马列主义研究资料》1985 年第 2 辑，北京：人民出版社 1985 年版。

5. 〔美〕爱德华·W. 萨义德：《东方学》，北京：生活·读书·新知三联书店 1999 年版。

6. 〔美〕查尔斯·K. 威尔伯：《发达与不发达问题的政治经济学》，北京：中国社会科学出版社 1984 年版。

7. 〔英〕戴维·麦克莱伦：《马克思以后的马克思主义》，北京：中国人民大学出版社 2008 年版。

8. 杜章智编译：《马克思与恩格斯的比较——莱文的〈可悲的骗局：马克思反对恩格斯〉一书的主要观点摘编》，《马列著作编译资料》第 14 辑，北京：人民出版社 1981 年版。

9. 〔苏〕弗·阿多拉茨基主编：《马克思年表》，北京：人民出版社 1982 年版。

10. 〔德〕弗兰茨·梅林：《马克思传》，北京：人民出版社 1965 年版。

11. 郝镇华编：《外国学者论亚细亚生产方式》（上下册），北京：中国社会科学出版社 1981 年版。

12. 〔德〕亨利希·库诺：《马克思的历史、社会和国家学说》第 1、2 卷，北京：商务印书馆 1988 年版。

13. 〔美〕塞缪尔·亨廷顿等：《现代化：理论与历史经验的再探

讨》，上海：上海译文出版社 1993 年版。

14. 〔美〕卡尔·魏特夫：《东方专制主义——对于极权力量的比较研究》，北京：中国社会科学出版社 1989 年版。

15. 〔意〕卡尔拉·帕斯奎内利：《法国和意大利当代文化人类学与马克思主义之间的关系》，《马列主义研究资料》1985 年第 1 辑，北京：人民出版社 1985 年版。

16. 〔美〕拉·杜娜耶夫斯卡娅：《马克思的'新人道主义'、'民族学笔记'和妇女解放》，《马列主义研究资料》1987 年第 2 辑，北京：人民出版社 1987 年版。

17. 〔法〕保尔·拉法格：《财产及其起源》，北京：生活·读书·新知三联书店 1962 年版。

18. 〔法〕保尔·拉法格：《思想起源论——卡尔·马克思的经济决定论》，北京：生活·读书·新知三联书店 1963 年版。

19. 〔苏〕列·阿·列文：《马克思恩格斯著作的发表和出版》，北京：生活·读书·新知三联书店 1975 年版。

20. 〔美〕劳伦斯·克拉德：《〈卡尔·马克思的民族学笔记〉评介》，《马列主义研究资料》1987 年第 2 辑，北京：人民出版社 1987 年版。

21. 〔美〕劳伦斯·克拉德：《恩格斯的民族学著作》，《马列主义研究资料》1985 年第 2 辑，北京：人民出版社 1985 年版。

22. 〔美〕劳伦斯·克拉德：《马克思的民族学笔记》，《马列主义研究资料》1985 年第 1 辑，北京：人民出版社 1985 年版。

23. 〔美〕劳伦斯·克拉德：《作为民族学家的卡尔·马克思》，《马列主义研究资料》1985 年第 1 辑，北京：人民出版社 1985 年版。

24. 〔美〕劳伦斯·克拉德：《恩格斯论东方社会》，《马克思主义来源研究译丛》第 17 辑，北京：商务印书馆 1995 年版。

25. 〔德〕洛尔夫·德鲁贝克、雷纳特·麦科尔：《马克思恩格斯论社会主义社会和共产主义社会》，郑州：河南人民出版社 1990 年版。

26. 〔美〕诺曼·莱文：《辩证法内部对话》，昆明：云南人民出版社1997年版。

27. 〔法〕吕贝尔：《吕贝尔马克思学文集》（上），北京：北京师范大学出版社2009年版。

28. 〔意〕马赛罗·默斯托主编：《马克思的〈大纲〉——〈政治经济学批判大纲〉150年》，北京：中国人民大学出版社2011年版。

29. 〔英〕莫里斯·布洛克：《马克思主义与人类学》，北京：华夏出版社1988年版。

30. 〔美〕诺曼·莱文：《亚细亚复辟的神话》，《马克思主义来源研究论丛》第16辑，北京：商务印书馆1994年版。

31. 〔俄〕普列汉诺夫：《俄国社会思想史》第1、2、3卷，北京：商务印书馆2009年版。

32. 〔俄〕普列汉诺夫：《论艺术》，北京：生活·读书·新知三联书店1964年版。

33. 〔俄〕普列汉诺夫：《马克思主义的基本问题》，北京：人民出版社1957年版。

34. 〔美〕唐纳德·R.凯利：《晚年马克思与人类学》，《马克思主义来源研究论丛》第8辑，北京：商务印书馆1987年版。

35. 〔巴西〕特奥托尼奥·多斯桑托斯：《帝国主义与依附》，北京：社会科学文献出版社1999年版。

36. 〔英〕特雷尔·卡弗：《马克思与恩格斯：学术思想关系》，北京：中国人民大学出版社2008年版。

37. 〔英〕特雷尔·卡弗：《政治性写作：后现代视野中的马克思形象》，北京：北京师范大学出版社2009年版。

38. 〔英〕特里·伊格尔顿：《马克思为什么是对的》，北京：新星出版社2011年版。

39. 〔日〕望月清司：《马克思历史理论的研究》，北京：北京师范大学出版社2009年版。

40. 〔意〕翁贝托·梅洛蒂：《马克思与第三世界》，北京：商务印书馆1981年版。

41. 〔德〕夏瑞春编:《德国思想家论中国》,南京:江苏人民出版社 1995 年版。

42. 〔苏〕伊·安德烈耶夫:《马克思的最后手稿:历史和现实》,《马列主义研究资料》1985 年第 1 辑,北京:人民出版社 1985 年版。

43. 〔澳〕伊恩·卡明斯:《马克思恩格斯与民族运动》,武汉:湖北人民出版社 1983 年版。

44. 〔美〕伊曼纽尔·沃勒斯坦:《现代世界体系》第 1、2、3 卷,北京:高等教育出版社 1998、1998、2000 年版。

45. 中央编译局编译:《回忆恩格斯》,北京:人民出版社 2005 年版。

46. 中央编译局编译:《回忆马克思》,北京:人民出版社 2005 年版。

47. 中央编译局编译:《马克思恩格斯生平事业年表》,北京:人民出版社 1976 年版。

48. 中央编译局国际共运史研究室编译:《俄国民粹派文选》,北京:人民出版社 1983 年版。

(四) 外文参考文献

1. James D. White, *Karl Marx and the intellectual Origins of Dialectical Materialism*, Houndmills, Basingstoke, Hampshire : Macmillan Press ; New York : St. Martin's Press, 1996.

2. Lawrence Krader, *The Ethnological Notebooks of Karl Marx*, Assen, The Netherlands, 1972.

3. Teodor Shanin, *Late Marx and Russian Road——Marx and the 'Peripheries of Capitalism'*, Monthly Review Press New York, 1983.

图书在版编目（CIP）数据

马克思恩格斯"论东方村社"研究读本/袁雷，张云飞著.
—北京：中央编译出版社，2013.6
（马克思主义经典著作研究读本／杨金海　李惠斌主编）
ISBN 978-7-5117-1599-9

Ⅰ.①马…　Ⅱ.①袁…②张…　Ⅲ.①马恩著作研究－
社会形态　Ⅳ.①A811.64

中国版本图书馆 CIP 数据核字（2013）第 024956 号

马克思恩格斯"论东方村社"研究读本

出 版 人	刘明清
出版统筹	薛晓源
责任编辑	郑　锦
责任印制	尹　珺
出版发行	中央编译出版社
地　　址	北京市西城区车公庄大街乙 5 号鸿儒大厦 B 座　邮编：100044
电　　话	（010）52612345（总编室）　　（010）52612336（编辑室） （010）66161011（团购部）　　（010）52612332（网络销售） （010）66130345（发行部）　　（010）66509618（读者服务部）
网　　址	www.cctphome.com
经　　销	全国新华书店
印　　刷	北京印刷一厂
开　　本	720×1020 毫米　1/16
字　　数	372 千字
印　　张	26
版　　次	2013 年 6 月第 1 版第 1 次印刷
定　　价	70.00 元

本社常年法律顾问：北京市吴栾赵阎律师事务所律师　闫军　梁勤
凡有印装质量问题，本社负责调换，电话：（010）66509618